灌阳年鉴

GUANYANG NIANJIAN

2019

灌阳县地方志编纂委员会　编

方志出版社
Publishing House of Local Records

图书在版编目（CIP）数据

灌阳年鉴．2019 / 灌阳县地方志编纂委员会编．--
北京 :方志出版社,2019.10

ISBN 978-7-5144-3909-0

Ⅰ．①灌… Ⅱ．①灌… Ⅲ．①灌阳县—2019—年鉴
Ⅳ．① Z526.74

中国版本图书馆 CIP 数据核字(2019)第 285452 号

灌阳年鉴（2019）

编　　者： 灌阳县地方志编纂委员会
责任编辑： 冯　松

出 版 者： 方志出版社
地址　北京市朝阳区潘家园东里 9 号（国家方志馆 4 层）
邮编　100021
网址　http://www.fzph.org
发　　行： 方志出版社图书经销中心
电话（010）67110500
经　　销： 各地新华书店
装帧设计： 南宁市佳彩广告设计有限公司
印　　刷： 深圳市精一瑞兰印刷有限公司

开　　本： 889 × 1194　　1/16
印　　张： 25.75
字　　数： 615 千字
版　　次： 2019 年 10 月第 1 版　　2019 年 10 月第 1 次印刷
印　　数： 001 ～ 500 册

ISBN 978-7-5144-3909-0　　**定价：** 200.00 元

编辑说明

一、《灌阳年鉴》全面系统地记述灌阳县行政区域内自然、政治、经济、文化、社会等方面的基本情况，旨在为灌阳县经济社会的全面发展服务，为构建富裕、文明、美丽、和谐灌阳服务，为县、乡两级领导机关决策、指导工作提供县情依据，是社会各界和海外人士了解、研究灌阳的最新信息载体。

二、《灌阳年鉴(2019)》的编纂，坚持以马克思列宁主义、毛泽东思想、邓小平理论、"三个代表"重要思想、科学发展观和习近平新时代中国特色社会主义思想为指导，坚持辩证唯物主义和历史唯物主义的立场、观点和方法，以《地方志工作条例》和《地方志书质量规定》为依据，着重记载2018年灌阳县经济和社会发展各项事业的基本情况及大事、要事、新事，个别重要内容适当上溯或下延。

三、本卷年鉴设特载、大事记、灌阳县概况、中国共产党灌阳县委员会、灌阳县人民代表大会、灌阳县人民政府、中国人民政治协商会议灌阳县委员会、纪检·监察、群众团体、法治、军事、城乡建设·环境保护、交通运输·邮政、工业·信息产业、农业、林业·水利、商业、旅游、财政·金融、经济管理与监督、文化·广播电视·体育·卫生、教育、科学技术·防震减灾、社会生活、乡镇、附录，共计26篇。

四、本卷年鉴内容设3个层次，在类目下设分目，分目下设条目(少数分目下无条目)。条目为年鉴纪事的基本单元，用黑体字加【 】号作条目标题，一般先以【概况】条目介绍行业、事业的基本情况，后按一事一目的原则设置条目。年鉴内容的层次设置，总体上按科学分类和社会分工相结合的原则归类和排列，机关、企事业单位等排序和层次一般不表示其地位和规模。

五、本卷年鉴稿件由各乡镇、县直各部门及各有关单位提供，并经供稿单位领导审核、加盖单位公章。主要统计数据均由撰稿单位提供，因统计口径不同等原因，可能与统计部门公布的数据有出入，引用时请加以区别。

六、本卷年鉴为便于读者查阅，配备双重检索系统，书首设中文目录和英文目录，书尾设索引。

灌阳县地方志编纂委员会

主　　任：卢　嵩

副 主 任：陈礼兵　陶日桂　王　峰　蒋红斌
　　　　　陆健康　王飞雄　史秋莹

委　　员：唐爱明　陈安贵　曹湘柱　王良益
　　　　　邓业荣　莫家斌　雷祖文　戴大林
　　　　　袁　文　刘　相　王德鹏　梁　赟
　　　　　陈国栋　蒋增进　余明耀　王小华
　　　　　范菊红　熊国旭

《灌阳年鉴(2019)》编辑人员

主　　编：史秋莹

副 主 编：范菊红　熊国旭

编辑室人员：文东柏　盘春梅　莫国建　熊国红
　　　　　　刘慧菊　刘兆菲　唐玲玲

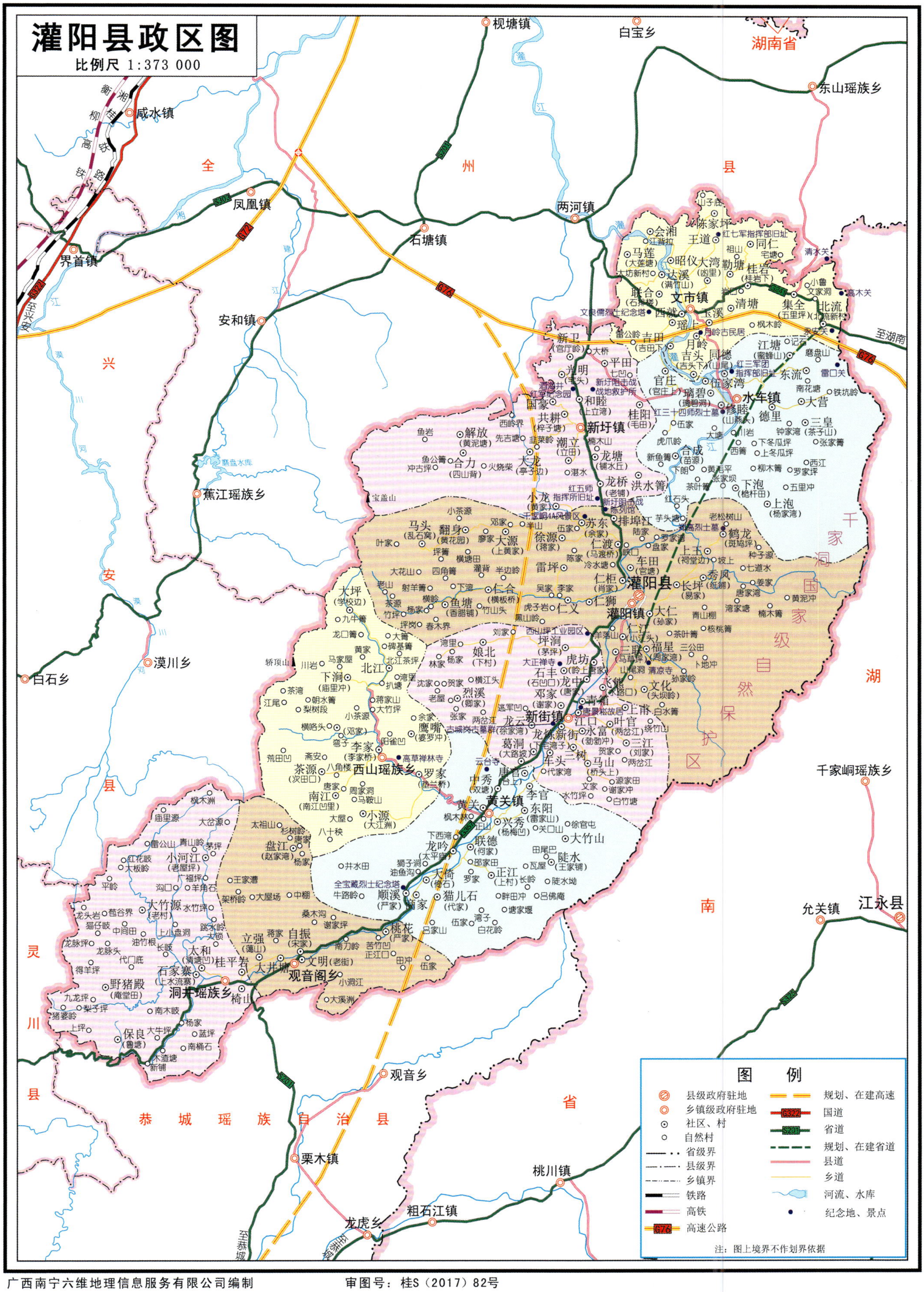

广西南宁六维地理信息服务有限公司编制　　审图号：桂S（2017）82号

灌阳县城区图

广西南宁六维地理信息服务有限公司编制　　审图号：桂S（2017）82号

2018 数字灌阳

- 行政区划：6镇3乡
- 面积：1835平方千米
- 总人口：297007人
- 人口自然增长率：7.37‰
- 规模以上工业企业总产值：299600万元
- 社会消费品零售总额：221761万元
- 财政收入：34063万元
- 农民人均可支配收入：10785元
- 城镇居民人均可支配收入：32159元
- 境内公路里程：703.44千米
- 接待游客：164.21万人次
- 旅游综合总收入：17.14亿元
- 个体工商户：7316户
- 各类企业：1401家
- 普通高中：2所
- 普通中学：10所
- 普通小学：14所
- 幼儿园：48所
- 卫生机构：329个
- 病床床位：936张
- 县级公共图书馆：1个

青山环抱的新农村　　《今日灌阳》　提供

领导调研

2018年12月3日，中共中央政治局委员、中宣部部长黄坤明（前左三）到灌阳县调研

2018年10月22日，自治区党委副书记、自治区主席陈武（左二）到灌阳县神农稻博园水稻核心示范区调研

县农业局　提供

2018年1月19日，自治区副主席张秀隆（左一）到灌阳调研现代农业核心示范建设工作　唐显才　摄

2018年7月2日，自治区副主席方春明（右一）到灌阳县走访慰问贫困户　唐显才　摄

2018 年 2 月 8 日，自治区副主席、公安厅党委书记、厅长胡焯（中）到灌阳开展春节慰问　胡　蓉　摄

2018 年 3 月 26 日，自治区政协副主席陈刚（左三）到灌阳县调研医改工作　胡　蓉　摄

2018 年 6 月 11 日，自治区政协副主席钱学明（右二）到灌阳县调研医改和健康扶贫工作　胡　蓉　摄

2018 年 11 月 13 日，市委副书记、市长秦春成（右二）到灌阳县调研　唐显才　摄

2018 年 3 月 14 日至 15 日，市委副书记白松涛（右二）走访洞井瑶族乡大竹源贫困户

伍秋福　摄

2018年11月30日，市委常委、常务副市长张晓武（左二）到灌阳调研

唐显才　摄

2018 年 6 月 26 日，市委常委、政法委书记、市禁毒委主任赵志军（前中）到灌阳督查扫黑除恶、禁毒工作

王红琴　摄

2018 年 8 月 16 日，市委常委、宣传部部长、副市长韦凤云（右二）到灌阳调研　王红琴　摄

2018年11月10日，市委常委、纪委书记、监委主任吕洪安（右二）到灌阳县调研　唐显才　摄

2018年2月1日，市委常委、统战部部长王建毅（左一）到灌阳县慰问结对帮扶对象　王红琴　摄

2018 年 3 月 28 日，市委常委、组织部部长彭东光（右三）到新街镇江口村调研　　唐显才　摄

2018 年 5 月 22 日，副市长、市公安局局长、灌江市河长陈荣茂（左三）到灌阳县就“河长制”工作进行调研

王红琴　摄

2018年10月29日，副市长彭代元（左三）到灌阳调研

刘 权 摄

2018年5月23日，副市长兰燕（右二）到灌阳县调研教育、医改工作

伍秋福 摄

2018年1月29日，副市长谢灵忠（中）到灌阳查看雨雪冰冻灾害情况　　刘婷 摄

2018年10月30日，市人大常委会副主任石春莲（左二）到灌阳调研　　罗融检 摄

2018年7月17日，市人大常委会副主任徐锋（右二）到灌阳县调研

唐显才　摄

2018年1月31日，市政协副主席罗永东（前右一）到洞井瑶族乡开展慰问活动

唐显才　摄

2018 年 3 月 6 日，县委书记陆桂弟（右二）调研灌阳油茶基地

唐显才　摄

2018 年 8 月 15 日，县委书记周春涌（左二）到文市镇调研　　唐显才　摄

2018 年 2 月 23 日，县长卢嵩（左二）调研城建工作　　胡　蓉　摄

工业 农业

1月8日，灌阳县人民政府与双胞胎集团签订40万头生猪养殖产业链扶贫开发项目

王红琴 摄

10月29日，灌阳县永盈红薯粉专业合作社签约仪式

刘 权 摄

西山瑶族乡罗家村夏枣种植示范基地长势情况 王红琴 摄

新圩镇油茶种植基地获丰收 蒋纤纤 摄

文市镇桂岩村食用菌产业羊肚菌示范点 文市镇政府 提供

黄关镇陡水村养鸡基地饲养场景　《今日灌阳》　提供

黄关镇猫儿石村集体养猪基地　《今日灌阳》　提供

黄关镇猫儿石村高密度生态冷水养鱼基地作业情况　《今日灌阳》　提供

基础设施建设

2 月 7 日，灌江一桥竣工通车　　唐显才　摄

5 月 18 日，灌阳县西山瑶族乡下洞红军路扩建工程开工　　伍秋福　摄

9 月 28 日，建设中的文市工业园区污水处理厂项目　　县工信局　提供

11月13日，建设中的易地扶贫搬迁县城集中安置点建设项目
唐显才　摄

2018年，新圩镇国豪村国豪屯“广西红十字基金会惠民工程饮水项目”竣工
伍秋福　摄

2018年，水车镇上泡村道路硬化项目　　县民宗局　提供

2018年，灌阳乡村修筑扶贫路的场景　　陈艳娟　摄

文化　旅游

11 月 5 日，自治区、广西行政学院灌阳县革命教育教学基地揭牌　　唐显才　摄

5 月 4 日，桂林观阳古镇合作开发签约仪式在县政府四楼会议室举行　　唐显才　摄

9 月 7 日，灌阳县人武部组织入伍新兵观看红色爱国主义教育电影《血战湘江》　　王红琴　摄

7 月 18 日，灌阳"六月六"尝新节举行开幕式
唐显才　摄

10月19日，“红色沃土　生态灌阳”2018灌阳红色文化旅游节暨党旗领航·电商扶贫“我为家乡代言”电商大集在灌阳江东新区举行

《今日灌阳》　提供

7月17日，新街镇龙中村首届电商民俗文化节现场

《今日灌阳》　提供

6月28日，红二代韩京京在县民族小学举办“传承红色基因 争做时代新人”讲座　　唐显才　摄

4月26日，区委党校中青年培训班到灌阳红色教育基地参观学习

唐显才　摄

3月11日，水车桃园中的骑行车队　　唐显才　摄

7 月 31 日，瑶族千家洞首届素食文化旅游节山歌会在西山瑶族乡举行　　　　唐显才　摄

5 月 17 日，《同胞三翰林》新书发布会在新街江口村举行　　　　唐显才　摄

3 月 24 日，灌阳“二月八”农具文化节油茶展示　　　　王红琴　摄

10 月 13 日，全国山地户外越野赛在灌阳举行　　　　《今日灌阳》　提供

医改工作

灌阳县作为国家第二批县级公立医院综合改革试点县，全力推进“三医联动”，大胆进行人事薪酬制度改革，建立多种形式医联体，打通县乡村优质医疗资源下沉“最后一公里”，构建“以健康为中心，预防为主，让居民少生病、不生病”的医疗卫生服务新模式，取得明显成效，得到国家、区、市的高度肯定。灌阳县公立医院集团2017年荣获健全现代医院管理制度自治区示范医院称号、灌阳县人民医院2018年12月被国家遴选为全国建立健全现代医院管理制度试点医院；灌阳县2017年因公立医院综合改革真抓实干成效明显，受到国家表扬激励，获得激励资金800万元。新华网、人民网、《人民日报》、《广西日报》、广西电视台、《桂林日报》、桂林电视台等国家、区、市媒体多次报道灌阳医改新成效，黑龙江、内蒙古、山东、云南、湖南、贵州以及区内市县共40余批次考察调研组到灌阳考察学习、调研指导。

国务院办公厅关于对2017年落实有关重大政策措施真抓实干成效明显地方予以督查激励的通报

国办发〔2018〕28号

各省、自治区、直辖市人民政府，国务院各部委、各直属机构：

为进一步加大正向激励，充分调动和激发各地从实际出发干事创业的积极性、主动性和创造性，推动形成主动作为、竞相发展的生动局面，根据《国务院办公厅关于对真抓实干成效明显地方加大激励支持力度的通知》（国办发〔2016〕82号），结合国务院大督查、专项督查和部门日常督查情况，经国务院同意，对2017年落实推进供给侧结构性改革、适度扩大总需求、深化创新驱动、优化营商环境、保障和改善民生等有关重大政策措施真抓实干、取得明显成效的25个省（区、市）、82个市（地、州、盟）、116个县（市、区、旗）等予以督查激励，相应采取24项奖励支持措施。希望受到督查激励的地方珍惜荣誉，再接再厉，取得新的更大成绩。

2018年是全面贯彻党的十九大精神的开局之年，是改革开放40周年，是决胜全面建成小康社会、实施“十三五”规划承上启下的关键一年。各地区、各部门要更加紧密地团结在以习近平同志为核心的党中央周围，高举中国特色社会主义伟大旗帜，以习近平新时代中国特色社会主义思想为指导，全面深入贯彻党的十九大和十九届二中、三中全会精神，坚持稳中求进工作总基调，坚持新发展理念，坚持以供给侧结构性改革为主线，围绕大力推动高质量发展、加大改革开放力度、打好三大攻坚战，锐意进取、积极作为，真抓实干、埋头苦干，以钉钉子精神狠抓各项工作落实，确保党中央、国务院决策部署不折不扣落实到位，圆满完成全年经济社会发展主要目标任务，为决胜全面建成小康社会、夺取新时代中国特色社会主义伟大胜利作出新的贡献。

附件：2017年落实有关重大政策措施真抓实干成效明显的地方名单及激励措施

国务院办公厅

2018年4月28日

（此件公开发布）

二十一、公立医院综合改革成效较为明显的市（州、盟）、县（市、区）

北京市西城区，天津市北辰区，河北省馆陶县，山西省阳曲县，内蒙古自治区兴安盟，辽宁省锦州市，吉林省长春市，黑龙江省齐齐哈尔市，上海市松江区，江苏省淮安市、新沂市，浙江省金华市、德清县，安徽省宣城市、天长市，福建省三明市、将乐县，江西省于都县，山东省滨州市，河南省郑州市，湖北省枝江市，湖南省株洲市、宁乡市，广东省东莞市，广西壮族自治区灌阳县，海南省儋州市，重庆市忠县，四川省成都市、石棉县，贵州省遵义市，云南省玉溪市，西藏自治区日喀则市，陕西省西安市，甘肃省庆阳市，青海省海西蒙古族藏族自治州，宁夏回族自治区石嘴山市，新疆维吾尔自治区哈密市，新疆生产建设兵团第六师五家渠市。

2018年对上述市（州、盟）、县（市、区）等，在公立医院综合改革中央财政补助资金下达相关省（区、市）后，由省（区、市）统筹按一定比例或额度给予奖励。（国家卫生健康委员会、财政部组织实施）

2017 年 6 月 22 日，市卫计委专家组到灌阳县调研医改工作

2017 年 10 月 12 日，桂林医学院附属医院、灌阳县公立医院集团人民医院医联体揭牌仪式在县公立医院集团人民医院举行

2017 年 11 月 7 日，自治区卫计委调研组到灌阳调研

2017 年 11 月 13 日，国家卫计委体改司江蒙喜教授（正中）到灌阳参加医改座谈会

2017 年 12 月 22 日，解放军总医院神经内科主任医师、博士生导师尹岭（左一）在灌阳县公立医院调研

2018 年 1 月 11 日，桂林医学院附属医院灌阳分院揭牌

2018 年 3 月 9 日，自治区卫计委主任廖品琥（右二）到县公立医院集团调研

2018 年 3 月 26 日，自治区政协副主席陈刚（右二）到灌阳调研医改工作

2018年6月11日，自治区政协副主席、民建自治区主委钱学明（右二）到灌阳县公立医院集团调研

2018年7月2日，自治区人大常委会考察组到灌阳调研医改工作

2018 年 7 月 11 至 12 日，四川省卫计委到灌阳县考察学习医改工作

2018 年 8 月 9 日，恭城县政府到灌阳考察学习医改工作

2018 年 9 月 28 日，灌阳县 2018 年医改工作会议在县政府四楼会议室召开

（本辑图片由县卫计局提供）

治安防控

党建引领政治建警显成效
“三心”警队五星警员七新业绩

2018年，灌阳县公安局紧紧围绕社会治安防控体系换挡升级工作，深化党建引领，狠抓队伍建设，全力开展“神剑”及扫黑除恶系列高压严管行动，实现了“三心”警队、“五星”警员、“七新”业绩的工作目标。年内破获时间跨度达十年的命案积案两起，街面可防性案件低发，全年街面两抢、斗殴零发案，全县社会治安稳步好转。

县公安局走访群众

民警与村协警走访群众了解辖区治安情况

开展武装设卡路面治安大清查行动

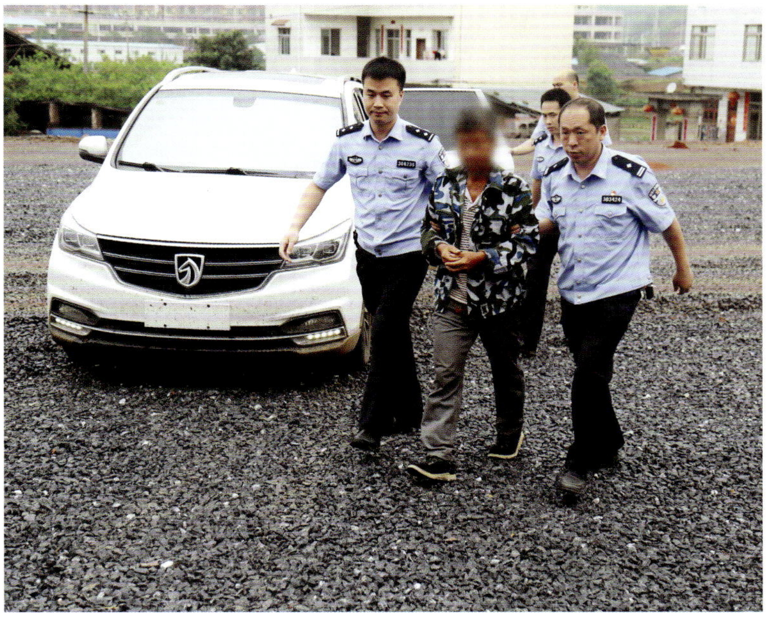

2018 年 6 月 5 日，县公安局押解 10 年前积年命案的犯罪嫌疑人进行审讯

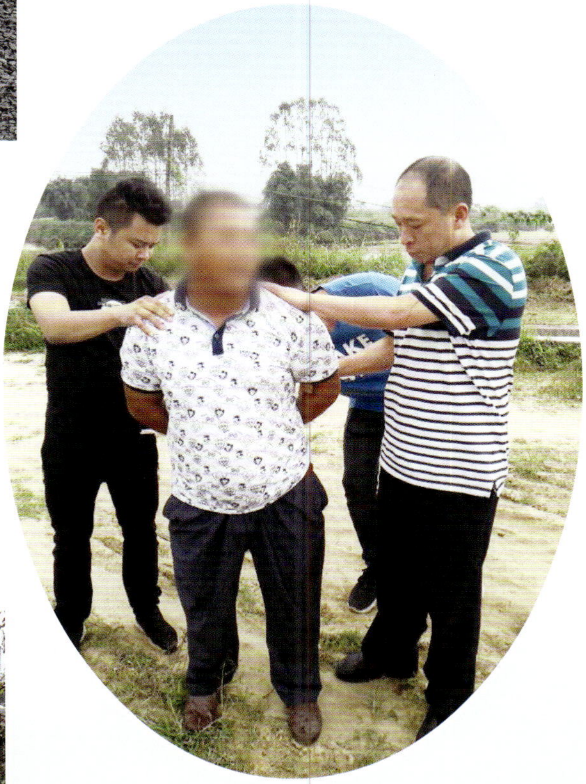

2018 年 10 月，在广东抓捕宝盖山专案主犯陆某国

实地勘查农村地区天网设置点

破获跨省贩卖毒品案

开展紧急武装集结演练

开展交通劝导工作

冰冻天气深夜撒盐除冰保道路畅通

冰冻天气疏导交通

应急处突机训练

西山派出所组织村协警开展安保工作

开展轮值轮训跟班实战训练

警务技能训练

（本辑图片由县公安局提供）

灌阳古村落

灌阳县地处湘桂结合处，是中原与岭南地区经济和文化交流的热点区域，是世界瑶族发祥地。县域内传统村落数量众多、建筑独具特色、历史积淀丰厚、文化个性鲜明，具有极高的保护价值、研究价值和开发价值。自 2012 年实施传统村落保护发展工作以来，截至 2017 年底，全县共调查统计传统村落 34 个，有 12 个村落已列入中国传统村落名录，其中文市镇月岭村、水车镇伍家湾村于 2013 年第二批入选中国传统村落。

月岭村

文市镇月岭古民居始建于明末清初，属典型的湘南式民居。其中六大院是保存最完整、最典型的庭院式建筑，相传是唐氏祖上为其六房儿子修建，庭院各立门楼，依次名为“翠德堂”“宏远堂”“继美堂”“多福堂”“文明堂”“锡嘏堂”，前设中门、天井和大堂，后有小堂和天井，配有住房、厨房、客房、仓库和专供唱戏用的戏楼，均有水井、花园，为官府庭院式。全村及各院围墙道路均用石围石砌，是广西区内保存较为完整的古民宅群落。月岭古民居三面环山，背依灌江，周围有众多自然景观和保存完好的人文古迹。有建于清道光十四年（1834 年）的自治区级文物保护单位“孝义可风”贞孝牌坊，建于清乾隆年间的“步月亭”和“文昌阁”，县级文物保护单位“催官塔”，反映民风民俗的“百岁亭”，以及“将军庙”“古石寨”“唐孔林墓”等古建筑和“步月仙桥”“步月岩”“白驹岩”“沙江晚渡”“古井旋螺”“上井石泉”“双发井”等自然景观，有着深厚的历史文化底蕴。

月岭村全景

月岭村村景

院子前的风水照壁

气派的门楼、门罩

“孝义可风”石牌坊

文昌阁

步月亭

将军庙

催官塔

（本辑图片由蒋人轲提供）

伍家湾村

水车镇伍家湾村始建于明洪武二年（1369年），村内建筑以保存较完整的古民居为主，传统建筑均用一色砖瓦石料建成，道路用青石铺成，各类石雕、木雕工艺精湛。位于村中央的良田公祠，始建于清光绪五年（1879年），坐东南朝西北，占地约361平方米，为砖木穿斗式结构，饰小青瓦，设三进三开间，梁、枋、门楣等均雕刻有精细的人物故事、花草虫鱼等。村前立有石笔，用整块大理石凿刻而成，分笔杆和笔头两部分，笔杆长4.5米，直径约0.5米，下略大，上略下，笔杆中间阴刻着“大清道光十年岁次庚寅孟春月合族里”，雕凿精细，形神兼备，具有一定的历史艺术价值。

伍家湾村景

村内巷道

民居内景

“良田公祠”内景

传统建筑风貌

工艺精湛的门楣

伍氏宗祠前的石笔

（本辑图片由蒋人轲提供）

目　　录

特　　载

新时代新担当新作为
坚决打赢打好“三大翻身仗”
——在县委十五届五次全会上的工作报告……2
灌阳县人大常委会工作报告
——在灌阳县十六届人民代表大会第四次会议上……12
政府工作报告
——在灌阳县第十六届人民代表大会第四次会议上……16
中国人民政治协商会议灌阳县第九届委员会常务委员会工作报告
——在政协灌阳县第九届委员会第四次会议上……24

大 事 记

1 月……30
2 月……31
3 月……32
4 月……33
5 月……35
6 月……36
7 月……37
8 月……38
9 月……39
10 月……40
11 月……41
12 月……42

灌阳县概况

建置沿革……46
地理概况……46
位置面积……46
地形地貌……46
土壤……46
乡镇土地利用主导方向……46
气候……47
森林资源……47
土地面积构成……47
林地（利用）类型和经营权属结构……47
森林分类区划……47
水资源……47
植物资源……48
动物资源……48
矿产资源……48
行政区划……49
人口……50
组织机构及负责人名单……50

中国共产党灌阳县委员会

重要会议 …… 62
中国共产党灌阳县第十五届委员会第四次全体会议 …… 62
开展扫黑除恶专项斗争工作 …… 62
重要决策 …… 63
全面从严治党主体责任清单 …… 63
推进安全生产领域改革发展 …… 63
深化改革创新优化营商环境 …… 63
深化人才发展体制机制改革 …… 63
稳步推进农村集体产权制度改革 …… 63
推进县域经济加快发展 …… 64
推进乡村振兴战略 …… 64
重要工作 …… 64
精准扶贫结对帮扶 …… 64
扶贫领域问题整改 …… 64
乡村振兴战略 …… 65
重大项目建设 …… 65
环境集中整治 …… 65
形式主义、官僚主义问题专项整治 …… 65
创建自治区级旅游标准化试点县 …… 66
村级集体经济 …… 66
信息产业建设 …… 66
建设“桂林国家健康旅游示范基地” …… 66
组织工作 …… 67
概况 …… 67
干部选任监督 …… 67
人才工作 …… 67
干部教育 …… 68
村级集体经济 …… 68
村级组织活动场所 …… 68
“两新”组织“百日攻坚”行动 …… 68
驻村工作 …… 69
远程教育 …… 69
宣传工作 …… 70
概况 …… 70
理论工作 …… 70
新时代讲习所 …… 70
宣传报道 …… 71
网络舆情 …… 71
精神文明建设 …… 72
统一战线工作 …… 72
概况 …… 72
统战工作 …… 72
非公经济工作 …… 72
招商引资工作 …… 73
民族宗教工作 …… 73
统战信息工作 …… 73
社会组织工作 …… 73
机构编制 …… 74
概况 …… 74
编制调整 …… 74
编制管理 …… 74
机构编制实名制 …… 75
云平台系统 …… 75
绩效管理与考评工作 …… 75
概况 …… 75
指标管理工作 …… 75
群众意见建议整改工作 …… 76
县本级绩效管理与考评工作 …… 76
老干部工作 …… 77
概况 …… 77
老干部政治待遇落实 …… 77
离休干部生活待遇落实 …… 77
两个阵地建设 …… 78
关心下一代工作 …… 78
信访工作 …… 78
概况 …… 78
群众来信来访 …… 79
领导接访工作 …… 79
信访服务中心建设 …… 79
县委党校 …… 79

概况……79
干部教育培训……80
师资队伍建设……80
教学科研工作……80
县直属机关工委……81
概况……81
党建工作……81
基础工作……81
党务培训……82
党建活动……82
党史地方志工作……82
概况……82
党史著作编纂工作……83
“两全目标”工作……83
《灌阳县大事记》编辑……83
党史宣教工作……83

灌阳县人民代表大会

概述……86
重要会议……86
灌阳县第十六届人民代表大会第三次会议……86
灌阳县十六届人民代表大会常务委员会会议……86
重要工作……87
国家机关工作人员任免……87
人大代表议案和建议办理……87
围绕财政经济开展监督……87
围绕脱贫攻坚开展监督……87
执法检查……88
与各级人大的联系与指导……88
信访工作……88
信息工作……88
走访代表……88
积极搭建履职平台……88

灌阳县人民政府

重要会议……90
灌阳县第十六届人民政府……90
重要政务……93
概况……93
脱贫攻坚……93
农业经济……94
工业经济……94
第三产业……94
项目建设……94
绿色生态建设……95
改革创新……95
社会事业……96
治理效能……96
为民办实事……96
概况……96
社保惠民项目……96
健康惠民项目……96
教育惠民项目……97
水利惠民工程……97
安居惠民项目……97
农补惠民项目……97
生态惠民项目……97
文化惠民项目……97
扶贫惠民项目……97
科技惠民项目……98
公共设施惠民工程……98
文体惠民工程……98
宜居乡村惠民工程……98
政务服务……98
概况……98
政务服务……98
政务公开、政府信息公开……99
政务公开周……100

电子政务 …… 101
新农村建设 …… 101
概况 …… 101
整合项目 …… 101
机关事务管理 …… 101
概况 …… 101
公共机构节能 …… 101
安全保卫 …… 102
综合事务管理 …… 102
节能宣传 …… 102
推广新能源 …… 102
各项公共机构节能 …… 103
会务管理和后勤接待 …… 103
公务用车管理 …… 103
办公用房管理 …… 103
档案工作 …… 104
概况 …… 104
档案管理、接收和利用 …… 104
档案业务培训和指导 …… 104
档案法制宣传 …… 104
档案信息化建设 …… 104
行政审批制度改革 …… 104

中国人民政治协商会议灌阳县委员会

概述 …… 106
重要会议 …… 106
县政协九届四次常委会议 …… 106
县政协九届三次会议 …… 106
县政协九届六次常委会议 …… 107
重要工作 …… 107
参政议政 …… 107
提案工作 …… 107
界别活动 …… 107
调研活动 …… 107
联系全县重大项目 …… 107
脱贫攻坚 …… 108
专委会建设 …… 108
与各地政协的交流 …… 108
日常学习 …… 108

纪检·监察

概况 …… 110
国家监察体制改革 …… 110
中共灌阳县第十五届纪律检查委员会第三次全体会议 …… 110
践行“两个维护” …… 110
落实中央八项规定 …… 110
巡察工作 …… 111
监督执纪 …… 111
反腐工作 …… 111
扶贫领域专项治理 …… 111
廉政宣传教育 …… 112
队伍建设 …… 112

群众团体

总工会 …… 114
概况 …… 114
基层工会组织建设 …… 114
维权工作 …… 114
职工帮扶 …… 114
职工互助保障活动 …… 115
服务职工活动 …… 115
职工文体活动 …… 115
劳模管理 …… 115
共青团灌阳县委员会 …… 115

概况……115
"青年大学习"系列教育实践活动……115
志愿服务……115
社会救助……116
电商青年培育……116
组织建设……117
阵地建设……117
妇女联合会……117
概况……117
庆祝活动……118
"双维双促"平安建设……118
"产业到家,牵手妈妈"活动……119
"关爱"工程……119
妇联组织建设……119
科学技术协会……120
概况……120
科普宣传活动……120
八桂科普大行动……120
"五个一"科技培训……121
日常科普工作……121
"农超对接"成果交流展……121
工商业联合会……121
概况……121
培训教育……122
公益事业……122
残疾人联合会……123
概况……123
康复工作……123
项目工作……123
就业工作……123
社会保障工作……124
残疾人证核发工作……124
灌阳县残疾人康复中心及综合服务设施建设工作……124
维权工作……124
组织建设工作……124
宣传文体工作……124

法 治

社会治安综合治理……126
概况……126
严打整治工作……126
社会治安防控体系……127
矛盾纠纷预防和排查机制……128
人民调解工作……128
人民信访工作……128
国家安全人民防线建设……128
基层平安创建……129
法治宣传教育……129
队伍建设……129
法治政府建设……129
概况……129
法治政府建设……129
规范行政规范性管理……130
法律事务工作……130
行政执法监督……130
行政复议……131
法制宣传教育……131
公安……131
概况……131
党建建设……131
严打整治……131
禁毒工作……132
重点项目整治……132
社会管理建设……132
专项行动……133
检察……134
概况……134
侦查监督工作……134
公诉工作……134
民事行政检察工作……135
控告申诉工作……135

监所检察工作……135
案件管理工作……135
诉讼监督……136
法院……136
概况……136
审判执行……137
能动司法……138
队伍建设……138
接受监督……139
司法行政……139
概况……139
党建领航……139
法治宣传……139
人民调解……140
公共法律服务……140
特殊人群管理……140
党风廉政建设……141
调处土地山林水利纠纷……141
概况……141
三大纠纷……141
重大项目建设保障服务……141
联调联访工作……141
普法宣传工作……142

军　　事

灌阳县人民武装部……144
概况……144
思想政治……144
拥政爱民……144
战备工作……144
征兵工作……145
作风建设……145
武警灌阳中队……145
概况……145
组织建设……145
政治工作……145
军事训练……146
安全工作……146
灌阳县消防大队……146
概况……146
战训工作……146
灭火救援……146
后勤工作……147
防火监督……147
消防安全专项整治……147
消防宣传……147
人民防空……148
概况……148
防空试鸣和疏散演练工作……148
教育宣传……148

城乡建设·环境保护

城乡建设……150
概况……150
经济指标……150
城建工作……150
人居环境建设……151
古村落修缮、乡土特色建设……151
新型城镇化建设……152
政务公开……152
城市管理综合行政执法……152
概况……152
市容秩序执法……152
城区规划执法……153
渣土治理……153
联合执法……154
信访接待……154
市容管理……154
概况……154
市政公用设施管理……155

环境卫生管理……155
园林绿化……155
垃圾处理设施建设……155
污水处理设施建设……156
燃气管理……156
环境保护……156
概况……156
环境监管……156
污染防治……157
第二次全国污染普查……158
督查整改……158
生态建设……158
环境宣教……158
住房制度改革……159
概况……159
棚户区改造项目……159
房改房办理房地产交易及权属登记……159
住房信息档案……159
住房公积金管理……159
概况……159
住房公积金各项业绩……159
提高工作效率……159
审核调查……160
内外协调……160
法制教育……160

交通运输·邮政

交通运输……162
概况……162
交通基础设施项目建设……162
农村公路管养……162
农村公路生命防护工程……163
道路运输管理……163
汽车维修行业管理……163
农村物流网络建设……164
水上交通……164
春运执法……164
路政执法……164
道路运输安全监管……165
公路管理……165
概况……165
养护工程……165
专项宣传活动……166
公路养护……166
路政执法……166
“美丽广西·宜居乡村”交通行动……166
邮政……166
概况……166
代理金融……167
渠道平台分销业务……167
邮务类业务……167

工业·信息产业

工业……170
概况……170
节能减排……170
信息化推进……170
安全生产……170
企业改制……170
园区建设……170
重大项目……171
信息业……171
·中国电信股份有限公司灌阳分公司·……171
概况……171
经营指标……171
通信建设……171
·中国移动通信集团广西有限公司灌阳分公司·……172
概况……172
发展举措……173

建设维护……173
·中国联合网络通信有限公司灌阳县分公司·……173
概况……173
市场经营……173
网络维护建设……173
·广西广播电视信息网络股份有限公司灌阳分公司·……174
概况……174
经营收入……174
网络建设……174
智慧广电……174

农　业

概述……176
机构……176
农业成就……176
现代特色农业(核心)示范区建设……176
水果新品种的引种和新技术的推广……177
农村土地承包经营权确权颁证工作……177
信息进村入户工作……177
农业服务性工作……178
农业宣传……178
粮食生产……178
概况……178
实施水稻绿色高产高效创建项目……178
实施稻谷生产者补贴项目……179
实施耕地地力保护补贴项目……179
实施“粮食生产功能区保护区划定工作”项目……179
建立油菜生产示范样板……179
富硒农产品的开发和推广……179
耕地保护与土壤有机质提升……179
农作物加肥微灌园技术推广……179
沃土工程、中低产田改造……180
创新施肥技术……180
测报业务工作……180
病虫防治……180
产地检疫……180
农村集体资产清产核资工作……180
农业经营主体培育……181
农民负担监督管理……181
农经统计……181
水稻新品种……181
经济作物生产……181
概况……181
特色经济作物种植……181
经济作物“三避”技术应用……182
规范蔬菜无公害生产……182
示范与推广……182
推广间套种模式……182
加强技术培训及技术指导……182
经作农情统计工作……182
农产品质量安全……182
标准化生产建设……183
农业生态与资源环境保护……183
农业执法……183
概况……183
农业法律法规宣传……183
农资打假……183
农业执法……183
人员培训……183
水果生产……183
概况……183
发展种植优势水果品种……183
精准扶贫……184
拓展农业功能……184
抓好《梨李试验站》建设……184
技术培训……184
强化品牌意识……184
农业科技……184
概况……184

新型职业农民培育……184
科技示范主体培育……185
试验示范基地建设……185
农业区划……185
农业遥感样方监测……185
野外打点……185
遥感解译……185
航拍工作……185
遥感助建……186
畜牧水产……186
概况……186
招商引资……186
养殖业产业扶贫……187
项目建设……187
重大动物疫病防控……187
其他工作……188
农业机械化……188
概况……188
农机安全监理……189
农机推广……189
农机购置补贴实施……190
农机产品质量监督与管理……191
农机校培训……191
脱贫攻坚……191
概况……191
扶贫宣传……192
产业扶贫……193
技能培训……193
雨露计划……193
住房保障……193
医疗保障……193
减贫成效……194
精准识别……194
精准帮扶……194
基础设施……194
督查工作……195
扶贫资金……195
典型经验……195
气象工作……196
概况……196
气象服务……197
生态文明建设……197
行业扶贫……197

林业 · 水利

林业……200
概况……200
经济指标……200
造林绿化……200
森林资源保护……200
自然保护区确界……200
山林纠纷调处……201
农村能源建设……201
林权制度改革……201
基础设施建设……201
优化营商环境……201
专项行动……201
油茶产业发展……201
水利水电……201
概况……201
项目建设……202
农村水电……203
防汛抗旱减灾……203
水政执法……203
水资源管理……203
河长制……204
小型水利工程体制改革……204
安全生产……204
水库移民……204
概况……204
大中型水库移民后期扶持工程……205

大中型水库移民后期扶持资金发放……205
易地扶贫搬迁项目……205
劳动力就业培训工程……206
广西千家洞国家级自然保护区……206
概况……206
机构……206
专项检查……207
森林防火……207
宣传教育……207
生物防控……208
调查监测……208
处理违法违规建设……208
管理体系建设……208
业务培训……208
安全生产……208
卷烟品牌培育……214
经营指导……214
粮油贸易……214
概况……214
粮食直补……214
粮食贸易……214
粮食监督检查……215
粮食保管与安全……215
水利电业……215
概况……215
经济指标……215
精细化管理……215
优化营商环境……216
项目工程建设……216
安全生产……216

商　业

商务……210
概况……210
成品油行业管理……210
商务执法……210
限上企业……210
对外贸易进出口……210
电子商务进农村……210
品牌培育……211
供销……211
概况……211
综合改革……211
项目建设……212
春耕农资商品供应……212
烟草专卖……212
概况……212
市场监管……212
证件管理……213

旅　游

概述……218
旅游企业……218
广西千家洞圣宝胜旅游开发有限公司……218
月岭古民居旅游有限责任公司……218
旅游景区……218
千家洞(黑岩)景区……218
千家洞国家级自然保护区……219
灌阳新圩阻击战旧址景区
(全国红色旅游经典景区名录)……219
新圩阻击战主战场遗址……219
酒海井红军纪念园……219
红五师指挥所旧址……219
新圩阻击战战地救护所……220
红三军团指挥部旧址……220
红军亭……220
旅游景点……220
月岭古民居……220

文市石林……220
唐景崧故居……220
太子山原始森林……221
灌江小三峡……221
高草禅林寺……221
云台寺……221
大正禅寺(九龙岩)……221
清凉寺……222
大仁村生态休闲园……222
小龙特色旅游名村……222
旅游开发与建设……222
红色旅游开发……222
旅游基础设施建设……222
品牌创建……222
旅游节庆活动……222
桂林灌阳千家洞瑶族文化旅游节暨“二月八”农具文化节……222
旅游工作……222
概况……222
旅游项目开发……223
景点打造和建设……223
旅游监管整治……223
红色旅游扶贫……224

财政·金融

财政……226
概况……226
财政收入……226
财政支出……226
财政管理……226
据实组织财政收入……227
争取上级补助……227
推进财政管理制度改革……227
财政监督……227
税务……228
概况……228
征管体制改革……229
深化“放管服”改革……229
聚焦税费改革……230
转变税收征管方式……230
加大依法行政力度……231
税法宣传……232
征管体制改革……232
金融……232
·中国人民银行灌阳县支行·……232
概况……232
贯彻落实稳健货币政策……233
金融管理服务……233
金融服务机制创新……233
内部管理……234
金融宣传……234
机构改革……234
·中国农业银行股份有限公司灌阳县支行·……235
概况……235
银政关系……235
业务发展……235
营销策略……235
理财业务增长……235
强化服务效能……236
培养协作精神……236
·广西灌阳农村商业银行股份有限公司·……236
概况……236
支持“三农”……236
践行普惠金融　履行社会责任……237
·桂林国民村镇银行灌阳支行·……238
概况……238
支农支小……238
创新支农惠农手段……238
强化风险意识……238
保险……239

· 中国人寿保险股份有限公司灌阳支公司 · ······239
概况······239
各类责任保险······239
社会责任······239
客户服务······239
· 中国人民财产保险股份有限公司灌阳支公司 · ······240
概况······240
经营效益······240
保险理赔······240

经济管理与监督

发展和改革······242
概况······242
经济指标······242
分析预测······242
提速减负······242
社会信用体系······242
项目带动······242
工交能源······243
物价管理······244
概况······244
价格管理······244
收费管理······244
价格认证······245
价格监督检查······245
价格举报······245
工商质监······245
概况······245
工商登记······246
消费者权益保护······246
农资市场管理······247
商标管理······247
广告管理······247
特种设备安全监管······248
地理标志产品培育······248
质量强县······248
审计······248
概况······248
财政审计······248
固定资产投资审计······248
领导干部责任审计······249
社会保障审计······249
事业审计······249
统计······249
概况······249
统计服务······249
国情国力调查······250
常规统计工作与专项调查······250
统计改革······250
规范化建设······250
统计数据质量······250
依法治统······250
名录库更新维护······251
国土资源······251
概况······251
城乡建设用地“增减挂”工作······251
不动产登记工作······251
打击文市镇非法采矿行为······252
全面整治国土资源违法行为······253
食品药品监督管理······253
概况······253
日常监管与稽查办案······254
业务与县中心工作······255
创新和亮点······256
安全生产监督管理······256
概况······256
生产安全事故情况······257
安全生产领域“打非治违”······257
落实隐患大检查大整治······257

宣传教育培训……257
安全生产监管……258
严格落实企业安全生产主体责任……258
招商引资……258
概况……258
招商引资……259

文化·广播电视·体育·卫生

文化……262
概况……262
农村文化基础设施建设……262
文化活动……262
知识工程……262
文化市场管理……262
博物馆古迹……263
文艺演出、创作……263
非遗名录申报……264
广播电视……264
新闻宣传……264
“村村通”工程建设和农村公益电影放映……264
无线转播台维护……264
·《今日灌阳》报纸·……264
概况……264
报纸发行……265
宣传成就……265
对外宣传……265
体育……265
群众体育……265
竞技体育……265
体育基础设施……266
体育产业……266
卫生……266
概况……266
实施国家基本药物制度……266
深化医药卫生体制改革……266
乡村卫生服务一体化……267
基本医疗服务体系建设……267
中医药事业……268
基本公共卫生服务……268
家庭医生签约服务……268
重大妇幼公共卫生项目……268
防治艾滋病攻坚工程……269
突发公共卫生事件应急处理……269
除“四害”活动……270
健康教育活动……270
创建文明卫生村……270
红十字会……270
计划生育……270
计生宣传教育……270
“两非”专项治理……270
流动人口……271
计生协会……271
计生惠民……271
计生服务……272
依法行政……272

教 育

概述……274
机构……274
学校数和学生数……274
教师数及学历……274
基本办学条件……274
项目实施……274
高考和中考……275
教育资助……275
德育工作……275
学前教育……276
概况……276

项目建设……276
多元普惠幼儿园评估认定……276
结对帮扶……276
基础教育……276
义教均衡发展……276
普及高中教育……277
教育领域改革……277
“管办评”分离……277
“三评一查”工作……277
依法行政……277
义教学区制管理改革……277
基础教育课程改革……277
课堂教学改革……278
教师队伍建设……278
师德师风建设……278
教师招聘及选调工作……278
教师培训……278
安全教育维稳工作……278

科学技术·防震减灾

科学技术……280
概况……280
科技扶贫项目实施……280
高新技术企业……280
科技成果转化……280
科技活动……280
知识产权……280
科技特派员工作……280
科技普及……281
科技文化服务设施……281
防震减灾……281
概况……281
编制应急预案……281
地震监测……282
防震减灾宣传……282
地震应急与演练……282

社会生活

人力资源和社会保障……284
概况……284
人力事务……284
社会保险……284
劳动监察和劳动人事仲裁……285
就业服务……285
民政……286
概况……286
各项工作规范管理……286
救灾救济……286
城乡低保……287
优抚安置双拥工作……287
基层政权建设……288
社会福利和社会事务管理工作……288
民间组织培育……288
区划地名工作……288
民族宗教事务……289
概况……289
民族宗教政策宣传……289
争取民族项目资金……289
民族文化挖掘保护……289
城乡居民生活……290
居民生活收入……290

乡　镇

洞井瑶族乡……292
概况……292

经济总指标……292
农业……292
工业……292
文化　教育　卫生……292
乡村旅游……293
基础设施建设……293
精准扶贫……293
惠民工程……293
重大项目……293
观音阁乡……294
概况……294
经济指标……294
农业……294
工业……294
项目建设……294
环境整治……294
基础设施……294
脱贫攻坚……295
社会稳定……295
党风廉政……295
西山瑶族乡……295
概况……295
工业……295
农业……296
基础设施……296
生态村建设……296
精准扶贫……296
民政工作……296
维稳工作……296
安全生产……297
基础教育……297
黄关镇……297
概况……297
经济指标……297
农业……297
精准扶贫……298
新型城镇化示范乡镇建设……298
生态建设……299
民生工程……299
维稳工作……299
新街镇……300
概况……300
工业……300
农业……300
宜居乡村……301
环境整治……301
文化产业……301
脱贫攻坚……301
社会事业……301
灌阳镇……302
概况……302
经济总指标……302
农业……302
旅游……302
脱贫攻坚……302
项目建设……303
生态建设……303
民政工作……304
社会保险……304
健康工程……304
社会管理……304
安全生产……304
基层党建……304
新圩镇……305
概况……305
经济指标……305
农业……305
脱贫攻坚……305
基层党建……306
土地确权登记……306
水域环境整治……306
乡村振兴工作……306
重大项目建设……306
新型城镇化示范乡镇建设……307
社会治理……307
廉政建设……307

水车镇……308
概况……308
农业……308
工业……308
基础设施建设……308
精准扶贫……308
特色旅游……308
环境整治……309
项目建设……309
民政救助……309
社会保障……309
平安建设……309
基层党建……309
反腐工作……309
文市镇……309
概况……309
农业……310
工业……310
重点项目……310
旅游……310
党建工作……310
脱贫攻坚……311
社会稳定……311
专项整治……312

附　录

关于我县2018年国民经济和社会发展计划执行情况与2019年国民经济和社会发展计划草案的报告……314
灌阳县2019年国民经济和社会发展主要指标预期目标……321
关于灌阳县2018年财政预算执行情况和2019年财政预算(草案)的报告……322
灌阳县2018年国民经济和社会发展统计公报……328

索　引

索引……332

Contents

Special Publication

New Era, New Responsibilities & New Actions Resolutely Win & Fight "Three Major Turnaround Battles" ······ 2
Report on the Work of Standing Committee of the People's Congress of Guanyang County ······ 12
Government Work Report ······ 16
Report on the Work of Standing Committee of the Ninth Guanyang County Committee of CPPCC ······ 24

Memorabilia

January ······ 30
February ······ 31
March ······ 32
April ······ 33
May ······ 35
June ······ 36
July ······ 37
August ······ 38
September ······ 39
October ······ 40
November ······ 41
December ······ 42

Guanyang County Profile

Establishment & Evolution ······ 46
Geographical Profile ······ 46
Climate ······ 47
Forest Resources ······ 47
Water Resources ······ 47
Plant Resources ······ 48
Animal Resources ······ 48
Mineral Resources ······ 48
Administrative Divisions ······ 49
Population ······ 50
List of Organizations & Principals ······ 50

Guanyang County Committee of CPC

Important Meeting ······ 62
Important Decisions ······ 63
Important Work ······ 64
Organization Work ······ 67
Propaganda Work ······ 70
United Front Work ······ 72
Organization Establishment ······ 74
Performance Management & Evaluation Work ······ 75
Veteran Cadre Work ······ 77
Petition Work ······ 78
Party School of County Party Committee ······ 79
County Directly Under Authority Working Committee ······ 81
Party History & Local Chronicles Work ······ 82

Guanyang County People's Congress

Review ······ 86
Important Meeting ······ 86

Important Work …… 87

Guanyang County People's Government

Important Meeting …… 90
Important Government Affairs …… 93
Doing Solid Work for People …… 96
Government Service …… 98
New Rural Construction …… 101
Organ Affairs Administration …… 101
Archival Work …… 104

Guanyang County Committee of CPPCC

Review …… 106
Important Meeting …… 106
Important Work …… 107

Discipline Inspection & Supervision

Discipline Inspection & Supervision …… 110

Mass Organization

Federation of Trade Unions …… 114
Guanyang County Committee of the Communist Youth League …… 115
Women's Federation …… 117
Science & Technology Association …… 120
Federation of Industry & Commerce …… 121
Disabled Persons Federation …… 123

Rule by Law

Maintain Public Security in a Comprehensive Way …… 126
Government Construction by Law …… 129
Public Security …… 131
Prosecutor …… 134
Court …… 136
Judicial Administration …… 139
Mediation & Settlement of Land, Forestry & Water Disputes …… 141

Military

Guanyang County People's Armed Forces Department …… 144
Armed Police Guanyang County Squadron …… 145
Guanyang County Fire Brigade …… 146
Civil Air Defense …… 148

Urban & Rural Construction & Environmental Protection

Urban & Rural Construction …… 150
City Management & Comprehensive Administrative Law Enforcement …… 152
Cityscape Management …… 154
Environmental Protection …… 156
Housing System Reform …… 159
Housing Provident Fund Management …… 159

Transportation & Post

Transportation …… 162
Highway Management …… 165
Post …… 166

Industry & Information Industry

Industry …… 170
Information Industry …… 171
China Telecom Co., Ltd. Guanyang Branch …… 171
China Mobile Communications Group Guangxi Co., Ltd. Guanyang Branch …… 172

China United Network Communication Co., Ltd. Guanyang Branch ······ 173
Guangxi Radio & Television Information Network Co., Ltd. Guanyang Branch ······ 174

Agriculture

Review ······ 176
Agricultural Achievements ······ 176
Grain Production ······ 178
Cash Crop Production ······ 181
Agricultural Law Enforcement ······ 183
Fruit Production ······ 183
Agricultural Science & Technology ······ 184
Agricultural Zoning ······ 185
Animal Husbandry & Aquaculture ······ 186
Agricultural Mechanization ······ 188
Poverty Alleviation ······ 191
Meteorological Work ······ 196

Forestry & Water Conservancy

Forestry ······ 200
Water Conservancy & Hydropower ······ 201
Reservoir Resettlement ······ 204
Guangxi Qianjiadong National Nature Reserve ······ 206

Commerce

Business ······ 210
Supply & Marketing ······ 211
Tobacco Monopoly ······ 212
Grain & Oil Trade ······ 214
Water Conservancy & Power ······ 215

Tourism

Review ······ 218
Tourism Enterprises ······ 218
Tourist Attraction Zone ······ 218
Old Site Scenic Spots of Guanyang Xinxu Blocking War (Listed in National Red Tourism Classic Scenic Spots) ······ 219
Tourist Scenic Spot ······ 220
Tourism Development & Construction ······ 222
Tourism Festival Activities ······ 222
Tourism Work ······ 222

Finance & Banking

Fiscal ······ 226
Tax ······ 228
Banking ······ 232
People's Bank of China Guanyang County Branch ······ 232
China Agricultural Bank Guanyang County Branch ······ 235
Guangxi Guanyang Rural Commercial Bank Co., Ltd ······ 236
Guilin National Village & Town Bank Guanyang Branch ······ 238
Insurance ······ 239
China Life Insurance Co., Ltd. Guanyang Branch ······ 239
China People's Insurance Co., Ltd. Guanyang Branch ······ 240

Economic Management & Supervision

Development & Reform ······ 242
Price Management ······ 244
Industrial & Commercial Administration & Quality Supervision ······ 245
Audit ······ 248
Statistics ······ 249
Land & Resources ······ 251
Food & Drug Administration ······ 253

Safety Production Supervision ········· 256
Attracting Investment ········· 258

Culture, Radio, Television, Sports & Health

Culture ········· 262
Radio & Television ········· 264
Guanyang Today Newspaper ········· 264
Sports ········· 265
Health ········· 266
Family Planning ········· 270

Education

Review ········· 274
Preschool Education ········· 276
Basic Education ········· 276
Education Reform ········· 277
Teachers Team Construction ········· 278

Science & Technology & Earthquake Prevention & Disaster Reduction

Science & Technology ········· 280
Earthquake Prevention & Disaster Reduction ········· 281

Civil Life

Human Resources & Social Security ········· 284
Civil Affairs ········· 286
National & Religion Affairs ········· 289
Urban & Rural Residents Life ········· 290

Village & Town

Dongjing Yao Nationality Village ········· 292
Guanyinge Village ········· 294
Xishan Yao Nationality Village ········· 295
Huangguan Town ········· 297
Xinjie Town ········· 300
Guanyang Town ········· 302
Xinxu Town ········· 305
Shuiche Town ········· 308
Wenshi Town ········· 309

Appendix

Report on the Implementation of the National Economic & Social Development Plan in 2018 & Draft National Economic & Social Development Plan in 2019 in Guanyang County ········· 314
On the Implementation of the Budget of Guanyang County in 2018 & Report on the Budget (Draft) of Guanyang County in 2019 ········· 322
Statistical Bulletin on National Economic & Social Development of Guanyang County in 2018 ········· 328

Indexes

Indexes ········· 332

特　　载

2019年1月16日，中国共产党灌阳县第十五届委员会第五次会议在县委三楼会议室召开　　县委办　提供

新时代新担当新作为　坚决打赢打好“三大翻身仗”

——在县委十五届五次全会上的工作报告

（2019 年 1 月 16 日）

县委书记　周春涌

这次全会的主要任务是，深入学习贯彻习近平新时代中国特色社会主义思想、党的十九大精神和习近平总书记在庆祝改革开放 40 周年大会上的重要讲话精神，贯彻落实中央经济工作会议、自治区党委十一届五次全会、全区经济工作会议和市委五届五次全会精神，总结回顾 2018 年工作，研究部署 2019 年工作。

一、县委十五届四次全会以来常委会工作

过去的一年，是全面贯彻落实党的十九大精神的开局之年，是改革开放 40 周年、自治区成立 60 周年。一年来，在上级党委的坚强领导下，县委常委会团结带领全县各级党组织、广大党员和干部群众，高举习近平新时代中国特色社会主义思想旗帜，全面落实“五个扎实”①新要求，坚持稳中求进工作总基调，牢固树立新发展理念，突出高质量发展要求，聚焦“三大攻坚战”②，在困难中谋求发展，在矛盾中破茧前行，在压力下苦干实干，保持了全县经济社会持续平稳健康发展，文明和谐幸福美丽新灌阳建设取得新成绩。

过去的一年，我们聚焦政治建设，树牢四个意识，引领发展能力明显提高。坚持把深入学习宣传贯彻习近平新时代中国特色社会主义思想和党的十九大精神作为首要政治任务和全年工作主线，县委中心组坚持每月集中学习制度，县委常委带头讲党课，全领域开展“大学习、大讨论、大调研、大落实”行动，推动党的十九大精神在灌阳落地生根、开花结果。主动对标中央和区市党委重大决策部署，特别是把做好脱贫攻坚、湘江战役红军遗骸收殓保护和历次巡视、巡察、督查、审计等发现问题整改作为落实上级党委重大决策部署的实际行动，全力抓好贯彻落实，全面确保工作实效。注重继承创新，深挖比较优势，明确“四个全力以赴”③的工作思路，鲜明提出着力打好全面脱贫攻坚、县域经济发展、基层党的建设“三大翻身仗”的工作导向，全县工作思路更加清晰，工作导向更加明确，工作成效不断凸显。

过去的一年，我们聚焦提质增效，狠抓产业发展，县域经济实力稳步提升。围绕“一产明晰主导、提升效益，二产做大增量、盘活存量，三产夯实基础、增强实效”的产业发展要求，致力推动一产富民、二产强县、三产兴城，预计三次产业结构比优化提升为 20∶41.1∶38.9。实施生态农业品牌战略，注册培育“千家洞”“麒麟山”两个商标，强力打造“千家洞”系列品牌，灌阳红薯粉获评国家地理标志保护产品。创建区、市、县、乡级现代特色农业示范区（园）27 个，居全市第三。三大现代特色农业核心示范区提档升级顺利推进，千家洞雪梨黑李产业（核心）示范区景观被评为中国美丽田园，油茶产业走在全区前列，超级稻单产连续 9 年创广西之最。获评国家水稻全程机械化示范项目县。培育家庭农场、种植大户、合作组织、农业企业等新型农业经营主体 210 家，建立示范点 121 个，带农助农能力不断增强。完成投资 9600 万元，工业园区基础设施进一步完

①“五个扎实”：扎实推动经济持续健康发展；扎实推进现代特色农业建设；扎实推进民生建设和脱贫攻坚；扎实推进生态环境保护建设；扎实建设坚强有力的领导班子。

②“三大攻坚战”：即防范化解重大风险、精准脱贫、污染防治攻坚战。

③“四个全力以赴”：即全力以赴抓好脱贫攻坚这个最大的政治责任、最大的民生工程；全力以赴抓好县域经济发展这个最大的中心任务；全力以赴抓好乡村振兴这个最大的战略基石；全力以赴抓好政治生态建设这个最强有力的保障。

善，承载能力进一步提高，产城融合发展稳步推进，发展后劲不断增强。选矿机械制造、锰业循环经济、林业循环经济、石材开采加工四大专业特色园区初步成型。贵达异地搬迁技改、发鑫锰业搬迁等项目扎实推进；石材矿山整治和产业开发有序实施、初见成效。成功引进上市企业香港雅高集团，加紧打造石材开采、加工、销售、物流全产业链。主动融入大桂林旅游圈，进一步丰富旅游产品质量内涵，提升旅游设施环境，狠抓自治区全域旅游示范区、旅游标准化试点县创建工作，“红、古、绿”特色旅游成效凸显，一条集红色教育、历史文化、生态休闲于一体的旅游精品线路逐步形成。江口特色文化旅游区、唐景崧故里景区分别荣获五星级乡村旅游区、国家AAA级旅游景区称号；红豆杉国际大酒店获评四星级饭店。成功举办“二月八”“六月六”和国内A级赛事—中国·灌阳全国山地户外运动挑战赛等活动，有效促进县域旅游提速发展。全县共接待游客总人数164.2万人次，完成旅游综合总收入17.1亿元，同比分别增长132.9%、125.2%。电商发展迅猛，推动物流、金融、信息、销售等领域良性互动，批发零售、住宿餐饮等服务业提质增效，桂林银行落户灌阳并实现开业。

过去的一年，我们聚焦脱贫攻坚，补齐民生短板，人民群众幸福指数明显提升。始终把脱贫攻坚作为最大政治责任、最大民生工程、最大发展机遇和最重要书记工程来抓，健全体制机制，创新工作方法，落实工作责任，全面构建三级书记抓脱贫和工作任务专责制、工作内容清单制、工作推进督查制、工作结果考评制“四位一体”的责任落实体系，实现25个贫困村、13180人脱贫摘帽，顺利通过市“五合一”考核、区“四合一”核验。县财政安排资金5000万元，重点培育“5+2”“3+1”特色产业，推动主导产业做大做强，脱贫质量有效提升。强化“村财乡管”，整合各类资金1.22亿元，造血式发展壮大村集体经济，实现所有贫困村、非贫困村集体经济收入双达标，全县村集体经济发展指数跃居全市第一。义务教育、基本医疗、住房安全“三保障”成效突出。建档立卡贫困家庭学生“零”辍学，发放各类教育资助2265.9万元，发放雨露计划补助334.1万元；贫困人口参保率、家庭医生签约率、养老金待遇发放率、低保保户率均达100%；2018年脱贫户危改任务完成100%，易地扶贫搬迁入住率100%，“十三五”易地扶贫搬迁任务提前完成。投资11.6亿元实施为民办实事工程，完成项目79个。实现城镇新增就业2710人次，农村劳动力转移就业新增3870人次。江东移民小学、移民中学项目顺利实施，农村学校标准化建设加快推进，县域义务教育均衡发展顺利通过国家级评估认定，中高考成绩再创新高。医疗、养老、低保、五保等社会保障体系不断健全。扫黑除恶专项斗争、信访维稳、安全生产、食品药品安全等工作扎实开展，天网视频防控网实现全覆盖，禁毒工作深入推进，社会大局和谐稳定，群众安全感幸福感进一步提升。

过去的一年，我们聚焦乡村振兴，推动绿色发展，特色城镇建设水平不断提升。全县108个重点项目扎实推进，预计完成投资14.6亿元。灌平高速、357国道、观澜购物公园、双胞胎生猪养殖基地、深圳茂雄果蔬供港基地等一大批重点项目相继开工、加快推进。广西秋潮集团等一批上市公司和知名企业成功签约，经济社会发展活力进一步增强。一江两岸景观带、江东新区格局基本形成，解放桥建成通车，兴灌路、滨江西路、双桥路、城北通道等改造提升，西山坪高速路口至县城连接线、绕城公路等项目有序推进。江东新区实训基地、政务中心、老干部活动中心等即将投入使用。前三批新型城镇化示范乡镇书记工程建设巩固提升，新圩镇新型城镇化建设加快推进。14个村落列入中国第五批传统村落名录，居全区第一，全县国家级传统村落达26个。紧密结合乡村振兴、脱贫攻坚和农村人居环境整治三年行动计划，投入资金2.97亿元，深入实施产业富民、服务惠民、基础便民三大专项行动。乡村振兴项目库初步建立，全县13个田园综合体项目顺利推进，建成行政村电子商务服务点106个；社保就业服务窗口、人民调解委员会、卫生室、广播和电视实现行政村全覆盖；农村饮水安全、高效节水灌溉、中小河流治理等工程稳步推进，

2018年第一批农网改造升级工程顺利完成，行政村全部通等级公路，客运通达率达92.75%。坚决打好“蓝天、碧水、净土”三大保卫战，高位推动中央环境保护督察回头看反馈问题整改，严厉打击非法捕捞、采砂制砂和采选矿等违法行为，县城空气质量综合指数全市排名第三，河长制工作走在全区前列，森林覆盖率达75.73%。洞井瑶族乡、观音阁乡获评自治区级生态乡镇，文市镇大湾村社拐屯等5个村屯获评自治区绿色村屯，新街镇龙中村获评“美丽广西”乡村建设示范村，完成6个市级、3个县级宜居乡村示范村建设，新增7个自治区级生态村，示范带动农村人居环境全面提升，城乡环境更加整洁有序，常态长效管理和文明水平不断提升。

过去的一年，我们聚焦政治方向，壮大主流舆论，特色文化品牌创建成效突出。牢牢把握意识形态主动权，弘扬社会主义核心价值观，切实把握正确的政治方向、舆论导向和价值取向，意识形态工作责任制有效落实。成立“县委（专家）宣讲团”。建立县级网信队伍，设立灌阳县互联网信息管理办公室。创建“新时代讲习所”151个。刘继忠入选中国好人榜，罗标获评区市两级勤廉榜样。《灌阳县志(1991—2005)》付梓出版，《唐景崧、唐景崇、唐景葑同胞三翰林》成书面世；“六月六”尝新节入选首届“中国农民丰收节”100个乡村文化活动；“青年马克思主义者培养工程”全国研究培训基地、广西区委党校革命传统教育教学基地、自治区爱国主义教育基地和“广西关心下一代党史国史教育基地”相继落户灌阳；红色文化资源的挖掘保护传承利用工作得到习近平总书记、李克强总理等中央领导的重要批示。

过去的一年，我们聚焦改革创新，优化营商环境，县域发展活力动力充分激发。供给侧结构性改革加快推进，“三去一降一补”取得明显成效。完成国税地税改革，商事制度改革成效明显。公立医院改革、医药卫生体制改革被列为自治区综合改革示范县，灌阳医改模式相继在国家卫生健康委公立医院综合改革典型案例培训班暨持续深化公立医院综合改革座谈会、市委全面深化改革领导小组第十四次会议上作经验介绍，获国家激励通报。县监察委员会组建挂牌，巡察办、巡察组履职全面步入正轨。农村土地制度改革加快推进，农村土地确权颁证工作基本完成。机构改革和农村集体产权制度改革顺利推进。成功申报新建袁隆平院士工作站。农民工创业园获评自治区级示范性贫困县农民工创业园。积极优化审批服务，严格落实优惠政策，完善社会信用体系，营商环境持续优化。招商引资成效明显，内外资累计到位资金分别为26.12亿元、630万美元，均超额完成年度目标任务。

过去的一年，我们聚焦民主法制，巩固团结局面，党的凝聚力向心力不断增强。积极发展社会主义民主政治，坚持和完善人民代表大会制度，全力支持和保障人大依法履职；全力支持政府依法行政；全力支持人民政协依法履行民主监督、政治协商和参政议政职能。积极开展党外干部和党外人士统战工作，推动非公有制经济健康发展、非公有制经济人士健康成长，建立健全对新的社会阶层人士联系服务机制。依法管理民族宗教事务，全面贯彻党的民族、宗教政策，民族团结、宗教和顺、社会和谐的良好局面持续巩固，县民族小学获评自治区民族团结进步模范集体。强化党管武装工作，推进军地共建；扎实推进司法体制改革，更好维护社会公平正义；深入推进群团改革，充分发挥工青妇等群团组织作用，切实把各党派团体、各界人士思想和行动统一到中央决策部署上来，形成干事创业的强大合力。

过去的一年，我们聚焦主责主业，全面从严治党，科学发展保障基础不断夯实。坚持党要管党、全面从严治党，严格落实全面从严治党主体责任，集中整治党风作风，严厉惩治腐败，党内政治生态持续净化。基层党组织建设扎实推进。筹集6000多万元，实现141个村（社区）活动场所全面达标升级，县党群服务中心一期建成使用。“红、古、绿”基层党建品牌示范点创建成效明显。《广西灌阳县：“互联网＋远教红吧”开启智慧党建新探索》荣获由中央党校评选的全国“互联网＋基层党建”典型创新案例优秀奖，是广西唯一获奖案例。从严落实县乡两级述职评议制度，细化明确抓基层党建工作“任务清单”共187项。干部队伍建设不断加强。落实职务职级并行制度,建立健全容错纠错机制,全面激发干部干事创业精气神。优化选派驻村队员359名,落实帮扶干部5232名,全力推动抓党建促脱贫攻坚工作。实施把致富能手培养成党员、把党员培养成致富能手的“双培工程”,启动“千名后备村干部”培育工程,1066人进入村级后备干部人才库,建立9个农村实用人才“服务站”。坚持好干部标准,调整干部123名,其中提拔28名。调整撤换不合格村干部28名,完成20个软弱涣散村党组织整顿提升。党风廉政建设深入推进。制定出台县委履行全面从严治党主体责任清单,实践运用好“四种形态”,持之以恒纠正“四风”,深入开展形式主义、官僚主义突出问题专项整治行动,强化扶贫领域腐败和作风问题专项治理,不断完善巡察工作机制,深挖黑恶势力“保护伞”,召开县委常委班子警示案例专题民主生活会。全县纪检监察机关共立案155件,结案148件,给予组织处理5人、党政纪处分143人,反腐败斗争取得压倒性胜利并巩固发展。

一年来,县委常委会不断加强自身建设,充分发挥把关定向的关键作用,注重加强班子的协调合作,贯彻民主集中制,凝聚班子合力,抓好班子建设和队伍管理。带头改进作风,带头讲政治、守纪律、讲规矩,强化宗旨意识,密切联系群众,廉政勤政,担当实干,推动风清气正的政治生态和干事创业的良好氛围在灌阳加速形成。

以上是县委常委会一年来的主要工作。这些工作的顺利开展及所取得的成绩,是上级党委正确领导的结果,是全县各级党组织、广大党员和干部群众凝心聚力、共同奋斗的结果,也是各位委员、候补委员辛勤工作的结果。

县委常委会认识到,面对新形势新任务,我们在工作中还存在不少困难和问题,主要是:脱贫攻坚压力依然较大;发展不平衡、不充分问题较为突出;制约发展的体制机制性障碍仍然存在,交通制约发展瓶颈问题尚需进一步破解;党的建设方面还有薄弱环节,激励干部新作为新担当还欠缺新举措,等等。对这些困难和问题,县委常委会今后将采取有力措施认真加以解决,努力把灌阳的发展建设推上新的台阶。

二、深入学习贯彻习近平总书记在庆祝改革开放40周年大会上的重要讲话精神,全面开启新时代灌阳改革开放新征程

习近平总书记在庆祝改革开放40周年大会上的重要讲话,全面回顾改革开放波澜壮阔的发展历程,深刻总结改革开放的伟大成就、宝贵经验,精辟阐述改革开放历史性意义,庄严宣示坚定不移将改革开放进行到底的信心和决心,明确提出了把新时代改革开放继续推向前进的目标要求。全县各级党组织和广大党员干部要深入学习领会习近平总书记重要讲话精神,深刻把握“十个始终坚持”取得的伟大成就和“九个必须坚持”的宝贵经验,弘扬伟大梦想精神,坚定信仰信念信心,严格按照自治区党委、市委全会的部署要求,以更加坚定的思想自觉、政治自觉、行动自觉进一步推动思想再解放、改革再深入、工作再落实,推动新时代灌阳改革开放不断向前。

(一)全力推进思想解放。实践发展不止步,解放思想无止境。解放思想是推动改革开放的关键,是推进灌阳更好更快发展的动力源泉。面对当前灌阳异常艰巨繁重的改革发展任务,我们的干部队伍当中还不同程度存在思想解放不够、创新意识不够、责任担当不够、能力水平不够等问题,“不愿为”“不敢为”“不能为”的现象还不同程度的存在。对此,我们必须按照区市党委要求,坚持问题导向,坚持以上率下,大力弘扬改革创新的时代精神,大力倡导“实干就是能力,落实才是水平”理念,以思想大解放激发广大干部群众主动担当、务实作为。以更大力度冲破观念围墙、廓清思想障碍,在解放思想中找出新办法、新答案、新出路,树立“走在前列”的强势思维和“勇闯新路”的破局思维,从上到下树立起敢为人先、敢争一流、敢于超越的志向追求,努力把我县山清水秀的生态优势、特色鲜明的资源优势、众多国字招牌的政策优势转化为现实生产力,走出一条高质量、高效益的发展新路子。

(二)持续优化营商环境。主动融入广西“三大定位”[1]、桂林国际旅游胜地建设“1+2”国家战略，依托“一带一路”、泛珠三角区域合作与发展论坛暨经贸洽谈会和中国—东盟博览会等平台，办好全国石材发展论坛、外宣招商推介等会议，加大对自然、生态、康养、人文等资源的宣传推介，全面提升对内对外开放的质量和水平，切实构筑区域开放合作的新高地。要把转变作风作为优化营商环境的重要抓手，坚决破除地方主义、本位主义，大力推进简政放权，该“放”的彻底放开，该“减”的彻底减掉，能整合的尽量整合，能简化的尽量简化，努力打造办事不求人、规则无偏见、投资有商机的良好服务环境。继续深化“放管服”改革，加快政务服务提速增效，推动实现行政审批事项和公共服务事项“最多跑一次”甚至“一次都不用跑”。大力发展民营经济，不断拓宽民营企业融资渠道，逐步降低融资成本，打通金融资金流向实体经济的“最后一公里”。保障企业经营者合法的人身和财产权益，保障企业合法经营。着力构建亲清新型政商关系，坚持“以诚招商、精准招商、以商招商”理念，厚植有利于企业成长发展的沃土，持续推动灌商回流，进一步提升灌商知名度，推动民营企业在灌阳安心发展、轻装前进、迸发活力。

（三）全面深化改革创新。用好改革创新“关键一招”，以更大决心、更大勇气、更大力度推进一批重点领域和关键环节改革，着力构建充满活力、富有效率、更加开放的体制机制。以深化供给侧结构性改革为主线，完善产权制度和要素市场化配置，深化财税金融、国资国企改革。推进第三批增量配电网改革试点。加快推进园区体制机制创新，探索园区党工委书记领导下的主任负责制。深化新型城镇化、农村产权制度改革。完善全域旅游推进机制，进一步推进旅游资源整合，培育做强品牌旅游企业，打造灌阳生态旅游品牌、红色旅游品牌、红色教育培训品牌、休闲农业品牌。扎实推进全县机构改革。统筹推进党的制度建设、经济体制、安全生产体制机制、乡村治理等各领域改革。不断加快创新驱动发展，加强与桂林理工大学等驻桂高校战略合作，围绕新型工业、现代农业、现代服务业和民生等领域发展需求，大力开展技术创新和产品创新，提升自主创新能力，培育发展新动能。坚持党管人才原则，建立健全人才管理库，着力引进培养急需紧缺的各类领军人才，创新人才激励保障措施，努力形成人人渴望成才、人人努力成才、人人皆可成才、人人尽展其才的良好局面。

三、围绕建设壮美广西、共圆复兴梦想这个总目标总要求，扎实做好今年各项工作，打赢打好“三大翻身仗”

今年是新中国成立70周年，是全面建成小康社会的关键之年，也是全面贯彻落实习近平总书记重要题词精神的第一年。做好今年工作意义重大。当前，我国经济发展总体平稳，稳中有进，人民生活持续改善，保持了经济持续健康发展和社会大局稳定，国际影响力不断扩大，朝着实现全面建成小康社会的目标迈出了新的步伐。但依然面临诸多挑战。从国际看，全球经济增长动能正在减弱，下行风险逐步加大，逆全球化和贸易保护主义有所抬头，特别是中美经贸摩擦成为影响两国经济和世界经济发展的一个较大变量。从国内看，我国经济的结构性问题依然突出，经济运行稳中有变、变中有忧，风险和困难明显增多。从我县来看，正处在发展的转型期、改革的攻坚期、脱贫的决胜期，面临结构调整和新旧动能转换的挑战，中小企业困难较多，各种矛盾问题累积叠加，必须坚持“底线思维”，切实做好应对各种困难局面的充分准备。按照实现“两个一百年”奋斗目标，围绕“建设壮美广西、共圆复兴梦想”这个总要求，把困难问题考虑得更充分，把对策举措谋划得更具针对性，苦干实干、克难攻坚，昂扬向上、奋发有为，努力破解瓶颈难题，全力谱写新时代灌阳高质量发展新篇章。

今年工作总的要求是：以习近平新时代中国特色社会主义思想为指导，深入贯彻落实党的十九大和十九届二中、三中全会以及中央庆祝改革开放40周年大会、中央经济工作会议精神，紧紧围绕“五位一体”总体布局和“四个全面”战略

---

[1]“三大定位”：即构建面向东盟的国际大通道，打造西南中南地区开放发展新的战略支点，形成21世纪海上丝绸之路与丝绸之路经济带有机衔接的重要门户。

布局，按照建设壮美广西、共圆复兴梦想的总目标总要求，全面落实自治区党委、市委全会部署，不断加强党的全面领导，切实把握“四个坚持”①，突出做好“六篇文章”②，全力打赢打好“三大翻身仗”，加快文明和谐幸福美丽新灌阳建设步伐，以优异成绩庆祝中华人民共和国成立70周年。

“三大翻身仗”是指：全面脱贫攻坚翻身仗、县域经济发展翻身仗、基层党的建设翻身仗。

打赢打好全面脱贫攻坚翻身仗。今年是全面脱贫攻坚的决胜之年、摘帽之年。要对标对表全县“十三五”奋斗目标，精准施策、尽锐出战，确保实现全县摘帽。按照“核心是精准，关键在落实，确保可持续”，对照“两不愁三保障”，重点聚焦21个贫困村，特别是18个深度贫困村，聚焦9810名贫困人口，全面落实政策，强化责任落实，巩固脱贫成果，实现更精准更有效的帮扶，确保脱贫质量，实现全县摘帽，力争年度扶贫成效考核进入一等行列。

打赢打好县域经济发展翻身仗。对后发展、欠发达的灌阳而言，发展始终是摆在我们面前的第一要务。要找准短板弱项，坚持项目带动、产业带动，强化财税、用地、金融、人才等政策支撑，完善县域基础设施，加快产业转型升级，做大做强优势产业，打造特色板块经济，以点的攻坚突破和面的持续提升，不断增强县域发展实力。实施创新驱动，培育发展新业态新产业，加快推动县域经济由规模速度型向质量效益型转变，由资源消耗型向资源节约型转变，争创广西科学发展进步县乃至先进县。

打赢打好基层党的建设翻身仗。党的基层组织是确保党的路线方针政策和决策部署贯彻落实的基础。要始终把党的政治建设摆在首位，按照新时代党的建设总要求和党的组织路线，以“全域党建、清风灌阳”为主题，全要素、全方位加强基层党的建设，推动基层党组织全面提档升级。大力倡导“担当为要、实干为本、发展为重、奋斗为荣”理念，树立凭实绩、讲担当、重实干的用人导向，营造风清气正、心齐劲足的良好工作氛围。

今年的主要预期目标是：地区生产总值增长7%—7.5%，规模工业增加值增长7%，财政收入增长6.5%，固定资产投资增长10%以上，社会消费品零售总额增长10%，城镇居民人均可支配收入增长7.5%，农村居民人均可支配收入增长10%。

确定打赢打好“三大翻身仗”的工作目标和实现以上预期目标，总体上看既体现了坚持新发展理念、紧扣当前我国社会主要矛盾变化、符合高质量发展要求，又体现了区市“对标小康、稳中求进，创新提质、担当实干”要求，契合中央提出的坚持稳中求进工作总基调，兼顾了“稳”和“进”，既鼓舞人心，又切实可行，有利于稳定社会预期，增强发展信心。同时，我县在2020年要与全国、全区、全市同步实现全面小康，按照2020年GDP比2010年翻一番的目标测算，保持这个预期目标增长速度是必要的。通过比较分析，实现以上预期目标我们也是有条件支撑的。近年来，我县争取到10多块国字招牌，政策优势、环境优势等多重激励效应叠加并逐渐显现；双胞胎生猪养殖基地、深圳茂雄果蔬供港基地等一批项目相继签约和开工，现代特色农业发展势头良好，示范区辐射带动能力不断增强；一系列的促消费政策效果进一步显现，旅游业快速有序发展，现代服务业有望实现较快增长；灌平高速公路、357国道、观澜购物公园、风力发电等一大批项目开工建设或竣工投产，特别是石材产业正在加速整合，加快转型升级，这些都将释放出巨大效应，为实现预期目标奠定坚实的基础。当然，这些目标绝不是轻轻松松、敲锣打鼓就能实现的，必须付出更为艰巨、更为艰苦的努力。这就要求我们广大党员干部主动作为、担当实干，对标先进、奋力赶超，全力以赴完成全年目标任务。

根据区市部署要求，今年要重点抓好以下几方面工作。

（一）围绕产业转型提质效，推进县域经济高质量发展

聚焦“巩固、增强、提升、畅通”八字方针，依托

---

①“四个坚持”：即坚持新发展理念；坚持稳中求进工作总基调；坚持以人民为中心；坚持以供给侧结构性改革为主线，以高质量发展为引领，以全面深化改革和创新驱动发展为重点。

②“六篇文章”：即富农强工、崇文重教、兴旅美城六篇文章。

灌阳的资源禀赋，坚持“一产明晰主导、提升效益，二产做大增量、盘活存量，三产夯实基础、增强实效”的产业发展要求，持续推动一二三产深度融合发展，形成可持续、能壮大、有特色的发展格局。

着力推动农业做强做优。要进一步明晰主导产业，加快重点支柱产业的发展，加快培育具有比较优势的特色产业，实现现代农业特色化、规模化、品牌化发展。全力抓好雪梨黑李、水稻、油茶三大现代农业（核心）示范区提档升级，争创国家级产品优势区，力争神农稻博园打造成为国家级田园综合体。培育打造“千家洞”系列品牌，提高灌阳农产品知名度，延伸产业链。持续推进双胞胎生猪、肉牛等养殖基地建设，带动水稻、蔬菜、食用菌、水果、中药材种植和生猪、肉牛养殖等特色产业发展。加强农业技术指导培训，立足生态稻田、生态果园建设，扎实做好蔬菜、水果、中药材等经济作物新品种的引种和新技术的推广。健全农产品流通体系，积极培育农村电商、乡村旅游等新产业新业态，推动农旅深入融合，规划建设一批星级农家乐、特色村落、田园综合体，推动农业高质量发展。

强力实施工业振兴行动。工业不强，基础不牢，灌阳难富。实现稳增长目标，工业是重要支撑，也是核心动力，必须付诸更多精力、财力，拿出更多可行措施，大力推动工业振兴，重振灌阳工业雄风。要以创新驱动引领工业高质量发展，制定行动计划，打造特色优势，实施重点突破，实现工业经济总量和质量双提升。要做大增量。发挥比较优势，瞄准石材、食品、中药材加工等特色产业，引导资源、技术、人才、资金等要素向集团公司聚集，推动产业链专业化、上下游配套、高端化发展，尤其要重点打造石材特色产业集群，形成集石材开采、加工、销售、物流全产业链，做优做大做强灌阳黑白根石材品牌，使之成为县域工业的支柱产业。要盘活存量。着力抓创新、创品牌、拓市场，推进工业供给侧结构性改革，加大对重点企业入规的培育力度，加快选矿机械、冶炼、竹木加工等传统优势产业改造提升，以广西都庞岭木业有限公司为引领，加快形成木材加工产业集群，补齐延伸产业链。重点抓好碲石精选搬迁、贵达异地搬迁技改、发鑫锰业异地搬迁等一批产业在建项目，力争年内投产。要建好园区。进一步完善园区基础设施，加大标准厂房建设，加快推进污水处理厂工程建设。进一步加大园区土地收储力度。大力推进园区产城互动和生态化改造，加快园区提质发展，争创自治区A类园区。要理顺园区管理体制，落实配套扶持政策，抓好企业服务，吸引企业入园集聚发展，重点推进工业园、农民工创业园、石材产业园上档升级，培育形成一批特色优势产业集群，做大做强园区经济。

千方百计抓投资促消费。投资和消费是稳增长的有力手段。要抓好项目投资。秉持抓项目就是抓发展的理念，压实责任，强化举措，通过往上争、抢、跑、要财政投资项目，招商引资落户一批市场化项目，尤其是产业项目，集中力量推动一批重大项目开工，重点抓好中央投资项目和区、市统筹推进重大项目落地落实，特别是加快灌平高速、357国道等重点基础设施项目建设。加大项目服务保障力度，坚持“政策给够、道理讲透、依法依规、有序推进”，着力突破项目用地难、征拆难等制约瓶颈。不断加强项目储备包装策划招商，着力引进一批建链、补链、延链、强链产业项目，形成项目建设多点突破、全面推进的局面。围绕城乡消费升级需求，加快发展电子商务、批零住餐、汽车销售、金融保险、信息服务、物流运输等服务业，进一步激发居民消费潜力，增强消费对经济发展的拉动作用。扎实做好“红、古、绿”三篇文章，打造生态休闲旅游精品线路，如期高质量完成湘江战役·新圩阻击战酒海井红军纪念馆迁建提升工程和红军烈士遗骸收殓保护工作，抓紧推进湘江战役系列遗址遗存和红色旅游节点的保护开发；升级改造传统村落、历史文化名村；推动千家洞旅游度假区尽快对外营业并恢复4A级景区，唱响红色旅游、古民居、康养民宿三大品牌。

（二）围绕脱贫攻坚惠民生，推进社会事业高质量发展

坚持以人民为中心的发展思想，聚焦打赢打好全面脱贫攻坚翻身仗这一目标要求，全力保障和改善民生，确保实现全县脱贫摘帽，不断提升人民群众的获得感、幸福感、安全感。

坚决实现脱贫摘帽。聚焦“两不愁三保障”，聚焦深度贫困地区和特殊贫困群体，找准脱贫摘

帽的短板和薄弱环节，突出“六个精准”①，下足“绣花”功夫，抓重点、补短板、强弱项，确保脱真贫真脱贫。派强用好第一书记和驻村工作队，认真落实自治区“八九不离十”②要求，严格考核管理，树立鲜明导向，对优秀的第一书记和驻村干部宣传表彰、提拔使用，不胜任的及时“召回”调整。坚决落实上级对扶贫领域的巡视巡察检查督查发现问题的整改。加大基础设施建设力度，全面提升公共服务水平。落实好兜底政策，建立健全特殊贫困群体关爱体系，有效防止和减少贫困人口返贫，持续巩固脱贫成果。创新产业扶贫模式，强化广度和深度，加大对“5+2”“3+1”特色产业培育力度，打造一批示范性强、覆盖面广、产业化高的示范园，建设一批经济效益强、市场需求大、产业基础好的示范基地，推动易地搬迁后续产业扶持和村集体经济持续发展壮大。进一步加强扶贫扶志工作，强化对贫困群众的教育引导，激发贫困群众内生动力。抓实党建促脱贫攻坚工作，切实发挥基层党组织的战斗堡垒和党员的先锋模范作用，推动形成专项扶贫、行业扶贫、社会扶贫“三位一体”大扶贫格局。

持之以恒改善民生。坚持尽力而为、量力而行，实施好为民办实事工程，切实保障改善民生。把稳定就业摆在突出位置，促进农民工、贫困劳动力、退役军人等群体多渠道就业。深入实施教育提升三年行动计划，推进教育均衡化特色化多样化发展。加强基层医疗卫生机构建设，完善综合监管机制，切实解决人民群众最关注最直接的教育、卫生、食药安全等民生问题。全面实施全民参保计划，统筹城乡社会救助体系，不断提高城乡居民社会保障水平，为灌阳百姓撑起一片“晴天”。

提升社会治理水平。严格落实维护社会稳定责任制，推动扫黑除恶专项斗争向纵深发展。抓好矛盾纠纷精准排查化解，依法严打黄赌毒盗抢骗等各类违法犯罪行为，增强人民群众安全感。抓好安全生产、市场监管、军地共建、应急管理等工作，营造安全稳定和谐的社会环境。

（三）围绕区域特色抓统筹，推进城乡建设高质量发展

按照“城乡一体、生态美丽、文化多元、富裕和谐”要求，加快以城带乡，以乡促城，城乡互动，统筹协调发展。

全面提升县城品位。坚持扩容提质和凸显特色并重，挖掘文化内涵，强化宽视野高起点利长远规划引领，突出世界瑶族发祥地区域文化特色，明确城市建筑主体风格和色调，统筹推进新老城区发展，推动县城设施提档升级，提高城市综合承载能力。按照“城市门户、文化地标、产业引擎、生态福地”的定位，实施瑶乡小镇和灌江国家湿地公园建设，打造灌阳城市新门户、新地标。继续抓好江东新区、移民新城等项目建设。集中力量每年改造提升 1—2 条主干道或者主街道风貌，用 2—3 年的时间使整个县城的面貌显著改观。充分整合县域发展资源、项目资源等，最大化活用政策实现开发建设收益综合平衡，最大限度减轻财政压力。

大力推动集镇建设。全面完成新圩镇示范乡镇建设，谋划启动实施第五批示范乡镇建设。以新型城镇化建设带动城乡统筹发展，注重与产业的深度融合，依托灌阳的好山好水好生态，积极打造瑶乡小镇、石材小镇、翰林古镇等特色小镇，形成城乡一体、产城互动、区域发展的灌阳特色城镇群。

实施乡村振兴战略。按照“20 字方针”总要求，围绕“六大工程”③，强化“六大保障”④，推动农业强优、农村美丽、农民富裕。巩固“清洁乡村”“生态乡村”“宜居乡村”成果，抓好幸福乡村建设，重点实施“环境秀美”“生活甜美”“乡村和美”三个专项活动。深入实施农村人居环境整治三年行动计划，统筹推进乡村风貌提升三年行动和生态环境保护基础设施建设三年作战等重大工作。推进乡风文明，传承发展农村优秀传统文化和乡土文化，推动农村移风易俗，倡导

①“六个精准”：即扶贫对象精准、项目安排精准、资金使用精准、措施到户精准、因村派人精准、脱贫成效精准。

②“八九不离十”：即每年召开群众会议 80 场以上，让所驻村 90% 以上群众认识每一位队员，走访所驻村 100% 的农户。

③“六大工程”：即特色农业强优、生态环境优化、文化繁荣兴盛、治理能力提升、脱贫惠民富民、体制机制创新“六大工程”。

④“六大保障”：即组织、规划、政策、金融、人才、法治。

公序良俗，弘扬时代新风，打造充满活力、和谐有序的善治乡村。

（四）围绕绿色发展抓生态，推进环境保护高质量发展

灌阳是全国重点生态功能县、自治区重点生态功能区，良好生态是灌阳最宝贵的资源、最殷实的家底。要坚持生态立县、生态惠民，突出区域定位，不断强化举措，呵护好灌阳的“绿水青山”。

着力扛起环境保护“主责任”。严格落实环境保护“党政同责、一岗双责”责任制，健全完善常态长效的生态保护体制机制及责任清单，切实担起重点生态功能区环境保护和管理的主体责任。强化考核问责，严格执行重大环境污染事件“一票否决制”。全面完成中央环保督查反馈问题整改，以“零容忍”态度严惩环境违法行为，推动生态环境质量持续改善。

着力唱响绿色发展“主旋律”。高度重视县域生态环境质量，重点推进环境基础设施项目建设，提高生态环境监管水平。加快推进灌江国家湿地公园建设，将湿地公园和瑶乡小镇建设结合起来，科学合理择优应用合作模式，尽快完成核心区规划、测算、征拆等前期工作，努力做成标杆性项目。加快海洋山自然保护区确界工作，抓好灌江流域自然生态修复，健全完善“河长制”，持续开展非法采捕、非法排污整治行动。严格落实重点生态功能区产业负面清单。推进百里灌江休闲观光绿道建设，提升灌阳全域旅游品质和品牌。

着力打好污染防治“攻坚战”。坚决打好“蓝天、碧水、净土”保卫战，全面加强大气污染防控，抓好面源污染和扬尘综合治理，降低重点行业污染物排放，加大城区禁放烟花爆竹管理力度，严禁露天焚烧生活垃圾和其他废弃物。严格城乡饮用水源地保护，加快推进城镇黑臭水体治理，加强城镇和园区污水处理设施建设，积极推行生态养殖。抓好固体废物处置及管理工作，强化冶炼、石材行业废物渣场的规范化管理和再利用。建立完善垃圾清运体系，有效遏制河流、公路沿线两侧乱堆垃圾和弃土的现象，确保灌阳天更蓝、地更净、水更清、城市更宜居。

（五）围绕长征精神抓传承，推进宣传思想高质量发展

全面落实习近平总书记等中央领导同志重要批示精神，加强革命遗址遗存的保护利用，弘扬传承长征文化，激励广大干部群众以坚定的信心、昂扬的斗志奋力走好新时代的长征路。

加强红色资源保护开发。加强统筹规划，坚持简朴节约、庄重严肃，全力配合制定实施《湘江战役纪念建设总体规划》《湘江战役纪念公园规划建设方案》，做好陈列馆内容审核和申报工作。主动对接汇报衔接，全力争取中央、区市在技术、人力、资金、项目等方面大力支持。加强文物史料征集保护利用，继续做好红军遗骸的认定和迁葬工作，以实际举措告慰革命先烈。加强湘江战役历史和革命精神宣传研究，加快建设干部教育培训基地，着力打造在全国有影响力的党性教育品牌，切实把红色资源利用好、把红色基因传承好。

加强党对意识形态工作的领导。牢记“举旗帜、聚民心、育新人、兴文化、展形象”使命任务，不断强化意识形态工作责任制。加大对先进典型、好人好事等正能量的宣传力度。围绕新中国成立70周年，广泛开展群众性宣传教育活动，持续推进“新时代讲习所”建设，讲好灌阳故事、传播灌阳声音。加强意识形态阵地建设和管理，完成县融媒体中心建设，强化网络意识形态工作，筑牢网上网下防控体系，积极稳妥做好热点问题、重大突发事件信息发布、舆情事件应急处置和舆论引导。注重思想引领，大力培育践行社会主义核心价值观，深入实施公民道德建设工程，积极推进新时代文明实践中心建设，拓展“星级文明户”创建，推动形成爱国爱家、相亲相爱、向上向善、共建共享的社会风尚。

建设打造“文化灌阳”品牌。经济是城市的动力，景观是城市的形象，而文化则是城市的灵魂。要全力奏响文化开发保护利用“三部曲”，加强红色文化、历史文化保护传承，加快“长征之旅”红色旅游精品线路打造，树立红色旅游品牌形象。实施文化产业品牌发展战略，推动文化与旅游、农业、体育等产业融合发展。深入实施文化惠民工程，持续推进广场文艺会演、梨园唱桂剧、猜谜一条街等文化活动品牌创建，巩固唐景崧同胞三翰

林研究成果，着力推出一批文化精品。深化文化体制改革，不断激发文化创新创造活力，彰显“生态灌阳·红色沃土·文化高地”新魅力。

（六）围绕政治建设抓党建，推进管党治党高质量发展

全面贯彻落实新时代党的建设总要求，坚持以党的政治建设为统领，压实管党治党政治责任，不断提高党的建设质量。

着力加强党的政治建设。精心组织“不忘初心、牢记使命”主题教育，深入推进“两学一做”学习教育常态化制度化，开展“弘扬长征精神”系列活动，引导广大党员干部树牢“四个意识”，坚定“四个自信”，坚决做到“两个维护”，自觉尊崇党章，自觉在政治立场、政治方向、政治原则、政治道路上始终同以习近平同志为核心的党中央保持高度一致。

着力加强基层组织建设。扎实推进基层党组织组织力持续提升三年行动计划。按照全域党建理念，统筹推进农村、社区、机关事业单位、“两新组织”、国有企业、学校等领域基层党组织建设，全面完成县级党群服务中心建设。大力推广“互联网＋党建”。全面压实基层党建工作责任，不断加强和改进党员教育管理。持续整顿提升软弱涣散村党组织。选优配强基层党组织带头人，深入实施党建品牌创建工程，提升“星级化”管理水平，打造独具灌阳特色的党建工作品牌。

着力加强干部队伍建设。围绕增强“八种本领”①，加强干部教育培训，重点提升干部队伍的党性修养和政治素质，优化领导班子和干部队伍能力结构、知识结构和专业结构，全面提高干部履职尽责能力。大力培养发现和选拔使用敢于负责、勇于担当、善于作为、实绩突出、清正廉洁的干部。统筹做好优秀年轻干部选拔、培育、管理、使用工作。加强和改进干部管理监督，及时精准发现、精细培养、精确使用各方面优秀人才。

着力加强党风廉政建设。坚持“一案双查”，削存量、遏增量，巩固发展反腐败斗争压倒性胜利。紧盯重点领域和重点人群，持续深入开展扶贫领域腐败和作风问题专项治理工作。严格贯彻执行中央八项规定精神，集中整治形式主义、官僚主义突出问题。深入推进监察体制改革，深化政治巡察，用好监督执纪“四种形态”。深入贯彻落实党内问责条例，对失职失责、敷衍塞责的党组织、党员领导干部严肃问责，警示干部，激浊扬清。

着力激发干部担当作为。要强化教育引导，倡导“担当为要、实干为本、发展为重、奋斗为荣”理念，强化政治担当、使命担当和责任担当。完善干部考核机制，健全容错纠错机制，落细落实对广大干部的关爱激励措施。坚持好干部标准，做到优者上、庸者下、劣者汰，旗帜鲜明地为改革者鼓劲，为实干者撑腰，为担当者担当，树立凭实绩、讲担当、重实干的用人导向，以新作风应对新挑战、以新作为推动新发展。

坚持团结为先，充分发挥县委牵头管总、把关定向、协调各方作用，提高县委把方向、谋大局、定政策、促改革的能力和定力。全力支持人大依法监督、政府依法行政、政协依法履职，努力形成心齐劲足的工作氛围。坚持党对统战工作的领导，创新发展统一战线多党合作事业，加强同工商联、无党派人士和社会新阶层团结合作。全面贯彻党的民族政策，依法管理宗教事务，维护民族团结、宗教和谐良好局面。加强对工会、共青团、妇联等群团组织的领导。加快法治灌阳建设，全力支持法院、检察院依法履行职能、开展工作、发挥作用，坚决维护宪法权威，大力营造尊法学法守法用法的良好氛围。

目标引领方向，实干开创未来。做好今年工作任务艰巨、责任重大、攸关长远。让我们更加紧密团结在以习近平同志为核心的党中央周围，高举中国特色社会主义伟大旗帜，不忘初心、牢记使命、奋发有为、勤勉尽责，促进实现更高质量、更有效率、更可持续的发展，为加快实现文明和谐幸福美丽新灌阳，建设壮美广西、共圆复兴梦想作出新的更大贡献，以优异成绩庆祝新中国成立70周年！

①“八种本领”：即学习本领、政治领导本领、改革创新本领、科学发展本领、依法执政本领、群众工作本领、狠抓落实本领、驾驭风险本领。

灌阳县人大常委会工作报告

——在灌阳县十六届人民代表大会第四次会议上

（2019 年 2 月 21 日）

县人大常委会副主任　王　峰

2018 年主要工作

一年来，在县委的坚强领导下，在市人大的精心指导下，县人大常委会坚持以习近平新时代中国特色社会主义思想为统领，紧紧围绕全县工作大局，坚持在统一思想中凝聚合力、在求严求实中提升标准、在担当实干中展现作为，与时俱进，求真务实，在服务中心大局、促进公平正义、增进人民福祉等方面持续发力，为加快建设文明和谐幸福美丽新灌阳作出了积极贡献。

一、认真学习领会，把准新时代人大工作定位

习近平新时代中国特色社会主义思想，是中国特色社会主义理论体系探索的最新理论成果，是做好一切工作的根本遵循和行动指南。习近平总书记关于坚持和完善人民代表大会制度的重要思想，是习近平新时代中国特色社会主义思想的重要组成部分，为做好新时代人大工作提供了方向指引。

一是切实强化思想政治引领。常委会深入学习贯彻习近平新时代中国特色社会主义思想和党的十九大精神，特别是把学习贯彻习近平总书记关于坚持和完善人民代表大会制度的重要思想摆在突出位置，领导班子带头学、分头讲，通过举办人大代表专题学习培训班、召开人大代表座谈会等方式，在学懂弄通做实上下功夫，切实增强“四个意识”，做到武装头脑、指导实践、推动工作。

二是坚决维护宪法尊严和权威。严格落实宪法宣誓制度，组织新任命国家机关工作人员进行宪法宣誓，进一步彰显宪法尊严和权威。组织宪法宣讲，通过广播、电视、版报、网络等多种形式宣传，在全社会形成尊崇宪法、学习宪法、遵守宪法、维护宪法、运用宪法的浓厚氛围。

三是坚持党对人大工作的领导。坚持党的领导、人民当家作主、依法治国有机统一，不折不扣执行党的路线方针政策，在履职中贯彻党的主张、维护人民利益、尊崇宪法法律。坚持重大问题和重要事项及时向县委请示报告，确保县委决策部署得到全面贯彻执行。坚持党管干部原则，通过法定程序任免国家机关工作人员，圆满实现了县委人事安排意图。一年来，共依法任免国家机关工作人员 56 人次。

二、聚焦重点热点，加强和改进监督工作

紧紧围绕县委重大决策部署和人民群众关心的问题，严格按照人大监督的政治定位、法律定位开展工作，寓支持于监督之中，在服务全县大局、推动重点工作、保障改善民生中体现人大作为。

一是围绕脱贫攻坚开展监督。认真贯彻落实中央、区、市和县委的要求，把脱贫攻坚工作作为最大的政治任务和最大的民生工程，持续跟踪督查，专题调研少数民族扶贫开发工作情况，督促强化机制，形成工作合力。常委会领导按照脱贫攻坚督导要求，深入扶贫一线，谋划脱贫之策，推进扶贫产业发展和基础设施完善。全县各级人大代表在精准扶贫工作中充分发挥模范带头作用，切实推动解决人民群众最关心、最直接、最现实的利益问题。

二是围绕财经工作开展监督。专题监督经济运行情况，听取和审议了县人民政府关于 2017 年财政决算、2017 年财政预算执行审计、2018 年财政年初预算和预算执行情况、2018 年预算调整等报告，向政府提出了加大计划、预算执行力度，优

化财政收支结构，确保供给侧结构性改革、创新驱动发展、脱贫攻坚、民生实事、城镇建设等意见。

三是围绕民生热点开展监督。常委会密切关注群众利益问题，积极回应社会关切，通过市县联动的专题调研、执法检查、交办审议意见、跟踪督办代表建议，着力改善民生。持续关注重大项目建设，助力推进县城基础设施不断完善。持续关注红色旅游，大力支持打造生态休闲旅游精品线路。持续关注教育发展，推进县域义务教育均衡发展国家认定。持续关注“三农”工作，对我县实施乡村振兴战略情况开展专题调研，助推乡村振兴战略的深入实施。

三、着力深化拓展，充分发挥代表作用

常委会全力支持和保障人大代表履行好宪法法律赋予的各项职权，以主体作用推动人大工作。

一是不断强化履职意识。着力加强代表履职学习培训，采取集中培训与邀请代表列席会议、参加视察、执法检查、专题调研等方式，增强培训实效，全年培训代表 310 人次。组织区、市、县人大代表赴全国人大深圳培训基地学习，实现了学习培训全员覆盖，并量身定制学习课程，拓宽了视野，启发了思路，提升了履职能力。通过强化履职意识，让代表真正“动”起来，履职“实”起来，责任“扛”起来。

二是积极搭建履职平台。通过“提升设施、创新载体、建好网络、竖起标杆”，投入 120 万元，全面加强人大代表履职平台建设。全县共打造乡级代表履职活动中心 9 个、村级人大代表之家示范点 28 个。2018 年以来，全县各级履职场所共组织代表履职学习 762 人次，共接待选民 686 人次，形成意见建议 229 条，帮助群众解决问题 408 个。

三是认真办理代表建议。注重把办理代表建议与推动工作有机结合起来，将代表提出的 56 件建议交由县人民政府及有关部门办理，组织交办机关、主办机关、承办单位、协办单位与提建议的代表进行面商沟通，督促落实，代表意见和建议基本办结。继续深入开展评选“代表优秀建议”和“承办建议先进单位”活动，做到民有所呼，我有所应，用鲜活生动的事实，让人民代表大会制度深入人心。

四、强化自身建设，不断提高履职水平

常委会牢固树立“四个意识”，坚定“四个自信”，坚决做到“两个维护”，自觉把我县人大工作紧紧扣在贯彻落实党中央、区、市、县委的重大决策部署上来，紧紧扣在回应人民群众重大关切上来。全面落实从严治党主体责任，严格执行中央八项规定精神，扎实推进党风廉政建设。坚持思想建党和制度建党相结合，持续抓好机关党建工作。全力以赴做好精准扶贫帮扶工作，选派了 3 名优秀队员驻村工作，机关干部共结对帮扶贫困户 69 户，助推文市镇马莲村、集全村加快脱贫。加强学习培训工作，不断提高干部的政治素质和业务能力。积极做好老干部工作，热情为离退休老同志服务。不断加强人大信访工作，全年受理群众来信来访 21 批（件）次，接待群众来访 25 批 103 人，积极化解社会矛盾，促进和谐稳定。加强与各乡镇人大沟通联系，推动全县人大工作创新发展。

一年来常委会取得的成绩，是在习近平新时代中国特色社会主义思想指引下，在县委坚强领导下，县人大代表、常委会组成人员、常委会机关工作人员共同努力的结果，是县人民政府、县监察委员会、县法院、县检察院密切配合的结果，是县乡人大和全县各族人民大力支持的结果。

回顾过去一年的工作，我们也清醒认识到，与新时代的发展要求和人民的新期盼相比，我们的工作还存在一定差距。常委会监督工作的针对性和实效性有待进一步增强，代表联系人民群众的深度和广度需要进一步拓展，自身建设的能力和水平需要进一步提高，这些都要在今后的工作中加以改进。

2019 年主要任务

2019 年是中华人民共和国成立 70 周年，是全面建成小康社会的关键之年，做好今年各项工作意义重大。县人大常委会将在县委的领导下，高举习近平新时代中国特色社会主义思想伟大旗帜，全面贯彻落实党的十九大和十九届二中、三中全会精神，深入学习贯彻习近平总书记关于坚持和完善人民代表大会制度的重要思想，围绕县委十五届五次全会确定的目标，依法履职，为突出做好“六篇文章”、打赢打好“三大翻身仗”作出新的贡献。

一、坚定党的领导，进一步提高政治站位

（一）坚持正确政治方向。牢固树立“四个意识”，在思想上政治上行动上同以习近平同志为核心的党中央保持高度一致，全力推动县委决策部署的贯彻实施，牢牢把握人大工作的正确政治方向，自觉把党的领导贯穿于人大工作的全过程。

（二）科学决定重大事项。抓住事关我县改革发展稳定的根本性、全局性、长远性的事项和人民群众普遍关心的重大问题，依法作出决议决定，努力将县委主张通过法定程序成为全县人民的意志和自觉行动，不断提升决议决定的科学化、民主化、法治化水平。

（三）依法做好任免工作。坚持党管干部原则，依法任免国家机关工作人员，确保县委人事安排意图顺利实现。落实常委会任命的国家机关工作人员进行宪法宣誓制度，增强国家机关工作人员的责任感和使命感。

二、围绕发展大局，进一步增强监督实效

（一）深入开展专题调研，不断推动工作开展。围绕县委提出的做好“六篇文章”和打赢打好“三大翻身仗”，优化年度重大调研选题，定期深入基层、问计于民，形成高质量、有价值的调研报告。对红色旅游、乡村旅游等情况进行专题调研，推动相关民生工作深入开展，增强群众幸福感和获得感。

（二）听取审议专项报告，提出意见交办落实。认真听取和审议“一府一委两院”专项工作报告，提出合理化建议和意见。听取和审议国民经济和社会发展计划执行、预算执行、2018年县本级决算、审计查出问题整改等情况报告，提高经济运行和预算执行质量。

（三）突出重点领域监督，助力项目建设。坚持监督与支持并重，着力加强对重点工程、重大事项和关键领域的监督力度。通过听取专项工作报告、代表视察、专题询问等监督形式，要突出对脱贫攻坚、城乡建设与管理、生态环境保护、教育卫生等方面工作实施监督，努力发挥人大在社会管理中的保障推动作用，积极稳妥推动解决一批迫切需要推进、规范、调整的问题。

（四）持续开展执法检查，推动法律贯彻实施。坚持法律至上、发展优先、民生为重，积极开展执法检查和跟踪检查，推动问题解决、工作改进、法律实施。持续对食品安全法贯彻实施、少数民族扶贫开发工作等情况进行跟踪检查，让人大监督落地有声。

三、坚持履职为民，进一步发挥代表的主体作用

（一）促进履职水平不断提升。组织代表履职专题学习培训，提高代表依法履职的能力水平。坚持邀请代表列席会议，及时向代表通报人大工作情况，推动“一府一委两院”与代表的密切联系，进一步拓宽代表知情知政渠道。精心组织代表在闭会期间参加视察、执法检查和调研等活动，有效推动代表担当尽职，提升代表责任感、使命感。

（二）加强议案建议督办工作。认真做好代表议案、建议的交办、督办工作，进一步完善常委会领导重点督办、工作机构对口督办、专职委员跟踪督办制度，督促承办单位加强与代表的沟通协商。开展办理结果公开，办理结果通报，办理情况满意度测评，研究制定代表建议督办、考评制度，规范和完善代表建议办理工作机制。加强工作协调，加大督查力度，切实提高建议的办结率和代表满意度。继续组织开展评选表彰代表优秀建议和承办建议先进单位的活动。

（三）优化代表履职服务保障。推动代表履职平台建设提档升级，进一步畅通代表与群众联系渠道，号准人民群众的脉搏，集中人民群众的智慧，帮助人民群众排忧解难。落实好常委会组成人员走访和联系代表、代表联系群众制度。全力为代表履职创造条件、提供支撑、当好后盾，保障代表依法履职、主动履职、高效履职。注重人大工作的宣传，展示代表新风采，传播人大好声音。

四、适应时代要求，进一步加强自身建设

（一）强化理论武装。进一步学懂弄通做实党的十九大精神，切实增强学习贯彻习近平新时代中国特色社会主义思想的政治自觉、思想自觉和行动自觉，采取有力措施不断把学习宣传习近平总书记关于坚持和完善人民代表大会制度的重要思想引向深入，努力使常委会成为全面担负起宪法法律赋予的各项职责的工作机关，成为同人民群众保持密切联系的代表机关。

（二）强化能力建设。按照“实干就是能力，落实才是水平”的要求，进一步加强机关干部队伍建设，加强全县人大系统工作交流和业务培训，提高人大工作能力。

（三）强化作风建设。深入贯彻落实全面从严治党要求，持之以恒正风肃纪，健全人大组织和工作制度，自觉接受人民监督，虚心听取代表意见，规范履职，营造忠诚担当、廉洁勤政的工作氛围。

（四）强化服务协作。加强对乡镇人大工作的联系指导，增强协作配合；加强人大信访工作，努力维护人民群众合法权益；立足本职优势在脱贫攻坚上下功夫，发挥精准扶贫实效；进一步做好老干部服务保障工作。

时代号角嘹亮吹响，光明前景催人奋进。让我们高举习近平新时代中国特色社会主义思想的伟大旗帜，在县委的坚强领导下，紧紧依靠全县人民，牢记使命，不忘初心，奋发有为，继续前行，为突出做好“六篇文章”、打赢打好“三大翻身仗”，建设文明和谐幸福美丽新灌阳做出新的更大的贡献，以优异成绩庆祝新中国成立70周年！

政府工作报告

——在灌阳县第十六届人民代表大会第四次会议上

（2019年2月21日）

县长　卢　嵩

一、2018年工作回顾

过去的一年，是全面贯彻落实党的十九大精神的开局之年，是改革开放40周年、自治区成立60周年。我们坚持以习近平新时代中国特色社会主义思想为指导，在市委、市政府和县委的正确领导下，在县人大、县政协的监督支持下，牢固树立和贯彻落实新发展理念，坚持稳中求进的工作总基调，不断创新工作举措，认真履行政府职责，以提高发展质量和效益为中心，统筹推进稳增长、促改革、调结构、惠民生、防风险各项工作，保持了经济平稳健康发展和社会和谐稳定。全年地区生产总值增长4.0%；固定资产投资增长11.7%；财政收入3.41亿元；社会消费品零售总额22.18亿元；城镇居民人均可支配收入32159元，同比增长5.6%；农村居民人均可支配收入10785元，同比增长10.1%；节能减排完成了上级下达的目标任务；三次产业结构比优化提升为20：41.1：38.9。

一年来，我们主要做了以下工作：

（一）突出精准施策，脱贫攻坚成效显著

坚持把脱贫攻坚作为最大的政治责任和最大的民生工程来统领经济社会发展全局。围绕脱贫目标，强化领导，压实责任，精准施策，最大限度集众心、聚众智、合众力，全面构建了"党政同责、一岗双责、上下联动"的扶贫大格局。全年实现25个贫困村、13180人脱贫摘帽，贫困发生率降至3.79%，顺利通过桂林市"五合一"考核、自治区"四合一"核验。出台了《灌阳县2018年以奖代补特色产业扶贫实施方案》等一系列奖补政策，安排5000万元重点培育"5+2""3+1"特色产业，"龙头企业＋基地＋合作社＋贫困户"的联带发展模式为群众增收开辟了新渠道。强化"村财乡管"，整合各类资金1.22亿元发展壮大村级集体经济，实现所有贫困村、非贫困村集体经济收入双达标，全县村集体经济发展指数跃居全市第一。创建一批"扶贫车间"，积极为贫困户和回乡创业人员搭建创业发展平台，进一步增强贫困地区"造血"功能。电商发展迅猛，行政村电商体系覆盖面达90%以上，创建了"基地＋合作组织＋电商平台＋城市社区体验店"的电商扶贫新模式，全年电商交易额达2.16亿元，带动就近就业创业1.5万余人。义务教育、基本医疗、住房安全"三保障"成效突出，发放各类教育资助金2600万元，惠及困难学生38125人（次）。贫困人口参保率、家庭医生签约率、养老保险发放率、低保保户率及易地扶贫搬迁入住率均达100%，提前完成"十三五"易地扶贫搬迁任务。

（二）突出提质增效，产业升级步伐加快

现代特色农业巩固提升。突出农业综合生产能力，三大水果产量全市领先，油茶产业发展走在全区前列，超级稻单产连续九年创广西之最，农林牧渔业增加值增长5.7%。加强与国家杂交水稻中心、广西植物研究所、广西农科院、广西特色作物研究院的合作，推动农业科技发展和农业体系增点扩面升级，创建区、市、县、乡级现代特色农业示范园（区）27个，打造了一批灌阳生态特色农业品牌，千家洞雪梨黑李产业（核心）示范区景观被誉为中国美丽田园。培育家庭农场、种植大户、合作组织等新型农业经营主体210家，建立示范点121个。引入深圳茂雄、双胞胎集团等龙头企业，带农助农能力不断增强。实施城乡建设用地"增减挂"惠农政策，惠及全县9个乡镇近10万名农村居民。农村承包土地确权登记颁证率达

96.8%、承包合同签订率达100%，顺利通过区市县三级第三方成果验收。

工业转型发展稳步向好。投入9600万元加快园区土地储备及水、电、路网等基础配套设施建设，新建标准厂房2万平方米，园区承载能力不断增强。出台《加快灌阳县工业高质量发展实施办法》，大力推进石材、冶炼等特色园区和传统产业转型升级。通过抓大壮小，梯次培育，保存量、引增量，提升了传统产业的发展水平和市场竞争力，全年培育入库“四上企业”10家。强力推进石材产业整治整合，在依法规范矿权资源配置、有效遏制非法采石乱象的同时，推行石材“五化”规范开采模式，新建石材交易中心和石材产业综合楼，初步形成石材开采、交易、深精加工、物流等全产业链发展新格局。农民工创业园项目加快推进，文市、西山坪工业园区污水处理厂即将建成运营，石粉石浆环保循环处理项目开工建设，成为全市首个被列为国家第三批增量配电试点县。

现代服务业蓬勃发展。大力实施“旅游+”战略，带动现代服务业转型升级。以创建自治区全域旅游示范区为契机，持续开展旅游标准化建设。加快打造千家洞4A级旅游景区，扎实推进唐景崧故居、月岭古民居、洞井古民居等重点文物保护修缮和开发。酒海井红军遗骸收殓保护工作得到习总书记等中央领导的重要批示和充分肯定，成为自治区爱国主义教育基地和广西区委党校革命传统教育基地。江口特色文化旅游区、唐景崧故里景区分别荣获五星级乡村旅游区和3A级旅游景区称号，红豆杉国际大酒店升级为四星级饭店。成功举办“二月八”“六月六”以及中国·灌阳2018全国山地户外运动挑战赛等系列节庆和体育赛事活动，进一步提升了灌阳“红、古、绿”特色旅游品牌形象。全年共接待游客总人数164.2万人次，完成旅游综合总收入17.1亿元，分别同比增长132%和125%。批零住餐等现代服务业提质增效，桂林银行灌阳支行正式开业。

（三）突出乡村振兴，城乡建设持续推进

坚持项目带动战略，深入开展产业富民、服务惠民、基础便民三大行动，全年实施重点项目108个，完成投资14.6亿元。灌平高速、357国道、绕城公路及移民安置新区、观澜购物公园、新灌阳宾馆、体育文化中心等一大批民生型、实体型、税源型项目正在加速推动灌阳发展。江东新区功能不断完善，新区大市场、创业实训基地、新妇幼保健院、新政务中心等重要节点项目相继完工。在高标准规划建设新区的同时，老城疏解提升成效明显。解放桥建成通车，打通3条断头路，改造提升兴灌路、双桥路、义马路、滨江西路、城北通道等县城主次干道，改造安装一批市政交通配套设施。加快城乡公交一体化建设，推行县城道路停车收费管理制度，有效破解了群众出行难、停车难的问题。制定出台《灌阳县农村宅基地管理办法》，对农村集约节约用地进行财政奖励，“两违”现象得到有效遏制。全县141个村（社区）活动场所全面达标升级。黄关、新街、新圩、文市等4个镇级污水处理厂、9个乡镇卫生填埋场顺利完工并正常运营，县城生活垃圾无害化处理率达100%。14个村落被列入中国第五批传统村落名录，居全区第一，全县国家级传统村落达26个。

（四）突出绿色发展，生态优势更加巩固

坚持高位推动中央环保督察“回头看”反馈问题整改，完成整改销号9件。重点开展了海洋山自然保护区确界、非法采石、非法采砂、非法捕鱼（猎）、非法排污、河道垃圾清理、农村面源污染防治等专项治理工作。名木古树挂牌保护和灌江国家湿地公园建设有序推进，森林覆盖率达75.73%。水、土壤、大气污染防治成效明显，河（湖）长制工作走在全区前列，主要河流考核断面水质达标率100%，超额完成上级下达的水利和水土保持生态建设任务。实施《灌阳县加强烟花爆竹禁燃限放管控工作方案》，县城环境空气质量优良天数327天，同比增加6天，全年PM10和PM2.5分别同比下降14.5%和17.1%，完成年度考核目标，全市排名第三。文市镇大湾村社拐屯等5个村屯跻身自治区绿色村屯行列，全县生态村创建率达91.3%。洞井瑶族乡、观音阁乡获评自治区级生态乡镇，全县区级生态乡镇创建率达100%。

（五）突出改革创新，发展动能日益增强

持续深化“放管服”、商事制度等改革，推进项目审批大提速，扎实推进“一事通办”①改革，“最多跑一次”事项比例大幅提升。医疗卫生体制改革被列为自治区综合改革示范县，灌阳医改模式获国务院激励通报。国家税务总局灌阳县税务局挂牌成立，税收征管体制改革顺利完成。“农金村办”工程将三农金融服务室覆盖至全县138个行政村，创建信用乡镇6个，信用村69个，评定信用农户56466户，农村信用体系建设日趋完善。出台《灌阳县财政专项扶贫资金管理办法》《灌阳县农村集体经济组织资金财务管理办法》等一系列制度，资金管理更加规范高效。成立县土地房屋征收办公室，有效破解了一批征地拆迁难题。建立健全安全生产监管、食药安全监管、重大风险防控及应急管理体系，提高公共安全保障和处置突发事件能力，信访维稳及安全生产形势总体稳定。继续加大投入建设覆盖县、乡、村三级视频防控网，创新“一村一协警”星级管理警务机制，扫黑除恶专项斗争和禁毒工作取得阶段性胜利，群众安全感、满意度继续排名全区全市前列。落实招商优惠政策，持续优化营商环境，香港雅高集团、广西秋潮集团等一批上市公司和知名企业先后入灌，全年招商引资到位资金26.7亿元，为灌阳增添了发展后劲。

（六）突出民生福祉，社会事业亮点纷呈

全年民生支出18.3亿元，占财政总支出的82%。投资4.5亿元完成为民办实事项目29项（类）。138个行政村全部实现通行水泥路，793个自然村（屯）全部实现通行砂石路或水泥路，客运通达率92.7%。大力推进村容村貌改造，建成16个市、县级生态宜居乡村示范村。党群服务中心、社保就业服务窗口、人民调解委员会、村级卫生室和广播电视网络等实现行政村全覆盖。崇文重教常抓常新，《灌阳县千家洞瑶族传说》和灌阳瑶族油茶技艺展示基地列入自治区级非物质文化遗产名录，《桂剧·传承》舞蹈在广西电视台成功出演，新圩阻击战红色文化资源的保护开发工作稳步推进。义务教育均衡发展顺利通过国家评估认定，中高考再创佳绩。新建移民幼儿园、寄宿制小学及中学，有效缓解长期存在的大班额问题。建成老干部活动中心综合楼和一批村级文化场所、社区健身中心，县城中心体育场全面改造投入使用，办成了一批普惠城乡、百姓点赞的民心工程。

一年来，我们全面加强自身建设，政府治理效能进一步提升。坚持依法行政，积极推进法治政府建设，健全重大行政决策机制，实施重大决策预公开，加强重点领域的审计监督，依法接受县人大及其常委会的监督，自觉接受县政协的民主监督，人大代表建议和政协提案办结率达100%。认真学习贯彻中央、自治区和市委以及县委全面从严治党各项决策部署，切实履行政府系统党风廉政建设主体责任。狠抓中央八项规定精神和国务院“约法三章”落实，持之以恒纠正“四风”，组织开展形式主义、官僚主义突出问题专项整治活动，健全厉行节约长效机制，三公经费逐年下降。严厉查处重点领域腐败和违规违纪问题，反腐败斗争取得压倒性胜利。

一年来，国防教育深入开展，国防动员、人民防空、民兵预备役和双拥、优抚安置等工作得到进一步加强。民宗、侨台、科技、审计、统计、物价、粮食、人事、编制、档案、供销、保密、水文、机关事务、政务服务、检验检疫、防震减灾、老龄及残疾人事业等工作取得新进步，通信、烟草、石油、气象等中、区直单位取得新成绩，工会、共青团、妇联、文联、社科联等群团组织在经济社会发展中发挥了重要作用。

我们这些成绩的取得，源自于市委、市政府和县委的正确领导和科学决策，得益于县人大、县政协的监督支持，归功于全县广大干部群众的团结拼搏和开拓奋进。

我们也清醒地看到，灌阳面临的发展环境仍较复杂，经济下行压力持续加大，发展不平衡、不充分问题较为突出；重大项目偏少，建设进度偏慢，产业转型升级乏力；脱贫攻坚和民生建设任务艰巨；制约发展的体制机制障碍依然存在，营商环境亟待改善优化；个别部门干部精气神仍需进一

①“一事通办”：指以企业和群众办好一件事为标准，按照最多跑一次的要求，推进相关办理事项归并整合，进一步优化办事流程，简化办事程序，减少办事环节，压缩办理时限。

步提振，等等。我们一定要正视这些问题，采取有力措施，切实加以解决。

二、2019年工作总体要求和目标任务

2019年是新中国成立70周年，是实现“两个建成”目标的关键之年，做好今年的工作，意义重大。

今年政府工作的总体要求是：以习近平新时代中国特色社会主义思想为指导，全面贯彻党的十九大、十九届二中、三中全会精神，以及中央庆祝改革开放40周年大会、中央经济工作会议精神，全面落实县委十五届五次全会的决策部署，按照建设壮美广西、共圆复兴梦想的总目标要求，持续深入落实“三大定位”新使命和“五个扎实”新要求，统筹推进“五位一体”总体布局，协调推进“四个全面”战略布局，坚持稳中求进工作总基调，坚持新发展理念，坚持供给侧结构性改革，坚持推动高质量发展，扎实做好稳增长、促改革、调结构、惠民生、防风险各项工作，做好“六篇文章”，全力打赢打好“三大翻身仗”，加快文明和谐幸福美丽新灌阳建设步伐，以优异成绩庆祝新中国成立70周年。

今年经济社会发展的主要预期目标是：地区生产总值增长7%—7.5%，规模工业增加值增长7%，财政收入增长6.5%，固定资产投资增长10%以上，社会消费品零售总额增长10%，城镇居民人均可支配收入增长7.5%，农村居民人均可支配收入增长10%，城镇登记失业率控制在4.5%以内，生态环境质量全面达标，节能减排控制在上级下达的指标范围内。

为实现上述目标，我们将重点抓好以下几个方面工作：

（一）狠抓精准脱贫，夺取整县摘帽新胜利

坚持把脱贫攻坚作为最大的政治任务、最大的民生工程和最大的发展机遇，按照“核心是精准，关键在落实，确保可持续”的要求，对标“两不愁、三保障”，重点聚焦21个贫困村，特别是18个深度贫困村、9810名贫困人口，再接再厉、持续发力，打赢打好全面脱贫攻坚翻身仗，确保实现整县脱贫摘帽，力争年度扶贫成效考核进入一等行列。

着力补齐短板。坚持精准扶贫、精准脱贫，继续实施“七个一批”[①]“十大行动”[②]，突出“六个精准”，打好产业扶贫、基础设施建设、易地扶贫搬迁、村集体经济发展“四场硬仗”，重点补齐深度贫困村基础设施及产业发展短板。积极培育壮大农村经济合作组织和扶贫龙头企业，完善各种利益连接合作机制，实现“5+2”“3+1”特色产业全覆盖、可持续发展。同时，创新产业扶贫模式，引导扶贫产业拉长做大产业链条，进一步拓宽增收致富渠道，确保每个贫困村集体经济收入超4万元。

激发内生动力。落实易地扶贫搬迁安置后扶政策，做好拆旧复垦工作，大力发展“扶贫车间”，新增一批公益性岗位，确保每户移民有1人以上实现就近稳定就业。扎实做好教育扶贫，加大贫困家庭学生资助，确保建档立卡贫困户子女义务教育阶段零辍学，实现“培养一名学生、带富一个家庭”。深入实施扶贫、扶智、扶志工程，进一步激发贫困群众脱贫内生动力。全面提升贫困村医疗卫生服务能力，确保贫困户就医门诊和住院费用通过政府兜底机制后，个人实际报销比例分别达到80%和90%以上，有效防止和减少因病返贫。统筹抓好非贫困村与贫困村、非贫困户与贫困户的均衡发展。

强化工作举措。严格执行“一把手”脱贫攻坚责任制，加强驻村第一书记和驻村干部管理，广泛动员各方力量，抓实“挂帮包”和结对帮扶工作。继续实施驻组办公及扶贫成效单项绩效考核制度，通过强化扶贫大督查进一步传导压力、推动落实。持续开展扶贫领域监督执纪问责和作风问题专项整治。坚持问题导向，抓好扶贫专项巡视、扶贫资金专项审计等巡视巡察督查发现问题整改，确保按时完成整改销号任务，不断提升脱贫攻坚

---

①“七个一批”：即扶持生产发展一批、转移就业扶持一批、移民搬迁安置一批、生态补偿脱贫一批、教育扶智帮助一批、医疗救助解困一批、低保政策兜底一批。

②“十大行动”：即特色产业富民行动、扶贫移民搬迁行动、农村电商扶贫行动、农民工培训创业行动、贫困户产权收益行动、基础设施建设行动、科技文化扶贫行动、金融扶贫行动、社会扶贫行动、农村“三留守”人员和残疾人关爱服务行动。

工作质量和水平。

（二）狠抓产业转型，培育县域经济新引擎

持续推动一二三产深度融合，不断优化产业结构，以提高产业发展质量和效益为中心，全力推动县域经济高质量发展，打赢打好县域经济发展翻身仗，争创广西科学发展进步县乃至先进县。

实施工业振兴计划。工业是灌阳的短板和弱项，也是加快发展的潜力和关键所在。加快园区承载力建设。要进一步完善园区总体规划和产业发展规划，理顺园区管理体制机制。以建设自治区A类工业园区为契机，继续加大水、电、路以及污水处理等基础设施建设力度，加快政策、土地、人才、技术等要素向工业园区集聚，推进园区产城互动和生态化改造，力争收储盘活土地3000亩以上，新建标准厂房3.5万平方米以上，为项目入驻创造良好条件。支持企业做大做强。鼓励传统产业转型升级，围绕冶炼、机械制造、食品、木材等重点行业，实施企业技改提升工程，重点抓好贵达冶炼、都庞岭木业、康乐人粉业等项目，推动新技术、新装备、新工艺、新模式广泛应用，实现生产标准提升、产品升级换代和产业链条拉长。加快石材资源整合，组建石材发展集团，打造一个集石材开采、生产、营销、物流于一体的岭南“黑白根”石材文化产业园。在国内打响灌阳“黑白根”石材品牌，使之成为县域工业的支柱。大力培育规上限上企业，力争实现新增规模工业企业5家以上、新增“四上企业”12家以上。改善优化营商环境。全面落实《加快灌阳县工业高质量发展实施办法》，兑现工业发展“十奖励”①优惠政策，实施重点突破，着力引进培育一批“瞪羚企业”②。继续落实县领导联系企业工作机制，每旬安排县长（副县长）、局长服务企业日，每月召开工业（经济）运行联审联批推进会，进一步强化重点企业和重大项目“五个一包到底”③帮扶责任。

推动农业做优做特。要继续通过“以奖代补”政策和“产学研”融合带动，进一步扩大现代农业示范区域、品种、产业、行业覆盖面，持续提升示范园区的数量、质量和效益，形成县、乡、村示范园区梯次分布、全方位宽领域示范带动的新格局。在“三区九园”④产业发展布局的基础上，争创国家级产品优势区和田园综合体。积极引进油茶、粮食、果蔬等深加工龙头企业，大力发展农产品加工、仓储、冷链物流，构建现代化大农业全产业链，提升农产品附加值。坚持质量兴农、绿色兴农，持续推进“三品一标”建设，培育打造“千家洞”等系列品牌，提升农产品知名度。加大专业种养大户、家庭农场、农民合作社等新型经营主体培育力度，提升相关经营主体的生产效益、规范管理水平和连接合作带动力。继续做好“农业+”文章，拓展农业的生态、休闲、康养和文化教育等功能，推动农业“接二连三”融合发展。

提升旅游三产品质。按照全域旅游创建要求，实施“+旅游”行动计划，不断完善旅游产品体系，健全旅游产业要素，加快现代服务业发展，实现年接待游客量、旅游总消费增长50%以上。以打造“红、古、绿”特色旅游精品路线为抓手，科学规划建设各景区景点的旅游配套设施，构建“点、线、面”一体化全域旅游新格局。进一步做好红军烈士遗骸收敛保护及纪念园陈列馆迁建提升展陈工作，抓紧推进湘江战役系列遗址遗存和红色旅游节点的保护开发，力争打造成国家级爱国主义教育基地。继续办好“二月八”“六月六”、全国山地户外运动锦标赛等重大节庆赛事活动，促进旅游与关联产业深度融合。有序推进旅游度假区、传统村落、历史文化名村等景区景点改造提升，年内实现千家洞五星级民宿酒店营业并恢复4A级景区。发挥旅行社、电子商务、餐饮娱乐、交通运输、信息咨询等服务业运营带动作用，推进线上与线下、城市与农村消费融合发展，进一步激活城乡消费市场。

---

①“十奖励”：即我县出台的《加快灌阳县工业高质量发展实施办法》中的税收奖、产值规模奖、招商引资奖、绿色工厂奖、智能制造奖、创新奖、回乡创业投资奖、优秀企业奖、优秀企业家奖、企业上市奖。

②“瞪羚企业”：是对成长性好、具有跳跃式发展态势的高新技术企业的一种通称。

③“五个一包到底”：即包项目前期、包项目推进、包解决问题、包验收通过、包项目入库统计。

④“三区九园”：“三区”是指黄关超级稻、黄关油茶、灌阳梨李3个现代特色示范区；“九园”是指洞井五美田园、和风润色田园、福星农旅田园等9个产业园。

（三）狠抓城乡统筹，展现乡村振兴新风貌

按照乡村振兴规划，加快以城带乡、以乡促城，城乡互动协调发展。

全面提升城镇品位。坚持“多规合一”，以经营城市理念高起点规划定位，多角度挖掘本土文化元素，统筹推进新区老城提档升级。加快建设近20千米的灌平高速绕城线连接工程，将县城框架扩大一倍。以绕城公路为纽带，将城北瑶乡小镇和灌江国家湿地公园打造成灌阳城市新门户、新地标。在城南规划启动新汽车站搬迁工程，带动形成交通运输、仓储物流、信息服务等产业聚集区。在规划设立城东社区、建好管好江东新区的同时，从今年开始，集中力量分期分批改造提升江西老城区主街道风貌，争取用两三年时间全面提升灌阳县城新形象。

实施乡村振兴计划。坚持“20字方针”①，充实乡村振兴项目库，推动农业强优、农村美丽、农民富裕。巩固“清洁乡村”“生态乡村”“宜居乡村”成果，抓好“幸福乡村”建设。继续深入实施农村人居环境整治三年行动计划，持续推进特色乡镇建设及集镇改造提升，形成城乡一体、产城互动、区域发展的灌阳特色城镇群。

加强城乡统筹管理。坚持“建管并举”，进一步理顺城乡规划管理体制，深化城市管理综合执法体制改革，加强县、乡两级综合执法队伍建设，健全城市管理机制和绩效考评办法。今年要结合乡村振兴需要，对城乡“两违”问题开展集中整治行动，突出抓好拆违控违工作，以此突破项目用地难、征拆难等制约瓶颈。以县城道路停车收费管理为契机，持续加强“五乱”治理，加大对城乡接合部、背街小巷、集贸市场等重要节点的综合整治，打造“美丽灌阳”升级版。

（四）狠抓生态文明，加快绿色发展新步伐

坚持生态立县、生态惠民，举全县之力保护好灌阳的“绿水青山”。

担起环境保护主责任。把环境保护“党政同责、一岗双责”责任制传导、落实到政府工作的各方面和全过程。健全完善常态长效的生态保护体制机制及责任清单，切实担起重点生态功能区环境保护和管理的主体责任。认真落实中央环保督察反馈问题整改责任，强化生态文明建设考核权重，严格执行重大环境污染事件“一票否决制”，以“零容忍”态度严惩环境违法行为，推动生态环境质量持续改善。

推动绿色可持续发展。坚持把保护灌江作为生态立县的首要任务，深化县、乡、村三级河（湖）长网格化监管工作机制。重点推进环境基础设施建设，提高生态环境监管水平。加快实施灌江国家湿地公园及全流域自然生态修复工程。对照国家重点生态功能区产业负面清单，推动传统产业向生态产业转型升级。启动百里灌江观光农业休闲绿道建设，打响灌阳生态旅游和生态农业的品牌，把灌阳建成生态大公园和生态产业园。

打好污染防治攻坚战。坚决打好“蓝天、碧水、净土”保卫战，全面加强大气污染防控，抓好面源污染和扬尘综合治理，降低重点行业污染物排放，加大城区禁（限）放烟花爆竹管控力度。严格城乡饮用水源地保护，加快推进城镇黑臭水体治理，加强城镇和园区污水处理设施建设，积极推行生态养殖。抓好固体废物处置及管理工作，强化冶炼、石材行业废物渣场的规范化管理和再利用。建立完善垃圾清运体系，有效遏制河流、公路沿线两侧乱堆垃圾和弃土的现象，确保灌阳天更蓝、地更净、水更清、城市更宜居。

（五）狠抓改革开放，增强经济社会新活力

坚持把改革开放贯穿于县域经济社会发展的始终。

深化“放管服”改革。继续深化商事制度改革，全面推行“证照分离”，大幅减少行政审批，着力解决“准入不准营”问题；加快推进“多证合一”改革，全面落实自治区“354560”②提速行动，通过简化审批环节、优化办理流程、强化部门协同，实

① “20字方针”：产业兴旺、生态宜居、乡风文明、治理有效、生活富裕。

② “354560”：“3”指企业开办手续3个工作日内完成；“5”指2018年底前实现企业不动产抵押登记5个工作日内办结，2020年底前实现不动产登记5个工作日内办结；“45”指园区企业投资项目从申请核准或备案到取得施工许可45个工作日内完成；“60”指企业投资项目从申请核准或备案到取得施工许可60个工作日内完成。

现企业开办、不动产登记、投资项目审批再提速。

深化重点领域改革。规范有序推进全县机构改革，着力构建精简高效的行政管理体制。按照“巩固、增强、提升、畅通”方针，深入推进供给侧结构性改革，巩固“三去一降一补”①成果。继续深化农业农村、国企国资、公立医院、旅游资源整合、财政管理体制等领域改革。全力做好第四次经济普查，加强新时代基层统计工作规范化建设。

加快招大引强步伐。强化主要领导招商责任，借助上级招商资源和平台，区、市、县三级联动开展产业招商、联合招商、专题招商。高水平办好全国石材发展论坛，提高招商推介活动的针对性和实效性，着力引进一批龙头带动型、产业补链型企业和项目。做好乡情招商，鼓励、引导、支持灌阳籍客商回乡投资兴业。

防范化解重大风险。加大税源培植，加强税收征管，持续增加财政可用财力。进一步盘活管好存量土地及资产，优化财政支出结构，强化财政绩效管理，严格预算外项目审批，集中财力用于全县重大民生保障。严控政府债务风险，加快推进存量债务置换，确保全县债务在合理区间水平。

（六）狠抓社会保障，提升人民幸福新指数

坚持把保障和改善民生放在更加突出的位置，以大投入推动社会事业大发展，努力让全民共享改革发展成果。

提供公共服务能力。统筹推进城乡教育、卫生、文化、体育、气象、水利、电力等公共服务设施项目。持续实施“四好农村路”②工程，建好用好县、乡、村三级公共服务中心，进一步巩固义务教育均衡发展国检成果和基层医疗卫生改革成效，让全县人民都能享受到均等的公共服务。

提高社会民生保障。加大养老保险扩面征缴力度，扩大供养比。完善医保支付方式，确保基金安全。健全最低生活保障、特困救助、医疗救助等城乡社会救助体系，加大对弱势群体帮扶，提升救灾应急处置能力。持续实施棚改、危改等保障性安居工程。发挥创业实训基地作用，加强技能培训、创业扶持和就业援助。积极应对人口老龄化，大力发展社会化养老服务产业。

提升社会治理水平。建立健全立体化治安防控体系，打造“平安灌阳”升级版。深入开展扫黑除恶治乱专项斗争，严厉打击征地拆迁、违法建设、非访闹访等背后的涉黑涉恶违法犯罪行为，做到“有黑扫黑，无黑除恶，无恶治乱”。强化禁毒严打整治，抓好防灾减灾、安全生产、市场监管等工作，营造良好的经济社会发展环境。深入开展“七五”普法，积极探索运用大数据、物联网、人工智能等新技术推进依法治县进程。认真做好各类矛盾纠纷排查化解，保障和维护人民群众合法权益，进一步提升群众安全感、满意度。

为人民服务、对人民负责、受人民监督、让人民满意是政府的职责与使命。新的一年，我们必须牢固树立“四个意识”，坚定“四个自信”，坚持以全面从严治党统领政府各项工作，切实提升新时代依法行政和推动发展的能力水平，使政府工作赢得人民群众更多的信任和支持。

强化法治理念。坚持依法行政，进一步规范重大行政决策的职责范围、认定标准、决策程序等内容。自觉接受县人大及其常委会法律监督和县政协民主监督，主动接受社会监督和舆论监督，认真听取各民主党派、工商联、无党派人士和人民团体的意见，全力办好县人大代表建议和县政协提案。

强化服务意识。坚持“担当为要、实干为本、发展为重、奋斗为荣”的为政理念。深化行政体制改革和政府职能转变，紧扣重大决策部署，紧扣人民群众生产生活，紧扣经济社会发展的热点难点问题，开展重大项目建设、产业大招商、优化营商环境三大行动，多做打基础、顺民心、利长远的事，建设人民满意的服务型政府。

强化廉政建设。坚持把加强政治建设作为政府的首要任务，严格执行中央八项规定及其实施细则精神。扎实做好政府系统党风廉政建设和反

① “三去一降一补”：即去产能、去库存、去杠杆、降成本、补短板。
② “四好农村路”：指建好、管好、护好、运营好农村公路。

腐败工作，加强审计监督，规范权力运行，切实转变作风，大力整治形式主义、官僚主义，为全县经济社会持续健康发展提供坚强保证。

风劲潮涌，自当扬帆破浪；任重道远，更须快马加鞭。让我们更加紧密地团结在以习近平同志为核心的党中央周围，在上级党委、政府和县委的坚强领导下，不忘初心，牢记使命，以更加昂扬向上的精神迎接挑战，更加奋发有为的斗志开拓进取，更加求真务实的作风扎实工作，为加快实现文明和谐幸福美丽新灌阳，建设壮美广西、共圆复兴梦想作出新的更大贡献，以优异成绩庆祝新中国成立70周年！

中国人民政治协商会议
灌阳县第九届委员会常务委员会工作报告

——在政协灌阳县第九届委员会第四次会议上

（2019年2月20日）

县政协副主席　郑有成

一、2018年工作回顾

过去的一年，是全面贯彻落实党的十九大精神的开局之年，也是县政协工作不断取得新成效的一年。一年来，在县委的坚强领导下，在县人大、政府大力支持和社会各界积极配合下，常委会以习近平新时代中国特色社会主义思想为指导，牢牢把握团结和民主两大主题，紧紧围绕县委、政府的中心工作，团结和带领全县政协委员，认真开展理论学习，积极履行政治协商、民主监督、参政议政职能，不断推进政协工作扎实、有序、有效开展，为建设文明和谐幸福美丽新灌阳做出了积极的贡献。

（一）加强学习，切实提高政治站位

一年来，常委会始终把政治理论学习摆在突出重要的位置，坚持把习近平新时代中国特色社会主义思想作为指导政协各项工作的总纲，通过召开专题学习会议、主题党日活动、订阅报纸杂志、到贵州全国政协培训中心培训等形式，积极组织政协委员、政协机关干部职工深入贯彻学习党的十九大精神、习总书记关于加强和改进人民政协工作的重要思想以及习近平总书记视察广西的重要讲话精神，及时学习各级党委关于加强人民政协工作的有关文件，使委员们对人民政协作为协商民主重要途径和专门协商机构有了深刻的认识，凝聚了社会各界的思想共识，增强了“四个意识”，坚定了“四个自信”，维护党的统一领导和维护党的领导权威成为委员们的自觉行动。

（二）围绕中心，积极助推经济社会发展

常委会坚持把促进发展作为履职的第一要务，注重发挥政协优势，积极参政议政，为促进我县经济社会发展献计出力。

建言献策取得实效。县政协九届三次会议期间，会务组把委员们围绕政府工作报告提出的26条意见和建议进行汇总，并整理成《分组讨论情况摘要》，转交给县委、政府。其中支持涉农民营企业参与扶贫、加强县城道路停车规划、立面改造、促进义务教育均衡发展、县内主要道路维护等意见和建议被县委、政府采纳，得到了群众好评。

调研活动扎实有效。政协各委室、联络组结合各自的工作职责，组织委员对灌阳日升生态特色农业观光园、桂林好生活生态农业有限公司、灌阳镇香炉山生态养殖有限公司、广西中源农业发展有限公司等在脱贫攻坚战中发挥积极作用的涉农企业，撰写了《强化产业延伸　助力精准脱贫—灌阳县油茶产业的调查与思考》《灌阳县民营企业参与精准扶贫的问题与对策》《在灌阳开展全域旅游的思考》等12篇调研报告，对精准扶贫、全域旅游发展、油茶种植、乡村振兴、旧城改造等工作提出对策和建议。围绕县委提出的做好“富农强工、崇文重教、兴旅美城”六篇文章，组织政协委员进行了专题调研和座谈，委员们对我县的发展积极建言，尤其是在外发展的委员提出了很多有见地的建议。

联系全县重大工作取得成效。县政协班子成员认真落实县委对全县重大项目的统一部署，为促进全县经济社会发展鼓实劲、出实力、干实事。班子成员牵头联系风电建设项目、357国道洞井至潮田公路灌阳段、水利建设项目以及江东安置区建设、灌阳镇移民中学、大仁村寄宿制小学建设、妇幼保健院业务用房建设等重大项目，经常到

现场调研，化解矛盾，协调推进，所联系的重大项目都能按县委的要求有序推进。按照县委的切块分工，政协班子成员参与农业农村、金融财税、文化旅游、宣传教育、招商引资、社会稳定、城市建设等重要工作，为全县各项工作的推进扎实工作，做出了积极的贡献。

脱贫攻坚取得重大进展。常委会把脱贫攻坚作为履职的重中之重，组织委员开展重点调研，撰写了调研报告，为我县的脱贫攻坚建言献策。政协班子成员积极投入到扶贫工作中，定期走访联系乡镇、联系村、联系户，深入开展乡村振兴大调研活动，及时解决扶贫工作中存在的一些问题。政协机关为定点帮扶的新街镇三江村协调基础设施建设资金17万元，产业扶贫等资金100多万元，实现脱贫55户206人，贫困发生率降至2.2%。

（三）关注民生，大力促进社会和谐

常委会始终把实现好、维护好、发展好最广大人民群众的根本利益作为政协履职的出发点和落脚点，积极反映群众意愿，引导政协委员主动参与社会实践和扶贫攻坚，积极开展社会救助，扶贫济困，彰显爱心。

认真抓好提案工作。县政协九届三次会议以来，共征集提案41件，立案33件，这些提案涉及水利、交通、城乡建设、经济建设、宣传文化、社会管理等方面。截至2018年12月底，所有提案全部办结，一大批事关改善民生增添群众福祉的提案得到了有效落实，为推动灌阳经济社会发展发挥了积极作用。如关于县城主要道路实现停车收费的提案，县委、县政府高度重视，自2019年3月1日起，县城主要道路将实现停车收费，对疏解交通拥堵、整顿市容市貌将起到很好的效果。

扶贫助学，彰显爱心。常委会充分发挥政协联系面广的优势和委员特长，在鼓励委员立足自身岗位建功立业的同时，组织政协委员开展扶贫救助、公益事业活动。2018年，仁济慈善基金会募集善款20多万元进行扶贫济困，资助贫困大学生30人。灌阳县爱心帮扶协会筹集善款38万多元，物资15万多元，用于扶贫济困，助学筑梦。70多家民营公司、商会及爱心人士在“扶贫济困·共筑小康”活动中捐款捐物达到186万元。熊国龙、卿运生、黄福生、陈咸均、蒋才溢、熊国祥、陈建中、戴春华、陆增红、徐小力、王华军等工商界的委员在社会扶贫日捐款达到24.1万元。熊国高等人成立的民祥救援协会自筹资金开展红色遗迹（红军遗骸）搜寻、户外义务救援等公益事业。据统计，全年包括政协委员在内的社会各界人士开展产业扶贫、教育扶贫等“十大扶贫行动”的各类活动438次，实施项目169个，投入资金7743万多元，惠及贫困村、屯506个、困难群众1万多人，社会各界人士的善举充分彰显了政协委员回馈社会、无私奉献的精神，赢得了社会的广泛赞誉和好评。

（四）勇于创新，努力拓宽履职渠道

常委会把创新作为政协工作发展的动力之本、活力之源，在履职实践中与时俱进，努力增强我县政协工作的实效性和影响力。

创新提案办理机制。为进一步提高提案办理质量和实效，常委会在抓好提案征集、审查、立案、交办等环节的同时，坚持县政协领导领衔督办重点提案，如《关于在县城道路路内停车实行收费的提案》的1号提案在重点提案督办下得到较快落实。县重点提案承办单位邀请政协委室领导和委员深入乡镇、部门进行现场办理提案，如水利局在办理关于水利建设的提案，多次邀请提案委和一些委员进行现场协商办理提案。建立提办双方的双向评议机制，如在县交通局组织提案人和提案承办单位对涉及交通建设的提案质量、提案办理质量进行互评。对办复提案集中开展“回头看”，如关于加快我县油茶种植的提案，常委会组织委员进行“回头看”，进一步增强了提案办理的实际效果。

扎实推进“灌商回灌”工作。把“灌商回灌”作为政协服务经济工作的重要抓手，加强与灌阳籍在外发展人士联系，先后赴北京、深圳、广州、柳州等地考察联络，邀请在外发展的灌阳籍人士回灌阳投资创业。为确保更多的“灌商回灌”企业在我县落地生根，就回灌创业企业存在的问题进行调研，通过召开座谈会、调研视察等形式，深入春润度假村、味之源食品公司、观澜购物公园等企业了解发展情况，为我县实施“灌商回灌”工作建言献策。不断完善县政协领导联系委员企业制度，帮助企业调思路、找对策、谋发展。

切实发挥委员监督的作用。积极为委员履行民主监督职能提供平台，先后组织100余人次政协委员参加绩效评议、社会安全感调查等活动；部分政协委员受聘担任环保、法院等部门特约监督员，对部门工作实施民主监督，2018年共组织20多人次参加县法院扫黑除恶、打击老赖等案件的审判活动，实现了司法公开和民主监督；组织委员围绕我县的重点工作进行视察活动，先后组织县政协和市政协驻灌阳的委员，分别深入新圩双胞胎集团、水车357国道建设等进行视察，就如何完善基础设施、化解矛盾纠纷等方面与相关部门沟通协商，促进了相关问题解决。此外，还组织委员对我县全域旅游、乡村振兴等方面工作开展视察，对这些工作的顺利开展起到了积极的推动作用。

注重加强专委会建设。一年来，县政协各专委会围绕常委会和主席会议的工作部署，扎实做好提案办理、走访、座谈、调研、视察等工作。此外，各专委会还结合各自工作特点和委员特长开展工作，如教文卫体委员会向史志界的学者、专家征集资料28篇17万多字，牵头编纂出版《灌阳文史资料》第十六辑，充分展示了灌阳的物产特色和风土人情，对弘扬传统文化、增进各界团结起到了非常重要的作用，《灌阳文史资料》受到社会各界的广泛关注。

（五）联络联谊，注重搭建交流平台

常委会发挥政协独特优势，坚持以联络联谊为抓手，搭建平台、促进和谐、汇聚力量。

增强与各地政协的交流。积极配合自治区在灌阳的调研活动，认真完成自治区政协关于“医疗体制改革”重点调研，灌阳公立医院改革经验在全国推广，并获国家激励通报。参与自治区、桂林市政协关于政协系统党的建设的调研材料收集、召开座谈会的工作。参与市政协开展“习近平总书记关于加强和改进人民政协工作的重要思想”的理论研究、论文征集活动和研讨会。一年来，各地政协在我县开展红色旅游、油茶种植、古民居保护、医疗体制改革等调研活动36批次418人次，加强了与全国各地政协的联系与沟通，增进了友谊，拓宽了视野。

办好各界人士迎春茶话会和各类座谈会。常委会通过举办各界人士迎春茶话会等活动，邀请各民主党派、人民团体、各界人士代表参加，保持了与各方面人士的密切联系，收集社情民意；通过召开工商联、企业委员代表参加的座谈会，通报情况，听取意见，帮助解决企业发展中存在的问题；加强与民族、宗教界委员的联系，切实做好与少数民族和宗教界人士的团结工作。

过去一年成绩的取得，是县委正确领导，县人大、政府大力支持的结果，是社会各界广泛关注和帮助的结果，是政协各参加单位、广大政协委员的通力合作和不懈努力的结果。

在肯定成绩的同时，常委会也清醒地认识到，面对新时代、新形势、新要求以及广大政协委员、人民群众的新期待，常委会的工作还存在一些差距与不足。主要是：开展重点协商的工作机制有待进一步完善；民主监督的渠道有待进一步拓宽；参政议政的质量有待进一步提高；委员的作用有待进一步发挥；政协系统党的建设有待进一步提升。这些问题，需要我们在今后工作中认真加以研究和解决。

一年来，常委会正确把握人民政协的地位和作用，紧跟新时代发展趋势，结合灌阳发展实际，不断在实践中探索创新，积极推动我县政协工作迈出新步伐。一年来的探索和实践，常委会收获了一些经验和体会，主要有：

坚持党的领导，是政协组织发挥作用的根本保证。常委会始终坚持县委的坚强领导，重大问题、重要事项主动向县委请示，重要活动主动征求县委的意见。常委会努力在县委“总揽全局、协调各方”的工作格局中，找准政协工作的切入点，积极探索在贯彻县委重大决策部署中，体现政协工作特点、发挥政协优势的新思路、新方法、新举措，使党的路线方针政策和县委的决策部署在政协得到有效的贯彻落实。实践证明，只有坚持党的领导，人民政协工作才能保证正确的政治方向，才能做到与县委思想上同心，政治上同向，工作上同步。

坚持团结民主，是政协事业凝神聚力的永恒主题。常委会始终牢牢把握团结和民主两大主题，加强同民主党派、工商联和无党派人士的联系，充分发挥政协的特点和优势，积极履行政治协商、民主监督、参政议政职能，不断推动政协事业向前发展。实践证明，团结才有力量，民主才有活力。发挥各界别、民主党派和无党派政协委员的独特优势，不断拓宽交流渠道、完善联系平台，营造和谐良好的工作环境，就能够在合作共事中凝神聚力、增进共识。

坚持议政为民，是政协事业向前发展的根本方向。常委会坚持把履职与服务民生有机结合起来，充分发挥渠道畅通、联系广泛的优势，围绕年度工作要点和重点协商计划，下基层、接地气、摸实情，集中力量深入基层、深入群众，开展视察调研活动，认真反映社情民意，协助县委、县政府做好群众工作，努力服务民生事业，真正使政协成为党和政府联系人民群众的桥梁和纽带。实践证明，只有牢固树立履职为民、议政为民的理念，政协工作才能得到群众的拥护和支持，政协事业才能不断向前发展。

坚持求真务实，是政协工作取得实效的动力之源。常委会组织委员深入基层，听取群众意见、反映群众诉求，把调研视察、提案工作、民主评议等政协经常性工作与群众工作相结合，坚持深入一线摸清真实情况，广泛征求意见提出解决办法，把委员和各界人士的智慧集中到务实献策和破解难题上，确保了调研视察成果提得准、办得了、做得到。实践证明，只有坚持求真务实，政协工作才能接地气，参政议政的实效才会更加明显。

二、2019 年工作计划

2019 年，是新中国成立 70 周年，是人民政协成立 70 周年，也是我县打赢“三大翻身仗”的关键之年。在新的一年，常委会的总体工作思路是：以习近平新时代中国特色社会主义思想为指导，全面贯彻党的十九大精神，深入学习贯彻习近平总书记关于加强和改进人民政协工作的重要思想，坚持以人民为中心的履职理念，以团结和民主为主题，紧扣习总书记赋予广西的“三大定位”新使命和提出的“五个扎实”新要求，按照建设壮美广西、共圆复兴梦想的总目标要求，全面落实县委十五届五次全会的决策部署，围绕做好稳增长、促改革、调结构、惠民生、防风险等工作，切实履行政治协商、民主监督、参政议政职能，为建设文明和谐幸福美丽新灌阳贡献智慧和力量。

（一）突出中心工作，坚持把促发展作为履职的第一要务

常委会要发挥政协人才荟萃、智力密集的优势，紧紧围绕县委、政府中心工作开展调研，积极建言献策。一要围绕经济社会发展中的重大问题开展专题调查研究。常委会今年要引导委员就脱贫攻坚、产业转型、城乡建设、绿色发展、民生保障等几个方面的工作深入基层调查研究，为县委、政府决策献计出力。各乡镇政协委员联络组今年要结合履职活动，就本乡镇重点工作开展一次调研，并及时将调研成果转化为调查报告、提案或社情民意信息。要采取专题调研、视察调研等多种形式，了解和掌握经济社会发展的真实情况和人民群众的真实意愿，力求做到反映情况全面深刻，分析问题切中要害，提出意见建议有针对性和可操作性。二要建立和完善委员联系企业制度，开展送政策、送信息、送服务活动，扶持企业发展。要充分发挥经济界委员的示范作用，鼓励他们充分发挥灌阳的自然资源、人力资源等优势，发展壮大企业，成为推动经济发展的中坚力量。要充分发挥政协联系广泛的优势，在开展对外交流合作、吸引外资项目、拓展市场空间等方面牵线搭桥，促进我县经济发展。

（二）突出为民宗旨，坚持把惠民生作为履职的重要内容

要以创建优良营商环境为重点，以群众关心的热点难点问题为落脚点，不断探索民主监督的有效途径，进一步增强民主监督实效。一要抓好民主评议监督。常委会将对全县机关事业单位进行一次民主评议，按照实事求是、以评促改的要求，在优化营商环境和端正党风政风方面发挥桥梁和纽带作用。二要抓好提案监督。常委会要引导委员在充分调研、收集信息、征求意见的基础上，提交高质量的提案，使提案内容更贴近群众、贴近实际、贴近生活。要继续推行现场办提案、重点提案领导督办等制度，及时对一些重要提案落实情况开展跟踪视察和“回头看”活动，加快提案

建议的落实。三要抓好社情民意监督。要建立和完善委员联系群众、走访群众制度，全面收集和反映社情民意信息；要鼓励委员深入基层、深入群众，掌握群众的各种利益诉求，对一些重要的社情民意信息及时进行反馈。

（三）突出两大主题，坚持把促和谐作为履职的重要方面

要牢牢把握团结和民主两大主题，努力为我县经济社会发展营造和谐稳定的社会环境。一要做好协调关系的工作。要建立和完善协商对话机制，为我县各界人士有序参与政治生活搭建平台，了解各阶层、各界别的利益诉求。二要做好关注民生的工作。要围绕群众普遍关心的社会稳定、教育、就业、医疗等民生问题开展调查研究，积极建言献策，推动形成社会和谐人人有责、和谐社会人人共享的生动局面。三要做好维护稳定的工作。要引导委员在基层关注社会动态，注意发现影响社会和谐稳定的信息，多做宣传解释、增进理解、理顺情绪、化解矛盾的工作。

（四）突出工作主体，坚持把建平台作为履职的有效途径

要注重发挥委员的主体作用，积极为委员搭建履职平台，不断拓宽履职渠道。一要组织委员通过学习政策理论和走访群众等活动，上知政情、下知民意，调动委员的参政议政热情。二要组织委员积极参加调研视察、专题座谈、民主评议和县政协开展的各项活动，使委员在参与中增强归属感。三要组织委员积极参加专题协商会、民主听证会，创办各种建言献策载体，保证委员适时发表见解和主张。四要在条件较好的乡镇、机关单位、企业中建设几个“政协委员之家”（“政协委员工作站”），为各联络组和委员们提供学习、交流、履职的场所，使政协工作的触角向更广更深的地方延伸，使政协的工作得到更好更快的落实和推进。

（五）突出效能意识，把自身建设作为推动工作的关键环节

要坚持把政协自身建设摆放到更加重要的位置，不断增强政协组织的凝聚力，切实提高履职效能。一要把加强委员和政协机关干部职工的学习培训，提高履职能力，作为政协工作的着力点。常委会今年计划安排全体委员和政协机关干部职工一次外出集体学习。二要加强政协机关的服务意识，努力提高服务质量和工作效率，为委员履职创造条件，真正使政协机关成为“委员之家”。三要严格执行中共中央和各级党委关于加强作风建设的各项规定，深入推进机关党风廉政建设和反腐败工作，努力造就一支政治坚定、作风优良、业务熟练的干部队伍。四要加强政协系统党的建设，充分发挥政协党组的政治核心作用，提高政协党组织的凝聚力和战斗力，保证党的路线、方针、政策和县委的决策在政协工作中的贯彻落实。

县委第十五届五次全会已经明确了我县2019年经济社会发展的各项目标，任务光荣而艰巨，让我们更加紧密地团结在以习近平同志为总书记的党中央周围，在县委的领导下，牢记使命，同心同德，砥砺前行，做好“六篇文章”，打赢打好“三大翻身仗”，以优异成绩庆祝新中国成立70周年和人民政协成立70周年！

大 事 记

2月7日,灌江一桥竣工通车　　唐显才　摄

1月

3日 灌阳县大气污染防治工作联席会议在县政府三楼会议室召开。

4日 灌阳县落实严重精神障碍患者监护责任工作会议在县委政法委三楼会议室召开。

5日 《灌阳文史资料》第十五辑内部发行暨第十六辑征稿工作会议在县政协会议室召开。

8日 中国共产党灌阳县第十五届委员会第四次全体会议在县委三楼会议室召开。出席此次全会的有县委委员35人,候补委员3人。

10日 市禁毒工作考评组到灌阳县考评禁毒工作。

同日 2017年度"美丽广西"乡村建设绩效考评检查组到灌阳县检查。

11日 桂林医学院附属医院灌阳分院揭牌仪式在灌阳县公立医院集团举行。

12日 灌阳县2017年安全生产工作总结暨2018年第一季度防范重特大生产安全事故工作会议在县委三楼会议室召开。

同日 市人社局有关领导到灌阳县慰问"三支一扶"(即支农、支教、支医和扶贫)大学生。

13日 开国将领韩伟中将之子韩京京对灌阳县红色遗迹保护、红色旅游点建设、红色旅游发展等工作进行调研。并给西山瑶族乡下洞村小学和留散红军的后人送去慰问品和慰问金。县委书记陆桂弟,县委常委、宣传部部长、副县长周恒志等陪同调研。

15日 灌阳县农村电网改造升级工程2015年新增计划110千伏文市变二期工程投入运行。

16日 市委统战部副部长、社会主义学院党组书记张广惠一行到灌阳县开展统战绩效年终考评工作。

16日至17日 桂林市环境保护目标责任考核组到灌阳对2017年度环境保护目标责任完成情况进行检查考核。

18日 自治区2017年森林防火工作目标管理检查组到灌阳检查森林防火工作。

19日 自治区副主席张秀隆一行到灌阳调研现代农业核心示范建设工作。

同日 市防治艾滋病攻坚工程考核评估组到灌阳县考评防艾攻坚工作。

21日 市考核验收组到灌阳县对第三批新型城镇化示范乡镇建设工作进行考核验收。

22日 灌阳县2017年度绩效考评工作会议在县委三楼会议室召开。

23日 市志办主任徐朝凯对灌阳县2017年地方志工作进行督查。

24日 灌阳2017年度基层党(工)委书记落实主体责任述职评议会在红豆杉国际大酒店二楼会议室召开。

同日 灌阳县残疾人联合会第六次代表大会在县水利电业有限公司八楼会议室召开。

25日 自治区督查组到灌阳县督查生态护林员选聘工作。

同日 秀峰区委书记蒋育亮一行到洞井瑶族乡椅山村开展结对帮扶暨捐赠椅山村观光自行车活动。

26日 七星区管委会

1月13日,开国将领韩伟中将之子韩京京(左一)对灌阳县红色遗迹保护、红色旅游点建设、红色旅游发展等工作进行调研　唐显才　摄

1月26日至30日，灌阳县遭受雨雪冰冻灾害　　刘　婷　摄

离退休干部春节团拜会。

同日　灌阳县举行农村信用体系建设和县人民法院金融巡回法庭揭牌仪式。

同日　市考核组到灌阳县，就2017年交通运输工作责任目标任务完成情况进行考核。

2日　市委组织部副部长、市非公有制经济组织和社会组织党工委书记石凤羽一行到灌阳实地考察两新组织党建工作，并开展慰问困难党员活动。

同日　灌阳县第十六届人民政府第二次全体（扩大）会议在县委三楼会议室召开。

5日　政协灌阳县第九届委员会第三次会议在红豆杉国际大酒店二楼会议室召开。

5日至6日　自治区投资促进局党组成员、副局长路万青一行到灌阳县开展“美丽广西”乡村建设（扶贫）工作队员慰问、贫困户走访慰问、“兴水利　种好树　助脱贫　惠民生”主题活动。

6日　灌阳县第十六届人民代表大会第三次会议在红豆杉国际大酒店二楼会议室召开，会议应到代表182人，实到代表178人。

同日　桂林理工大学校长解庆林带队到灌阳镇大源村开展慰问活动。

7日　灌阳县城一桥正式建成通车。它是连通灌江东西两岸、新老城区的城建重点枢纽工程。县城一桥的建成通车，解决了多年来县委、县政府想解决而未解决的交通瓶颈问题。

8日　自治区副主席、公安厅党委书记、厅长胡焯先后到新街镇龙炼村、灌阳镇三里桥、县公安局开展春节慰问。

9日　陆桂弟、卢嵩、黎大友、唐奕、陆健康等县四家班子领导到县武警中队看望慰问驻灌部队官兵。

同日　灌阳县易地扶贫搬迁专责小组工作会议在县政府三楼会议室召开。

同日　灌阳县十六届人大常委会第十次会议

主任、区委书记石玉琳一行到文市镇同仁村开展慰问活动。

26日至30日　灌阳县受雨雪冰冻天气影响，全县农作物受灾面积27606.5亩，其中砂糖橘10990亩，沃柑1576亩，脐橙460亩，其他水果973亩，蔬菜13073亩，其他经济作物534.5亩。

29日　副市长谢灵忠一行到灌阳县查看农业等方面遭受雨雪冰冻灾害情况，督导灾后相应工作。

同日　灌阳县在县政府四楼会议室召开岁末年初烟花爆竹“打非治违”专项整治行动部署会。

30日　灌阳县2018年春运工作会议、2018年春节假日旅游安全工作会议和2018年食品药品安全工作布置会在县委三楼会议室召开。

同日　灌阳县2017年度土地矿产卫片执法监督检查工作会议在县政府四楼会议室召开。

31日　市政协副主席罗永东到洞井瑶族乡开展慰问活动。

2月

1日　市委常委、统战部部长王建毅一行到文市镇大湾村入户走访结对帮扶对象。

同日　自治区委党校副校长李彦明一行到灌阳县，就灌阳县委党校新建校址选址开展调研。

同日　灌阳县在鸿运酒楼一楼举行2018年

在县人大会议室召开。

11日 灌阳县组织领导干部分批次赴桂林廉政教育基地参观学习。

同日 宣布中央军委国防动员部命令大会在县人武部四楼会议室召开。市警备区司令员刘礼智宣布任职命令，旷明光任灌阳县人武部政委。

同日 灌阳县扶贫产业开发责任小组会议在县委三楼会议室召开。

12日 2018年“二月八”农具节筹备工作推进会在县政府四楼会议室召开。

22日 县委书记陆桂弟等县领导先后到县人大机关、县政协机关、县委办等县委工作部门，农业局、工信局、扶贫办、公安局等县直单位，文市镇、新圩镇及康乐人粉业有限公司、翔云铁合金有限公司等企业，走访慰问干部职工和企业负责人。

23日 2018年灌阳县工业企业座谈会在县委三楼会议室召开。

27日 广西植物研究所与县人民政府在县政府三楼会议室举行产业扶贫战略合作框架协议签约仪式。

同日 广西东北部消除疟疾联防区第二十九届年会在灌阳县卫计局会议室召开。

同日 灌阳县2018年组织工作会议在县委三楼会议室召开。

同日 灌阳县2018年意识形态和宣传思想文化工作会议在红豆杉国际大酒店二楼会议室召开。

28日 灌阳农村工作会议在红豆杉国际大酒店二楼会议室召开。

同日 灌阳县扶贫工作会议在红豆杉国际大酒店二楼会议室召开。

同日 中共灌阳县第十五届纪律检查委员会第三次全体会议在红豆杉国际大酒店二楼会议室召开。

同日 灌阳县基层党组织建设巡视整改工作约谈会在县委三楼会议室召开。

3月

1日 县委书记陆桂弟到新街镇飞熊村、叶官村，对村集体经济发展工作进行调研。

3日 由县长卢嵩，县委常委、统战部部长赵桂花，县委常委、副县长谷宝太及国土局、工信局、招商局主要领导组成的考察团到福建南安市水头石材商会考察学习。

5日 全区卫生和计划生育工作电视电话会议在南宁召开，县委常委、宣传部部长、副县长周恒志代表灌阳县人民政府在会上作了《改革体制 实现公立医院集团治理体系和管理能力现代化》的典型发言。

2月27日，广西植物研究所与灌阳县人民政府签订产业扶贫战略合作框架协议仪式在县政府三楼会议室举行　　王红琴　摄

6日 灌阳县风电项目进展情况汇报会在县发改局三楼会议室召开。

9日 自治区卫计委主任、党组书记廖品琥一行到灌阳县调研医改工作。

12日 灌阳县政法和平安建设工作会议暨扫黑除恶专项斗争动员部署会在红豆杉国际大酒店二楼会议室召开。

13日 灌阳县深化扶贫领域腐败和作风问题专项治理工作推进会在红豆杉国

际大酒店二楼会议室召开。

同日 灌阳县创建广西"零犯罪零受害社区(村)"试点工作座谈会在灌阳镇城南社区居委会五楼会议室召开。

14日 灌阳县贯彻落实自治区易地扶贫搬迁"拉网式全覆盖"大巡查工作会议暨业务培训会在县扶贫办五楼会议室召开。

15日 市委副书记白松涛到洞井瑶族乡调研深度贫困村扶贫工作。

同日 市委常委、政法委书记赵志军一行到灌阳调研政法工作。

3月24日,2018年桂林灌阳千家洞瑶族文化旅游节暨"二月八"农具文化节在灌阳县举行　　王红琴　摄

19日 灌阳县2018年纪检监察工作会议在县委三楼会议室召开。

20日 灌阳县2018年度民兵整组工作部署会在人武部四楼会议室召开。

同日 灌阳新一轮区派第一书记驻村工作座谈会在县政府四楼会议室召开。

21日 灌阳县扶贫产业开发专责小组会议在县政府三楼会议室召开。

22日至23日 自治区民宗委副主任梁柳宁一行到灌阳县调研民族团结进步创建活动示范点及宗教活动场所建设工作。

23日 灌阳县学习贯彻落实全国"两会"精神大会在红豆杉国际大酒店二楼会议室召开。

同日 灌阳县2018年抓党建促脱贫攻坚专题培训暨深度贫困地区脱贫攻坚工作推进会在红豆杉国际大酒店二楼会议室召开。

24日 2018年桂林灌阳千家洞瑶族文化旅游节暨"二月八"农具文化节在灌阳举行,央视1套《晚间新闻》栏目对"二月八"活动进行了报道。

26日 自治区政协副主席陈刚一行到灌阳调研医改工作。

27日 十五届县委第三轮巡察工作动员暨巡察业务培训会在县委三楼会议室召开。

28日 市委常委、组织部部长彭东光一行先后到灌阳酒海井红军纪念园、新圩阻击战陈列馆、新街镇江口村、黄关镇油茶产业(核心)示范区,对灌阳县基层党组织建设、党员红色教育基地建设、旅游扶贫、产业扶贫等工作进行调研。

同日 福建省龙岩市委常委、政法委书记毛高良,龙岩市人民政府副市长张朝阳等到灌阳县祭奠革命先烈。

29日 灌阳县2018年驻村工作交接暨动员培训会在县委三楼会议室召开。

30日 灌阳县开展清明节、壮族"三月三"期间烟花爆竹"打非治违"专项整治行动。

4月

2日 县地税局办税服务厅开出全县首张环境保护税税票。

3日 灌阳县十六届人大常委会第十一次会议在县人大会议室召开。

同日 福建省三明市委常委、宣传部部长林斌,三明军区副司令员邓玉飞等在桂林市人民政府副秘书长曹方明和灌阳相关领导陪同下,到灌阳县酒海井红军纪念园、水车镇红三十四师烈士墓、县革命烈士陵园,举行缅怀革命先烈、继承革命遗志纪念活动。

4日 灌阳县在酒海井红军纪念园举行清明

4月3日，福建三明市到灌阳县举行缅怀革命先烈、继承革命遗志纪念活动　　伍秋福　摄

同日　灌阳县2018年脱贫攻坚项目库建设工作会议在县发改局会议室召开。

同日　市交通局到灌阳督查扶贫基础设施项目建设工作。

13日　灌阳县扫黑除恶专项斗争推进会在县公安局八楼会议室召开。

15日　灌阳县2018年抓党建促脱贫工作汇报会在县委三楼会议室召开。

同日　灌阳县2018年度民兵整组点验大会在县人武部召开。

祭奠革命先烈和重走长征路活动。

同日　灌阳县深化扶贫领域腐败和作风问题专项治理自查自纠工作汇报会在县政府四楼会议室召开。

5日　广西电视台《发现新广西》栏目走进灌阳县——《似锦灌阳》播出。

8日　县长卢嵩带队到千家洞黑岩景区现场办公，依法对“两违”建筑采取断电断水措施。

同日　灌阳县人民政府《关于依法清查违法用地、违法建设的通告》进行公告。

9日　灌阳县扶贫产业开发专责小组会议在县政府三楼会议室召开。

同日　灌阳县易地扶贫搬迁专责小组工作会议在县政府三楼会议室召开。

同日　自治区医改效果考核评价复查组到灌阳县检查工作。

11日　灌阳县总工会第十二届八次全委（扩大）会议在工会会议室召开。

同日　县法院、检察院、公安局、司法局组成联合检查组到新街司法所检查指导社区矫正工作。

12日　灌阳县教育扶贫暨义务教育控辍保学工作会议在县教育局七楼会议室召开。

同日　灌阳县村级组织活动场所建设推进会在县委组织部会议室召开。

16日　2018年灌阳县委人才工作领导小组第一次会议在县政府四楼会议室召开。

同日　县委书记陆桂弟到灌阳镇福星村、仁江村、三联村和文化村的田间地头调研“农旅结合”、产业扶贫、旅游扶贫工作。

21日　由全国生态文明建设发展论坛组委会主办的“2018美丽中国——生态城市与美丽乡村交流会”在北京召开。灌阳县荣膺“全国十佳生态旅游城市”称号。

22日　灌阳县在县委三楼会议室收听收看市安全生产工作紧急电视电话会议。

23日　灌阳县太子山田园综合体建设试点项目论证会在县政府四楼会议室召开，自治区农业厅、农科院等单位组成的专家组参加论证会。

24日　市巡查组到灌阳华兴冶炼有限公司、灌阳县文市富泉铁合金有限责任公司、桂林灌阳翔云铁合金有限公司等企业开展安全生产专项巡查。

26日　灌阳县2018年第一季度经济运行分析会在县政府四楼会议室召开。

同日　灌阳县2018年庆“五一”职工运动会开幕式在县体育馆举行。

同日　广西区委党校第38期中青年干部班到灌阳县开展现场教学。

5月

1日 灌阳县从该日起城区禁止(限制)燃放烟花爆竹。

2日 灌阳县2018年脱贫攻坚项目工作推进会在县政府四楼会议室召开。

4日 灌阳县作为国家第二批县级公立医院综合改革试点县,2017年度公立医院综合改革真抓实干成效明显,获国家激励支持。

同日 灌阳县举行纪念"五四"运动99周年暨"青年大学习"系列活动。

7日 县长卢嵩到水车水库、文市镇古迹塘水库等地进行防汛安全大检查。

8日至10日 新华社广西分社副社长龙松林到灌阳县就医改、产业扶贫、党建促脱贫、新型城镇化建设、红色旅游、学前教育等工作开展调研。

8日 灌阳县参加深圳"新时代新征程新机遇"2018桂林(深圳)投资合作推介会。

9日 市移民局局长李仁山一行到灌阳县水车镇调研易地搬迁扶贫进度情况。

10日 广西红十字会惠民工程饮水项目在新圩镇国豪村举行竣工仪式。

同日 中央预算投资项目稽查反馈会在县政府四楼会议室召开。

11日 灌阳县公安局启动在县城范围内以打击"黄赌毒"和酒驾、毒品违法犯罪为重点的"锁城清查"专项打击整治行动。

12日至13日 自治区考核组到灌阳县开展2017年度全区县域经济发展分类考核。

15日 灌阳县公务租车启动仪式在县政府大院举行。

17日 唐景崧、唐景崇、唐景葑《同胞三翰林》新书发布会在新街镇江口村唐景崧故居举行。

同日 灌阳县党政联席会议在县政府四楼会议室召开。

同日 "不忘初心 牢记使命——圆梦2020脱贫攻坚知识抢答赛"在灌阳县红豆杉国际大酒店二楼会议室举行。

18日 灌阳县西山瑶族乡下洞村至兴安县漠川镇协兴村"红军路"扩建工程举行开工仪式。

21日 灌阳县自然资源与生态环境保护工作会议在县委三楼会议室召开。

22日 副市长、市公安局局长、漓江市河长陈荣茂到灌阳县就"河长制"工作进行调研。

23日 副市长兰燕一行到灌阳县调研高考准备工作、义务教育均衡、控辍保学、教育扶贫和医改工作。

同日 市委组织部副部长、市人社局局长李安平一行到洞井瑶族乡调研深度贫困村就业扶贫工作。

同日 灌阳县农村土地承包经营权确权登记颁证工作推进会和严厉打击破坏森林资源行为工作推进会在县政府三楼会议室召开。

24日 团区委副书记郑胜景一行先后到灌阳镇红旗中学、新街镇龙炼村、灌阳镇城南社区调研预防青少年犯罪教育基地建设和广西"双零"(青少年零犯罪零受害),社区(村)试点创建工作。

5月17日,唐景崧 唐景崇 唐景葑《同胞三翰林》新书发布会在新街镇江口村举行

唐显才 摄

同日 由市政府办和相关部门组成的督察小组到灌阳召开优化营商环境工作专项督查会议。

28日 灌阳县委中心组(扩大)召开专题会议,深入学习领会中共中央办公厅印发的《进一步激励广大干部新时代新担当新作为的意见》文件精神。

29日 县委书记陆桂弟一行到灌阳镇、新圩镇、水车镇就红色旅游进行调研。

29日至31日 市政协副主席罗永东一行到文市镇联合、月岭等村调研扶贫工作。

30日 灌阳县乡村振兴项目工作会议在县政府四楼会议室召开。

同日 灌阳县2018年上半年党风廉政建设工作述职述廉暨传达全市问责工作会议精神的会议在县委三楼会议室召开。

31日 灌阳县在文市镇石材园内举行重大项目集中开(竣)工仪式,此次集中开(竣)工的主要投资额达1000万元以上的项目共22个,其中新开工项目18个、竣工项目4个。

6月

1日 广西农业科学院与灌阳县人民政府在县政府三楼会议室举行乡村振兴战略合作框架协议签约仪式。

同日 县长卢嵩,县委常委、宣传部部长、副县长周恒志到县直机关幼儿园开展"六一"慰问活动。

5日 自治区党委组织部督导组到灌阳县督导调研党支部组织生活、农村党组织星级管理、脱贫攻坚(乡村振兴)工作队管理和发展壮大村级集体经济等农村基层党建工作。

同日 自治区信访工作联席办常务副主任、自治区信访局局长卢万兵一行到灌阳县调研信访工作。

6日 2018年全国普通高考灌阳考区考前培训工作会议在灌阳高中召开。

7日 灌阳县组织收看中央第五环境保护督察组对广西开展"回头看"工作电视电话会。

同日 灌阳县脱贫攻坚(乡村振兴)工作队驻村工作推进暨业务培训会在红豆杉国际大酒店二楼会议室召开。

同日 桂林市专项督查组对灌阳县完成中央环保督查反馈问题整改情况进行实地督查。

同日 桂林市改革开放40周年城乡统筹发展工作调研组就城乡经济和人民生活水平发展变化情况到灌阳县进行调研。

8日 桂林市委调研组到灌阳县开展生态休闲旅游精品线路专题调研。

10日 灌阳县组织全县结对帮扶干部职工以及县直、市直、中直单位选派的第一书记参加桂林市脱贫攻坚政策知识竞赛灌阳县初赛。该次扶贫业务知识考试考点设置在县直一小、二小和三小,共91个考场,4600人参加,采取闭卷方式考试。

11日 自治区政协副主席钱学明一行到灌阳县调研医改和健康扶贫工作。

12日 灌阳县环境综合整治行动工作部署会在县政府四楼会议室召开。

13日 桂林市扶贫办主任吴应新到灌阳县新街镇龙云村、观音阁乡盘江村走访贫困户。

6月15日,县水利局组织县防汛救灾民兵应急分队开展应急水上救援演练 王红琴 摄

15日　县水利局组织县防汛救灾民兵应急分队开展应急水上救援演练。

20日　灌阳县扶贫开发领导小组第三次全体会议在县政府四楼会议室召开。

21日　桂林市委常委、统战部部长王建毅走访慰问灌阳县文市镇大湾村贫困户。

同日　灌阳县千家洞黑岩景区与君澜酒店集团签约仪式在千家洞黑岩景区会议室举行。

22日　灌阳县在民族小学启动“远教红吧”进校园仪式。市委组织部常务副部长蔡泽军，市远程办主任李璐，县委书记陆桂弟，县委副书记、县长卢嵩，县委常委、组织部部长黄小雪出席启动仪式。

同日　全县2018年1月—6月经济运行调度会议在县委三楼会议室召开。

25日　自治区党委信息综合值班室信息综合处到灌阳县调研“湘江战役”史料和遗迹工作。

26日　桂林市委常委、政法委书记、市禁毒委主任赵志军到灌阳县督查扫黑除恶专项斗争和禁毒工作。

27日　桂林市水库移民局局长李仁山一行到灌阳县就易地扶贫搬迁集中安置点项目建设进展情况进行调研。

同日　县长卢嵩，县委常委、常务副县长李春孟到县地税局、国税局开展全县财税工作专项调研。

28日　自治区投资促进局局长、党组书记杨春庭，桂林市副市长樊新鸿及驻桂异地商会成员一行到灌阳县开展“党旗领航、助力脱贫”活动。

30日　县委书记陆桂弟到洞井瑶族乡大竹源村、灌阳镇大仁村走访慰问部分困难党员和老党员。

7月

1日至2日　自治区地方志办公室主任梁金荣一行在桂林市地方志办公室主任徐朝凯、副县长蒋红斌等陪同下到灌阳县调研地方志工作。

2日　自治区副主席方春明一行到灌阳县慰问贫困户并就环保工作开展督查调研。

同日　自治区人大教科文卫委员会主任委员叶乐阳一行在市人大常委会副主任赵德明等陪同下，到灌阳进行农村医疗卫生机构综合服务能力建设情况专题调研。

3日　市安委办主任、市第一督查组组长韦文周一行到灌阳开展第二季度安全生产履职暨预防溺水工作情况督查。

4日　灌阳县直补订单粮食收购暨业务培训工作会议在县政府四楼会议室召开。

同日　灌阳县在电信四楼会议室召开灌阳县2018年第三季度防范重特大安全事故工作电视电话会议。

同日　灌阳县首个新时代讲习所在灌阳镇福星村周家屯举行揭牌仪式。

5日　自治区妇联副主席伍艳娟一行到灌阳开展宣讲，并就灌阳妇女儿童维权工作和乡村妇联工作开展调研。

8日　灌阳县未成年人社会保护工作服务站，暨桂林尚善社会工作服务中心灌阳工作站，灌阳县留守儿童关爱社工中心一同在灌阳镇灌江西

7月1日，自治区地方志办公室主任梁金荣(右三)一行到灌阳县调研地方志工作

县史志办　提供

路13号挂牌成立。

10日 市渔政支队组织兴安、全州、资源、灌阳四县渔政执法人员开展为期4天的县际交界水域联合执法专项整治。

12日 2018年全区油茶丰产栽培实用技术培训班在灌阳县举办。

15日 灌阳县公安局对灌阳县主要路段启用智能交通高清监控系统。

16日 市林业局局长彭志明一行到文市镇月岭村进行产业扶贫，实地考察并召开座谈会。

同日 灌阳县2018年脱贫攻坚工作推进会在县委三楼会议室召开。

17日 灌阳县新街镇龙中村举办首届电商民俗文化旅游节。

18日 灌阳县举行雪梨黑李争霸赛，灌阳镇大仁村选送的雪梨单个重794.5克、黑李单个重189.5克，分别获2018年灌阳“雪梨王”“黑李王”称号。

18日至19日 中央电视台广西记者站站长宋大珩一行到灌阳，就新闻选题工作进行调研考察。

19日 灌阳县防溺水工作部署会议在县委三楼会议室召开。

同日 灌阳县在县委三楼会议室召开中央环保督查“回头看”整改工作推进会。

20日 国家税务总局灌阳县税务局挂牌成立，原灌阳县国家税务局、地方税务局正式合并。

24日 自治区水利厅政法处到灌阳县检查《中华人民共和国水土保持法》贯彻落实和水土保持项目实施情况，并在县水利局三楼会议室召开座谈会。

24日至25日 自治区交通运输厅公路管理局党委书记庞福生一行到灌阳县考察产业扶贫、村集体经济发展工作。

25日 桂林市副市长、市扶贫开发领导小组副组长谢灵忠一行到灌阳县调研并召开脱贫攻坚工作存在问题整改与质量提升座谈会。

26日 市政协常委、农工党桂林市委会主委农军一行到灌阳进行健全基层医疗卫生体系助力脱贫攻坚课题调研。

27日 中共灌阳县委员会巡查工作领导小组定于2018年7月下旬至9月下旬对西山瑶族乡、黄关镇、灌阳镇、县科办、县信访局、县旅游局、县妇联、县史志办开展巡查。

28日 第十届广西体育节暨“八段锦”展示活动在灌阳县体育场举行。

30日 县长卢嵩等县领导一行到消防大队对驻灌部队进行“八一”慰问。

同日 灌阳县正江岭风电场全面建设现场推进会在西山瑶族乡大坪村玉竹坪屯召开。

同日 灌阳县“百名人才引进”第一批聘用人员岗前培训会在县人力资源和社会保障局七楼会议室召开。

31日 灌阳县首届瑶族千家洞素食文化旅游节在西山瑶族乡开幕。

7月18日，灌阳县举行雪梨黑李争霸赛　　唐显才　摄

8月

1日 市公路督查组到灌阳就安全生产工作进行督查，并在县政府三楼会议室召开座谈会。

2日 市国有林场改革

领导小组对灌阳县国有林场改革工作进行检查验收。

3日 灌阳县领导干部大会在县委三楼会议室召开。市委组织部常务副部长蔡泽军宣布市委决定:周春涌任中共灌阳县委书记。

7日 县委书记周春涌到新街镇、水车镇调研。

14日 国家水利部督查组组长邓永泰一行到灌阳县就小型水库“三个责任人”“四个全覆盖”工作进行专项检查。

8月3日,全县领导干部会议在县委三楼会议室召开

罗融检 摄

同日 县长卢嵩,县委常委、县人武部部长黎大友一行到灌阳第二高级中学检查学生军训情况。

15日 受广西区农业厅委托,桂林市农业局组织专家对灌阳县超级稻“一季+再生稻”攻关百亩片的一季超级稻进行现场测产验收,加权平均亩产再破1000千克,单产连续9年广西第一。

16日至17日 桂林市委常委、宣传部部长、副市长韦风云陪同自治区党委讲师团团长吴海清一行,到灌阳县开展新时代讲习所“走基层”理论宣讲活动。

同日 市政府督查组到灌阳督查2018年上半年为民办实事工作情况。

同日 2018年预脱贫村第一书记精准扶贫精准脱贫“百日攻坚”启动会议在县扶贫办六楼会议室召开。

23日至24日 全市供销合作社综合改革现场推进会暨全市供销社年中会议在灌阳召开。

24日 灌阳县2018年第三季度提升群众安全感满意度工作分析布置暨扫黑除恶专项斗争推进会在县公安局十二楼会议室召开。

同日 自治区纪委驻自治区商务厅纪检组组长、党组成员邱明宏一行先后到灌阳镇福星村、县电子商务公共服务中心,分别就第一书记驻村和电商扶贫工作进行调研。

25日 自治区考核组到灌阳县召开易地扶贫搬迁安置点包点县级领导专项考核工作对接会。

28日 市粮食局局长秦伟民一行到灌阳开展直补订单粮食收购检查工作。

31日 灌阳县476户易地扶贫搬迁户通过抽签分得安置房。

9月

4日 桂林市机构改革调研组到灌阳开展机构改革调研,在县政府四楼会议室召开座谈会。

同日 县扶贫专责小组驻组负责人工作推进会在县扶贫办六楼会议室召开。

6日 县长卢嵩到县民族中学走访慰问,向全县全体教职工致以节日的问候。

同日 县委组织部通过E视讯,在县委三楼会议室设主会场,9个乡镇各设分会场,举办灌阳县“千名后备村干部”培训班,对村部门干部、村致富带头人、经济能人等40岁以下的青年农民组成的村级后备力量进行培训,共1000余人参加。

7日 灌阳县新的社会阶层人士联谊会成立大会在县委三楼会议室召开。

同日 灌阳县“学校社区结对”助力桂林创建全国文明城市启动仪式在县直一小举行。

8日 灌阳第五届“体彩杯”五人制足球联

赛在县体育场足球场开幕。

9 日 灌阳县在县人民武装部举行2018年夏秋季新兵入伍欢送会。全县共有780名青年报名,258名青年参加总检。

10 日 灌阳县庆祝第三十四个教师节暨表彰大会在红豆杉国际大酒店二楼会议室召开。

11 日 灌阳县召开全县组织工作会议。县委组织部通过E视讯,在县委三楼会议室设主会场,9个乡镇设分会场。

同日 灌阳县"十三五"脱贫攻坚项目库建设部署暨业务培训会在县卫计局七楼会议室召开。

12 日 桂林市党史研究室组织各县(城区)党史业务负责人、编撰人员到灌阳红色教育基地进行现场教学,开展重走长征路红色教育活动。

同日 灌阳县参加在南宁国际会展中心举行的第十五届中国—东盟博览会,并在桂林市签约专场和自治区签约专场签订两个项目,分别为灌阳县千家洞景区开发建设和双胞胎集团灌阳生猪养殖产业链,总投资14.5亿元。

12 日至 13 日 市委专项督查组到灌阳开展环境集中整治第二轮督查。

13 日至 14 日 灌阳县2018年精准扶贫精准脱贫"百日攻坚"业务培训开班。培训班主会场设在县委三楼会议室,各乡镇设分会场。

14 日 灌阳县"信息归集、多证合一、双告知、双随机"改革工作协调暨培训会议在县工商质监局六楼会议室召开。

近日 灌阳"六月六"尝新节成功入选首届"中国农民丰收节"100个乡村文化活动名单。

17 日至 18 日 县委书记周春涌到洞井瑶族乡、文市镇,调研指导脱贫攻坚、基层党建、村集体经济发展、旅游资源开发等工作。

19 日至 20 日 以国家督学、自治区教育厅原巡视员林宁为组长的自治区督察组一行到灌阳,就2018年申报义务教育均衡发展县国检前专项工作进行督查指导。

19 日 灌阳县扶贫领域腐败和作风问题专项治理工作推进会在县委三楼会议室召开。

19 日至 20 日 自治区"创建自治区级生态县"专家组一行到灌阳县对创建工作进行实地考核。

25 日 灌阳县加快扶贫资金支出进度工作会议在县政府三楼会议室召开。

28 日至 29 日 灌阳县妇女第十四次代表大会在红豆杉国际大酒店二楼会议室召开。

29 日 灌阳县在县政府三楼会议室召开深圳市茂雄实业有限公司考察座谈会,并签订农产品生产开发投资框架协议。

30 日 灌阳县在烈士陵园举行"烈士纪念日"公祭活动。县四家班子领导、县法院院长、县检察院检察长、县直各单位主要领导、师生代表、消防官兵参加公祭仪式。

9月10日,灌阳县庆祝第三十四个教师节暨表彰大会在红豆杉国际大酒店二楼会议室召开 罗融检 摄

10月

9 日 2018中国·灌阳第二届全国场地越野车邀请赛暨观音阁乡九月初一婆王瑶族文化旅游节在观音阁乡举办。

13 日至 14 日 2018年全国山地户外运动挑战赛

（灌阳站）在灌阳县举办。

16日　灌阳县首个预防青少年犯罪教育基地在红旗中学揭牌并正式投入使用。

16日至17日　国家发改委和自治区发改委调研组到灌阳县调研乡村振兴战略和农业经济发展工作。

17日　灌阳县2018年度民兵训练开训动员大会在县人武部召开。

19日　桂林市副市长彭代元到新圩镇调研新型城镇化示范乡镇建设工作。

10月13日至14日，2018年全国山地户外运动挑战赛（灌阳站）在灌阳县举办　　罗融检　摄

同日　“红色沃土　生态灌阳”2018灌阳红色文化旅游节暨“党旗领航　电商扶贫”我为家乡代言电商大集在灌阳县红豆杉广场开幕。

22日　自治区主席陈武到灌阳县调研，实地检查脱贫攻坚各项工作落实情况。

23日　2018年灌阳县“扫黄打非”联席工作会议在县政府三楼会议室召开。

同日　新圩镇、县综合执法局、国土局、住建局、旅游局等部门共125人联合对新圩小龙特色旅游名村核心区、酒海井红军纪念园区域内的违法建筑进行强力制止行动。

24日　自治区关工委到灌阳县举办“传承红色基因，争做时代新人”工作经验交流会，先后在酒海井红军纪念园、新圩阻击战陈列馆举行“广西关心下一代党史国史教育基地”揭牌仪式，自治区关工委副主任杨伟嘉、钟水生、宋家浩参加此次揭牌。

25日　自治区调研组到灌阳县调研湘江战役红军遗骸收敛保护工作，并在县政府四楼会议室召开座谈会。

29日至30日　广西县域科学发展促进会到灌阳调研。

30日　市人大常委会副主任石春莲率领市人大调研组到洞井瑶族乡、西山瑶族乡开展少数民族扶贫开发工作情况进行专项调研。

同日　灌阳县黄关镇李官村荣获“全国民主法治示范村（社区）”称号。

11月

1日　灌阳县农村集体产权制度改革工作动员部署会暨农村集体资产清产核资培训会在红豆杉国际大酒店二楼会议室召开。

同日　灌阳县2018年第四季度经济运行分析会在县委三楼会议室召开。

5日　自治区党校、广西行政学院灌阳县革命传统教育教学基地揭牌仪式在酒海井红军纪念园举行。

同日　灌阳县2018年度贫困村、贫困户脱贫摘帽认定工作动员部署会议在县委三楼会议室召开。

6日　县委书记周春涌到灌阳镇徐源村、大源村、翻身村、马头村、仁合村、鱼塘村调研脱贫攻坚工作。

7日至9日　桂林市“千村万户文艺惠民工程”推进会在灌阳召开。

10日　市委常委、纪委书记、监委主任吕洪安一行到灌阳县，就脱贫攻坚、扶贫领域腐败和作风问题专项治理、基层党风廉政建设等工作开展调研。

12日 西山瑶族乡喜获“自治区生态乡镇”称号，其中盐塘村、北江村、茶源村、罗家村、小源村、鹰嘴村获2017年“自治区生态乡村”称号。

同日 灌阳县灌阳湿地公园及瑶族古镇项目建设指导部署会议在县政府四楼会议室召开。

14日 市人大常委会副主任石春莲一行到灌阳检查人大代表履职平台建设情况。

11月19日，灌阳县江东新区移民安置小区第一批集中搬迁入住仪式在江东新区举行　　伍秋福　摄

同日 自治区旅发委调研组到灌阳开展旅游扶贫项目专项调研。

19日 灌阳县江东新区移民安置小区第一批集中搬迁入住仪式在江东新区举行。

21日 灌阳县红军烈士遗骸收殓保护工作领导小组办公室揭牌仪式在县民政局举行。

同日 自治区司法厅社区矫正管理局局长韦启志一行到新街司法所检查社区矫正工作。

21日至22日 自治区国家重点生态功能区县域生态环境质量考核组到灌阳开展2018年国家重点生态功能区县域生态环境质量核查。

22日 自治区调研组到灌阳调研灌阳红色景区的建设情况。

22日至23日 自治区脱贫攻坚大督查第八督查组到灌阳县开展脱贫攻坚实地核查工作。

23日 县资金政策专责小组在县政府三楼会议室召开资金支付进度通报约谈会议。

24日 国电北投灌阳风电有限公司正江岭风电项目第一台风机吊装成功。

24日至25日 首届长征精神国际研讨会在灌阳县红豆杉国际大酒店召开。

25日 灌阳至平乐高速公路项目开工仪式在灌阳县灌阳镇仁柜村麻地隧道开工点举行。

26日 市发改委稽察组一行对灌阳县2017农村电网改造升级工程、公共实训基地建设项目、残疾人康复中心等项目进展情况开展稽查。

同日 桂林市扶贫成效考核组到灌阳县开展扶贫成效“五合一”考核。

27日 县长卢嵩组织县住建局、移民局、三江源公司、广西建工集团第五建筑公司、桂林建昌公司等负责人到江东新区县城易地扶贫搬迁集中安置新区施工现场进行现场办公。

29日 灌阳县2018燃气行业常态化管理联席会议暨全县预防非职业性一氧化碳中毒工作布置会在县政府三楼会议室召开。

29日至30日 市委常委、常务副市长张晓武到灌阳，调研脱贫攻坚、重大项目建设、经济社会发展等工作。

12月

3日 中共中央政治局委员、中宣部部长黄坤明到灌阳县水车镇修睦村红三十四师无名烈士墓、新圩镇龙桥村杨柳井红五师指挥所及酒海井红军纪念园调研。

同日 灌阳县党外知识分子联谊会成立大会暨第一次会员大会在县水利电业有限公司八楼会议室召开。

同日 灌阳县2018年优秀年轻干部培训班开班仪式在县委党校举行。

4日 市中级人民法院院长陈敏到灌阳调研

指导工作。

5日 自治区移民搬迁专责小组到灌阳县就易地扶贫搬迁工作进行调研督导。

同日 全县经济运行分析会议在县政府四楼会议室召开。

5日至7日 桂林市委常委、统战部部长王建毅，副市长彭代元，市政协副主席罗永东等到灌阳走访慰问劳动模范和部分离退休干部。

6日 灌阳县庆祝改革开放40周年和自治区成立60周年社会宣传工作推进会在县委三楼会议室召开。

7日 自治区成立60周年大庆活动安保维稳暨全县扫黑除恶工作推进会在县公安局十二楼会议室召开。

10日 灌阳镇徐源村、黄关镇兴秀村桐子山屯、文市镇王道村、文市镇会湘村、文市镇勒塘村、新街镇飞熊村杉木屯、新街镇葛洞村大路坡屯、新街镇龙云村猛山屯、新街镇石丰村杨家湾屯、新街镇龙中村富水坪屯、洞井瑶族乡太和村田心屯、洞井瑶族乡桂平岩村、观音阁乡大井塘村、水车镇德里村被列为第五批中国传统村落。

11日 灌阳县在县电信四楼分会场组织收听收看全国加强非洲瘟疫防控工作电视电话会议。

12日 自治区党委党史研究室副主任向济萍一行到灌阳调研红军三次过灌阳相关情况。

13日 广西灌阳农村商业银行携手灌阳泰平城乡公交客运有限公司在灌阳县汽车站举行“公交一卡通”启用仪式。

14日 市督导组到灌阳督导脱贫攻坚工作，督导组在县扶贫办六楼会议室查看全县扶贫工作书面汇报、工作台账以及市检查整改情况。

15日至20日 自治区2018年度市县扶贫成效考核“四合一”实地核查第十一考核组到灌阳县开展贫困县扶贫成效考核“四合一”实地核查工作。

18日 县委中心组(扩大)进行集体学习，深入学习习近平总书记在庆祝改革开放40周年大会上的重要讲话。

21日 市委宣传部、市委宣讲团到灌阳县开展庆祝改革开放40周年、自治区成立60周年暨乡村振兴战略宣讲活动。

22日 灌阳县义务教育均衡发展通过国家级评估认定。

24日 市委办到灌阳就贯彻落实全区党委秘书长、办公厅(室)主任会议精神以及公文处理、党内法规等各项工作开展情况进行调研和检查指导，并在县委五楼会议室召开座谈会。

同日 灌阳县2018年预防非职业性一氧化碳中毒工作联席会议在县政府四楼会议室召开。

近日 国家发展和改革委员会社会发展研究所调研组到灌阳县9个乡镇和相关部门，实地调研农村产业发展、人居环境整治、基础设施建设、村集体经济组织运行等情况。

26日 灌阳县群众信访服务中心成立并举行揭牌仪式。

同日 灌阳县35千伏洞井变电站二期工程

12月28日，自治区教育厅基础教育处到灌阳县就红军小学建设进度和需求等情况进行调研

《今日灌阳》 提供

竣工，洞井瑶族乡、观音阁乡（包括恭城县嘉会村）2万多汉瑶同胞"一条线停电，两个乡全停"的局面改善。

27日 2018年灌阳县青少年篮球赛开幕式在县体育馆举行。

28日 自治区教育厅基础教育处到灌阳县就红军小学建设进度和需求等情况进行调研。

29日 灌阳县召开2019年贫困人口脱贫和贫困村脱贫摘帽计划（一上）审核工作会议。

31日 市交通运输局到灌阳县检查冰冻期间交通管理工作。

灌阳县概况

文市石林　　　　县旅游局　提供

建置沿革

灌阳在夏、商、周属荆州之地，春秋、战国为楚南裔境。秦以楚南置长沙郡，灌阳隶属该郡。

灌阳在西汉文帝前元十二年（公元前168年）前已建县，称观阳县，县治在今新街镇湘溪村雀儿山前一带，隶属西汉刘邦时设置的桂阳郡，该郡隶属长沙国（诸侯国）。汉武帝元鼎六年（公元前111年）分长沙国为零陵郡，观阳县隶零陵郡。

东汉，隶属荆州刺史部零陵郡。三国，隶属吴荆州零陵郡。晋，仍隶属荆州零陵郡。南北朝，隶属湘州零陵郡。隋开皇十年（590年）县废，与桃阳（一称洮阳，今全州县）合并为湘源县，隶属湘州零陵郡；大业十三年（617年）析湘源复置为县，县名由观阳改称灌阳，县治迁徙今灌阳镇，仍隶属湘州零陵郡。

唐武德七年（624年）县废，并入湘源县，隶属江南西道永州；上元二年（675年）复置为县，仍隶属江南西道永州。五代十国，后晋天福四年（939年）县废，并入清湘县，先隶属永州，后隶属全州。宋乾德二年（964年）复置为县，隶属荆湖南路全州。

元，隶属湖广行省全州路。

明，初隶属湖广布政使司永州府；洪武二十八年（1395年）征南将军韩观以瑶族滋事，远湖广，近广西，易平瑶乱为由，具奏改隶广西布政使司桂林府。

清，仍隶属广西布政使司桂林府。

民国2年（1913年）废府设道，隶属广西省桂林道（后改称漓江道）；15年后废道设行政区，隶属广西省第八行政区。

1949年10月1日成立中华人民共和国。灌阳县于同年11月20日解放，12月12日成立县人民政府，隶属广西省（1958年改称广西壮族自治区）桂林专区。1970年桂林专区改称桂林地区，隶属桂林地区。

1998年10月，桂林地市合并，统称桂林市，灌阳隶属桂林市至今。

地理概况

【位置面积】 灌阳县位于广西壮族自治区东北部，桂林市东北部，地理坐标为北纬25°10′32″至25°45′37″，东经110°43′16″至111°20′13″之间，总面积1835平方千米，东与湖南省的道县、江永交界，西靠兴安、灵川，南接恭城，北连全州。县城距桂林市中心159千米，距广西壮族自治区首府南宁627千米。

【地形地貌】 灌阳县处于南岭纬向构造带中段北沿与经向带的叠加复合部位。全县地势南高北低，东西最大横距38.6千米，南北最大纵距90千米，东有中山都庞岭，南北走向，主峰韭菜岭，海拔2009.3米；西有中山海洋山，亦为南北走向，主峰宝盖山，海拔1944.0米。山势层层降落，到测区构成南北延伸的低山地地貌。

【土壤】 灌阳县土壤成土母岩多为砂岩、页岩、石灰岩和第四纪红土等，土壤以红壤、紫色土为主，土层较厚，有机质含量高，土壤肥沃。

【乡镇土地利用主导方向】 灌阳县下辖灌阳镇、黄关镇、文市镇、新街镇、新圩镇和水车镇、观音阁乡、洞井瑶族乡、西山瑶族乡，各乡镇土地利用主导方向为：

灌阳镇是县城所在地，是全县政治、经济和文化中心，优先保障城镇、交通、水利、旅游及其他建设用地需求。土地利用的主导方向是发展城镇和工矿用地，保护好耕地，提高道路等级，建设旅游开发区。

文市镇石山资源丰富，土地利用的主导方向是发展独立工矿用地和城镇用地。

黄关镇、新街镇土山面积大，土地利用的主导方向是保护耕地，努力提高单产，扩大果园和用材林面积，搞好封山育林，改善生态环境；新街镇部分纳入灌阳工业集中区西山坪片区，需保障工矿用地发展。

水车镇水资源丰富,土地利用的主导方向是保护耕地,利用水库和库区风景美丽的优势发展水产养殖和旅游业。

洞井瑶族乡、西山瑶族乡林业资源丰富,土地利用的主导方向是保护生态环境,大力发展经济林和用材林。

新圩镇、观音阁乡交通便利,土地利用的主导方向是发展交通运输业,保证交通用地需求。

(县国土资源局)

气　　候

2018 年,灌阳气候特点是:气温偏高,降水偏少,日照时数偏多。

2018 年,平均气温 18.4℃,比常年偏高 0.4℃,年极端最高气温 37.2℃(7 月 18 日),年极端最低气温为 -4.6℃(2 月 6 日);年降水量为 1500.1 毫米,比常年偏少 42.8 毫米;年日照时数为 1424.0 小时,比常年偏多 155.2 小时。

2018 年 1 月,出现寒潮、霜冻和雨雪冰冻天气,并出现雪灾。2 月出现霜冻天气。3 月、5 月、7 月、8 月出现暴雨天气。7 月、8 月出现高温天气。9 月、10 月出现寒露风天气。12 月出现雨雪冰冻天气。当年无初霜期 328 天。年内共出现暴雨 5 场,其中 3 月份 1 场,5 月份 1 场,7 月份 2 场,8 月份 1 场。年内,未出现大的洪灾和严重干旱天气。

(县气象局)

森林资源

【土地面积构成】 2018 年,全县土地总面积 1835 平方千米,其中:林地面积 1474 平方千米,占 80.3%;非林地面积 361 平方千米,占 19.7%,全县森林覆盖率 75.73%,活立木总蓄积量为 950 多万立方米。

【林地(利用)类型和经营权属结构】 2018 年,全县林地以有林地(有林地中绝大多数为乔木林)为主,占 75.3%,其次是灌木林地(其中石山灌木占绝大多数),占 16.4%,未成林地占 3.7%,无立木林地占 2.8%,宜林地占 1.7%,其余林地类型所占比例较小。全县林地经营权属结构中,国有林地占 8.4%,集体林地占 91.6%。根据林地变更调查数据库统计,其中农户家庭承包经营占 41.7%;联户合作经营占 0.1%;集体经济组织经营占 49.8%。

【森林分类区划】 2018 年,全县林地中,生态公益林地面积占 33.4%,商品林地占 66.6%。全县公益林(地)全部是国家级公益林;商品林地中重点商品林地占 32.6%,一般商品林地占 34.1%。

(县林业局)

水 资 源

灌阳县水资源量丰富,且年内分配与多年年内分布基本一致。2018 年,全县平均年降水量 1537 毫米,多年平均降雨量 1733 毫米。

2018 年,全县总供水量 2.11 亿立方米,比上年减少 0.09 亿立方米。其中地表水供水量 2.109 亿立方米,占 99.95%,地下水供水量 0.01 亿立方米,占 0.05%。2018 年,全县总用水量 2.11 亿立方米,其中农业用水量 1.6505 亿立方米,工业用水量 0.1535 亿立方米,生活用水量 0.3 亿立方米,生态环境用水量 0.006 亿立方米。

灌阳县灌江属长江流域洞庭湖水系湘江支流,监测的水功能区水质达标率 100%。2018 年,有规模以上的入河排污口 6 个,新增审批规模以上的入河排污口 4 个,其中正常运行的有 2 个、试运行的 4 个、已批复但未建设或未建好的入河排污口有 4 个。县环保局每季度对排污口取水样进行主要污染指标监测,监测因子包括水量、水温、pH 值、化学需氧量(CODcr)、五日生化需氧量(BOD5)、氨氮(NH3-N)、总磷和总氮等。监测结果表明，所监测的排污口排放的污水均达到排放标准，没有出现超排现象，根据水功能区水质监测结果，排污口排水没有造成所在水功能区水质超标。

按照全区实行最严格水资源管理制度考核口径。2018年，全县用水总量控制目标为2.45亿立方米，实际用水总量为2.11亿立方米；全县万元地区生产总值用水量降幅20.52%，万元工业增加值用水量降幅16.29%，全县农田灌溉水有效利用系数控制目标为0.527，主要水功能区水质达标率、主要河流跨行政区交界断面水质水量达标率为100%。 （县水利局）

植物资源

灌阳县地带性植被属中亚热带常绿阔叶林，经过几十年造林经营活动，已无原生植被群落，取而代之的是天然次生林和人工林。主要乔木树种有：马尾松、杉木、国外松、苦楝、相思树、荷木、火力楠和栎类等；主要经济树种为黑李、奈李、油茶、油桐、长枣、柑橘、梨等；主要竹类有毛竹、撑篙竹；常见灌木有桃金娘、盐肤木、柃木、乌饭树、鼠刺、野牡丹、杜娟等；常见草本植物有铁芒萁、画眉草、黄茅、纤毛鸭嘴草、金茅、乌毛蕨、五节芒等。国家一级保护植物有红豆杉、银杏、资源冷杉、南方红豆杉、钟萼木、香果树6种；国家二级保护植物有福建柏、长苞铁杉、香樟、花榈木、白豆杉等16种。

（县林业局）

动物资源

灌阳县野生动物比较丰富，属国家一级保护野生动物有：黄腹角雉、林麝、白颈长尾雉等。

属国家二级保护野生动物有：大鲵（娃娃鱼）、虎纹蛙、藏酋猴、穿山甲、猕猴、水獭、小灵猫、大灵猫、水鹿、鬣羚、苏门羚、獐、普通狂鸟、黑头鹃隼、鸢、松雀鹰、雀鹰、白鹇、红腹角雉、红腹锦鸡、勺鸡、草鸮、班头鸺留鸟、短耳鸮、雕鸮（猫头鹰）。

属广西重点保护野生动物有：黑眶蟾蜍、沼水蛙、泽陆蛙、棘腹蛙（山蚂拐）、棘胸蛙、斑腿泛树蛙、小弧斑姬蛙、饰纹姬蛙、花姬蛙、乌龟、平胸龟、变色树晰、百花锦蛇、三索锦蛇、趸鼠蛇、滑鼠蛇、金环蛇、银环蛇、眼镜蛇、眼镜王蛇、五步蛇、池鹭、灰胸竹鸡（野鸡）、环颈雉、黄脚三趾鹑、白胸苦恶鸟、杜鹃（布谷鸟）、乌鹃四声杜鹃、大杜鹃、白胸翡翠、蓝翡翠、三宝鸟、戴胜、大拟啄木鸟、蓝喉啄木鸟、白鹊鸰、树鹨、赤红山椒鸟、灰喉山椒鸟、粉红山椒鸟、白头鹎（白头翁）、红耳鹎、白喉红臀鹎、绿翅短脚鸭、红嘴蓝鹊、灰树鹊、松鸦、大嘴乌鸦、乌鸫、红尾伯劳、棕背伯劳、黑枕黄鹂、黑卷尾、灰卷尾、发冠卷尾、八哥、棕颈钩嘴鹛、诬眉、黑脸噪鹛、白颊噪鹛、黑喉噪鹛、红嘴相思鸟、银耳相思鸟、黄眉柳莺、黄腰柳莺、长尾缝叶莺、纯蓝仙鹟、大山雀、红头长尾山雀、凤头鸦、寿带、树鼩、赤腹松鼠、珀氏长吻松鼠、鼯鼠类（飞虎）、豪猪、帚尾豪猪、中华竹鼠（竹老鼠）、华南兔、貉、青鼬、黄鼬（黄鼠狼）、猪獾（聋猪）、鼬獾、果子狸、食蟹獴、红颊獴、豹猫、赤鹿、小麂等。

（县林业局）

矿产资源

灌阳县矿产资源种类比较丰富，已发现的矿种有：煤炭、铁、铜、铅、锌、锡、钨、锑、金、压电水晶、硫铁矿、长石、磷矿、高岭土、方解石、建筑石料用灰岩、水泥用灰岩、制灰用石灰岩、饰面用灰岩、饰面用角砾岩、饰面用花岗岩、砖瓦用页岩、普通萤石、玻璃用脉石英、砂锡矿、矿泉水、地下热水27种；矿床、小矿、零星资源等156处，其中，大型矿床1处，中型矿床2处，小型矿床33处，小矿36处，零星资源84处。探明储量的矿种有锡矿、锑矿、普通萤石、压电水晶、饰面用灰岩、水泥用灰岩、制灰用石灰岩、建筑石料用灰岩、砖瓦用页岩、饰面用花岗岩、玻璃用脉石英、方解石、高岭土、矿泉水 14 个矿种，共 69 个矿产地。

主要金属矿床锡金属量 1473 吨，尚未利用；锑矿只有赵家岭 1 处，有锑金属量 7847 吨，该矿曾一度开采，因矿石品位变化大，且矿山地质环境难以保障，暂停开采，其余均为矿点。

非金属矿主要是建筑石料用灰岩、饰面用灰岩，已大量开发利用，成为灌阳县优势矿种；玻璃用脉石英已开发 3 处；矿泉水已开发 1 处。灌阳县矿产资源开发的发展势头良好。县内拥有大量的砖瓦用页岩矿资源，开发潜力较大，但前期未对其规划开发，后期可将其作为重点开发的非金属矿种。

饰面用灰岩：查明矿产地 8 处，其中大型矿床 1 处、中型矿床 1 处、小型矿床 4 处、小矿 2 处，主要分布于文市镇的岩头坝、王道一带及新街镇的飞熊村至上甫村一带，保有资源储量 2320.1 万立方米。

建筑石料用灰岩查明矿产地 16 处，其中小型矿床 5 处、小矿 11 处。分布于文市镇、新圩镇、水车镇、灌阳镇、新街镇、黄关镇、观音阁乡、洞井瑶族乡等乡镇，主要赋存于泥盆系融县组、额头村组、东村组、桂林组、巴漆组、唐家湾组。石炭系黄金组、尧云组、英塘组中，分布面积广、储藏量大，保有资源储量 2210.18 万立方米，潜在资源储量预测达数亿立方米。矿体绝大部分出露地表，矿石质量好，开采技术条件简单，便于集中开发利用。

砖瓦用页岩查明矿产地 10 处，全部为小型矿床，主要分布于文市镇、新圩镇、灌阳镇、新街镇和黄关镇等乡镇，资源丰富，开发潜力较大，保有资源储量 621.55 万立方米。

方解石查明矿产地 8 处，全部为小矿，主要分布于文市镇的寨山坳、新圩镇的平田村、水车镇的塘尾底、新村、璃碧、寨山坪、灌阳镇的徐家、观音阁乡的王家坂一带，保有资源储量 35.28 万吨。

玻璃用脉石英查明矿产地 9 处，其中小型矿床 5 处、小矿 4 处，主要分布于新街镇的葛洞村、上洞至何家一带，以及黄关镇马山至猫儿石一带，保有资源储量 439.68 万吨。

普通萤石查明矿产地 3 处，其中小型矿床 2 处、小矿 1 处，分布于黄关镇的杨家山至红腾凹一带的中细粒斑状含角闪黑云二长花岗岩中，保有资源储量 10.44 万吨。

岩浆岩主要有东部的都庞岭和西部的海洋山两大花岗岩体，其出露面积占全县总面积的 34.73%，其形成时代主要为加里东期、印支期和燕山期。查明中型矿床 1 处，位于黄关镇大竹山村北面的中粒黑云二长花岗岩中，保有资源储量 482.46 万立方米。花岗岩分布面积广，但大部分未做过勘查，潜在资源量巨大。

压电水晶查明小矿 1 处，位于新圩镇解放村北西方向。保有资源储量为单晶 11 千克。

水泥用灰岩查明矿产地 2 处，均为小矿。分别位于灌阳镇城区南部以及黄关镇中秀村附近。保有资源储量 164.30 万吨。

制灰用石灰岩查明小型矿床 1 处，位于新街镇石门口西面，保有资源储量 111.99 万吨。

高岭土查明小矿 1 处，位于灌阳镇南部中细、细粒斑状角闪黑云二长花岗岩中，保有资源储量 0.52 万吨。

矿泉水查明矿产地 7 处，其中小型矿床 1 处、小矿 6 处。分别位于新街镇上甫村东面及灌阳镇抱木坪北东方向的花岗岩体中。保有资源储量 308 立方米 / 日。

（县国土资源局）

行政区划

2018 年，灌阳县下设灌阳镇、黄关镇、新街镇、文市镇、新圩镇、水车镇 6 个镇，观音阁乡 1 个乡和洞井瑶族乡、西山瑶族乡 2 个瑶族乡。乡镇下设 3 个社区居民委员会，138 个村民委员会。

灌阳镇　辖城南、城中、城北 3 个社区居民委员会，城关、莫家、胡家、鹤龙、上王、秀风、长坪、大仁、福星、文化、三联、仁江、仁柜、车田、仁狮、仁义、雷坪、仁合、鱼塘、马头、翻身、大源、徐源、苏东、仁渡、排埠江 26 个村民委员会。

黄关镇　辖黄关、中秀、唐官、李官、东阳、大竹山、陡水、兴秀、联德、正江、龙吟、大倚、猫儿石、商家、顺溪15个村民委员会。

新街镇　辖新街、永富、马山、三树、车头、葛洞、龙炼、龙云、烈溪、邓家、龙中、石丰、虎坊、坪涧、娘北、飞熊、上甫、叶官、三江、青箱、江口21个村民委员会。

文市镇　辖文市、大湾、西就、吉田、吉头、瑶上、月岭、玉溪、清塘、桂岩、勒塘、集全、北流、陈家坪、同仁、王道、昭仪、会湘、马莲、达溪、联合21个村民委员会。

新圩镇　辖新圩、桂阳、平田、新卫、光明、和睦、国豪、共耕、龙塘、潮立、龙桥、小龙、大龙、解放、合力、洪水箐16个村民委员会。

水车镇　辖水车、德里、同德、修睦、官庄、三皇、大营、合成、下泡、上泡、伍家湾、璃碧、东流、江塘14个村民委员会。

观音阁乡　辖文明、自振、桃花、盘江、立强、大井塘6个村民委员会。

洞井瑶族乡　辖洞井、椅山、桂平岩、太和、石家寨、保良、野猪殿、大竹源、小河江9个村民委员会。

西山瑶族乡　辖李家、罗家、鹰嘴、盐塘、小源、南江、茶源、北江、下涧、大坪10个村民委员会。

（县民政局）

人　口

2018年，灌阳县常住人口总户数106974户，总人口297007人，比2017年增加1220户，增加1290人，平均每户3人，总人口增长率为4.35‰。总人口中男性158693人，占53.43%；比去年增加560人；女性138314人，占46.57%，比去年增加730人，男女性别比为115∶100。总人口中0至17岁64547人，占21.73%；18至34岁65116人，占21.92%；35至59岁107280人，占36.12%；60岁及以上60064人，占20.22%。全县城镇人口比去年增加了2869人，有城镇人口82695人，占总人口27.84%，有乡村人口214312人，占总人口72.16%。洞井瑶族乡、西山瑶族乡、观音阁乡无城镇人口。全县经四项变动查询共出生3858人，其中男性2021人，女性1837人，出生率13.02‰；四项变动查询死亡1675人，其中男性1087人，女性588人，死亡率5.65‰。人口自然增长率为7.37‰。全县经四项变动查询迁入1075人，省内迁入620人（包括义务兵退伍、志愿兵复员、军队干部转业），省外迁入（包括错漏补报、义务兵退伍、志愿兵复员等），迁入率为3.63‰；迁出1968人，迁往省内1186人，迁往省外782人（包括多报删除25人），迁出率为6.64‰。总迁移率为10.27‰。

（县公安局）

组织机构及负责人名单

中国共产党灌阳委员会

县委书记：陆桂弟（任至8月）
　　　　　周春涌（8月任职）
县委副书记、县长：卢　嵩
县委副书记：陈礼兵
县委常委、武装部部长：黎大友
县委常委、常务副县长：李春孟（任至7月）
　　　　　周恒志（7月任职）
县委常委、宣传部部长、副县长：周恒志（任至7月）
　　　　　陈春虹（7月任职）
县委常委、县纪委书记、监察委主任：
　　闫位勤（2月任监察委主任）
县委常委、政法委书记：杨小平
县委常委、组织部部长：黄小雪
县委常委、县委办主任：唐　奕
县委常委、统战部部长：赵桂花
县委常委、副县长（挂职）：
　　谷宝太（任至4月）
　　刘梦翁（4月挂任县委常委，6月挂任副县长）

县委工作部门

县委办公室

县委办主任：唐　奕
县委办副主任：陆吉保
　　　　　　　刘湖广
　　　　　　　蒋　继
　　　　　　　戴启文
　　　　　　　何政武（8月任职）

县委纪委监委
县委常委、县纪委书记、县监委主任（2月任职）：
　闫位勤
县纪委副书记、县监察局局长（任至2月）、县监委副主任（2月任职）：蒋晓华
县纪委副书记、县监委副主任（2月任职）：
　蒋修忠
县纪委常委、县监察局副局长（任至2月）、县监委委员（2月任职）：王启忠
县纪委常委、县委巡察办主任：范润芳
县纪委常委：陈明德
县纪委常委、县监委委员（2月任职）：文勇兵
县监委委员：文元军（2月任职）
　　　　　　李小艳（6月任职）

县委组织部
县委常委、组织部部长：黄小雪
副部长：盘顺喜
　　　　刘大东（任至6月）
　　　　王良益（兼）
　　　　刘慧云（兼）
　　　　何明捷（7月兼）
　　　　文齐友（挂职）

县委宣传部
县委常委、宣传部部长：周恒志（任至7月）
　　　　　　　　　　　陈春虹（7月任职）
副部长：唐泽化
　　　　唐琳春
文明办主任：伍凌锋
外宣办主任：余旭生（任至5月）
文联主席：戴园艳
社科联
主　席：唐琳春（任至12月）
副主席：史春来（兼秘书长，任至12月）
《今日灌阳》报社社长：陆仕臣

县委政法委
县委常委、政法委书记：杨小平
县委政法委副书记、综治办主任：钟德政
县委政法委副书记、维稳办主任：
　王海军（任至5月）
　刘大东（5月任职）

县委统战部
县委常委、统战部部长：赵桂花
副部长：贺小秋（兼县工商联党组书记）
　　　　范汝年
　　　　陈红梅
县台办主任：陈红梅
县侨办主任：范汝年

县绩效办
副主任：刘先德
　　　　孙湘玲

县信访局
局　长：王波进
副局长：艾先德
　　　　周玲安

县编委办
主　任：邓业荣
副主任：文歧权
　　　　陆亚玲
事业登记管理局局长：范文义

县机要局
局　长：邓源娟

县委老干部局
局　长：刘慧云
副局长：李　健

曾念友(任至5月)
戴红清(5月任职)

县直属机关工作委员会
书　记:韩文忠
副书记:范丽林(兼县直工委武装部部长)
童先明
纪检组长、工委委员:唐兴东

县委党校
常务副校长:刘海东
副校长:唐金妮
邓敦觉
校务委员:黄艳红

灌阳县人民代表大会常务委员会

主　任:范科君(任职至8月)
副主任:王　峰
袁高明
赵新春

人大常委会办公室
主　任:唐爱明
副主任:卢丽梅

选联委
主　任:文　珲
副主任:雷唤雨(2月任职)

科教文卫法工委
主　任:戴青云(2月任职)
副主任:曾扬帆(6月任职)

法工委
主　任:刘艳娟

财经委
主　任:范见远
副主任:吕灌群

农业农村与城建环资委
主　任:唐廷勇

灌阳县人民政府

县　长:卢　嵩
县委常委、常务副县长:李春孟(任至8月)
周恒志(8月任职)
县委常委、副县长:周恒志(任至8月)
陈春虹(5月任职)
县委常委、副县长(挂职):谷宝太(任至6月)
刘梦翁(6月任职)
副县长:秦家德
唐　敏
蒋红斌
陶日桂(8月任职)

县政府办
主　任:蒋邦奎
副主任:伍传海(任至1月)
吕　军(任至5月)
戴培全(挂职)
时红秀
蒋兴旺
蒋雪艳
蒋承根(1月任职)
余旭生(5月任职)

县政务中心管理办公室
支部书记、主任:唐月荣
副主任:唐海均

县法制办
主　任:伍传海(任至1月)
副主任:唐　英(1月任职)

县政府工作部门

县发展和改革局
党组书记、局长:傅超香(任至2月)
杨小龙(3月任职)

党组成员、副局长：蒋　仁
熊经忠
雷荣华
陆　发

县财政局
党组书记、局长：王飞雄
党组成员、副局长：吕加标
黄光辉
副局长：戴小芳
支付中心主任：范三荣

县农业局
党组书记、局长：蒋碧娟（任至2月）
唐智祥（2月任职）
党组副书记、县水果生产办公室主任：文先发
党组成员、副局长：唐冬梅
童富军（任至4月）
范海生（4月任职）
曾念友（4月任职）
党组成员、县农业区划委员会办公室副主任：
陈桂斌（任至2月）
刘祖勇（2月任职）
副局长：邓双雄
县水果生产办公室副主任：何运晟
李明祥

县社会主义新农村建设领导小组办公室
主　任：莫家斌（任至2月）
伍灵保（2月任职）
副主任：盘晓峰

县林业局
党组书记、局长：谢能喜
党组副书记、副局长：文珍林
党组副书记、县能源办主任：李静勇
党组成员、副局长：曾念学
县能源办副主任：谢登红（1月任职）

县水产畜牧兽医局
局　长：龙晓红（任至1月）
戴大林（1月任职）
副局长（挂职）：范默静（5月任职）

县国土资源局
党组书记、局长：蒋代忠
党组成员、副局长：王　斌
陈团结（任至2月）
刘毅飞（任至4月）
文　利（6月挂职）
范义辉（6月挂职）
副局长：龙爱林（挂职）

县科学技术知识产权局
局　长：罗前学

县环境保护局
党组书记、局长：时治富
党组成员、副局长：文卫红
唐银涛

县教育局
党组书记、局长：雷祖文
党组副书记、副局长：孙建林
县纪委派驻教育局纪检组组长：蒋　勇

县文新广体局
党组书记、局长：陈国栋
党组成员、副局长：袁高生
唐红梅
文齐友

县卫生和计划生育局
党组书记、局长：蒋增进
党组副书记、副局长：许旭阳
县纪委派驻卫计局纪检组长：阎星映
党组成员、计生协会专职副会长：文其发
党组成员、副局长：谢世政
唐慧生
蒋述贵

县交通运输局
党组书记、局长:黄晓艳
党组副书记、副局长:熊俊文
党组成员、副局长:蒋增生
李　鑫

县公安局
副县长、局党委书记、局长:秦家德
党委副书记、政委:龚厚清
党委委员、纪检组长:唐广政
党委委员、副局长:周　浩
邓国玉
蒋锦鸿
刘　勇(1 月任职)

县司法局
党组书记、局长:蒋亚强
党组成员、副局长:唐志云
文神贵

县调处办
主　任:邓德新

县水库移民工作管理局
党组书记、局长:罗向春
党组成员、副局长:尹晓亚　蒋石生

县旅游局
局　长:文丢云
副局长(挂职):文　爽(5 月任职)

县工业和信息商贸局
党组书记、局长:王礼平(任至 2 月)
莫家斌(2 月任职)
党组副书记、副局长:王松元
党组成员、纪检组长:何有兰
党组成员、副局长:戴红清(任至 5 月)
黄新明(任至 2 月)
蒋雄军(挂职至 10 月)
罗　鲜(5 月任职)

县审计局
党组书记、局长:谢爱民
党组成员、副局长:刘晓红
熊光齐

县扶贫办
党组书记、主任:伍灵保(任至 2 月)
傅超香(2 月任职)
党组成员、副主任:刘祖勇(任至 2 月)
俸珍文(任至 2 月)
陈桂斌(2 月任职)
郑　伟(2 月任职)
谢潇钧(5 月挂职)
范菊红(挂职至4月,8月挂职)
舒恒通(8 月挂职)

县民族宗教事务局
局　长:袁　文

县招商局
党组书记、局长:唐运玉
党组成员、副局长:郑春梅
蒋雄军

县市容管理局
党组书记、局长:於永新
党组成员、副局长:周竹生
唐　健

县食品药品监督管理局
党组书记、局长:梁　赟
党组副书记、副局长:吴鸾珍
党组成员、副局长:蒋爱辉
王晓东(4 月任职)

县工商质监局
党组书记、局长:唐　斐
党组副书记、副局长:熊鹏飞
党组成员、副局长:蒋明晖
文　爽(任至 5 月)

县粮食局
局　长:戴培亮

县供销社
党组书记、理事会主任:陆进发
党组副书记、监事会主任:魏　勇
党组成员、理事会副主任:卿垂志(任至1月)
范汝东(1月任职)
范义辉(任至5月)
党组成员、监事会副主任:邓世英

县住房和城乡建设局
党组书记、局长:王德鹏
党组成员、副局长:文　毅
孙　宏
毛　萍(5月挂职)

县城市管理综合行政执法局
局　长:孙　宏

县物价局
局　长:邓海生

县人力资源和社会保障局
党组书记、局长:王良益
党组成员、副局长:蒋海龙
史伟明
袁　明

社会保险事业局
局　长:蒋海龙

县统计局
党组书记、局长:余明耀
党组副书记、副局长:廖一江
副局长:蒋　勇

县安全生产监督管理局
局　长:卿熙安
副局长:宋德兴
文春玲

县水利局
党组书记、局长:郑　娟
党组成员、副局长:
朱桂军(兼水车水库管理处主任)
李学斌(1月任职)

县民政局
党组书记、局长:刘　相
党组成员、副局长:吕　辉
吕加科

县政府直属事业单位
县机关事务管理局
局　长:王小华
副局长:李远勇

县房改办
主　任:刘晓玉(任至2月)
副主任:唐有英
熊国旭(任至4月)
王海军(5月任职,主持工作)

县农业机械化管理局
党组书记、局长:戴大林(任至2月)
党组书记:伍传海(2月任职)
局　长:刘晓玉(2月任职)
副局长:宾传曦
邓源学

县档案局
党组书记、局长:王　瑾
党组副书记、副局长:沈　忠
党组成员、副局长:周玉梅

县史志办公室
主　任:史秋莹
副主任:熊国旭(4月任职)
范菊红(4月任职)

法院·检察院

县人民法院
党组书记、院长:刘红星
党组副书记:王继勇
党组成员、副院长:邓元江　王茂生
党组成员:何　盛(政工科科长)
党组成员:谢良豪(执行局局长)
副院长:盘仙妹(任至4月)
审委会专职委员:盘仙妹(8月任职)

县人民检察院
党组书记、检察长:罗小军
党组成员、派驻检察院纪检组长:陆增书
党组成员、副检察长:蒋智勇
戴拥军
梁拥政
党组成员、政工科科长:何　鹏

军警·武警

县人民武装部
县委常委、武装部部长:黎大友
政治委员:旷明光

县消防大队
教导员:蒋开夏
大队长:杨　彬
参谋长:薛勇明
指导员:何　佳
副中队长:李传勇

县武警中队
政治指导员:彭年军
中队长:熊定昌

中国人民政治协商会议灌阳县委员会

主　席:蒋小林(任至7月)
副主席:唐莉姣
陆健康
向国庆
郑有成

县政协办公室
秘书长、主任:曹湘柱
副主任:盘树华(2月任职)

提案和社会法制委员会
主　任:秦满发
副主任:蒋济锋(2月任职)

经济科技联谊和委员联络委员会
主　任:时建生(任至1月)
副主任:时祖龙(2月任职)

教文卫体委员会
主　任:胡艳辉(2月任职)

群众团体

县总工会
县人大常委会副主任、县总工会主席:赵新春
党组书记、常务副主席:唐爱娟
党组成员、副主席:范立新
副主席:俸珍文(2月任职)

共青团灌阳县委员会
书　记:何明捷(任至4月)
副书记:邓亚婷

县妇联
主　席:袁玉华
副主席:范汝琰　陆　琳

县残联
党组书记、理事长:胡志姣
党组副书记、副理事长:谢潇钧

县科协
主　席:陶云琳

副主席：王思嘉

县工商联
党组书记：贺小秋
主　席：易海玉
党组成员、副主席：曾扬帆（任至4月）

中央及自治区直属单位

县国家税务局
党组书记、局长：梁　力（任至7月）
党组成员、纪检组长：廖远荣（任至7月）
党组成员、副局长：袁晓海（任至7月）
蒋晓春（任至7月）
何嗣斌（任至7月）
范来顺（任至7月）

县地方税务局
党组书记、局长：莫毓伟（任至7月）
党组成员、纪检组长：蒋林豆（任至7月）
党组成员、副局长：熊灵明（任至7月）
陈华兵（任至7月）

国家税务总局灌阳县税务局
党委书记、局长：梁　力（7月任职）
党委委员、纪检组长：蒋林豆（7月任职）
党委委员、副局长：袁晓海（7月任职）
蒋晓春（7月任职）
何嗣斌（7月任职）
熊灵明（7月任职）
陈华兵（7月任职）
范来顺（7月任职）
廖远荣（7月任职）

广西桂林千家洞国家级自然保护区管理局
局　长：李增华
副局长：李远征　易　雷

县公路管理局
党总支书记：马权华
党总支副书记、工会主席：刘　凯
局　长：李玉林
路政执法大队大队长：蒋戈亮
副局长：唐咸富
文　静

桂林市住房公积金管理中心灌阳县管理部
副主任：黄少华

水利电业有限公司
党委书记、董事长、总经理：陈燕春
党委副书记：范兰平
纪委书记：刘　娅（7月任职）
常务副总经理：谢冬林
副总经理：伍友顺　陈华东

县气象局
局　长：王熙军
副局长：赵玉红
卿跃文

县烟草专卖局
局　长：李英祥
副局长：唐利兵
副经理：易小权（4月任职）

金融·保险·通信

中国人民银行灌阳县支行
党组书记、行长：王熙进
党组成员、副行长：赵绍庆（任至5月）
蒋　璐
罗拥政（5月任职）

农业银行灌阳县支行
行　长：卢上二
副行长、纪委书记：黄　文
副行长：李　华
王义华

灌阳农村商业银行股份有限公司

董事长:王登富
行　长:罗　丹(8 月任职)
党委副书记:罗　丹
监事长:蒋志永
副行长:董　钢
　　　史伟民

桂林国民村镇银行灌阳支行

行　长:戴建宏
业务副行长:蒋运林
营业副行长:周艳萍　甄凌云

中国人民财产保险股份有限公司灌阳支公司

经　理:李革娟
副经理:蒋雄飞

中国人寿保险股份有限公司灌阳支公司

经　理:唐庆林(任至 12 月)
　　　雷先耀(12 月任职)
副经理:雷先耀(任至 12 月)
经理助理:蒋汉意(12 月任职)

中国邮政集团公司灌阳县分公司

总经理:王华荣
副总经理:欧建强

中国移动通信集团广西有限公司灌阳分公司

总经理:蒋林松
副总经理:刘海任
综合部经理:陆秋玉

中国联合网络通信有限公司灌阳分公司

总经理:陆青柏
副总经理:吴海荣

中国电信股份有限公司灌阳分公司

副总经理:王熙辉(主持工作)
　　　　唐　利

广西广电网络灌阳分公司

总经理:李　京
副总经理:吴建伟

各乡镇党委、人大、政府

洞井瑶族乡

党委书记:戴桂兰
党委副书记、乡长:邓润生
党委副书记、人大主席:王熙涛
党委委员、纪委书记:谢　超
党委委员:胡作昊
党委委员、副乡长:胡作林
　　　　　　　蒋丽萍
党委委员、武装部长:谭善武
副乡长:齐　俊(挂职)
人大副主席:包海洲

观音阁乡

党委书记:蒋邦立
党委副书记、乡长:刘　群
党委副书记、人大主席:李永红
党委副书记(挂职):赵运昌(3 月任职)
党委委员、纪委书记:陆娟娟
党委委员:范　钰
党委委员、副乡长:黄光胜
　　　　　　　范先文
党委委员、武装部部长:邓振顺
副乡长:时诒峰
人大副主席:文岐政

西山瑶族乡

党委书记:陈芙蓉
党委副书记、乡长:梁拥民
党委副书记、人大主席:王明生
党委副书记(挂职):黄海波
党委委员、纪委书记:文　馨
党委委员:赵　星
党委委员、副乡长:邓　兴
　　　　　　　熊章新

党委委员、武装部长：蒋　委
人大副主席：王　琦

黄关镇
党委书记：陈红华
党委副书记、镇长：卿熙念
党委副书记、人大主席：周　兴
党委副书记（挂职）：李永伟（任至 3 月）
刘晓敏
党委委员、纪委书记：周爱军
党委委员：蒋邦秋
范见波（4 月任职）
党委委员、副镇长：陈令仙
戴培根
党委委员、武装部部长：王　翔
副镇长：蒋佳云
蒋静如
梁瑞彤（5 月挂职）
人大副主席：蒋峦姣

新街镇
党委书记：蒋汉周
党委副书记、镇长：田　丰
党委副书记、人大主席：唐盼文
党委副书记（挂职）、扶贫工作分队长：
苑守瑞（任至 3 月）
黄诺伦（3 月任至 10 月）
蒋永华（11 月任职）
党委委员、纪委书记：王玉秀
党委委员：陆冬妹
文奇前
党委委员、副镇长：黄　凌
蒋秀云
党委委员、武装部长：刘顺文
副镇长：邹状初
文武军
人大副主席：卿垂德

灌阳镇
党委书记：时大海
党委副书记、镇长：周　围（任至 3 月）
文海勇（3 月任职）
党委副书记、人大主席：林　斌
党委副书记（挂职）：范义辉（任至 4 月）
曾念有（任至 5 月）
史春来（3 月任职）
陈军湘（5 月任职）
党委委员、纪委书记：苏　平
党委委员：唐大荣
梁婷婷
党委委员、副镇长：戴强明
唐仁发
党委委员、武装部长：蒋连珍
副镇长：王宝发
於　洋
人大副主席：吴桂针（任至 5 月）
易塬舒（5 月任职）

新圩镇
党委书记：王　龙
党委副书记、镇长：赵　飞
党委副书记、人大主席：唐智祥（任至 2 月）
文泽荣（2 月任职）
党委副书记（挂职）：文　爽（任至 3 月）
黄　建（3 月任职）
党委委员、纪委书记：刘训习
党委委员：胡　龙
郑　伟（任至 3 月）
刘长林（5 月任职）
党委委员、副镇长：范芳春
文　利（任职至 5 月）
吴桂针（5 月任职）
党委委员、武装部长：李蒙发
副镇长：卿耀华
人大副主席：李夏平

水车镇
党委书记：王双华
党委副书记、镇长：陆航灯
党委副书记、人大主席：蒋琼芳

党委副书记(挂职):蒋雪生(5月任职)
党委委员、纪委书记:吕莫君
党委委员:时　飞
党委委员、副镇长:唐　淮
　　　　　　　　卢奇东
党委委员、武装部长:唐　军
副镇长:唐培梅
人大副主席:陆继平

文市镇
党委书记:周　围(3月任职)
党委副书记、镇长:文衍明
党委副书记、人大主席:黄永逵
党委副书记(挂职):田亚华
　　　　　　　　　刘小红(5月任职)
　　　　　　　　　唐小猛(6月任职)
党委委员、纪委书记:王游明
党委委员:盘度春
　　　　　蒋凤萍(6月任职)
党委委员、副镇长:卿志军
　　　　　　　　黄东平
党委委员、武装部长:邓志权
副镇长:王超洋
　　　　邹必鸿
人大副主席:唐更亮(6月任职)

中国共产党灌阳县委员会

9月11日,全县组织工作会议在县委三楼会议室召开　　　县委组织部　提供

重要会议

【中国共产党灌阳县第十五届委员会第四次全体会议】 1月8日，中国共产党灌阳县第十五届委员会第四次全体会议在县委三楼会议室召开。出席会议的有县委委员35人，候补委员3人。全会由县委常委会主持。全会深入学习贯彻党的十九大和中央经济工作会议、自治区党委十一届三次全会、全区经济工作会议和市委五届四次全会、全市经济工作会议精神，听取和讨论县委书记陆桂弟受县委常委会委托作题为《砥砺奋进实干，聚力担当使命，努力开创文明和谐幸福美丽灌阳新篇章》的工作报告。全会提出2018年工作的总体要求是：全面贯彻落实党的十九大精神，以习近平新时代中国特色社会主义思想为指导，加强党对一切工作的领导，坚持稳中求进工作总基调，坚持新发展理念，紧扣我国社会主要矛盾变化，按照高质量发展的要求，统筹推进“五位一体”总体布局和协调推进“四个全面”战略布局，按照县第十五次党代会的决策部署，统筹推进稳增长、促改革、调结构、惠民生、防风险各项工作，大力推进改革创新，推动质量变革、效率变革、动力变革，在防范化解重大风险、精准脱贫、污染防治的攻坚战方面取得扎实进展，深入推进“三大工程”，加快推进“一园一江一路”建设，加快宜居宜业宜游、文明和谐幸福美丽新灌阳建设步伐。全会结合发展实际，提出2018年全县经济社会发展的主要预期目标。县长卢嵩传达中央、自治区经济工作会议和市委五届四次全会精神，县纪律检查委员会书面报告了工作。

2018年1月8日，中国共产党灌阳县第十五届委员会第四次会议在县委三楼会议室召开 县委办 提供

【开展扫黑除恶专项斗争工作】 为贯彻落实中央、自治区、市政法工作、扫黑除恶专项斗争工作等会议精神，3月12日，全县政法和平安建设工作会议暨扫黑除恶专项斗争动员部署会在红豆杉国际大酒店二楼会议室召开。会议总结工作，分析形势，安排部署2018年全县综治平安建设、扫黑除恶专项斗争，信访维稳、队伍建设等政法工作。坚持以习近平新时代中国特色社会主义思想为指导，深入学习贯彻党的十九大精神，以扎实推进“平安灌阳”建设为主线，以确保自治区成立60周年系列重大节会活动安全稳定为主轴，按照自治区党委树立“三治理念”、打好“三场硬仗”、实现“三个提升”，以及县委的部署要求，主动适应新时代新形势新变化新要求，坚持法治引领、问题导向、固本强基，进一步深化平安建设、法治建设、过硬政法队伍建设、智能化建设，进一步提升人民群众获得感、幸福感、安全感，努力为加快建设“宜居宜业宜游、文明和谐幸福”新灌阳创造安全的政治环境、稳定的社会环境、公正的法治环境、优质的服务环境。

重要决策

【**全面从严治党主体责任清单**】 6月20日，中共灌阳县委员会印发履行全面从严治党主体责任清单。要求深入学习贯彻习近平新时代中国特色社会主义思想和党的十九大精神，强化县委全面从严治党主体责任，推动全面从严治党向纵深发展。县委领导班子是全县全面从严治党的领导者、执行者、推动者，承担全县全面从严治党主体责任。县委领导班子成员根据工作分工，认真履行“一岗双责”，对职责范围内全面从严治党落实负主要领导责任。

【**推进安全生产领域改革发展**】 7月19日，中共灌阳县委员会印发推进安全生产领域改革发展实施意见。以习近平新时代中国特色社会主义思想为指导，统筹推进“五位一体”总体布局和协调推进“四个全面”战略布局，树立安全发展理念，弘扬生命至上、安全第一的思想，健全公共安全体系，完善安全生产责任制，坚决遏制重特大安全事故，提升防灾减灾救灾能力。坚持安全发展、改革创新、依法监管、源头防范、系统治理的原则，依靠严密的责任体系、有效的监管体系、严格的法治措施、科学的风险管控、有力的基础保障，大力提升全县安全生产整体水平，确保人民群众共享改革发展和社会文明进步成果。进一步落实企业安全生产主体责任，完善安全生产监管体制机制，加强安全生产基础建设，推进全县安全生产领域改革发展，为灌阳社会经济建设营造持续稳定的安全发展环境。

【**深化改革创新优化营商环境**】 10月15日，中共灌阳县委员会印发进一步深化改革创新优化营商环境工作实施方案。坚持以习近平新时代中国特色社会主义思想为指导，全面贯彻党的十九大精神，按照自治区党委、自治区人民政府和桂林市委、桂林市人民政府的工作部署，在全县开展优化营商环境大行动，通过全面排查、认真分析全县营商环境现状，以问题为导向，以关键环节为重点，建立健全营商环境考评机制，将营商环境建设作为推进灌阳经济社会高质量发展的突破口。按照自治区、桂林市“一年重点突破、两年全面提升、三年争创一流”的总目标，通过3年左右的努力，力争构建“亲”“清”新型政商关系，全面提升营商环境建设整体水平。进一步转变职能，深化改革，简政放权，创新服务，打造良好的营商环境，促进灌阳经济高质量发展。

【**深化人才发展体制机制改革**】 10月25日，中共灌阳县委员会印发深化人才发展体制机制改革实施方案。坚持以习近平新时代中国特色社会主义思想为指导，坚持党管人才原则，创新党管人才方式方法，深入实施人才优先发展战略，加快转变政府人才管理职能，解放和增强人才活力，构建科学规范、开放包容、运行高效的人才发展治理体系，促进各类人才充分发挥聪明才智和创造活力。深入实施人才强县战略，加快推进人才发展体制机制改革，集聚更多人才服务全县“一园一江一路”建设和脱贫攻坚工作，最大限度激发人才创新创造创业活力。各责任单位切实增强责任感、使命感，统一思想、加强领导，部门协同、上下联动，按照任务分工安排和进度要求，结合实际研究制定有效措施，推动各项改革任务落实。

【**稳步推进农村集体产权制度改革**】 10月31日，中共灌阳县委员会印发稳步推进农村集体产权制度改革工作实施方案。2018年，对全县所有乡镇、行政村及村民小组的各类资产进行全面清产核资，到2019年10月底完成试点任务。2019年下半年开始，在总结试点经验的基础上，按照时间服从质量的原则，全面推开农村集体资产股份合作制改革，2021年底全面完成改革任务。通过改革，逐步构建归属清晰、权能完整、流转顺畅、保护严格的中国特色社会主义农村集体产权制度，保护和发展农民作为农村集体经济组织成员的合法权益。

【推进县域经济加快发展】 11月13日，中共灌阳县委员会印发推进县域经济加快发展实施方案。突出特色、重点突破，坚持发展特色产业、培育特色品牌、做强支柱产业，实施重点突破战略，优先支持发展重点区域、重点产业、重点项目，以点带面，进而形成可持续、能壮大、有特色的县域经济。加快转型、提质升级，坚持赶与转相结合，促进比学赶超，推进经济由规模速度型向质量效益型转变，由要素投资驱动型向创新驱动型转变，由资源消耗型向资源节约型转变。深化改革、创新驱动，坚持深化改革强动力、扩大开放增活力，破除体制机制障碍，加强创新能力建设，走创新驱动和内涵式发展道路，推动大众创业、万众创新，为经济发展提供持续动力。统筹协调、共享发展，协调推进县域经济与政治、文化、社会、生态文明建设，推进城乡一体化，坚决打赢脱贫攻坚战，全面建成小康社会，让广大人民群众共享改革发展成果，不断增强人民群众的安全感、获得感、幸福感。要求到2020年，生态产业规模和特色旅游不断发展壮大，生态建设和民生改善取得重大进展，全县经济提质增效，综合实力整体进位，地区生产总值超98.5亿元，财政收入超4.66亿元；旅游总消费超14.4亿元，增幅达20%；森林覆盖率超75%；现行标准下农村贫困人口全部脱贫。

【推进乡村振兴战略】 11月14日，中共灌阳县委员会印发推进乡村振兴战略的实施意见。到2020年，乡村振兴取得重要进展，制度框架和政策体系基本形成。农业综合生产能力稳步提升，农业供给侧结构性改革取得积极进展，现代特色农业示范区建设增点扩面提质升级目标全面实现，农村三次产业融合发展水平进一步提升，县域经济加快发展。城乡居民生活水平差距持续缩小，农村居民人均可支配收入比2010年翻一番以上，现行标准下农村贫困人口实现脱贫，贫困村全部摘帽，与全区全市同步全面建成小康社会。农村基础设施水平明显改善，基本实现20户以上村屯通水泥路，农村供水、宽带网络覆盖面、供电可靠性和质量显著提高。城乡融合发展体制机制初步建立，城乡基本公共服务均等化水平进一步提高，城乡教育、医疗卫生、社会保障水平的差距不断缩小。“美丽灌阳”乡村建设四个阶段目标任务全面完成，农村生活垃圾处理率、无害化卫生厕所普及率、农村生活污水治理率明显提高，村庄规划管理实现全覆盖，农村人居环境明显改善；农村发展环境进一步优化，农村对人才吸引力逐步增强。乡村优秀传统文化得到传承发展，农民精神文化需求基本得到满足。以党组织为核心的农村基层组织建设进一步加强，乡村治理体系进一步完善，党的农村工作领导体制机制进一步健全。各乡镇各部门推进乡村振兴的思路举措得以确立。

到2035年，乡村振兴取得决定性进展，农业农村现代化基本实现。农业发展质量得到显著提升，县域综合实力明显增强；农村生态环境和人居环境质量大幅提升，美丽宜居乡村基本实现；乡风文明达到新高度，乡村治理体系更加完善；城乡基本公共服务均等化基本实现，城乡融合发展体制机制更加完善，农村创业就业环境根本改善，农民收入达到新高度，共同富裕迈出坚实步伐。

到2050年，乡村全面振兴，与全区全市同步实现农业强、农村美、农民富。

重要工作

【精准扶贫结对帮扶】 以2015年建档立卡贫困户为重点，通过开展结对帮扶活动，使建档立卡贫困户到2019年实现“八有一超”，即有稳固住房、有饮用水、有电用、有路通自然村、有义务教育保障、有医疗保障、有电视看、有收入来源或最低生活保障，家庭人均纯收入超过国家扶贫标准，到2019年，实现全县贫困人口全部脱贫。

【扶贫领域问题整改】 根据自治区党委统一部署，2017年11月22日—12月25日，自治区党委第六巡视组对灌阳县开展扶贫领域机动式巡视并进行了反馈，指出了全县存在的9个问题。灌阳县主动认领、照单全收，并逐项逐条制定符合实际，可操作的整改措施，全面落实整改责任，限期进行整改，建立长效机制。在4月3日之前全面完成整改，对确实需要较长时间才能完成整改任务的，要持续推进、紧抓整改。全面加快全县脱贫攻坚进程，不断满足人民对美好生活的新期待。

坚持精准扶贫、精准脱贫基本方略，切实把脱贫攻坚作为最大的政治责任、最大的民生工程、最大的发展机遇，全力推进脱贫攻坚"七个一批""十大行动"，坚决打赢脱贫攻坚战，确保灌阳县与全国全区全市同步实现全面小康。牢固树立"落实整改就是机遇"的思想，清醒认识全县脱贫攻坚工作的问题和短板，推动全县脱贫攻坚质量整体提升，为打赢脱贫攻坚战奠定坚实基础。

【乡村振兴战略】 按照"产业兴旺、生态宜居、乡风文明、治理有效、生活富裕"的总要求，围绕走中国特色社会主义乡村振兴道路，立足县情，坚持目标导向和问题导向，聚焦建立健全城乡融合发展体制机制和政策体系，聚焦统筹推进农村经济建设、政治建设、文化建设、社会建设、生态文明建设和党的建设，聚焦加快推进乡村治理体系和治理能力现代化，聚焦推进农业农村现代化，组织党员干部深入农村驻点调研，汇聚各方智慧和力量，形成一批具有较高参考价值的调研成果，协调解决一批基层热点难点问题，集中力量解决扶贫领域形式主义、官僚主义等突出问题，着力培育一支懂农业、爱农村、爱农民的"三农"工作干部队伍以及懂扶贫、会帮扶、作风硬的扶贫干部队伍，增强精准脱贫工作能力，为全县制定乡村振兴战略实施方案、编制规划，推进当前工作提供决策参考和政策支撑，开创新时代灌阳"三农"工作新局面。

【重大项目建设】 2018年，全县重点项目（含区、市级层面）108项，总投资175.17亿元，年度计划投资23.66亿元，其中：新开工项目33项，年度计划投资11.48亿元；续建项目46项，年度计划投资12.18亿元；前期项目29项，总投资60.9亿元。

按块分：工业类项目18项，总投资规模为60.82亿元，年度计划投资4.36亿元，占重大项目年度计划投资任务(23.66亿元，下同）的18.4%；农业类项目18项，总投资规模为18.14亿元，年度计划投资1.68亿元，占重大项目年度计划投资任务的7.1%；城建交通基础设施类项目53项，总投资规模为84.83亿元，年度计划投资14.27亿元，占重大项目年度计划投资任务的60.3%；社会旅游类项目17项，总投资规模为11.11亿元，年度计划投资3.14亿元，占重点项目年度计划投资任务的13.3%；平安建设类项目2项，总投资规模为0.27亿元，年度计划投资0.21亿元，占重点项目年度计划投资任务的0.9%。

【环境集中整治】 落实中央环境保护督察"回头看"工作要求，加强城乡环境综合整治，消除城乡环境脏、乱、差现象，县委、政府决定在全县开展为期三个月的环境集中整治行动。对全县城乡环境进行一次拉网式的再检查再整治，进一步健全完善长效管理机制，确保机构、人员、设备、经费、制度五个到位。

【形式主义、官僚主义问题专项整治】 在全县范围内开展形式主义、官僚主义突出问题专项整治，锲而不舍纠正"四风"，巩固和拓展落实中央八项规定精神成果，深入推进全面从严治党，营造和维护灌阳县风清气正的政治生态。围绕管党治党、脱贫攻坚、服务群众、污染防治和营商环境等重点工作，紧盯形式主义、官僚主义突出问题和群众反映强烈的重点环节，紧盯问题易发多发的资金项目和领域，重点聚焦开展整治。坚持问题导向，以强有力的监督执纪问责，着力解决人民群众反映强烈的形式主义、官僚主义突出问题，激发全县党员干部始终保持求真务实、奋发有为的精神面貌和勇于作为、敢于担当的昂扬斗志，确保形式主义、官僚主义突出问题得到有效解决，隐形变异的"四风"新问题得到有效根治，人民群众对作风建设的满意度稳步提升，为打造灌阳政治生态的山清水秀，加快建成宜居宜业宜游、文明和谐幸福美丽新灌阳提供保障。

【创建自治区级旅游标准化试点县】 根据《自治区旅游发展委员会、自治区质量技术监督局关于确定2018年自治区级旅游标准化试点单位的通知》（桂旅发〔2018〕125号）的文件精神，灌阳县获批列为2018年自治区级旅游标准化试点县。围绕灌阳县旅游特色实际，编制全县旅游标准化规划，建立健全县旅游标准体系，全县范围内推广实施旅游系列国家标准、行业标准、地方标准和团体标准，探索制定3项具有灌阳旅游特色的地方标准，力争标准培训及实施率达100%，服务质量满意率达85%以上，8类20家旅游创标试点企业健全制度和标准体系，形成示范带动效应。以标准化为抓手，规范旅游服务和市场，完善旅游基础设施，优化旅游发展环境，规划"红、古、绿"为特色的精品旅游路线，提高旅游服务质量水平，推动灌阳县旅游从"景点旅游"向"全域旅游"转变，打造灌阳县"长征之旅"旅游品牌、生态旅游品牌和休闲农业品牌，2019年12月前通过自治区旅发委和自治区质监局验收。

【村级集体经济】 以习近平新时代中国特色社会主义思想为指导，认真贯彻落实党的十九大精神，按照"创新机制、拓宽渠道、因地制宜、规范管理"的要求，以扶持村级集体经济项目为重点，以提高村级集体经济收入为核心，积极探索村级集体经济发展新路子、新形式、新机制，努力实现全县村级集体经济稳步增长，不断提升基层组织执政能力水平，为统筹城乡发展、实现脱贫攻坚、全面建成小康社会奠定坚实基础。

力争通过三年努力，使全县141个建制村（社区）集体经济收入达到区市规定标准，实现有科学的工作计划、有稳定的收入来源、有健全的管理体制。其中，贫困村集体经济总收入在2018年底达到3万元以上，非贫困村（社区）集体经济总收入在2018年底达到2万元以上；到2019年底，所有建制村（社区）集体经济年收入均达到4万元以上；到2020年底，所有建制村（社区）集体经济年收入稳定达到5万元以上。

【信息产业建设】 按照大连接战略的指引方向，开拓大市场，打造大网络。顺应中国移动"十三五"战略规划网络强国的历史潮流，继续落实网络攻坚行动。做好在建项目按期开通启用，补齐网络短板、加快PTN优化组环、加大综合业务区整治等建设项目来夯实灌阳移动生命线，让灌阳网络覆盖更广、速度更快、信号更稳定。加快推进智慧政务建设，推动信息惠民落到实处，建成政务信息资源共享交换平台。开展智慧小区试点工作，完善通信基础设施。提升公共服务网络建设水平组织电信运营商对全县通信网络覆盖情况进行全面普查，列出任务清单，提高全县特别是农村地区宽带覆盖率。充分利用电信普遍服务试点城市建设成果，建成普惠信息网络，实现绝大部分城镇地区光网覆盖、光纤到学校到农户，提升城镇家庭和98%的行政村光纤接入能力。

【建设"桂林国家健康旅游示范基地"】 重点推进建设一批以健康为主题的重大项目：一是依托灌阳县千家洞（黑岩景区）资源优势，建设一个总建筑面积约10万平方米的健康旅游中心，计划总投资3亿元；二是依托新街镇中心卫生院的资源优势，建设一个总面积约2万平方米"医养结合"的康养中心，计划总投资9000万元；三是依托中医医院资源优势，建设一所集医疗、养老为一体，医养相结合的标准化医养结合中心，计划总投资3亿元；四是依托水车镇卫生院资源优势，建设一所集医疗、养老为一体的医养结合中心，计划总投资9000万元。

争取政策支持。全面梳理国家、自治区和市相关产业政策，积极争取自治区出台的促进桂林国家健康旅游示范基地建设政策，积极探索先行先试和"一事一议"政策措施，积极向上级部门争取项目资金。

到2025年，基本建成两所"康养中心"、两所"医养结合中心"，并将健康元素与全县丰富的红色旅游元素有机融合，争取将全县列入桂林市旅游精品路线，力争全县健康旅游产业总规模达到50亿元，全县健康旅游及紧密关联产业增加值达到20亿元，健康旅游及紧密关联产业增加值占服务业增加值比重达20%左右。

（候明明）

组织工作

【概况】 中国共产党灌阳县委员会组织部(简称县委组织部)内设办公室、干部股、组织股、干部教育股、党员电化教育股、干部监督股、干部档案室,下设灌阳县党员干部现代远程教育管理办公室。2018年,编制数22人,实有人数22人;其中行政编16个、工勤编1个、参公事业编5个。年内,在市委组织部的悉心指导和县委的正确领导下,县委组织部坚持以党的十九大、十九届三中全会和习总书记系列重要讲话精神为指导,不忘初心,牢记使命,紧紧围绕中心工作,以建设"一园一江一路"为引领,切实加强领导班子、干部队伍、基层党建、人才队伍和自身建设,不断推动组织工作在改革中前进、在继承中创新,扎实推进全面从严治党各项任务,不断提高组织工作水平,为打赢脱贫攻坚战,建设宜居宜业宜游、文明和谐幸福新灌阳提供坚强的组织保证。

【干部选任监督】 年内,县委组织部严格按照2017年新修订的《领导干部报告个人有关事项规定》和新出台的《领导干部个人有关事项报告查核结果处理办法》的要求,做好28名副处以上领导干部和320名正科职(含主任科员)个人有关事项填报工作。充分利用"12380"举报电话,形成信件、电话、网络、短信"四位一体"的"12380"综合举报受理平台,主要受理反映违规违纪选人用人问题的举报,确保选人用人渠道畅通。建立健全从严治吏长效机制,完善干部队伍管理建设规章制度,严格做到"凡提四必",落实"双签字",严防干部带病提拔、带病上岗,确保选人用人阳光操作、公开透明。实行全程纪实制度。对干部选拔任用各个环节如实记录,做到"一人一册""一事一记",落实干部考察各个环节的主体责任,确保环环留痕,有迹可查。建立起干部使用有依据、干部监督有办法、干部管理有制度、不胜任现职要调整、不遵规守纪要追究的相互衔接、相互配套的干部管理办法。

【人才工作】 2018年,坚持党管人才原则,树立"人才是第一资源"观念,紧紧围绕"人才服务脱贫攻坚和乡村振兴"主题,大力实施"人才强县"战略,努力营造重视人才工作的良好氛围。年初,组织召开县委人才工作领导小组会议,将年度人才工作任务落实到单位、落实到具体人。及时调整完善全县党政人才、高层次专业技术人才、企业经营管理人才、高技能人才、农村实用人才、社会工作者六大类人才信息库。着力完善人才政策措施。按照区市要求,根据全县实际,研究出台《灌阳县关于深化人才发展体制机制改革的实施意见》,拟定《灌阳县高层次人才引进和培养暂行办法》(征求意见稿)和《灌阳县加强人才队伍建设实施办法》(征求意见稿),明确人才享有的工资、住房、项目等政策待遇,为今后做好人才工作搭好台、铺好路。

3月28日,市委组织部部长彭东光(左三)到灌阳县新圩阻击战陈列馆指导工作　　县委组织部　提供

【干部教育】 年内，根据干部教育培训的新情况、新要求，结合灌阳实际，积极用好红色资源，通过重走长征路、重温入党誓词、听红军故事、吃红军餐等活动，在全县干部中深入开展党性教育，进一步增强干部的党性。精心办好各类主体班。继续举办“灌阳县干部教育培训学习大讲坛”，邀请区内外理论水平高、专业功底深、工作经验丰富、表达能力强的知名专家、教授来灌阳县现场集中授课。3—5月，通过集中授课和现场教学，在桂林理工大学举办灌阳县十九大精神专题培训班，前后分6期安排600多名科级及科级非领导干部参加了培训，进一步加深全县党员领导干部对党的十九大精神的理解，增强党性，确保十九大精神对各项工作的指导和促进。按照区市干部调训安排，及时组织党员领导干部参加上级各类培训工作。依托全县深厚的红色历史文化资源，创设党性现场教学精品特色课程，承接区市县三级党校现场教学30个班次，培训党员干部达1500多人次。

【村级集体经济】 2018年，县委组织部因地制宜，因村施策，着力发展村级集体经济。出台《村（社区）集体经济发展扶持工作方案》，高标准整合1亿余元的扶持资金，以贫困村100万元，非贫困村和社区50万元的标准，实现141个村（社区）扶持全覆盖。建立县级指导、乡镇主抓、村级落实的运行机制，重视示范产业培育，以合作社为平台，油茶产业核心示范区、蓝莓生态种植基地、日升生态特色农业公司、肉牛养殖、红薯粉丝加工等一大批示范产业在培育中不断壮大，引领村级集体经济快速发展。因地制宜落实发展项目，每个村（社区）都有2类以上的发展项目，有效规避市场风险。2017年10月全县贫困村的空壳率为61.2%，2018年底全面消除空壳村，其中灌阳镇城关村年集体经济收入达到50多万元。

【村级组织活动场所】 年内，针对部分村级组织活动场所面积偏小、不便于更好地服务党员群众的问题，县委、县政府高度重视，专项安排财政资金1000万元，对照《桂林市村级组织活动场所建设评级实施方案》要求，按照“办公议事中心、党群活动中心和为民服务中心”的建设目标，对全县141个村（社区）办公场所进行升级改造，通过规划新建一批、修缮改建一批、规范提升一批，重点消除面积不足200平方米的村，对面积达标村则纳入提质上档改造范围。9个乡镇分别根据本辖区实际，形成各具地方特色的建筑风格，如灌阳镇和新圩镇以“红色党建”为主题，新街镇重点打造“桂剧之乡”风格。

5月17日，灌阳县2018年非公有制经济组织和社会组织党建工作会议在县委三楼会议室召开 县委组织部 提供

【“两新”组织“百日攻坚”行动】 2018年，全县列入两新组织党建基数的非公企业68家，社会组织30家，非公企业成立党组织20个，社会组织成立党组织17个，共有党员228名，党组织覆盖率分别为88.24%和93.33%。年内，新组建非公企业党组织1个，社会组织党组织1个。积极抓好“党旗领航·电商扶贫”平台，通过“红色沃土生态灌阳”2018灌阳红色文化旅游节暨党旗领航·电商

4月4日，自治区远程办资源处到灌阳指导“远教红吧”工作

县委组织部　提供

扶贫“我为家乡代言”电商大集活动，把文艺演出、现场互动、电视直播、电商销售、代言人演讲等有机融合，依托灌阳红色旅游，发挥党旗领航的优势，汇聚电商扶贫的力量，推动党建、电商、扶贫、产业融合发展、互促共进，全方位展示灌阳的资源环境优势，提升灌阳的知名度和美誉度，助推全面脱贫攻坚和县域经济发展。

【驻村工作】 按照中央、自治区和桂林市新一轮工作队员选派要求，于3月底前完成全县138个行政村和3个社区工作队员的选派工作，其中自治区选派队员19名，桂林市选派队员20名，县、乡选派队员320名，共计359名(含工作队长1名、乡镇工作分队长9名、贫困村党组织第一书记67名、工作队员282名)。并结合灌阳实际制定详细的管理办法，进一步明确驻村、包村制度，驻村纪律，教育培训，后勤保障等各项制度为第一书记、工作队员驻村开展工作指明方向。通过专题培训或以会代训的形式组织工作队员进行5次业务培训，培训人数达到900余人次。强化后勤保障，已协调落实县派工作队员驻村伙食补助每人每天40元(2018年6月起增加到每人每天60至100元)，共计250万余元；第一书记、乡镇分队长乡镇工作补贴每人每月300元，共计15万余元；分队长每人每年落实2万元工作经费；第一书记每人每年落实1.5万元工作经费及每人每年5万元帮扶经费。共为队员解决各项经费1000多万元。

【远程教育】 远教工作以建设新时代党建新阵地为出发点，结合十九大精神和本地实际，突出灌阳特色，创新宣传模式，在“微信公众号”中精心设计专题系列，保持平台活跃度。截至2018年11月“远教红吧”教育培训县内外班次已达到368期；培训党员干部达6万多人次。同时，通过公司运营及县委党校接待县外团体开展培训教育60多场次。充分发挥教育宣传功能，把“远教红吧”拓展到全县26所寄宿制学校。通过开展以“大手

9月5日，县委组织部召开灌阳县基层党建重点工作任务推进会

县委组织部　提供

牵小手延伸远教触角、小手拉大手拓展远程效应”宣传红色文化、普及党史和灌阳红色历史，传承红色基因。2018 年 6 月 25 日，在灌阳县民族小学开展“不忘初心　牢记使命——‘远教红吧’进校园启动仪式”。

（县委组织部）

宣传工作

【概况】 中共灌阳县委宣传部是主管全县意识形态方面的县委工作部门，内设 4 个职能股室：办公室、理论教育股、宣传股、新闻股，以及灌阳县精神文明建设委员会办公室（挂牌机构）、灌阳县对宣传办公室（县人民政府新闻办公室）（挂牌机构）、灌阳县文学艺术界联合会（挂牌机构）。

2018 年，全县意识形态和宣传思想文化工作取得新成绩、呈现出新亮点。一是坚决履行意识形态主体责任，抓好阵地管理和舆论引导，营造弘扬主旋律、传播正能量的良好氛围；二是抓实理论武装，“新时代讲习所”实现全县乡（镇）、村（社区）全覆盖；三是激发文化发展活力，湘江战役红军遗骸收殓保护工作，得到中央、自治区、市级的高度重视。“六月六”尝新节入选“2018 年‘中国农民丰收节’100 个乡村文化活动”；四是对外宣传取得重大突破，扶贫外宣工作在全市排名第三。围绕改革开放 40 周年、自治区成立 60 周年等重大主题，全县共举办文艺演出、理论研讨、展览展示等各类宣传活动 100 多场。2018 年，桂林灌阳千家洞瑶族文化旅游节暨灌阳“二月八”农具文化节再次邀请广西电视台、桂林电视台对活动进行全程直播，使“二月八”成为一张亮丽的文化名片，进一步提升灌阳的知名度和影响力；五是社会主义核心价值观深入人心，人民群众文明素质明显提高。

【理论工作】 根据区市有关文件精神，结合灌阳实际，灌阳县着重从“深入学习领会习近平新时代中国特色社会主义思想是一个系统完整、内涵丰富、逻辑严密的科学理论体系”等方面，制定并下发全县理论学习方案，并认真组织实施。县委书记主持学习并带头主讲，带头深入村屯和企业开展调研活动。县委中心组已围绕习近平总书记发表的 2018 年新年贺词及党的十九大精神、党的十九届三中全会精神、习总书记在贫困地区座谈会上的重要讲话精神、习总书记在听取脱贫攻坚工作成效考核情况汇报时的重要讲话精神、学习贯彻习总书记在庆祝改革开放 40 周年大会上的讲话等主题进行了 13 次专题学习。以开展脱贫攻坚工作为契机，加强十九大精神和精准扶贫政策理论宣传，为灌阳县打赢脱贫攻坚战提供强有力的思想保证。充分利用户外高架广告牌的宣传优势，宣传党的十九大精神及习近平总书记重要讲话精神；举行“不忘初心 · 牢记使命——圆梦 2020”精准扶贫知识竞赛，进一步使精准扶贫政策知识入脑入心。

10 月 16 日，灌阳县扶贫宣传工作培训会议在县委三楼会议室召开
县委宣传部　提供

【新时代讲习所】 年内，按照“六有”标准积极创建“新

时代讲习所”151个，覆盖率100%。为做好宣讲示范，在灌阳镇福星村周家屯举办“新时代讲习所”示范宣讲观摩会，集理论宣讲、文艺宣讲、知识问答等形式于一体。县委书记在会上作示范宣讲。在书记的示范带动下，县四家班子领导带头宣讲，各乡镇、县直单位积极开展宣讲活动，在全县掀起宣讲高潮。县委党校开设7期专题培训班，逐级培训宣讲员5000多人。在全县范围内开展“一三三百场讲习”活动，围绕一条主线，利用三大平台，发挥三支队伍的作用，在全县范围开展百场以上的宣讲活动。“一”即“一条主线”，紧紧围绕党的十九大以及全国、区、市宣传思想工作会议精神进行宣讲；“三”即“三大平台”，充分利用县委党校、新时代讲习所、百姓广场的阵地作用；“三”即“三支队伍”，充分发挥理论专家、乡土人才、扶贫队员这三支队伍的骨干作用，组建灌阳县委新时代讲习所十大宣讲团。结合精准脱贫“百日攻坚”行动，深入贯彻落实习近平总书记系列讲话精神、国家大政方针、法律法规、脱贫攻坚等，下到村屯，去到一线宣讲，使党的声音在灌阳这片土地上不断壮大、回响。

【宣传报道】 围绕县委、县政府的中心工作尤其是脱贫攻坚工作，积极加强与中央、区、市主流媒体合作，深入全县各行各业进行深入采访报道，通过消息、新闻、通讯、图片、视频、专题报道等形式，反映灌阳县在各个领域取得的新成绩。2018年，灌阳县在市级以上主流媒体共刊发文章660多篇，网络媒体的宣传报道400多篇。中央级媒体采用的采访报道有16篇，其中《人民日报》报道《广西桂林市灌阳县永富村第一书记苑守瑞》《燕归来，村里的日子有奔头》《广西灌阳 乡村游助力脱贫》3篇，中央电视台4篇，《新华每日电讯》2篇，中央人民广播电台2篇，《农民日报》6篇，《中国青年报》1篇。《广西日报》采用64篇，《桂林日报》采用179篇，《桂林晚报》采用148篇。广播电视外宣实现新突破，中央电视台采用《红军烈士回家路·广西专家鉴定确认遗骨归属》《三月春光好旅游健身正当时》等4条，中央电视台《新闻联播》“你的榜样是谁”栏目播出了灌阳高中老师张鲜虹的清明感悟，中央电视台财经频道《生财有道》《乡村振兴中国行：走进广西灌阳》对灌阳进行了专题报道，广西电视台《寻找最美广西》播出灌阳梨花、桃花美景专题片，《广西卫视白寿探秘——走进灌阳》专题片。栏目播出宣传片2部，广西电视台采用36条，桂林电视台采用169条，桂林电台采用49条。中央电视台新闻频道、浙江卫视《好看中国蓝》等栏目对酒海井红军烈士遗骸鉴定确认进行报道。通过电视台、政府门户网站、《今日灌阳》等微信平台，及时公开政务信息、发布惠民政策，讲好本地故事，传播本地声音。在县广播电视台、《今日灌阳》报社及其微信平台开辟“打赢脱贫攻坚战”“脱贫攻坚”等专栏，大力宣传解读习近平总书记关于扶贫开发战略思想、宣传解读扶贫政策、加大正面宣传力度、宣传脱贫致富各类典型。

【网络舆情】 加大对网络舆情的监控监管力

11月7至9日，桂林市“千村万户文艺惠民工程”推进会在灌阳县红豆杉酒店二楼会议室召开 县委宣传部 提供

度，对公众关注的热点问题及时查清事实、释疑解惑，正确引导舆论导向，营造良好的舆论环境，及时有效地拦截处置6件舆情事件。对有诱导性的网上信息进行清理，共清理诱导信息70条，向区、市报送舆情信息以及宣传信息212篇，其中被中宣部、自治区党委宣传部综合采用9篇。

【精神文明建设】 以“创星级亮家训”为载体，积极探索农村精神文明建设新举措，选取灌阳镇排埠江村枫树脚新村作为试点，该试点经验被列入全区农村精神文明建设规模现场交流会案例。大力开展“文明校园”、文明村镇、文明单位、移风易俗、“十星级文明户”等群众性精神文明创建活动，持续拓展“我们的节日”主题活动。积极挖掘和推荐“身边好人”，加大“身边好人”宣传力度，树立价值导向，推动道德模范关爱帮扶常态化经常化，推荐的罗标入围12月中国好人榜“敬业奉献”候选人。广泛开展感恩教育活动。组织引导各乡镇、各单位，特别是乡村学校少年宫广泛开展“感恩”系列主题活动，使感恩内涵深入人心。加强主题教育实践活动。组织开展“新时代好少年”“缅怀革命先烈·传承红色基因”、优秀童谣征集、中华优秀传统文化传承等活动。全县各乡村学校少年活动丰富成效好，其中黄关镇中心小学、新街镇中心完小被列为全市示范乡村学校少年宫。通过组织学校和社区联动开展结对共建活动，深入推进全县未成年人思想道德建设。进一步加大培养树立更多的新时代少年先进典型，发挥示范引领作用。巩固完善已建成的12所学校少年宫。

（县委宣传部）

统一战线工作

【概况】 2018年，灌阳县统一战线工作部（简称县委统战部）内设机构有办公室、非党干部教育培训办公室，挂牌机构有灌阳县侨务办公室、灌阳县台湾事务办公室、灌阳县民族宗教事务局。灌阳县统一战线工作部行政编制12名（其中侨台办2名，民族宗教事务局6名），后勤服务聘用人员1名；领导职数6名，设部长1名，副部长5名（其中挂牌机构灌阳县侨务办公室、灌阳县台湾事务办公室、灌阳县民族宗教事务局领导职数各1名）。

【统战工作】 年内，以推进统战系统思想政治建设和“两学一做”学习教育常态化制度化为契机，积极组织统战干部和统战成员学习贯彻习近平新时代中国特色社会主义思想和党的十九大精神，及全国、全区、全市统战部长会议精神，并坚持现场教学和理论学习相结合，组织全县统一战线成员赴井冈山开展“不忘初心、牢记使命”主题教育，为加强和巩固统一战线团结奋斗奠定思想政治基础。

11月22日，自治区调研组到灌阳县调研红色资源及红色景区的建设情况 县委宣传部 提供

【非公经济工作】 建立和完善县领导联系企业制度。成立以县委书记为组长的县非公经济工作领导小组，出

台《灌阳县四家班子领导联系重点非公有制企业工作制度》,在全县范围开展大走访大调研活动,主动解决企业发展中存在的困难和问题。组织非公经济人士赴中国人民大学、江西井冈山红色资源培训中心进行学习培训,提升非公经济人士经营管理能力和坚定理想信念。出台《灌阳县深化改革优化营商环境重点工作分工方案》,进一步优化营商环境。

12月3日,灌阳县召开党外知识分子联谊会成立大会暨第一次会员代表大会　　县委统战部　提供

【招商引资工作】 充分发挥统一战线人才荟萃、联系广泛的优势抓统战促招商。据统计,全年内资到位资金26.12亿元人民币,外资到位资金630万美元,在建项目20个,总投资65.14亿元,其中涉及扶贫项目7个,总投资13.5亿元。获桂林市2017年度招商引资专项考评第五名,获得奖励资金30万元及建设用地指标50亩。

【民族宗教工作】 制定印发《灌阳县宗教工作联席会议制度》,将民族宗教工作纳入县委议事内容,成立以县委书记为组长的宗教工作联席会议制度,组织召开2018年灌阳县宗教工作联席会议。积极开展宗教政策法规学习宣传月、以“教风”为主题的和谐宗教活动场所创建等活动。全面完善宗教教职人员基础信息。同时,积极为县内少数民族聚居区争取项目资金598万元,实施项目13个。

3月29日,县委常委、统战部部长赵桂花(右)到水车镇上泡村对精准扶贫工作进行走访调研　　县委统战部　提供

【统战信息工作】 信息工作以反映本县统战工作动态和工作中出现的新情况新问题为主。2018年,在各级统战类媒体和网络媒体上发表宣传调研信息共计45篇,其中自治区8篇、市27篇、县10篇。

【社会组织工作】 成立灌阳县新的社会阶层人士联谊会、灌阳县党外知识分子联谊会、灌阳县爱心帮扶协会。建立健全外地商会管理制度,实现商会管理从无到有,从有到规范的转变。

(县委统战部)

机构编制

【概况】 灌阳县机构编制委员会办公室(简称县编委办、县编办),为县机构编制委员会(简称县编委)常设的正科级办事机构,既是县委工作机构,同时又是县人民政府工作机构,列入县委序列。在县委、政府和县编委的领导下负责本县行政管理体制、机构改革以及机构编制管理和事业单位登记管理的日常工作。县编委办内设秘书股和机构编制监督管理股,下设灌阳县事业单位登记管理局,为参照公务员管理的副科级事业单位。2018年,县编委办有行政编制6名,在职实有人员5人,其中主任1人、副主任2人,主任科员1人,工作人员1人。事业单位登记管理局现有事业编制5人,实有在职人员4人,其中局长1人、工作人员3人。办公地址位于灌阳县灌阳镇建设路18号。

【编制调整】 2018年根据工作实际,灌阳县根据“撤一建一”、严控编制总量的原则,将县森林资源管理站和林业技术推广站整合为县林业技术推广和森林资源管理站;将县国营都庞岭林场、七星台木材检查站、黄关木材检查站、新圩木材检查站和文市木材检查站整合为县林业稽查总站,撤销牛江口水源林保护站、千家洞水源林保护站;按照“安全高效、快捷便民”的原则,整合不动产登记和房产交易涉及的不动产登记、权籍调查、国土档案和房屋交易、房产档案等技术性、事务性工作职责,组建县不动产登记和房产交易中心;设立县妇女儿童活动中心、县散装水泥管理办公室、县湘江战役.新圩酒海井红军纪念园管理处、县互联网信息管理办公室、黄关镇第二中心幼儿园、县大仁(移民)寄宿制小学。

【编制管理】 严格按照《关于办理出入编业务有关事项的通知》(灌编〔2016〕36号)文件中的相关要求和程序,加强编制使用管理、严控超编进人、强化部门协调配合。2018年,根据全县实际需要,按照严格的编制使用审批程序,并经市编办批复,同意空有编制的部门招聘公务员45名(政法系统9名,乡镇机关9名,参公人员27名);招聘事业单位人员71名(其中事业单位统一招聘51名,教育系统面向高等师范院校直接面试招聘15名,幼儿园招聘5名);乡镇中小学招聘聘用教师控制数128名。并于2018年下半年,对经过笔试、面试、考核、体检合格的聘用人员办理入编手续,据统计,办理入编的公务员49人(政法系统9人,乡镇机关9人,参公人员27人,定向选调生2人,选调生2人),办理入编的事业单位人员65人(其中事业单位统一聘51名,教育系统面向高等师范院校直接面试聘用9名,幼儿园招聘5名);乡镇中小学招聘聘用教师控制数121名。另外根据《关于做好2016年农村小学全科教师定向培养计划工作的通知》(桂教师范〔2016〕30号)、《关于做好农村义务教育阶段学校特设岗位教师服务期满考核转岗工作的通知》(桂教师范〔2009〕21号)等文件,对农村小学定向培养的

5月7日,县编办在会议室部署机构改革工作　　县编委办　提供

全科教师25人、2015年度聘用在农村义务教育阶段学校任教满3年的特岗教师73人也办理入编手续。

认真贯彻落实《自治区编办关于深入学习贯彻党的十九届三中全会精神做好深化机构改革相关工作的通知》(桂编办发〔2018〕6号)文件精神，就文件中“除中央统一部署的改革任务以及中央和自治区党委、政府部署的重点工作任务外，原则上不再办理日常机构调整事项，各部门各单位不再报送有关增设机构、提高机构规格、增加人员编制和领导职数等请示报告”的要求，县编委高度重视，要求对各部门上报的各类机构编制请示报告只接收不受理(除中央统一部署的改革任务以及中央和自治区党委、政府部署的重点工作任务外)，从严从紧办理有关机构编制事项。

【机构编制实名制】 在全县范围内实行机构编制实名制管理，要求各部门及时做好实名制系统数据的更新上报，确保各单位《机构编制管理证》中信息准确真实，切实维护机构编制管理的严肃性和权威性，确保全县机构编制统计数据“每月一报”的准确性，也为领导科学决策提供依据，当好参谋。

【云平台系统】 在2017年云平台建设的基础上，督促有变动的单位信息及时录入信息，保证云平台系统信息的完整性。加大对云平台系统信息的利用率，取其精华，借鉴其他省市的做法，规范全县机构设置，优化编制资源。

(县编办)

9月4日，机构改革工作调研座谈会在县委三楼会议室召开

县编委办　提供

绩效管理与考评工作

【概况】 灌阳县绩效考评领导小组办公室为灌阳县绩效考评领导小组的常设办事机构(简称县绩效办)，2018年新增二层机构1个，县绩效评估中心；编制数共5人(行政编制数3人，事业编2人)，实有人数5人，其中副主任2人，工作人员3人。年内，灌阳县绩效管理与考评工作充分发挥绩效考评“风向标”和“指挥棒”的作用，有效地激发全县上下的工作积极性，促进广大干部作风的转变，营造主动干事、积极创业的良好氛围，确保全县各项重点工作的顺利推进，绩效任务得到有效落实，为促进全县经济社会事业发展做出积极贡献。办公地址位于灌阳县灌阳镇胜利路39号。

【指标管理工作】 2018年7月19日，桂林市绩效办下发了《桂林市2018年度县区绩效考评指标评分细则》(市绩办发〔2018〕14号)，县绩效办对灌阳县承担的92个三级指标进行分解，分解成259个具体指标，分别由53个单位牵头或具体实施，并于2018年8月24日下发《关于做好2018年度灌阳县绩效管理目标及自评迎考指标二次分解工作的通知》，要求各单位根据任务来源文件或通知，上报自评迎考指标目标任务、绩效进度及指标完成情况表。

县委、县政府对2018年度自评迎考工作高度重视，把绩效管理与考评工作纳入重要议事议程。先后召开县委常委(扩大)会议、县政府领导班子(扩大)会议,研究部署全县自评迎考工作,对完成有困难的指标,提出具体推进措施。10月,对部分区级指标进行督查,针对个别进度慢、完成较困难的指标,县绩效办督促和协助有关责任单位分析原因、查找症结、强化措施、加快进度,确保各项指标任务的顺利落实。同时,县绩效办逐一到各自评迎考责任单位,开展专项绩效辅导和指标释疑工作,协调责任单位呈报考评信息、完善绩效台账,做好对上信息汇报、对下信息交流的桥梁工作。12月,组织各指标责任单位进行自评,形成自评表,并上传到市绩效管理平台。

11月8日,灌阳县2018年度绩效管理与考评工作推进会在县政府四楼会议室召开　　县绩效办　提供

【群众意见建议整改工作】 根据桂林市绩效办《关于做好2017年度绩效考评群众意见建议整改工作的通知》(市绩办发〔2018〕6号),在2017年度开展的自治区绩效考评社会评价和桂林市公众评议工作中,共收集到社会公众对灌阳县提出的意见建议150条,经梳理、汇总,整理出56条,涉及28个部门。为做好公众评议整改工作,7月23日下发《灌阳县2017年度绩效考评群众意见建议整改方案》(灌办发〔2018〕1号),明确整改措施、责任人及整改时限,并通过《今日灌阳》、灌阳电视台、政府门户网站、宣传专栏等方式进行公示,接受社会公众监督。通过不断强化措施、狠抓整改落实,推进机关作风效能建设,增强机关的执行力和公信力,人民群众满意度有了进一步提高。11月进行整改总结,形成《灌阳县2017年度绩效考评群众意见建议整改工作成效》,并通过政府门户网站、灌阳电视台和《今日灌阳》报纸进行公示。

9月18日,市绩效核查组到水车粮站核查粮食安全行政首长责任制指标落实情况　　县绩效办　提供

【县本级绩效管理与考评工作】 立足于"早",明确年度目标任务。按照"要在完成指标任务上下工夫,在突破重点上下工夫,在加快项目建设进度上下工夫,在狠抓落实上下工夫"的要求。全县根据年初确定的目标任务,结合上年度自评迎考指标,及时制定各项考评办法,对乡镇共设42项考评工作、县直单位共设31项考评工作,并下达《灌

阳县2018年绩效管理与考评工作方案》(灌办发〔2018〕33号)及各项工作考评细则,便于各单位各部门提早开展工作,为各项指标任务的落实赢得实施时间,从而保证区、市指标的顺利推进。

围绕考评对象,探索考评新方向。在对各乡镇、县直各单位考评的基础上,把考评对象延伸到4个重点工作协调机构和138个行政村(社区),对江东新区指挥部、风电指挥部、乡村办、城镇化办实施重点工作考评,县本级考评范围更全面。

注重结果运用,建立和完善"成果运用"机制。绩效考核能否取得实实在在的成效,成为促进工作的有效手段,一个关键因素就是考核结果运用是否得当。灌阳县按照奖优、治庸、罚劣的原则,实施自评迎考与县本级考评结果挂钩,实施"一通报""四结合"(即对绩效考评结果进行通报,与单位评先评优和绩效奖励相结合、与干部选拔任用相结合、与改进工作相结合、与行政问责相结合),强化绩效考评结果运用环节,全力营造工作成效由绩效考评数据"说话",凭数据看成绩,以业绩论英雄的浓厚氛围。

(蒋　雪)

老干部工作

【概况】 2018年,全县有离休干部16人(行政、事业单位14人,改制企业2人),其中代管1人,享受厅级待遇1人。副处以上退休干部40人(其中原四家班子退休20人)。老干部工作人员7人,其中局长1名,副局长2名。年内,灌阳县老干部工作认真贯彻落实自治区、市老干部局长会议精神和中办发〔2016〕3号文件、桂办发〔2017〕6号文件精神,紧紧围绕全县的工作大局,以落实离退休干部的"两个待遇"为重点,发挥"两个阵地"的作用,加强离退休党支部建设,充分发挥离退休干部在社会发展稳定中的正能量。

【老干部政治待遇落实】 年内,县老干局组织老干部学习习近平总书记的系列讲话精神和十九大精神,扎实推进"正能量"活动。全年共召开4次座谈会,组织学习有关文件,畅谈改革开放以来全国的重大变化,积极建言献策。加强离退休党支部建设。组织离退休干部开展"不忘初心、牢记使命"主题教育活动。6月22日,县老干局组织离退休干部30余人到酒海井红军纪念园和新圩阻击战陈列馆开展主题党日活动,缅怀革命先烈,回顾红军三过灌阳和新圩阻击战的英雄事迹,重温入党誓词。加强党建工作标准化建设,设立党员活动室,为老干部党校和老干部局党支部提供专门的学习场地。

【离休干部生活待遇落实】 2018年,离休干部离休费逐月发放,离休干部的津补贴、健康疗养费、护理费、遗属春节慰问金及政策性补贴发放到位。提高遗属生活困难补助标准,从每月300元提高到每月1040元。离休干部医药费按医保政策规定及调整离休干部医疗保障待遇的标准报销,无拖欠离休干部医药费现象。落实"四访一善后"

2月1日,"2018年灌阳离退休干部春节团拜会"在鸿运酒楼一楼举行

县老干局　提供

11月19日，老干局组织书法班师生在灌阳县扶贫移民安置集中搬迁小区帮贫困户写对联　　伍秋福　摄

制度，做到重要节日全面访、老干部生日当日访、家有困难及时访、生病住院入院访、老干部逝世帮善后。在春节期间，县领导带领相关部门人员对全县离退休干部进行走访慰问，给他们送去党和政府的温暖。4月25日至27日，组织部分离退休干部到县人民医院集中进行健康体检。8月28日，组织离退休干部参观河长制工程，了解灌阳在水利工程建设和河道整治等方面取得的成绩。

【两个阵地建设】 2018年，把基础设施建设放在首位，新建一栋面积达1400平方米左右的老干部活动中心综合楼，于年底竣工并投入使用。老年大学把“学”“乐”“为”三者有机结合起来，校内文体活动、校外社会公益活动都安排得多姿多彩；开展“看广西发展60年、话改革开放新成就”专题调研活动。3月19日，县老干局组织县老年大学部分师生一行30余人到黄关镇参观城镇化建设、油茶示范基地、稻博园等。11月，书法班师生在灌阳县扶贫移民安置集中搬迁时义务帮贫困户写对联，组织县离退休干部、老年大学师生开展扶贫济困捐赠仪式，100多名师生踊跃参加，共捐款3200多元。加强离退休干部文化建设，积极参加市局举行的“多彩金秋　大美桂林”系列活动和桂林市离退休干部纪念建党97周年文艺会演。精心自编自创节目《灌阳惠民故事多》，参加灌阳县党群口的专场文艺演出和“2018年灌阳县扶贫济困暖灌阳同心聚力共筑小康”公益演出。

【关心下一代工作】 年内，开展未成年人思想道德教育活动。积极开展“传承红色基因、争做时代新人”老书记进课堂活动，邀请刘继元（县党史办原主任）、唐荣勋（县人民政府原副县长、关工委成员、五老宣讲员）、王晓亚（县委十九大宣讲团成员、退休干部）到灌阳民族中学、红旗中学等学校进行革命历史爱国主义教育；2018年灌阳县酒海井红军纪念园和新圩阻击战陈列馆被评为全区关心下一代党史国史教育基地，10月24日，全区关心下一代经验交流会到灌阳举行揭牌仪式；组织老年大学志愿者到灌阳镇仁渡小学开展慰问演出。

（谢红梅）

信访工作

【概况】 中共灌阳县委员会灌阳县人民政府信访局（简称县信访局）是县委办公室管理机构，为正科级行政单位。主要职责是：承办中央、自治区和市国家机关交办、转办和县委、县政府交办的信访事项；受理人民群众直接给县委、县政府及其领导同志的来信，接待到县委、县政府机关上访的群众，并负责处理他们反映的问题。核定行政编制5名，实有人员7人，其中行政编制6人（局长1人，副局长2人，科员3人），机关后勤人员编制1人。

2018年，灌阳县的信访工作在县委、县政府、县政法委的领导下，在上级信访部门的精心指导下，通过夯实信访基础、压实工作责任，突出抓好初信初访办理、积案疏导化解、敏感重点摸排稳控等工作，减少信访问题增量，在继续抓好“两个零”的基础上，基本实现自治区提出的“一个好转、两个明显下降、三个坚决防止”目标。

【群众来信来访】 2018 年，共受理群众来信来访 67 件 326 人次，与去年同期 76 件 364 人次同比下降 12% 和 10%。其中初访 38 件 173 人次，与去年同期 46 件 210 人次同比下降 17% 和 17%，重访和集体访共 29 件 153 人次，与去年同期 30 件 154 人次同比下降了 0.3% 和 0.1%。

【领导接访工作】 以“走下去、请上来”的工作方法，领导带头深入基层、农户，切实解决群众的实际困难。县委书记、县长率先垂范，进村入户，到群众中去夜谈、下访，切实解决群众的难点、热点问题。截至 2018 年 12 月底，县委书记专题约访 1 人次，接访 3 次，夜谈下访 114 次；县长专题约访 1 人次，接访 5 次，夜谈下访 186 次；信访维稳切块组领导接访 33 批 45 人次，夜谈下访 778 次；四家班子领导个人接访、下访批次更多。由县委牵头成立专案工作组 5 个，由县政府牵头成立专案工作组 12 个，为群众解决历史遗留问题和信访疑难问题 17 件。全县的信访件逐年下降，2018 年共处理来信来访 67 件 326 人次，同比下降了 12% 和 10%。

【信访服务中心建设】 年内，通过桂林市对灌阳县的县、乡、村三级的群众信访服务中心标准化建设验收工作，改变灌阳县信访基础设施场地狭小、设施设备简陋，功能机制不全的状况。灌阳县群众信访中心设置候访候谈接待大厅、来访接待窗口、联合接访室、律师接访室、网上信访窗口、来访接谈室，更有效为群众提供标准化、规范化、信息化、法治化的信访服务。形成“一站式接待、一条龙办理、一揽子解决”的“统一领导、综合协调、各负其责、分类处理”的信访工作格局，为提升全县信访工作整体水平奠定基础。

（蒋　言）

县委党校

【概况】 中共灌阳县委党校是中共灌阳县委的一个重要部门，其主要工作职责是轮训副科级以下党员领导干部，培训中青年领导干部，协同组织人事部门对学员在校期间进行考核考察，围绕国内外出现的新情况、新问题以及全县的热点难点问题开展调查研究，为县委、县政府决策提供参考，宣传马列主义、毛泽东思想、邓小平理论、“三个代表”重要思想、科学发展观和习近平新时代中国特色社会主义思想以及党的各项路线、方针、政策。学校有办公室、科研室、教务处和总务信息处 4 个内设机构，在编在岗干部职工 16 人。按照《广西壮族自治区党委办公厅关于印发〈全区县级党校设置调整方案〉的通知》（桂办发〔2016〕18 号）和《中共桂林市委员会印发〈关于加强和改进新形势下党校工作的实施意

12 月 26 日，灌阳县群众信访服务中心举行揭牌仪式

县信访局　提供

6 月 5 日，县委党校为区党校主体班县处级（女）干部班讲课
县委党校　提供

见〉的通知》（市发〔2016〕17 号）文件要求，为更好地整合县级党校资源，优化办学布局，提升办学效率和质量，改革县级党校运行体制，发挥党校系统整体优势，将灌阳县委党校确定为桂林市委党校分校，继续保留县级党校的牌子。灌阳县委党校于 2016 年 9 月 19 日增挂"中共桂林市委员会党校灌阳分校"牌子，设为市委党校分校，所属资产保持权属关系不变，人员编制、隶属关系、行政级别、财政供给渠道和工作职能不变。

【干部教育培训】 2018 年，县委党校共承办自治区党校、市委党校、钦州市委党校、柳州市委党校、来宾市党校主体班异地教学和桂林电子科技大学、永福县委党校、柳钢、柳铁、民航等相关部门党支部县内外现场教学 110 多期，培训党员干部达 6200 多人次。与县委组织部联合在桂林市理工大学举办全县科级领导干部《党的十九大精神专题研讨班》共 6 期，培训副科以上党员干部 600 余人次；10—11 月举办基层妇女干部班、全县优秀青年干部班、共青团干部培训班各一期，培训学员约 300 人次。安排教师配合县直工委对入党积极分子进行 2 期培训，村级组织员培训班 1 期，培训人数 130 人次。

【师资队伍建设】 2018 年上半年，县委党校选派 2 人参加自治区党校送教下基层培训，学校领导班子成员及副科干部分 6 期赴桂林理工大学参加《党的十九大精神专题研讨班》培训，学校骨干教师前往跟班学习，不断提高理论水平。2018 年下半年，组织学校老师一行 10 人去河南林州学习红旗渠红色教学管理等等。通过外出培训学习，师资队伍的教学素质和能力得到了进一步增强和提高。

2018 年 11 月 5 日，灌阳县被广西区委党校、自治区行政学校挂牌定为"革命传统教育教学基地"。

【教学科研工作】 按照"稳定数量，提高质量，改善服务，扩大影响"的要求，围绕县委、县政府的

8 月 31 日，桂林精品课程内涵提升培训班到灌阳开展活动
县委党校　提供

中心工作，着眼于服务县域经济社会发展大局，立足县情，制定年度科研计划，加大调研力度，提高科研咨政水平，并采取切实措施，进一步激发教研人员科研的积极性和创造性，科研咨政工作取得了较好的成绩。其中胡海源老师撰写的《关于实施乡村振兴战略的思考》和《乡风文明建设基本问题的理性审视》在湖北省刊《商情》(4月刊13期)(20期)上登载，《传承红色基因，弘扬长征精神》在全国第三届(2018)长征精神学术研讨征文中荣获三等奖。

调研之余，撰写有关信息及专题，并积极投稿。2018年，撰写《基层党校改革中面临的新形势新问题及创新发展的对策建议》等党委信息6篇，为县委、县政府、县委宣传部、县电视台、《今日灌阳》等部门报送各类信息20余篇。

（文玉莺）

县直属机关工委

【概况】 2018年，中共灌阳县委直属机关工作委员会(简称县直工委)下辖118个基层党组织，其中党委2个、党总支6个、党支部112个。共有党员2748名，其中在职党员1698，退休党员1050；女党员795名，占30.6%。年内，在县委的正确领导和县委组织部的精心指导下，县直属机关工委全面贯彻落实党的十九大和十九届一中、二中、三中全会精神，深入推进“两学一做”学习教育常态化制度化，坚持党要管党、全面从严治党，围绕服务中心、建设队伍两大任务，加强党的思想、组织、作风、反腐倡廉和制度建设，着力把思想建设和制度管党相结合，充分发挥党组织的战斗堡垒作用和党员先锋模范作用，全面提高基层党建工作科学化制度化水平，为全县经济社会发展提供有力的组织保障。

【党建工作】 4月8日，在县委三楼会议室组织召开县直机关党建工作会议，县直机关党(总)支部书记(副书记)118人参加会议，全面总结2017年机关党建工作，安排部署2018年工作。同时表彰奖励了19个2017年度先进党组织、31名优秀党务工作者和77名优秀共产党员。

【基础工作】 年内，认真履行职责，机关党建工作明显。制定下发《灌阳县直机关2018年基层党建工作要点》和机关党建工作考评细则，明确工作重点和目标任务。精心指导26个县直党支部进行换届选举或支委成员补选工作，严格审核把关，配强支部书记和支委成员，确保支部组织健全，党的建设工作有人抓并抓出成效。严把党员入口关，择优保质发展新党员。按照发展党员“坚持标准、保证质量、优化结构、发挥作用”十六字方针，重点从青年知识分子中培养和发展党员，举办2期入党积极分子培训班，对90多名入党积极分子进行培训。审批发展预备党员25名、预备党员转正16名。全年共办理接转组织关系150多人次；进一步加强党员信息系统运作和管理，及时更新进出党员和死亡党员信息。开展县直机关党支部书记述职评议工作，24名支部书记进行现

4月8日，2018年县直机关党建工作会议在县委三楼会议室召开

县直工委　提供

场述职。完成2018党员党费基数核定工作，按规定对县直机关112个党支部上报的共2700余名党员党费基数进行审核，并督促各支部及时足额收缴党费。8月21日—28日，县直工委对县直单位基层党组织规范化建设（37项）及上半年党建工作进行全面督查，督查中发现的问题，要求各支部进行全面整改。

7月31日，县直工委慰问老党员　　县直工委　提供

【党务培训】 做好县直机关党支部书记和党务工作者的培训工作。10月16日—17日县直工委组织县直机关党支部书记和党务工作者在灌阳县水利电力公司九楼会议室开展为期2天的培训，通过此次培训，县直机关党务干部队伍建设明显加强，机关党务干部的理论素养、专业素质和能力水平明显提高。

【党建活动】 扎实开展纪念“七一”系列庆祝活动。“七一”期间组织单位全体干部职工重走长征路以及组织机关党员积极为民做好事做实事、走访慰问老党员和贫困党员，组织新党员宣誓和老党员重温誓词活动。做好“党内关爱扶助金”帮扶对象调查摸底工作，研究上报县委组织部51名困难党员扶助名单，共发放扶助金58500元；“七一”慰问党员34人，慰问金额9400元。

（县直工委）

5月10日，县直工委党校2018年第二期积极分子培训班在县地税局六楼会议室召开　　县直工委　提供

党史地方志工作

【概况】 灌阳县史志办是县财政全额拨款的参照公务员法管理的正科级单位，是党史、地方志二合一单位，主要负责收集、研究灌阳县史志资料，为党政领导决策提供参考依据；编纂《灌阳县志》、灌阳党史及地情资料收集整理；指导编写部门志；为上级业务部门提供资料。核定编制5名，实有人数7名。2018年，在县委、县政府的领导和上级业务部门的指导下，灌阳县史志办贯彻落实党的十九大精神，坚持以史鉴今、资政育人，深入挖掘灌阳红色资源，大力宣传和

推广灌阳红色文化。办公地址位于灌阳县灌阳镇胜利路39号。

【党史著作编纂工作】 根据《广西革命老区建设促进会、广西中共党史学会关于编纂革命老区县发展史的通知》(桂老促字〔2017〕10号)精神,《灌阳县革命老区发展史》重点记述革命传入灌阳前后的历史,下限时间截至2017年12月末。县史志办承担该书的编纂出版工作。书稿内容包括县域概况、革命历程、革命人物简介、建设探索、改革开放、伟大复兴、资源优势、远景展望,大事记、后记等。年内,完成约35万字的初稿。

【“两全目标”工作】 2018年,按照全区的统一安排,扎实做好志鉴编修工作,圆满完成志鉴编修“两全目标”。其中,《灌阳县志(1991—2005)》于6月公开出版,《灌阳年鉴(2018)》于12月公开出版。

【《灌阳县大事记》编辑】 年内,每月对全县范围内发生的大事、要事进行收集、整理、编辑,主送各乡镇、县直各单位,同时报送县四家班子领导。全年编辑《灌阳县大事记》12期。

【党史宣教工作】 为贯彻党的十九大精神,县史志办积极开展党史宣传教育工作。一

7月2日,自治区地方志办公室主任梁金荣(右三)一行到灌阳县督查地方志“两全目标”工作开展情况　　县史志办　提供

5月16日,自治区党委党史研究室到灌阳县调研党史工作

县史志办　提供

10月13日,自治区老促会调研革命老区发展史编纂工作汇报会在县政府三楼会议室召开　　县史志办　提供

12 月 6 日,县史志办在新圩阻击战陈列馆讲解红色历史

县史志办　提供

是红色文化宣教。2018 年,县史志办组织开展红色文化教育培训班 20 多期 4000 多人次;接待区、市相关领导和有关部门红色宣传教育 70 多团 8000 多人次。二是红色文化进校园。为夯实校园党建基础,搭建师生红色教育平台,助力红色文化进校园,充分发挥部门优势,积极参与由县委组织部和县委宣传部牵头的灌阳县红色教育教材编撰,开展不忘初心牢记使命——“远教红吧”进校园活动。三是做好宣传信息报道工作。2018 年 4 月 5 日,在解放军报发表信息 1 篇《清明,我们呼唤英雄的名字》,被中国共产党新闻网、人民网、东北新闻网等中央、省、市级 36 家以上网媒转载报道;6 月 13 日,在《桂林晚报》发表信息 1 篇《灌阳县:保护和发展红色资源促进旅游与扶贫双发展》。

(秋　莹)

灌阳县人民代表大会

2月6日，灌阳县第十六届人民代表大会第三次会议在红豆杉国际大酒店会议室召开　　胡　蓉　摄

概　　述

2018年,灌阳县人大专门委员会设置2个:法制与内务司法委员会、财政经济委员会。办事机构和工作机构设置4个:办公室、教科文卫与民族工作委员会、农业农村与环资城建工作委员会、选举联络工作委员会。机关编制数为13名(其中行政编制数为11名,工勤编制数为2名),实有人数27人。

重要会议

【灌阳县第十六届人民代表大会第三次会议】 2018年2月5日至7日,灌阳县第十六届人民代表大会第三次会议在红豆杉国际大酒店二楼会议室召开。会议的主要议程有:一、听取和审议县人民政府工作报告;二、听取和审议县人大常委会工作报告;三、听取和审议县人民法院工作报告;四、听取和审议县人民检察院工作报告;五、审查和批准灌阳县2017年国民经济和社会发展计划执行情况与2018年国民经济和社会发展计划草案的报告,批准2018年国民经济和社会发展计划;六、审查和批准灌阳县和县本级2017年预算执行情况与2018年预算草案的报告,批准县本级2018年预算;七、审议县十六届人大二次会议代表建议、批评和意见办理情况的报告;八、决定灌阳县第十六届人民代表大会法制与内务司法委员会、财政经济委员会的设立及组成人员人选;九、选举;十、其他。

【灌阳县十六届人民代表大会常务委员会会议】 2018年灌阳县十六届人民代表大会常务委员会会议共召开6次。

第九次会议　2月1日召开,会议决定对王继芳等代表提出的6件建议和县政府办等6个单位评为县十六届人大二次会议的代表优秀建议和承办建议先进单位予以表彰,对9个乡(镇)人大工作先进单位予以表彰,评出一等奖1名,二等奖2名,三等奖6名。会议审议闫位勤提出的辞去灌阳县第十六届人大常委会委员职务的请求,决定接受闫位勤提出的辞职请求,并报灌阳县第十六届人民代表大会第四次会议备案。

第十次会议　2月9日召开,会议审议唐智祥提出的辞去灌阳县第十六届人大常委会委员职务的请求,决定接受唐智祥提出的辞职请求,并报灌阳县第十六届人民代表大会第四次会议备案。会议还对蒋晓华等18人进行人事任免。

第十一次会议　4月3日召开,会议审议陈春虹提出的辞去灌阳县第十六届人大常委会副主任和代表职务的请求,决定接受陈春虹提出的辞职请求,并报灌阳县第十六届人民代表大会第四次会议备案。会议同意杨小龙、唐智祥提出的辞去灌阳县第十六届人代表职务的请求。会议决定:陈春虹任县人民政府副县长。

第十二次会议　8月23日召开,会议对谷宝太等8人进行人事任免。

4月3日,灌阳县第十六届人大常委会第十一次会议在县人大会议室召开　　王红琴　摄

第十三次会议　8月24日召开，会议审议范科君辞去桂林市第五届人民代表大会和灌阳县第十六届人民代表大会代表职务的请求，决定接受范科君提出的辞职请求，并报桂林市人大常委会和灌阳县第十六届人民代表大会第四次会议备案。会议审议蒋小林辞去灌阳县第十六届人民代表大会代表职务的请求，决定接受蒋小林提出的辞职请求，并报灌阳县第十六届人民代表大会第四次会议备案。会议审议李春孟辞去县人民政府副县长、灌阳县第十六届人民代表大会代表职务的请求，决定接受李春孟提出的辞职请求，并报灌阳县第十六届人民代表大会第四次会议备案。会议对李春孟等22人进行人事任免。

7月2日，自治区人大代表到灌阳县调研医改工作　县人大　提供

第十四次会议　12月21日召开，会议听取县财政局局长王飞雄受县人民政府委托所作的《灌阳县县本级2018年公共财政预算调整方案的报告》及《灌阳县县本级2018年政府性基金预算调整方案的报告》。会议根据2018年全县经济社会发展和财政收支执行情况，经过认真审议，决定同意县人民政府提出的《灌阳县县本级2018年公共财政预算调整方案》及《灌阳县县本级2018年政府性基金预算调整方案》，批准2018年县本级一般公共预算总收支由年初预算的193141万元调整为233767万元；2018年县本级政府性基金预算总收支由年初预算的53696万元调整为24207万元。会议还听取了县财政局局长王飞雄受县人民政府委托所作的《关于灌阳县2017年度财政决算的报告》。

重要工作

【国家机关工作人员任免】　2018年，灌阳县人大常委会依法任免国家机关工作人员49人(次)。

【人大代表议案和建议办理】　2018年，灌阳县第十六届人大三次会议期间，大会共收到代表对各方面工作提出的各类建议、意见56件(含闭会期间2件)，其中：涉及交通道路方面25件、水利方面11件、基层组织建设方面6件、科教文卫旅方面5件、社会保障方面3件、城市管理方面2件、生态环保方面1件、司法方面1件、其他方面2件。经认真审查、研究，代表议案、建议、批评和意见依法交由县人民政府有关部门和组织研究办理。年末，代表议案、建议、批评和意见均按法定时限办理完毕并进行答复，代表对办理结果基本满意。

【围绕财政经济开展监督】　专题监督经济运行情况，听取和审议县人民政府关于2017年财政决算、2017年财政预算执行审计、2018年财政年初预算和预算执行情况、2018年预算调整等报告，向政府提出加大计划、预算执行力度，优化财政收支结构，确保供给侧结构性改革、创新驱动发展、脱贫攻坚、民生实事、城镇建设等工作扎实推进。

【围绕脱贫攻坚开展监督】　认真贯彻落实中央、区、市和县委的要求，把脱贫攻坚工作作为最大的政治任务和最大的民生工程，持续跟踪督查，专题调研少数民族扶贫开发工作情况，督促强化机制，形成工作合力。常委会领导按照脱贫攻坚督导要求，深入扶贫一线，谋划脱贫之策，推进扶贫产业发展和基础设施完善。全县各级人大代表在精准扶贫工作中充分发挥模范带头作用，切实推动解决人民群众最关心、最直接、最现实的利益问题。

【执法检查】 常委会密切关注群众利益问题，积极回应社会关切，通过市县联动的专题调研、执法检查、交办审议意见、跟踪督办代表建议，着力改善民生。持续关注重大项目建设，助力推进县城基础设施不断完善。持续关注红色旅游，大力支持打造生态休闲旅游精品线路。持续关注教育发展，推进县域义务教育均衡发展国家认定。持续关注“三农”工作，对全县实施乡村振兴战略情况开展专题调研，助推乡村振兴战略的深入实施。

【与各级人大的联系与指导】 2018年，先后组织123人（次）人大代表参加列席人大常委会会议，参加常委会的调研、视察、执法检查活动。着力加强代表履职学习培训，采取集中培训与邀请代表列席会议、参加视察、执法检查、专题调研等方式，增强培训实效，全年培训代表310人次。组织区、市、县人大代表赴全国人大深圳培训基地学习，实现学习培训全员覆盖，并量身定制学习课程，拓宽视野，启发思路，提升履职能力。通过强化履职意识，让代表真正“动”起来，履职“实”起来，责任“扛”起来。

【信访工作】 2018年，县人大常委会坚持畅通信访渠道，以化解矛盾为重点，妥善解决群众来信来访中反应和要求解决的问题。全年受理群众来信来访21批（件）次，接待群众来访25批103人，按照信访案件办理程序转交并及时督促“一府两院”做好办理工作，积极化解社会矛盾，促进和谐稳定，对群众关注的“热点”和“难点”问题进行跟踪督办。

【信息工作】 充分利用各级人大报刊、各种新闻媒体和各类舆论阵地，对人大常委会和代表依法履职的做法和经验进行宣传报道。2018年在各级媒体刊载宣传稿件33篇，省级刊物采用6条，市级刊物采用12条。

【走访代表】 2018年，县人大常委会先后对133名县人大代表进行走访，听取基层人大代表对人大常委会及“一府两院”各方面工作的意见和建议，共收集到代表们提出的意见和建议90余条，涉及精准扶贫、交通、卫生、城建、国土资源、公安、司法7个方面的工作，常委会将代表们的意见和建议及时向县委作了书面汇报，并要求县人民政府督促相关部门认真抓好落实。

8月24日，县人大常委会任职人员进行宪法宣誓仪式 吴慕云 摄

【积极搭建履职平台】 通过“提升设施、创新载体、建好网络、竖起标杆”，投入120万元，全面加强人大代表履职平台建设。全县共打造乡级代表履职活动中心9个、村级人大代表之家示范点28个。2018年，全县各级履职场所共组织代表履职学习762人次，共接待选民686人次，形成意见建议229条，帮助群众解决问题408个。

（县人大办）

灌阳县人民政府

2月2日,灌阳县第十六届人民政府第二次全体(扩大)会议在县委三楼会议室召开

王红琴　摄

重要会议

【灌阳县第十六届人民政府】 2018年，灌阳县第十六届人民政府常务会议共召开14次。

第十九次常务会议 2月2日下午召开，会议由县长卢嵩主持。对审议《政府工作报告》（讨论稿）、补发全县农村（社区）干部2017年换届后基本报酬、提高全县离任农村（社区）干部生活补贴标准、桂林医学院附属医院与灌阳县医管委、灌阳县人民医院组建紧密型医疗技术联合体合作框架协议等事宜进行讨论研究。

第二十次常务会议 3月2日上午召开，会议由县长卢嵩主持。对制定灌阳县规范农村建房奖惩管理办法、将租赁土地依法出让给灌阳维信眼镜有限公司、提高防空地下室易地建设费收费标准、江东新区创业大厦及小广场和周边路网规划设计方案、灌阳县棚户区改造一期工程实施方案、江东新区计生服务楼收回处置、灌阳灌江国家湿地公园一期建设、给予全县部分计划生育双女结扎户代缴基本医疗保险费、推进县域义务教育均衡发展区级评估整改方案及整改情况、桂林观阳古镇文化旅游项目合作框架协议、划拨铁合金冶炼企业生产补助资金、文市工业园区贵达公司二期技改搬迁用地、县交管大队新增电子警察违停抓拍系统等设备、调整机关事业单位工作人员及离退休人员死亡后遗属生活困难补助标准、灌阳县保留为行政审批必要条件的中介服务事项目录、灌阳县“放管服”改革工作自查自纠、灌阳县易地扶贫搬迁集中安置点建设和传达全区易地扶贫搬迁有关工作推进情况、涉及水源保护区及自然保护区环保违法违规项目监管及传达学习《广西重点生态功能区县域生态环境质量检测评价和考核办法（实行）》、灌阳县2017年度法治政府建设和学习习近平总书记对法制办工作重要指示精神、集中学习2018年中央农村工作会议精神和《广西壮族自治区砂石土矿资源开发利用管理办法》及《中共广西壮族自治区纪律检查委员会关于三起形式主义、官僚主义典型问题的通报》文件精神等事宜进行讨论研究。

第二十一次常务会议 4月1日上午召开，会议由县长卢嵩主持。对调整县人民政府班子领导分工、贯彻落实2018年县人民政府工作主要目标任务、请求批准2018年第一批次农村居民使用集体土地建住宅、文市镇电筒山饰面用灰岩矿劳务外包合作开发、制定和完善灌阳县招商引资奖励办法、下达2018年财政专项扶贫资金项目计划、明确财政专项扶贫资金实施单位、自治区党委第六巡视组对灌阳县扶贫领域机动式巡视反馈问题整改工作、灌阳县2018年控制数教师招聘、灌阳县人民政府及部门门户网站整改工作方案及建设管理、灌阳县棚户区改造项目（北门市场片区、南门路片区）国有土地房屋征收安置补偿方案等事宜进行讨论研究。

8月3日，县长卢嵩（右二）调研江东新区相关项目建设推进情况
伍秋福 摄

第二十二次常务会议 4月26日晚上召开，会议由县长卢嵩主持。对政府平台

公司贷款逾期偿还及提前还贷、2018 年中国·红色灌阳山地户外运动挑战赛、2018 年第二批次农村居民使用集体土地建住宅和第三批次乡镇农用土地转为农村居民住宅建设用地、灌阳县农村违法违规建房处置方案、灌阳县农村危房改造超面积整改工作实施方案、调整灌阳县城易地扶贫搬迁集中安置点(二期)规划设计、灌阳县 2018 年财政专项扶贫资金基础设施项目管理办法、灌阳县人武部收回门面全面停止有偿服务项目工作、广西海洋山自治区级自然保护区(灌阳县辖区)面积和界线确定方案、通报全县第一季度安全生产工作和学习区、市安全生产工作会议精神、学习习近平总书记在打好精准脱贫攻坚战座谈会上及听取 2017 年省级党委和政府脱贫攻坚工作成效考核情况汇报时的重要讲话精神和自治区政府传达学习习近平总书记在中央政治局会议上关于脱贫攻坚工作的重要讲话精神会议纪要等事宜进行讨论研究。

第二十三次常务会议　6 月 8 日上午召开,会议由县长卢嵩主持。对全县易地扶贫搬迁集中安置、美丽乡村建设、县工信局与灌阳县兴农电子商务有限公司合同纠纷一案判决执行、灌阳镇长坪村电子商务中心建设、文市石材工业园区标准厂房及“五化”建设工作、灌阳县红色旅游贷款资金建设项目实施计划、灌阳县创建自治区级全域旅游示范区实施方案、灌阳县全域旅游发展规划(2017—2025)、灌阳县旅游发展扶持奖励办法、灌阳县创建乡村旅游示范区工作方案、清算灌阳瑶族千家洞古镇项目征地款项、加强财政账户规范管理及村财乡管工作、收回江东新区行政办公区 43 亩土地用作机关事业单位业务用地、碧桂园集团与广西桂林思源生态农业有限公司(下称“思源公司”)合作开发榨油厂地块、江东新区公共实训基地一楼会议室内设计方案(电梯 #)、全县“两违”整治及综合执法、灌江国家湿地公园 PPP 项目边界条件、学习习近平总书记在全国生态环境保护大会上的重要讲话精神、《关于贯彻中共中央纪委通报精神切实做好环境保护工作的通知》和研究灌阳县城市区域声环境功能区划、学习《中共广西壮族自治区纪委办公厅关于认真学习贯彻中央纪委副书记徐令义在广西调研督导讲话精神的通知》《广西深化扶贫领域腐败和作风问题专项治理工作简报》(2018 年第 1、2 期)《广西深化扶贫领域腐败和作风问题专项治理工作领导小组办公室会议纪要》(2018 年第 1、2 期)精神等事宜进行讨论研究。

第二十四次常务会议　7 月 4 日下午召开,会议由县长卢嵩主持。对通报中央环保督察“回头看”边督边改工作会议精神以及中央环保督察交办信访问题整改工作、广西海洋山自治区级保护区(灌阳县辖区)面积和界线确定方案、灌阳县农村集中式饮用水水源保护区划定、灌阳县财政专项扶贫资金乡(镇)级报账制度管理办法、提高村(社区)综治办主任(警务助理)工资福利待遇、自收自支及编外人员工资经费保障、灌阳县新圩镇总体规划修编、江东新区创业大厦和小广场规划建设、江东新区行政办公区 43 亩土地规划方案、深化改革优化营商环境、学习贯彻《地方党政领导干部安全生产责任制规定》以及研究防溺水等安全工作等事宜进行讨论研究。

第二十五次常务会议　7 月 27 日上午召开,会议由县长卢嵩主持。对全县易地扶贫搬迁集中安置项目建设、灌阳县易地扶贫搬迁拆除旧房补充工作方案、灌阳县易地扶贫搬迁集中安置点后续扶持政策、灌阳县 2017 年度财政扶贫资金结余资金安排使用计划、2018 年桂林市深度贫困地区财政专项扶贫资金项目计划、2018 年政府新增债券用于脱贫攻坚项目建设资金项目计划、灌阳县扶贫开发领导小组专责小组驻组工作管理制度、灌阳县 2018 年预脱贫户和预脱贫村未达标情况重点帮扶工作、在年度绩效考核中单设脱贫攻坚工作绩效考核奖励、全县农村危房改造超面积和占用水田违规建房巡视整改工作、支付江东新区县城易地扶贫搬迁集中安置点二三期工程预付款、2018 年灌阳县农村已脱贫建档立卡贫困户危房改造方案、全县河长制脱虚向实工作方案、全县环境集中整治有关工作、县城污水处理厂改造提质工作、灌阳县人武部仓库和民兵军事训练基地、南门路棚改区闲置土地处置和水车镇水车村、江东新区部分国有土地划拨、学习贯彻全区年中工作会议暨县域经济发展、乡村振兴推进大会和全区生态环境保护大会精神等事宜进行讨论研究。

第二十六次常务会议 8月24日上午召开，会议由县长卢嵩主持。对调整县人民政府班子领导分工、全县石材行业税收监控标准、灌阳县瓷器厂棚户区改造项目建设、整改归还县易地扶贫生态移民（一期）工程贷款资金、灌阳县事业单位和国有企业公务用车制度改革、灌阳县义务教育薄弱学校改造项目和义务教育均衡发展整改及迎接国家认定工作、桂林富杰房地产开发有限公司请求协调解决南江和东鑫风电场前期工作所遇困难、暂缓偿还政府融资平台贷款以及江东新区开发部分项目建设、2018年中央预算内项目、自治区市级重大项目建设等事宜进行讨论研究。

第二十七次常务会议 9月17日上午召开，会议由县长卢嵩主持。对灌阳县征地统一年产值标准和青苗及地上附着物补偿标准暂行办法、灌阳县各乡镇征地奖励补偿标准、归还中国农业发展银行全州支行贷款资金、2018—2020年灌阳县秋冬种产业扶贫奖补工作方案、灌阳县现代农业特色乡级示范园、村级示范点创建奖励办法、广西海洋山自治区级保护区（灌阳县辖区）面积和界线确定方案、灌阳县2018年度统筹整合使用财政涉农资金调整方案及灌阳县统筹整合使用财政资金管理办法、灌阳县城南建材机电市场规划建筑设计方案、全县脱贫攻坚工作等事宜进行讨论研究。

第二十八次常务会议 9月28日晚上召开，会议由县长卢嵩主持。对全县易地扶贫搬迁集中安置点建设及后续扶持工作、调整2018年第二批中央和自治区财政专项扶贫资金项目计划、调整2018年桂林市深度贫困地区财政专项扶贫资金项目计划、聘请第三方服务公司开展灌阳县2018年精准扶贫档案信息化建设、学习桂林市贯彻落实习近平总书记对打赢脱贫攻坚战三年行动重要批示精神实施方案、全县清查隐性债务及隐性债务风险化解工作等事宜进行讨论研究。

第二十九次常务会议 11月5日下午召开，会议由县长卢嵩主持。对审定各乡镇上报的易地扶贫搬迁对象、全县易地扶贫搬迁集中安置区租赁及贷款融资、听取2018年脱贫攻坚基础设施专责小组工作情况汇报、灌阳县农产品生产开发投资协议书、蚂蚁金服“智慧县域项目”合作框架协议、桂林市灌阳县桂湘腾丰有色金属科技有限公司、广西灌阳县大弘新型建材有限公司、广西雅高珺奇有限公司土地及标准厂房租赁、县信访成员单位及乡镇专职信访工作人员岗位津贴、灌阳县总工会和工人文化宫项目建设所需资金、拨付灌阳县人民医院贷款本金、灌阳县融资平台公司资金管理办法、成立灌阳县顺风汽车租赁有限责任公司、灌阳县灌江水库后期扶持人口核定登记工作、成立灌阳县土地和房屋征收办公室、灌阳县创建自治区旅游标准示范县工作实施方案、县档案局、机要局等机构改革政务服务窗口单位进驻运行、灌阳县江东新区安置房总平面规划、自治区党委第六巡视组反馈违法占用基本农田建房问题整改方案、传达中央第五环境保护督察组“回头看”反馈会议精神及专项督察情况、听取全县国土资源管理工作汇报、听取县住建局2018年工作开展情况汇报、听取全县1—10月安全生产工作汇报等事宜进行讨论研究。

第三十次常务会议 11月26日下午召开，会议由县长卢嵩主持。对学习贯彻《习近平扶贫论述摘编——“决胜脱贫攻坚、共享全面小康”》《中央和自治区党委领导对坚决纠正和严肃查处扶贫形象工程的批示》《关于贯彻落实习近平总书记重要指示精神集中整治形式主义、官僚主义的工作意见》《广西壮族自治区县级党委和政府扶贫开发工作成效考核办法》、全区2018年脱贫攻坚推进大会暨业务培训会议精神和薛利、鹿心社同志在中央第二巡视组对广西壮族自治区开展脱贫攻坚专项巡视动员会上的讲话精神以及自治区扶贫开发领导小组全体会议精神、学习贯彻全区财政扶贫资金问题整改推进会和桂林市巡视督查检查脱贫攻坚反馈问题整改推进会精神，研究自治区反馈灌阳县审计发现问题整改工作、2015年以来巡视、巡察、督查和审计等发现问题整改、听取2018年灌阳县政府常务会议19—28次议定事项落实情况汇报等事宜进行讨论研究。

第三十一次常务会议　12月13日下午召开，会议由县长卢嵩主持。对学习贯彻《习近平扶贫论述摘编——“坚持党的领导、强化组织保证”和“坚持精准方略、提高脱贫实效”》《中共中央国务院关于打赢脱贫攻坚战三年行动的指导意见》文件精神和陈武主席在全区极度贫困地区脱贫攻坚座谈会上的讲话精神、学习贯彻《自治区扶贫开发领导小组办公室关于印发〈2018年市县扶贫成效考核“四合一”实地核查工作方案〉的通知》精神，研究部署全县扶贫成效考核“四合一”迎检工作、中央财政专项扶贫资金（易地扶贫搬迁贴息资金）项目计划工作、购买黄关镇、新街镇、新圩镇、水车镇易地扶贫搬迁安置点一楼门面工作、提高村（社区）副职干部报酬、听取灌阳县推进县域义务教育均衡发展迎国检工作汇报，研究部署县域义务教育均衡发展迎国检工作、听取灌阳县防控非洲猪瘟工作汇报，研究部署下一步重大动物疫情防控工作、全县综治维稳工作（听取今年全县1—11月扫黑除恶专项斗争工作汇报，研究部署下一步扫黑除恶专项斗争工作及灌阳县天网工程建设）、听取灌阳县“大棚房”问题专项清理整治行动工作汇报，研究部署下一步“大棚房”专项清理整治工作、灌阳县灌江水库库区移民项目后期扶持方案、灌阳县石材加工企业集中整治行动方案、灌阳县本级2018年公共财政预算调整方案等事宜进行讨论研究。

第三十二次常务会议　12月27日上午召开，会议由县长卢嵩主持。对学习贯彻《习近平扶贫论述摘编——“坚持加大投入、强化资金支持”》、自治区副主席方春明在2018年全区扶贫小额信贷工作以及全区财政专项扶贫资金绩效评价电视电话会议上的讲话精神、审定《灌阳县2019年度扶贫项目实施计划》、明确2019年乡镇人民政府实施扶贫项目、灌阳县2019年第一批财政专项扶贫资金使用分配方案、《灌阳县建档立卡贫困人口生态护林员续聘实施细则》《灌阳县养殖水域滩涂规划（2018—2030年）》、灌阳县城市道路交通秩序管理及部分城市道路机动车停放服务收费标准方案、雅高控股广西基地综合办公楼和广西灌阳县科茂环保科技有限公司土地租赁合同以及调整县工业集中区管理委员会成员、审定《〈灌阳县国民经济和社会发展第十三个五年规划纲要〉实施中期评估报告》、依法收回灌阳县人武部及民兵军事训练基地国有划拨土地资产使用权、湘江战役红军烈士遗骸收殓保护、长征文化资源保护利用、纪念设施项目规划及酒海井纪念园规划建设方案、灌阳县工业集中区增量配电业务改革试点项目实施方案、县人武部、党校、交警大队招聘工作人员、调整全县机关事业单位工作人员基本工资标准和增加机关事业单位离休人员离休费、听取全县2018年度保障农民工工资支付工作情况汇报，研究部署岁末年初保障农民工工资支付工作、听取全县2018年度安全生产工作情况汇报，研究部署2019元旦、春节期间安全生产工作、学习贯彻习近平总书记在庆祝改革开放40周年大会上的讲话精神、2019年中央经济工作会议精神以及《党政领导干部生态环境损害责任追究办法（试行）》《广西壮族自治区生态环境损害赔偿制度改革方案》文件精神等事宜进行讨论研究。

重要政务

【概况】 2018年，全县地区生产总值增长4.0%；固定资产投资增长11.7%；财政收入3.41亿元；社会消费品零售总额22.18亿元；城镇居民人均可支配收入32159元，同比增长5.6%；农村居民人均可支配收入10785元，同比增长10.1%；节能减排完成上级下达的目标任务；三次产业结构比优化提升为20∶41.1∶38.9。

【脱贫攻坚】 坚持把脱贫攻坚作为最大的政治责任和最大的民生工程来统领经济社会发展全局。围绕脱贫目标，强化领导，压实责任，精准施策，最大限度集众心、聚众智、合众力，全面构建“党政同责、一岗双责、上下联动”的扶贫大格局。全年实现25个贫困村、13180人脱贫摘帽，贫困发生率降至3.79%，顺利通过桂林市“五合一”考核、自治区“四合一”核验。出台《灌阳县2018年以奖代补特色产业扶贫实施方案》等一系列奖补政策，安排5000万元重点培育“5+2”“3+1”特色产业，“龙头企业+基地+合作社+贫困户”的联带发展模式为群众增收开辟新渠道。强化“村财乡管”，整合各类资金1.22亿元发展壮大村级集体经济，实现所有贫困村、非贫困村集体经济收入双达标，全县村集体经济发展指数跃居全市第一。创建一批“扶贫车间”，积极为贫困户和回乡创业人员搭建创业发展平台，进一步增强贫困地区“造血”功能。电商发展迅猛，行政村电商体系覆盖面达90%以上，创建了“基地+合作组织+电商平台+城市社区体验店”的电商扶贫新模式，全年电商交易额达2.16亿元，带动就近就业创业1.5万余人。义务教育、基本医疗、住房安全“三保障”成效突出，发放各类教育资助金2600万元，惠及困难学生38125人(次)。贫困人口参保率、家庭医生签约率、养老保险发放率、低保保户率及易地扶贫搬迁入住率均达100%，提前完成“十三五”易地扶贫搬迁任务。

【农业经济】 突出农业综合生产能力，三大水果产量全市领先，油茶产业发展走在全区前列，超级稻单产连续9年创广西之最，农林牧渔业增加值增长5.7%。加强与国家杂交水稻中心、广西植物研究所、广西农科院、广西特色作物研究院的合作，推动农业科技发展和农业体系增点扩面升级，创建区、市、县、乡级现代特色农业示范园(区)27个，打造一批灌阳生态特色农业品牌，千家洞雪梨黑李产业(核心)示范区景观被誉为中国美丽田园。培育家庭农场、种植大户、合作组织等新型农业经营主体210家，建立示范点121个。引入深圳茂雄、双胞胎集团等龙头企业，带农助农能力不断增强。实施城乡建设用地“增减挂”惠农政策，惠及全县9个乡镇近10万名农村居民。农村承包土地确权登记颁证率达96.8%、承包合同签订率达100%，顺利通过区市县三级第三方成果验收。

【工业经济】 投入9600万元加快园区土地储备及水、电、路网等基础配套设施建设，新建标准厂房2万平方米，园区承载能力不断增强。出台《加快灌阳县工业高质量发展实施办法》，大力推进石材、冶炼等特色园区和传统产业转型升级。通过抓大壮小，梯次培育，保存量、引增量，提升传统产业的发展水平和市场竞争力，全年培育入库“四上企业”10家。强力推进石材产业整治整合，在依法规范矿权资源配置、有效遏制非法采石乱象的同时，推行石材“五化”规范开采模式，新建石材交易中心和石材产业综合楼，初步形成石材开采、交易、深精加工、物流等全产业链发展新格局。农民工创业园项目加快推进，文市、西山坪工业园区污水处理厂即将建成运营，石粉石浆环保循环处理项目开工建设，成为全市首个被列为国家第3批增量配电试点县。

【第三产业】 大力实施“旅游+”战略，带动现代服务业转型升级。以创建自治区全域旅游示范区为契机，持续开展旅游标准化建设。加快打造千家洞4A级旅游景区，扎实推进唐景崧故居、月岭古民居、洞井古民居等重点文物保护修缮和开发。酒海井红军遗骸收殓保护工作得到习总书记等中央领导的重要批示和充分肯定，成为自治区爱国主义教育基地和广西区委党校革命传统教育基地。江口特色文化旅游区、唐景崧故里景区分别荣获五星级乡村旅游区和3A级旅游景区称号，红豆杉国际大酒店升级为四星级饭店。成功举办“二月八”“六月六”以及中国·灌阳2018全国山地户外运动挑战赛等系列节庆和体育赛事活动，进一步提升灌阳“红、古、绿”特色旅游品牌形象。全年共接待游客总人数164.2万人次，完成旅游综合总收入17.1亿元，分别同比增长132%和125%。批零住餐等现代服务业提质增效。

【项目建设】 坚持项目带动战略，深入开展产业富民、服务惠民、基础便民3大行动，全年实施重点项目108个，完成投资14.6亿元。灌平高速、357国道、绕城公路及移民安置新区、观澜购物公园、新灌阳宾馆、体育文化中心等一大批民生型、实体型、税源型项目正在加速推动灌阳发展。江东新区功能不断完善，新区大市场、创业实训基地、新妇幼保健院、新政务中心等重要节点项目相继完工。在高标准规划建设新区的同时,老城疏解提升成效明显。解放桥建成通车,打通3条断头路,改造提升兴灌路、双桥路、义马路、滨江西路、城北通道等县城主次干道,改造安装一批市政交通配套设施。加快城乡公交一体化建设,推行县城道路停车收费管理制度,有效破解群众出行难、停车难的问题。制定出台《灌阳县农村宅基地管理办法》,对农村集约节约用地进行财政奖励,"两违"现象得到有效遏制。全县141个村(社区)活动场所全面达标升级。黄关、新街、新圩、文市4个镇级污水处理厂、9个乡镇卫生填埋场顺利完工并正常运营,县城生活垃圾无害化处理率达100%。14个村落被列入中国第五批传统村落名录,居全区第一,全县国家级传统村落达26个。

【绿色生态建设】 坚持高位推动中央环保督察"回头看"反馈问题整改,完成整改销号9件。重点开展海洋山自然保护区确界、非法采石、非法采砂、非法捕鱼(猎)、非法排污、河道垃圾清理、农村面源污染防治等专项治理工作。名木古树挂牌保护和灌江国家湿地公园建设有序推进,森林覆盖率达75.73%。水、土壤、大气污染防治成效明显,河(湖)长制工作走在全区前列,主要河流考核断面水质达标率100%,超额完成上级下达的水利和水土保持生态建设任务。实施《灌阳县加强烟花爆竹禁燃限放管控工作方案》,县城环境空气质量优良天数327天,同比增加6天,全年PM10和PM2.5分别同比下降14.5%和17.1%,完成年度考核目标,全市排名第三。文市镇大湾村社拐屯等5个村屯跻身自治区绿色村屯行列,全县生态村创建率达91.3%。洞井瑶族乡、观音阁乡获评自治区级生态乡镇,全县区级生态乡镇创建率达100%。

【改革创新】 持续深化"放管服"、商事制度等改革,推进项目审批大提速,扎实推进"一事通办"改革,"最多跑一次"事项比例大幅提升。医疗卫生体制改革被列为自治区综合改革示范县,灌阳医改模式获国务院激励通报。国家税务总局灌阳县税务局挂牌成立,税收征管体制改革顺利完成。"农金村办"工程将三农金融服务室覆盖至全县138个行政村,创建信用乡镇6个,信用村69个,评定信用农户56466户,农村信用体系建设日趋完善。出台《灌阳县财政专项扶贫资金管理办法》《灌阳县农村集体经济组织资金财务管理办法》等一系列制度,资金管理更加规范高效。成立县土地房屋征收办公室,有效破解了一批征地拆迁难题。建立健全安全生产监管、食药安全监管、重大风险防控及应急管理体系,提高公共安全保障和处置突发事件能力,信访维稳及安全生产形势总体稳定。继续加大投入建设覆盖县、乡、村三级视频防控网,创新"一村一协警"星级管理警务机制,扫黑除恶专项斗争和禁毒工作取得阶段性胜利,群众安全感、满意度继续排名全区全市前列。落实招商优惠政策,持续优化营商环境,香港雅高集团、广西秋潮集团等一批上市公司和知名企业先后入灌,全年招商引资到位资金26.7亿元,为灌阳增添了发展后劲。

5月16日,西山坪污水处理厂项目　　县工信局　提供

【社会事业】 全年民生支出18.3亿元，占财政总支出的82%。投资4.5亿元完成为民办实事项目29项(类)。138个行政村全部实现通行水泥路，793个自然村(屯)全部实现通行砂石路或水泥路，客运通达率92.7%。大力推进村容村貌改造，建成16个市、县级生态宜居乡村示范村。党群服务中心、社保就业服务窗口、人民调解委员会、村级卫生室和广播电视网络等实现行政村全覆盖。崇文重教常抓常新，《灌阳县千家洞瑶族传说》和灌阳瑶族油茶技艺展示基地列入自治区级非物质文化遗产名录，《桂剧·传承》舞蹈在广西电视台成功出演，新圩阻击战红色文化资源的保护开发工作稳步推进。义务教育均衡发展顺利通过国家评估认定，中高考再创佳绩。新建移民幼儿园、寄宿制小学及中学，有效缓解长期存在的大班额问题。建成老干部活动中心综合楼和一批村级文化场所、社区健身中心，县城中心体育场全面改造投入使用，办成了一批普惠城乡、百姓点赞的民心工程。

【治理效能】 全面加强自身建设，政府治理效能进一步提升。坚持依法行政，积极推进法治政府建设，健全重大行政决策机制，实施重大决策预公开，加强重点领域的审计监督，依法接受县人大及其常委会的监督，自觉接受县政协的民主监督，人大代表建议和政协提案办结率达100%。认真学习贯彻中央、自治区和市委以及县委全面从严治党各项决策部署，切实履行政府系统党风廉政建设主体责任。狠抓中央八项规定精神和国务院“约法三章”落实，持之以恒纠正“四风”，组织开展形式主义、官僚主义突出问题专项整治活动，健全厉行节约长效机制，三公经费逐年下降。严厉查处重点领域腐败和违规违纪问题，反腐败斗争取得压倒性胜利。

为民办实事

【概况】 在区市党委、政府的正确领导下，在上级有关部门的具体指导下，灌阳县积极落实《桂林市人民政府办公室关于做好2018年为民办实事工作的通知》(市政办〔2018〕14号)文件精神，加强组织领导，强化任务分解，明确工作责任，全力推进为民办实事项目实施。全年全县实施为民办实事工程共29个项目，其中自治区级层面24项、市级层面5项，年度计划总投资45270.5万元，其中自治区级层面项目投资40767.8万元，市级层面项目投资4502.7万元。

【社保惠民项目】 2018年完成社保惠民项目5个。

城乡居民基本养老保险项目 为城乡居民基本养老保险参保缴费人员进行缴费补助，为60岁以上参保人员发放基础养老金，按规定发放丧葬补助金。共计4957万元。截至12月，该项目已全部完成。

困难群众基本生活救助项目 为符合条件的城乡困难群众发放救助金5000万元。截至12月，该项目已全部完成。

农村住房政策性保险项目 投入73.074万元，为全县64100户农村居民房屋完成参保工作。截至12月，该项目已全部完成。

残疾人两项补贴项目 为全县符合条件的重度残疾人发放护理补贴、困难残疾人发放生活补贴558万元。截至12月，该项目已全部完成。

农村计划生育家庭奖扶特扶项目 为自治区下达任务数的农村部分计划生育家庭和计划生育(伤残和死亡)家庭发放奖励(特别)扶助金357.39万元。截至11月，该项目已全部完成。

【健康惠民项目】 2018年完成健康惠民项目3个。

城乡居民基本医疗项目 支持符合条件的城乡居民参加城乡居民基本医疗保险，项目总投资11105万元。截至12月，该项目已全部完成。

基本公共卫生服务项目 支持在全县范围内免费开展基本公共卫生服务，项目总投资1326.04万元。截至12月，该项目已全部完成。

艾滋病防治项目 支持在全县范围内开展艾滋病防治工作，项目总投资126.51万元。截至1月，该项目已全部完成。

【教育惠民项目】 2018年完成教育惠民项目3个。

扩大农村学前教育资源项目　扩大学前教育资源新建幼儿园奖补资金项目(水车镇修睦村幼儿园、黄关镇李官村幼儿园、灌阳镇仁义村幼儿园),已完成260万元。

农村义务教育学校改造项目　农村义务教育薄弱学校改造计划资金项目〔洞井瑶族乡野猪殿村小学教学综合楼、新街镇初级中学综合楼、洞井瑶族乡民族学校教学综合楼、文市镇玉溪村小学运动场、灌阳镇初级中学(移民初中)教学楼3#〕,已完成720万元。2018农村义务教育校舍维修改造资金项目(黄关镇大倚小学综合楼)(含附属工程),已完成230万元。

学生资助项目

1.农村义务教育家庭困难寄宿生生活资助　对全县符合条件的农村义务教育阶段家庭经济困难寄宿生按照平均每生小学1000元、初中1250元的标准给予生活费补助。已完成849.275万元。

2.普通高中免学费　对就读于公办普通高中的库区移民子女和在国家扶贫开发重点县就读普通高中学生免除学费。已完成8.193万元。

3.中等职业教育免学费　按中等职业教育免费政策规定,为符合条件的中等职业学校在校生免除学费,已完成55.05万元。

【水利惠民工程】 2018年完成水利惠民项目1个。

农村饮水安全巩固提升工程　解决自治区下达任务人数的农村饮水安全困难问题,总投资174.88万元。截至2018年9月,该项目已全部完成。

【安居惠民项目】 2018年安居惠民项目2个。

城镇保障性安居项目城市棚户区改造　1.灌阳县木材公司棚户区改造项目　拆除旧房,新建安置房,计划投资945万元,该项目已开工。2.灌阳县木材加工厂棚户区改造项目　拆除旧房,新建安置房,计划投资420万元,该项目已开工。3.灌阳县瓷器厂棚户区改造项目　拆除旧房,投资800万元,2018年12月已全部完成。

农村危房改造项目　2018年12月,完成自治区下达的农村危房改造任务数。

【农补惠民项目】 2018年农补惠民项目2个。

农业生产发展资金——耕地地力保护　按照全县实际核定的耕地地力保护补贴面积和测算的补贴标准,对符合条件的耕地给予直接补贴。计划补贴2780万元,已按规定全部发放到位。

农机具购置补贴　按照自治区的要求,对农机具购置进行补贴,进一步优化农机局装备结构,提升农机装备水平,提高农机化综合服务能力。计划补贴260万元,该项目已完成补贴资金117.648万元。

【生态惠民项目】 2018年生态惠民项目1个。

森林生态效益补偿　对全县55.23万亩自治区级以上公益林进行补偿。计划815万元,已完成投资的93.36%。

【文化惠民项目】 2018年完成文化惠民项目4个。

村级公共服务中心示范项目　完成自治区下达任务数的村级公共服务中心建设。计划投资820万元,已全部完成。

公共文化基础设施场所免费开放项目　对县公共图书馆、文化馆免费开放进行补助。计划投资44.1万元,截至2018年12月已全部完成。

农家书屋　完成自治区下达任务数的农家书屋出版物更新任务(出版物更新直接由自治区配送图书实物,不涉及资金),截至2018年12月已全部完成。

儿童之家创建　完成自治区下达任务数的"儿童之家"建设任务。计划投资50万元,截至2018年10月已全部完成。

【扶贫惠民项目】

支持贫困地区产业发展、基础设施建设　完成26个贫困村村屯道路硬化、新建砂石路等,计划投资1900万元,截至2018年12月,该项目已全部完成。

水库移民新村建设项目　完成车田2组、车田3组外墙改造、村道建设、路灯安装,计划投资

106.2万元，截至2018年11月，该项目已全部完成。

易地扶贫搬迁项目（县城集中安置点二期工程） 完成上级下达的搬迁建档立卡贫困人口及建设相应配套基础设施，即17户52人住房安置。

计划投资312万元，截至2018年12月，该项目已全部完成。

【科技惠民项目】

广播电视村村通工程 建成自治区下达任务数的乡镇小功率村村通调频广播电视无线发射站点。计划投资96万元，截至2018年12月，该项目已全部完成。

【公共设施惠民工程】 依据桂林市旅游厕所建设提升工作指挥部的文件要求，全县旅游厕所建设提升工程计划投资340万元，截至2018年12月，该项目已全部完成。

【文体惠民工程】

送戏、送电影下乡 完成2018年公益电影放映总投资39.7万元，截至2018年12月，该项目已全部完成。

【宜居乡村惠民工程】

生态宜居乡村示范村建设 2018年计划在全县9个乡镇建设15个生态宜居乡村示范村。按照自治区生态宜居示范村的标准要求，在已建设的“普惠制”新农村基础上，突出打造“五化”。即：1.道路硬化率达到100%，含村（屯）内、入村道路全部硬化。2.饮水净化率达到100%，安全饮水全覆盖。3.绿化率达到70%以上。4.亮化率达100%。5.环境美化率达100%，抓好门前屋后“微菜园”“微果园”“微花园”的三微园建设，公共场所保持干净、整洁。计划投资941万元，该项目已完成投资资金1008万元。

“美丽灌阳”乡村建设 完成改厕18000户、改厨18000户，计划投资2870万元，2018年改厕完成93%，16740户；改厨完成90%，16200户。

（县政府办）

政务服务

【概况】 灌阳县人民政府政务服务中心管理办公室（简称县政务中心），隶属县政府办公室内设机构，为正科级的行政机关，主要负责全县“一服务两公开”工作。编制正科级1名，副科级2名，实有人数2名；下设灌阳县政务服务中心综合管理服务所，为全额财政拨款事业公益一类单位，事业编制数8名，实有人数6名。2018年，县政务中心在县委、县政府的正确领导和上级有关部门的指导下，围绕县委、县政府中心工作，以习近平新时代中国特色社会主义思想为指导，扎实推进依法行政，全面推进行政决策公开、执行公开、管理公开、服务公开、结果公开，推动简政放权、放管结合、优化服务，打造阳光政府、法治政府、廉洁政府、服务政府，充分激发市场活力和社会创造力，进一步加强“网上政府”“互联网+政务服务”基础建设，深化“一服务两公开”工作，扎实推进“政务服务十三五”规划的各项工作。办公地址位于灌阳县滨江西路滨江花园2号楼。

【政务服务】 (1)县级政务服务中心进驻单位共有32个，其中住建局、农机局、工商质监局、民政局、人社局、环保局、卫计局、交通局、国土局、林业局、公安消防大队为常驻窗口单位；文新广体局、市容局、农业局、药监局、气象局、发改局、水电局、安监局、教育局、畜牧局、编办、房改办、工信局、烟草公司为综合窗口单位；4个分中心为税务局办事大厅、公积金管理办、残联、公安交警中心；3个便民服务单位为：广西日报遗失登报声明窗口、广西水利供水有限公司窗口、广西水利电业有限公司公司窗口；9个乡镇政务服务中心、141个村级（社区）政务服务中心，覆盖率为100%。全年政务中心受理审批事项4750项、办结4749项；(2)进一步简政放权、加大落实“首问责任制”“限时办结制”“责任追究制”“一次告知制”等制度，在县政府门户网站公布窗口办事指南以及动态更新事项目录库；

(3)贯彻落实《广西壮族自治区人民政府办公厅印发关于开展“一事通办”利企便民改革清单编制工作的通知》(桂政办电〔2018〕98号)、《广西壮族自治区人民政府办公厅印发关于“一事通办”改革若干意见措施的通知》(桂政发〔2018〕28号),组织完成全县“一事通办”进驻事项清单编制工作,“最多跑一次”“一次不用跑”清单逐渐完善编制上报;(4)贯彻落实《广西壮族自治区人民政府办公厅印发关于开展“减证便民”专项行动工作方案的通知》(桂政办电〔2018〕123号),组织涉及承担政务服务职能的42个单位及9个乡镇梳理出拟取消证明事项数量136项,拟保留的证明事项数量300项,清理工作完成率100%;(5)贯彻落实《广西壮族自治区人民政府办公厅印发关于着力破解群众办事证明材料堵点问题的通知》(桂政办电〔2018〕114号)、《桂林市政管办关于开展“人民群众烦心事”整改工作的通知》(市政管办〔2018〕19号),开展全县“群众办事堵点问题”自查自纠工作,完成相关工作的整改;(6)按照《桂林市政管办关于开展“容缺受理”工作通知》(市政管办〔2018〕27号)工作要求,组织完成“容缺受理政务服务事项清单”编制工作,整理可容缺受理的事项数量127项,可容缺受理的申请材料数量248项,并完成公示;(7)贯彻落实《桂林市政管办关于开展“群众监督　随手拍”工作方案的通知》(市政管办〔2018〕4号),制定全县“群众监督　随手拍”工作方案,通过县门户网站上传二维码并开设“群众监督　随手拍”活动专栏,印制宣传海报、台卡等200余份下发各乡镇村政务服务中心;(8)积极开展“广西一体化”网上政府平台切割工作,在全县组织开展相关业务培训会,有效完成县政务服务通用软件4.0系统升级部署工作;(9)开展乡镇(村)政务中心示范点建设。加大乡镇村政务中心基础设施建设投入力度,确保“一服务两公开”向基层延伸;(10)加强政务服务基础平台建设,大力推进优化营商环境改革。

6月1日,县政务中心召开灌阳县网上办事工作培训会

县政务中心　提供

5月18日,县政务中心举行第六届政务公开日活动

县政务中心　提供

【政务公开、政府信息公开】坚持以公开为常态,不公开

7月4日，县政务中心召开灌阳县政务服务标准化数据管理平台培训会　　县政务中心　提供

为例外原则，全面推进权力运行全流程、政务服务全过程公开，以公开促落实，以公开促服务。坚持便民高效原则，扩大公开实效。紧紧围绕全县经济社会发展和人民群众关注关切、依法依规明确公开的主体、内容、标准、方式、程序，让群众看得到、听得懂、能监督、好参与，为持续推进“决策公开、执行公开、管理公开、服务公开、结果公开”，县政务服务中心拟定灌阳县2018年政务公开要点的通知，该通知经县政府审核同意下发全县。加强重点领域信息公开督查力度。尤其加大与民生息息相关的、老百姓关注的，如：扶贫、教育、民政、安监、食药、工商、住建、卫计等领域的政务公开工作。以“唱响主旋律，宣传正能量”为宗旨，不断完善县政府门户网站运维及内容保障工作，每日更新县内重大新闻，督促各单位做好内容保障，全年发布信息4800条。

【政务公开周】 根据《广西壮族自治区人民政府办公厅关于开展区暨南宁市第六届政务公开日活动的通知》和《桂林市人民政府办公室关于开展2018年政务公开周活动的通知》要求，以“深化政务公开，优化营商环境”为主题，通过公开政务、体验政务、宣传政务，推进行政权力行使依据、过程、结果公开，为全县经济社会发展创造良好的政务环境，县政务中心组织开展“政务公开周”活动。

一是活动期间在政务办公大厅悬挂“深化政务公开，优化营商环境”“加强解读回应　扩大公众参与　增强公开实效”“推行政务公开，转变政府职能”等宣传标语。

二是在5月18日“政务公开日”组织窗口相关单位，围绕政务公开主题，发放人民群众广泛关注的相关部门政务公开、政府信息公开宣传资料，现场解读国家政务公开政策，为群众提供信息咨询，解答来访群众提出的具体问题，加大政务公开宣传。

4月12日，县政务中心到乡镇政务中心检查工作

县政务中心　提供

【电子政务】 根据桂林市《关于进一步做好全市电子政务外网接入工作的通知》,做好全县电子政务外网建设和推进"互联网+政务服务"模式应用工作,统一本级互联网出口。2018年完成全县电子政务外网机房建设并初步搭建电子政务外网系统,83个县直单位、9个乡镇已接入电子政务外网,基本完成区市关于电子政务外网建设绩效考评指标,为下一步"政务云"建设工作打下基础。

(蒋雪花)

新农村建设

【概况】 灌阳县社会主义新农村建设领导小组办公室(简称新农办),成立于2007年,是正科级行政单位。主要是承担生态乡村示范村项目建设的业务指导和联系协调,同时承担部分农村基础设施建设维护职能。有主任1名,副主任1名,工作人员1名。新农村建设(生态乡村示范村项目)工作"十三五"规划的第3年。2018年,全县生态乡村示范村项目完成资金投入1008万元,占全年投资任务的101.31%。建成16个生态乡村示范村点(其中:洞井瑶族乡2个,观音阁乡1个,西山瑶族乡1个,黄关镇2个,新街镇2个,灌阳镇2个,新圩镇1个,水车镇2个,文市镇3个)。经过市级验收,均达到市生态乡村示范村建设标准,全面完成市下达的建设工作任务。

2018年,文市镇月岭村新农村建设风貌　　新农办　提供

【整合项目】 为解决建设资金不足问题,各乡镇积极联系协调相关部门单位,重点整合产业开发、安全饮水、危房改造等涉农、支农资金和项目,优先安排到新农村建设村屯。部分乡镇将党建示范点、生态乡村示范村点"两点合一",实现建设效应的最大化。生态乡村示范村项目由市、县两级财政直接投入393万元,整合各类资金615万余元。

(卿小春)

机关事务管理

【概况】 灌阳县机关事务管理局是县政府直属的参照公务员法管理的正科级事业单位。主要负责政府大院机关办公与干部职工生活提供后勤服务,机关办公区域环境卫生、机关会议、公共机构节能、办公用房管理及安全保卫、国有资产管理和办公生活设施的维护等工作。内设机构有秘书股、财务股、公共机构管理股、综合股、保卫股、公车管理中心(二层机构)。编制数22人,实有人数15人。2018年,县机关事务管理局紧紧围绕全县中心工作,在上级主管部门的精心指导下,不断创新,开拓奋进,以贯彻《公共机构节能条例》《党政机关办公用房管理办法》《党政机关公务用车管理办法》等管理办法为抓手,狠抓党建促业务发展。办公地址位于灌阳县灌阳镇胜利路39号。

【公共机构节能】 灌阳县公共机构耗电总量为698.22万千瓦时,用水总量108.53万吨,公务车用油总量124.76万升,全县公共机构综合能耗折算标准煤为220.10万千克，同比下降2.45%，人均综合能耗为34.28千克，同比下降2.64%，单位建筑面积能耗为1.02千克／平方米，同比下降4.91%；人均水耗16.90吨，同比下降3.95%。

5月17日，县机关事务管理局在县政府大院内举行新能源汽车推广暨试驾体验活动　　县机关事务管理局　提供

【安全保卫】 一是加强大院保卫队伍建设，利用每周五的例行班会，做好政治思想学习和宣导工作；二是做好大院群众信访疏导和综治维稳工作。2018年，共疏导群众来访人员800次(6800人次)；三是做好各种应急预案的拟定和演练工作，共修订各种应急预案2个以及组织4次针对性的预案演练；四是按照大院实际需要和平安大院建设的要求，强化大院车辆管理制度化和规范化，完善车辆出入、停放凭证制度；五是按照上级要求和大院实际，对“天网”工程进行日常维修维护，大院安装40个监控视频摄像头，实现大院办公区域的全覆盖；六是加强安全消防管理，健全大院消防安全管理制度和定时巡查制度，举行12次消防安全演练，及时淘汰和更新消防器材，更新98个灭火器、购置消防水带6条。

【综合事务管理】 一是开展大院环境卫生集中整治，共开展4次大规模的集中清理行动，累计共清理违规停放物品及杂物4吨，集中清理摆放报废摩托车、废旧单车30辆、小车6辆；二是完成重大节日大院布置，营造重大活动和重要节日的浓厚氛围；三是定期对各种观赏类植物施肥、修剪、整形、美化和病虫害防治；四是实施大院“三化”（绿化、美化、亮化）建设，大院环境卫生实现常态化、市场化管理；五是加强对国有资产的管理，对大院部分办公楼进行内外翻新和补漏作业；同时做好大院水电设备维修管理工作。

5月15日，县机关事务管理局在县政府大院内举行公务租车启动仪式　　县机关事务管理局　提供

【节能宣传】 全县公共机构共制作出版主题宣传专栏26个，大型横幅、条幅标语52条。发放宣资料2000份和倡议书1000余份，摄制宣传图片198幅，还通过媒体新闻进行宣传报道。6月17日，低碳活动日展示环保自行车、新能源汽车，现场提供试驾体验活动。

【推广新能源】 2018年推广新能源汽车运用，灌阳县购置2台新能源汽车“荣威Ei6”、租用试驾车“宝骏E100”5台，投入39万元采

5 月 28 日，县机关事务管理局实地察看鱼塘村修路情况
县机关事务管理局　提供

购城管四轮电动巡逻车 5 辆及二轮电动执法巡逻车 4 辆，安装新能源汽车充电桩 3 个。

【各项公共机构节能】 县机关事务管理局认真做好能源管理、能源审计项目、废旧商品的回收工作，配备生活垃圾分类设施，中心机房改造、既有建筑节能改造等。

【会务管理和后勤接待】 一是认真做好会务管理工作，按照“精简、务实、节约、高效”的原则做好各类型会议的会务保障工作，2018 年做好 60 多次大型会议接待和服务工作，派出专职人员 500 多人次布置会场，确保各项后勤保障工作的开展；二是严格按规定做好公务接待工作，积极参加全市组织的接待培训班，不断提高接待知识和综合素质，不断完善各项制度建设和报账手续、程序，不断规范接待工作；积极协助县委、县政府做好大型会务和综合检查组的接待和后勤服务工作。

【公务用车管理】 一是在全市率先建立公车管理平台，对全县应急机要通信车和部分行政执法及执法执勤车安装定位系统，纳入平台管理和监督，为监督检查公车积累经验；二是公务租车工作开展顺利，制定灌阳县本级机关公务租车管理办法，规范全县公务租车工作。在全市率先面向社会公开招租汽车租赁公司，为保障公务租车工作提供便利；三是加强公务车的日常管理和档案管理工作，实现“一车一卡”“一车一档”制度，从调度、加油、维修、保险等建立台账，严防私车公养等腐败现象的发生；四是完成全县大型公务活动的车辆调度和保障工作。

【办公用房管理】 一是率先在全市范围内将县政府大院 20 个单位的基本信息录入到广西壮族自治区办公用房管理系统。聘请专业测绘公司进行测量，按照人员编制、级别设置办公用房；二是加强对办公用房的管理和监督，对腾空的闲置办公用房进行统一调配和管理，综合调配使用面积约

11 月 23 日，县机关事务管理局参加桂林市第八届节能减排新技术新产品展销会展示灌阳县绿色产品　　县机关事务管理局　提供

3000平方米，同时对县直单位和乡镇的办公用房进行监督和检查；三是做好对行政事业单位办公用房存量、分布、结构、使用作详细调查和汇总、归档工作，为下步统一调配和管理奠定基础。

（县机关事务管理局）

档案工作

【概况】 灌阳县档案局隶属于县人民政府，是正科级事业单位。履行全县档案事业行政管理和档案保管、利用两种职能。内设机构3个：文秘股、监督指导股、管理利用股。编制6名，实有人数10人。

办公地址：灌阳县灌阳镇胜利路39号。

【档案管理、接收和利用】 县档案局接收《生态灌阳　红色沃土》《同胞三翰林》《灌阳文史资料》《灌阳年鉴》《灌阳县志》等图书资料77册入库，接待查阅利用档案856人次，提供利用档案1032卷，复制档案783份，为灌阳县经济建设、编史修志、落实政策、调解山林土地纠纷、核实工龄、退休调资、养老保险等方面提供档案依据。

【档案业务培训和指导】 2018年，县档案局对地税局、发改局等单位的业务档案进行指导，到乡镇开展机关档案整理、精准扶贫和农村土地确权登记档案管理等培训指导工作，促进乡（镇）、机关档案工作开展和管理水平提高。

【档案法制宣传】 一是开展专题宣传活动。6月9日，开展“国际档案日”宣传活动，围绕“档案见证改革开放”活动主题，张贴宣传挂图，出版“国际档案日”宣传专栏，通过活动的开展，普及档案知识，扩大档案工作的社会影响力。二是积极撰写

12月3日，县档案局到县直单位检查档案工作　　县档案局　提供

档案工作信息，扩大宣传面。截至11月，共向广西档案信息网投稿15篇，向《广西档案杂志》投稿10篇，向桂林档案信息网投稿20篇。

【档案信息化建设】 完成档案扫描任务30多万页，累计完成108万多页。

【行政审批制度改革】 县档案局继续对行政审批事项实行动态化管理。一是按照《自治区人民政府办公厅关于做好“最多跑一次”事项分类统计工作的通知》要求，认真开展“最多跑一次”事项细化梳理工作。二是全面推行网上办事工作，认真梳理网上办理政务事项清单。三是开展“减证便民”专项行动，认真梳理需要群众和企业办理依申请行政权力事项和公共服务事项。四是编制档案局政务办事一次性告知清单标准。

（县档案局）

中国人民政治协商会议
灌阳县委员会

2月5日至6日，中国人民政治协商会议灌阳县第九届委员会第三次会议在红豆杉国际大酒店召开　　王红琴　摄

概 述

中国人民政治协商会议灌阳县委员会属于正处级党政权机关。内设机构有:办公室、教文卫体委员会、提案和社会法制委员会、经济科技联谊和委员联络委员会。主要职能是政治协商、民主监督、参政议政。2018年,核定编制数10名,实有人数22名(其中县政协班子领导5名,政协机关委室在职领导6名,主任、副主任科员9名,工勤人员2名)。办公地址位于灌阳县灌阳镇胜利路39号。

政协灌阳县第九届委员会于2016年8月组建,委员会委员人数为175名,政协委员由社会各界人士构成,主要包括各民主党派、无党派人士、人民团体、少数民族代表和各界爱国人士。委员的组成情况是:中共党员68名,占38.86%;非中共党员107名,占61.14%;各类专业技术员32名,占18.29%;生产一线75名,占42.86%;少数民族19名,占10.86%;妇女42名,占24%;大专学历以上118名,占67.43%。九届政协聚集了全县各行各业、方方面面的精英,委员素质优良,结构优化,具有广泛的代表性和先进性。

5月25日,县政协举办政协委员履职能力提升培训班

县政协 提供

政协灌阳县第九届委员会共设9个界别(中共界别、工青妇界别、工商联界别、农林科技界别、经济界别、教文体界别、医卫界别、台侨民族宗教界别、特邀界别)。

为便于委员会中和会后开展各种履职活动,委员按照界别、区域特点,划分了8个全会期间委员讨论小组和闭会后17个委员活动小组,并明确召集人。各位委员在本次会议期间按照讨论分组的安排参加本次会议期间的讨论及其他各项活动,闭会以后将按照委员活动小组的划分开展各项活动。

重要会议

【县政协九届四次常委会议】 1月31日,在县政协会议室举行。会议由县政协主席蒋小林主持。副主席唐莉姣、陆健康、向国庆、郑有成、秘书长曹湘柱及县政协常委出席会议。与会人员协商通过关于召开政协灌阳县第九届委员会第三次会议的相关事项。

【县政协九届三次会议】 2月5日至6日,在红豆杉国际大酒店召开。5日下午召开开幕会,县政协副主席唐莉姣代表县政协第九届委员会常务委员会作工作报告,副主席郑有成代表县政协第九届委员会常务委员会作九届二次会议以来提案工作情况的报告,工商联、宣传口、农口等政协联络组作大会发言。县委书记陆桂第作重要讲话。6日上午,与会人员列席了灌阳县第十五届人民代表大会第五次会议,听取《县人民政府工作报告》及其他报告。6日下午,补选曹湘柱为县政协秘书长、增选文武军、王熙熙、易海玉为县政协常务委员，听取并审议县政协九届三次会议提案审查报告，通过九届三次会议相关决议，大会胜利闭幕。

【县政协九届六次常委会议】 8月24日，在县政协会议室举行。副主席唐莉姣主持会议。会议通报蒋小林严重违纪案件，与会人员协商通过蒋小林辞去政协委员职务的请求。

重要工作

【参政议政】 2月5日，在政协九届三次会议上，政协联络组围绕精准扶贫、全域旅游、村级集体经济发展、村干部队伍建设、少数民族特色资源的开发与利用、促进教育均衡发展、"空心村"治理等工作进行专题发言；2月6日，在委员分组讨论中，参会委员对全县经济社会发展提出合理化建议和意见26条。

【提案工作】 县政协九届三次会议以来，共征集提案41件，立案33件，这些提案涉及水利、交通、城乡建设、经济建设、宣传文化、社会管理等方面。2018年所有提案全部办结，一大批事关改善民生增添群众福祉的提案得到了有效落实，为推动灌阳经济社会发展发挥积极作用。如关于县城主要道路实现停车收费的提案，县委、县政府高度重视，决定自2019年3月1日起，县城主要道路将实现停车收费，对疏解交通拥堵、整顿市容市貌将起到很好的效果。

【界别活动】 仁济慈善基金会募集善款20多万元进行扶贫济困，资助贫困大学生30人。灌阳县爱心帮扶协会筹集善款38万多元，物资15万多元，用于扶贫济困，助学筑梦。70多家民营公司、商会及爱心人士在"扶贫济困·共筑小康"活动中捐款捐物达到186万元。熊国龙、卿运生、黄福生、陈咸均、蒋才溢、熊国祥、陈建中、戴春华、陆增红、徐小力、王华军等工商界的委员在社会扶贫日捐款达到24.1万元。熊国高等人成立的民祥救援协会自筹资金开展红色遗迹（红军遗骸）搜寻、户外义务救援等公益事业。据统计，全年包括政协委员在内的社会各界人士开展产业扶贫、教育扶贫等"十大扶贫行动"的各类活动438次，实施项目169个，投入资金7743万多元，惠及贫困村、屯506个、困难群众1万多人。

【调研活动】 组织委员对灌阳日升生态特色农业观光园、桂林好生活生态农业有限公司、灌阳镇香炉山生态养殖有限公司、广西中源农业发展有限公司等在脱贫攻坚战中发挥积极作用的涉农企业，撰写了《强化产业延伸　助力精准脱贫—灌阳县油茶产业的调查与思考》《灌阳县民营企业参与精准扶贫的问题与对策》《在灌阳开展全域旅游的思考》等12篇调研报告，对精准扶贫、全域旅游发展、油茶种植、乡村振兴、旧城改造等工作提出对策和建议。

【联系全县重大项目】 班子成员牵头联系风电建设项目、357国道洞井至潮田公路灌阳段、水利建

6月4日，县政协调研扶贫产业开发　　县政协　提供

8月24日，政协灌阳县第九届委员会第六次常委会在县政协会议室召开
县政协　提供

设项目以及江东安置区建设、灌阳镇移民中学、大仁村寄宿制小学建设、妇幼保健院业务用房建设等重大项目，经常到现场调研，化解矛盾，协调推进，所联系的重大项目都能按县委的要求有序推进。按照县委的切块分工，政协班子成员参与农业农村、金融财税、文化旅游、宣传教育、招商引资、社会稳定、城市建设等重要工作，为全县各项工作的推进扎实工作，做出积极的贡献。

【脱贫攻坚】 组织委员开展重点调研，撰写调研报告，为灌阳县的脱贫攻坚建言献策。政协班子成员积极投入到扶贫工作中，定期走访联系乡镇、联系村、联系户，深入开展乡村振兴大调研活动，及时解决扶贫工作中存在的一些问题。政协为定点帮扶的新街镇三江村协调基础设施建设资金17万元，产业扶贫等资金100多万元，实现脱贫55户206人，贫困发生率降至2.2%。

【专委会建设】 教文卫体委员会向史志界的学者、专家征集资料28篇17万多字，牵头编纂出版《灌阳文史资料》第十六辑。

【与各地政协的交流】 积极配合自治区在灌阳的调研活动，认真完成自治区政协关于“医疗体制改革”重点调研，灌阳公立医院改革经验在全国推广，并获国家激励通报。参与自治区、桂林市政协关于政协系统党的建设的调研材料收集、召开座谈会的工作。参与市政协开展“习近平总书记关于加强和改进人民政协工作的重要思想”的理论研究、论文征集活动和研讨会。2018年，各地政协在全县开展红色旅游、油茶种植、古民居保护、医疗体制改革等调研活动36批次418人次，加强与全国各地政协的联系与沟通，增进友谊，拓宽视野。

【日常学习】 通过召开专题学习会议、主题党日活动、订阅报刊杂志、到贵州省政协干部培训中心培训等形式，积极组织政协委员、政协机关干部职工深入贯彻学习党的十九大精神、习总书记关于加强和改进人民政协工作的重要思想以及习近平总书记视察广西的重要讲话精神，及时学习各级党委关于加强人民政协工作的有关文件，使委员们对人民政协作为协商民主重要途径和专门协商机构有了深刻的认识，凝聚社会各界的思想共识，增强“四个意识”，坚定“四个自信”，维护党的统一领导和维护党的领导权威成为委员们的自觉行动。

（县政协）

纪检·监察

2月28日，中国共产党灌阳县第十五届纪律检查委员会第三次全体会议在县红豆杉国际大酒店二楼会议室召开　　县纪委监委　提供

【概况】 中国共产党灌阳县纪律检查委员会、灌阳县监察委员(简称县纪委监委)受县委和市纪委监委双重领导,履行纪律检查、国家监察两项职责。内设机构有办公室、预防宣教室、党风政风监督室、信访室、案件监督管理室、第一纪检监察室、第二纪检监室、第三纪检监察室、案件审理室。2018年,县纪委监委核定行政编制31名,机关后勤聘用服务人员控制数1名。现有在职人员21名,机关后勤聘用服务人员控制数1名。办公地址位于灌阳县灌阳镇建设路9号。

【国家监察体制改革】 国家监察体制改革试点工作于2017年11月启动。灌阳县监察体制改革领导小组根据全国人大常务委员会《关于在全国各地推开国家监察体制改革试点工作的决定》和自治区党委办公厅《广西壮族自治区深化国家监察体制改革试点工作方案》《桂林市深化国家监察体制改革试点工作实施方案》的要求,整合灌阳县监察局和灌阳县人民检察院反贪污贿赂局、反渎职侵权局、职务犯罪预防等部门的力量。于2018年2月,撤销灌阳县监察局,组建灌阳县监察委员会,与中国共产党灌阳县纪律检查委员会合署办公。

【中共灌阳县第十五届纪律检查委员会第三次全体会议】 2月28日,中共灌阳县第十五届纪律检查委员会第三次全体会议在红豆杉国际大酒店二楼会议室召开,列席会议450人。县委书记陆桂弟出席会议并作重要讲话。县委常委、县纪委书记、县监委主任闫位勤主持会议并代表县纪委常委会作工作报告。

【践行“两个维护”】 把学习党的十九大精神和习近平新时代中国特色社会主义思想作为首要政治任务,自觉把“两个维护”落实到监督检查、执纪审查、调查处置等各项工作中,重点围绕落实“两个责任”、区市巡视(巡察)整改工作、扶贫领域腐败和作风问题、干部作风建设、“五个一律”“政治建设六项重点任务”“形式主义、官僚主义突出问题专项整治行动”等进行专项检查,确保政令畅通。严格落实《中华人民共和国监察法》《中国共产党纪律处分条例》《党政领导干部选拔任用工作条例》《中国共产党党内监督条例》,出台《灌阳县纪委监委机关监督工作办法(试行)》,强化对全县党的组织、党员和公职人员的监督。

【落实中央八项规定】 严格落实中央八项规定及其实施细则精神,继续在常和长、严和实、深和细上下功夫,抓具体、补短板、防反弹。把日常检查和集中督查结合起来,国家法定节日开展常态化明察暗访20次,下发督查通报3期,下发党员干部违反作风纪律典型案例通报5期。坚决查处顶风违纪行为,共查处违反中央八项规定精神案件3件,处分3人,下发违反中央八项规定精神典型案例通报1期,持续释放越往后执纪越严的强烈信号。集中整治形式主义、官僚主义,重点纠正一些领导干部回避问题、慵懒无为,一些基层干部不作为、乱作为、冷硬横推问题,特别针对表态多调门高、行动少落实差等突出问题,对形式主义、官僚主义突出问题进行了3轮督查,现场提

2月23日,县监察委员会举行揭牌仪式　　县纪委监委　提供

出有针对性的整改意见，推动整治工作取得实实在在的成效。

4月8日，县纪委监委到新街镇龙中村调研党风廉政建设工作

县纪委监委　提供

【巡察工作】 及时修改完善巡察工作五年规划，县委巡察工作方案以及巡察底稿和巡察后评估制度等一系列制度机制，将县委巡察办列入县委工作机构序列，组建3个县委常设巡察组，进一步规范巡察机构建设。坚守政治巡察职能定位，本届县委先后开展5轮巡察，覆盖9个乡镇，28个县直单位，93个行政村党组织，强化巡察整改和成果运用，及时对巡察发现的问题进行分类处置。2018年，巡察共发现问题465个，移交问题线索41条；建立巡察成果运用台账管理制度，督促被巡察单位建立整改问题清单、任务清单和责任清单，已整改问题376个、占反馈问题的81%，对被巡单位整改情况进行检查2批次，防止“一巡了之”。

【监督执纪】 把握监督基本职责，定位向监督聚焦，责任向监督压实，力量向监督倾斜。优化内部机构设置，县纪委监委机关监督执纪部门占内设机构总数的77.7%，在人员配备上确保人员向监督部门倾斜。研究制定《灌阳县纪委监委机关监督工作办法（试行）》等制度措施，建立“10+2”监督工作方式，共开展谈话函询及提醒137件次，县级派驻纪检组共提醒谈话29人次，真正让日常监督的约束作用得到发挥。准确把握运用“四种形态”，对党员干部身上的问题早发现、早提醒、早处置，全县运用“四种形态”处理286人次，其中运用第一种形态143人次，妥善运用第二种形态，给予轻处分、组织调整126人次，第一、二种形态占到94.1%，第四种形态占3.1%，结构和比例呈现积极变化，实现由惩治极少数向管住大多数拓展。开展经常性的纪律教育，组织党员干部3000多人次参观桂林市廉政教育基地，开展廉政警示教育大会109场，近7000余人次党员干部接受了教育，上廉政党课81次，宣讲团宣讲6场，通报各类典型案例27期。

【反腐工作】 坚持无禁区、全覆盖、零容忍，坚持重遏制、强高压、长震慑，坚持行贿受贿一起查，有效减存量、遏增量。2018年，全县纪检监察机关共立案155件，结案148件，给予组织处分5人、给予党政纪处分143人，其中党纪处分108人，政纪处分39人，双重处分4人，科级干部33人。县纪委监委办案67件，乡镇纪委办案85件，派驻纪检组办案3件。做好执纪审查“后半篇文章”，努力提高查办案件的综合效应。查办案件是治标，如何防止案件发生才是根本，为了抓好这项工作，总结案件发生的特点，采取相应措施予以防治。如针对全县财务混乱、凭证与报销数额不对、大额现金外借等现象，督促财政系统完善各项财务及资金使用管理制度，并对各单位的财务人员进行业务培训；针对村委干部乱报账、乱提成、乱支出等，督促在全县推行行政村村财乡（镇）管制度；针对扶贫资金管理混乱，制定《灌阳县财政专项扶贫资金管理办法》等制度。

【扶贫领域专项治理】 围绕脱贫攻坚工作，严格落实“6+2”工作机制，深入推进扶贫领域腐败和

4月25日，县纪委监委到新街镇娘北村督察扶贫专项补贴资金到位情况　　县纪委监委　提供

作风问题专项治理工作。组织各乡镇、扶贫领域职能部门对206个民生项目开展自查自纠，涉及资金5.16亿元。组织10个督查组开展督查10次，共涉及资金1.8亿元，检查项目11个，走访贫困户413户。县纪委监委班子领导蹲点调研108天，走访贫困户500余户，发现和整改问题20个。坚决查处扶贫领域腐败和作风问题，全县扶贫领域立案66件，给予党纪政务处分64人，通报曝光典型案件12期27起。把专项治理同扫黑除恶专项斗争结合起来，严肃查处党员干部涉黑保护伞案件2件。灌阳县专项治理工作做法在全市专项治理工作第二次例会上作经验发言。

【廉政宣传教育】 在强力治标的基础上，加大治本力度，着力从机制上、制度上精准发力，从源头上、根本上解决问题。及时总结审查调查、巡察中发现的体制机制问题和制度漏洞，督促推动完善各项制度，不断扎紧制度的笼子。深入发掘灌阳红色文化资源，打造灌阳特色廉洁教育品牌。积极参加市纪委举办的各种廉政宣传活动，8件书画作品入选“廉洁桂林·你我同行”廉政书画展，参加桂林市贯彻学习党的十九大精神和《中华人民共和国监察法》知识抢答赛，荣获二等奖；参加市纪委举办的廉政诗歌朗诵比赛，荣获优秀奖。罗标被评为桂林市勤廉榜样和自治区勤廉榜样。积极宣传灌阳党风廉政建设工作成效。2018年，在广西纪检监察网用稿19篇，党风廉政教材用稿6篇，清廉桂林网用稿240篇，桂林日报用稿6篇，广西纪检监察信息用稿3篇，桂林市纪检监察信息用稿4篇。

【队伍建设】 扎实推进国家监察体制改革，监察对象由改革前1374人增加到5011人，研究制定6项“纪法衔接”、10项“法法衔接”工作制度和特约监察员工作办法。结合“两学一做”学习教育，加强对纪检监察干部党纪法规的学习，开展廉政教育活动12次，干部培训11班次，有效提高纪检监察干部的综合素质。严格执行自治区纪委“十严禁十不准”行为规范，完善办案议案、财务、干部管理等制度，规范管理人、财、物，使整个纪检监察系统健康高效运行，打造让党放心、人民信赖的纪检监察干部队伍。

（县纪委监委）

群众团体

9月29日，灌阳县妇女第十四次代表大会在红豆杉二楼会议室召开

县妇联　提供

总工会

【概况】 灌阳县总工会属群团组织，正科级单位，是全县各级工会的领导机关，在县委和市总工会的领导下开展工作。县总工会机关内设3个职能股室：办公室、职工服务中心、经费审查委员会办公室。二层机构为灌阳县工人文化宫。县总工会行政编制数为3名，实有人数4名，其中：党组书记、常务副主席1名，党组成员、副主席1名，副主席1名，副科管理人员1名；县工人文化宫编制数为4名，实有人数4名，其中：工人文化宫主任1名，工作人员3名。

2018年，全县工会工作围绕“组织起来、切实维权、协调关系、构建和谐”为主线，开展维权机制建设、困难职工帮扶、基层工会建设和建功立业等工作。全县工会组织数达467个，职工总数达12965人，会员总数达12851人，入会率达99.8%。办公地址位于灌阳县灌阳镇南门路1号。

【基层工会组织建设】 以加强基层工会建设“落实年”为契机，按照“三个着力”的要求，积极落实《广西壮族自治区关于新形势下加强基层工会建设的意见》，努力打造“六有”工会，扎实推进基层工会建设。大力开展“货车司机入会集中行动”工作和快递员等8大群体入会工作，以货车司机入会作为突破口，以点扩面，增强入会覆盖面，全县共有99家货运企业建立工会，建会达率130%；货车司机入会人数1367人，入会率达107%。2018年，新建工会组织13家，发展新会员565人。

【维权工作】 深入推进工资集体协商的开展，聘请工资集体协商专职指导员2名，2018年共签订工资协议72份，覆盖企业法人单位467家，覆盖职工9636人。建立健全以县人事劳动和社会保障局、县总工会和县工信局为成员单位的劳动关系三方协调会议制度。完善以职代会为载体的厂务公开制度，保障职工的知情权、参与权，畅通利益诉求渠道，全县非公有制企业实行厂务公开达98%；已建立职代会达98%。开展维护职工权益法规和政策的宣传，为基层、为企业送政策、送法律、送知识。

【职工帮扶】 拓展帮扶领域，加大帮扶力度。“两节”期间，对91户建档困难职工发放慰问金58.4万元。为高温作业的农民工、一线职工发放价值6万余元的防暑降温饮料；深入开展金秋助学活动，对32名建档困难职工的学子进行资助，累计发放助学金12.3万元。进一步整合社会资源，充分发挥各级工会组织的优势和培训基地的作用，与有关部门联合举办2期培训班，完成对126名就业困难职工群体实施技能培训促就业援助，就业率达到80%以上；完成创业培训80人，成功创业率达到85%以上；精心组织桂林市工人疗养院深入到灌阳镇、水车镇、县扶贫办等单位开展“送温暖　健康行”公益体检活动，免费为

7月19日，县总工会开展“夏送清凉”活动　　县总工会　提供

4 月 26 日，灌阳县“庆五一”职工运动会在县体育场举办

县总工会　提供

【劳模管理】 认真组织开展劳动模范推荐评选和宣传工作，不断推进劳模规范化管理工作，加快建立劳模电子档案工作，推进劳模档案工作的信息化、网络化建设，继续做好劳模来信来访和劳模待遇以及病逝劳模家属的慰问工作。2018 年，慰问全国劳模、区劳模、市劳模 38 人，发放慰问金 18.5 万元；组织 23 位劳模（其中全国劳模 2 人，区劳模 21 人）进行免费体检。

（县总工会）

脱贫攻坚第一书记、驻村工作队员等 440 余名干部职工进行公益体检，不仅给扶贫干部职工提供更加便捷且全面的就地体检服务，也为广大职工及时提供疾病防治的准确结论和建议，切实保障职工的身体健康，得到基层广大职工的一致好评。

【职工互助保障活动】 职工互助保障活动参保单位 77 个，参保职工 3780 人，为 86 人次参保职工发放医疗补助和身故补助 14.9 万余元，超额完成市总工会下达的工作任务，并在全市职工互助保障工作经验交流会上作典型发言。

【服务职工活动】 在滨江路建设“职工爱心驿站”服务场所 1 个。在职工爱心驿站配备电扇、饮水机、微波炉、沙发、茶具、椅子等设施设备，为一线环卫工等困难群体提供休息、饮水、热饭、驱寒避暑、帮扶救济等服务，使职工爱心驿站真正成为关爱职工的窗口、体现爱心的港湾。

【职工文体活动】 县总工会积极开展文体活动，活跃职工生活。举办灌阳县 2018 年庆“五一”职工运动会，比赛项目有男子、女子拔河赛，男子、女子乒乓球比赛，男子中国象棋比赛，参赛职工达 600 余人。

共青团灌阳县委员会

【概况】 共青团灌阳县委员会（简称团县委）属机关行政编制，为正科级单位，根据“三定方案”的规定，核定机关行政编制 4 名，实有在职人数 3 人。办公地址位于灌阳县灌阳镇建设路 18 号。

【“青年大学习”系列教育实践活动】 为学习贯彻党的十九大精神、习近平总书记“7·2”重要讲话精神和团的十八大精神，以保持和增强政治性、先进性、群众性为根本目标，以增强团员先进性和光荣感为着力点，团县委按照团中央统一部署，积极开展“青年大学习”系列教育实践活动。同时，选派一批优秀村团支部书记到广西团校、桂林等地学习培训，举办 2018 年全县“青春引擎”团干部培训班，有效地提升基层团干的政策理论水平和团务工作能力。

【志愿服务】 团县委组织青年志愿者服务灌阳“红、古、绿”三色文化。“二月八”农具文化节，团县委组织全县各乡镇各行业 30 余名优秀青年志愿者对家乡的红色文化、古村落文化、绿色生态文

6月1日，团县委组织开展“心系校园　情暖童心”“六一”慰问活动

团县委　提供

化向来自全国各地的游客进行展示和推介。7月18日，在灌阳县举办的“六月六”尝新节暨特色优质农产品展示推介交易会现场，组成灌阳县青年创业协会志愿者服务队，开展一系列的志愿服务活动。8月30日，团县委和桂林理工大学外国语学院在黄关镇顺溪村联合开展以“青春助力扶贫·爱心点燃希望”为主题的志愿服务活动。10月13日—14日，团县委组织全县40余名青年志愿者用“奉献、友爱，互助、进步”的志愿精神，为2018“观澜购物公园杯”全国山地户外运动挑战赛（灌阳站）开展各项志愿服务。10月19日，组织全县30余名青年志愿者服务灌阳县“红色沃土　生态灌阳”2018灌阳红色文化旅游节暨党旗领航·电商扶贫“我为家乡代言”电商大集活动。同时组织返乡大学生志愿者开展服务活动。

【社会救助】 团县委积极开展关爱困难青少年以及留守儿童活动。春节期间，团县委组织青年志愿者开展“暖冬行动”，慰问困难青少年以及贫困留守儿童。在“六一”国际儿童节期间，看望慰问贫困留守儿童，捐献相关物质及慰问品价值近6000元。支援农村青少年的相关活动平台设施建设。7月25日，团县委组织21名大、中学生参加了“1+1”基层培养计划活动。该批大、中学生分派到灌阳镇、文市镇、水车镇等乡镇团组织挂职锻炼，结合自身实际，因地制宜地开展实践活动，活动时间为7月26日至8月3日，活动主题为“志在家与国·奋斗新时代”。在这期间重点开展“三进三听”，即进村屯（社区），听农民群众说民情、察民意；进企业，听创业青年说事迹、促发展；进农家（低保户），听农村孩子说心声、送温暖；并做好“情暖童心”共青团关爱保护农村留守儿童工程。以开展活动的方式提高挂职学生的实践能力，加深他们对基层的了解，增进对群众的感情，用实际行动为全县脱贫攻坚贡献青春和智慧。

【电商青年培育】 年内，团县委积极发挥组织青

7月30日，团县委组织2018年大、中学生开展“三进三听”活动

团县委　提供

11 月 15 日至 16 日,2018 年灌阳县"青春引擎"团干部培训班在红豆杉四楼会议室举办　　团县委　提供

年、引导青年、服务青年工作职责,抓住电子商务是促进快速脱贫的有力手段这一重点,积极引导青年关注电商发展,加强电商创业。团县委积极联系培育电商青年,多次与创业青年召开交流座谈会,了解创业青年创业动态,尽可能地为创业青年提供帮助。3 月 6 日,团县委带领电商创业青年到文市镇月岭村唐冬初桃园基地参观学习。6 月 16 日,与共青团平乐县委共同举办的"助力青春创业　促进乡村振兴"暨 2018 年广西青年创业创新沙龙(平乐・灌阳交流专场),在平乐县广福山庄举行。6 月 30 日,团县委组织青年创业者,前往青年创业扶贫见习基地——洞井瑶族乡保良村日升生态特色农业示范区、观音阁乡民盛生态农业合作社、新街镇石丰村小龙虾养殖基地和龙中村禾亚生态农业有限公司进行实地考察调研。引导更多的青年人助力全县"乡村振兴"重大战略的实施,为灌阳经济社会发展贡献青春、智慧和力量。为鼓励和支持广大青年创业,团县委与中国邮政储蓄银行灌阳县支行共同携手为广大青年共建融资平台,专门开设"青春助脱贫・青年共创业"贷款项目,以最优惠的利率和最快捷的审批程序为全县广大创业青年提供资金需求。

【组织建设】 一是认真组织指导基层团委换届工作,完成观音阁乡、西山瑶族乡、黄关镇、新圩镇、水车镇、文市镇以及灌阳高中、灌阳二高、民族中学等团委换届选举工作;二是积极申报市级青年文明号集体。团县委积极引导和激励全县广大青年职工弘扬"敬业、协作、创优、奉献"的职业精神,围绕生产创效、服务创优、管理创新开展青年文明号创建活动,取得可喜的成绩,2018 年全县 5 个青年集体被命名"2017—2018 年度桂林市青年文明号集体"。

【阵地建设】 一是打造预防青少年犯罪教育基地。2018 年,继续完善灌阳县预防青少年犯罪教育基地的各项设施,挂牌启用。

二是组织建设"青年之家"。打造江东锦色"青年之家",跟县图书馆共建流动书屋,以组织读书分享会、观影感受分享会、青年沙龙、小型交友联谊活动为载体的阵地打造与运营模式,是共青团解决"缺资金、缺阵地"的一种可操作的探索模式,也是团委组织青年、联系青年、帮助青年的有力载体。

三是积极创建广西"双零社区(村)"。新街镇龙炼村、灌阳镇城南社区和城中社区被确定为创建广西"双零社区(村)"第一期试点单位,通过与预防青少年犯罪成员单位以及村、社区共同努力,三个区级"双零社区(村)"已打造完毕。

(团县委)

妇女联合会

【概况】 灌阳县妇女联合会(以下简称县妇联)是县委领导下的全县各族各界妇女的群众团体组织,现有在职干部 5 名,均为行政编制,其中主席 1 名,副主席 2 名。县妇联下设妇女儿童活动中心,为财政全额拨款公益一类事业单位,编制 3

3月7日,灌阳县纪念“三八”国际劳动妇女节108周年暨“巾帼心向党 建功新时代”专题座谈会在县政府四楼会议室召开　　县妇联　提供

名。县妇女儿童工作协调委员会办公室在县妇联挂牌。

县妇联在县委、县政府的正确领导下,在市妇联的精心指导下,以习近平新时代中国特色社会主义思想为指导,牢牢把握增强政治性、先进性、群众性要求,进一步在服务党政工作大局、加强妇女思想政治引领、深化妇联组织改革、做好维权服务等方面下功夫,带领广大妇女在建设宜居宜游富裕文明和谐新灌阳目标中发挥半边天作用。办公地址位于灌阳县建设路18号。

【庆祝活动】 年内,县妇联开展形式多样的“三八”“六一”系列活动。一是召开纪念“三八”国际劳动妇女节108周年暨“巾帼心向党·建功新时代”专题座谈会,会上表彰9个优秀妇联组织和87名城乡妇女岗位建功先进个人,通过榜样的力量带动全县广大妇女同胞积极投身到全县脱贫攻坚战略中,为决胜同步小康作出新的更大贡献;二是开展脱贫攻坚走访调研。“三八”节、“六一”节期间走访40余户建档立卡贫困妇女及留守困境儿童,送去3万多元慰问金和慰问品;深入帮扶村开展结对帮扶户基本情况摸底调查,逐户核实基本情况,撰写调研报告,制定帮扶计划,及时帮助解决困难;三是“二月八”农具节,开展大型的灌阳油茶、茱萸茶展示活动,共有10个小组近60人参加展示;四是在“六一”期间,组织乡镇妇联到各个“儿童家园”开展有趣的游园活动,给小朋友们送去节日礼物,营造快乐的节日氛围。联合县直二小开展校园爱心义卖活动,义卖所得存入学校爱心账户,用于捐赠有困难的孩子。并举行“传承红色基因,争当时代新人”“六一”文艺会演。

【“双维双促”平安建设】 深入开展“双维双促”平安建设工作,切实维护妇女儿童合法权益。依托妇联维权热线“12338”以及公、检、法、妇女儿童维权岗,积极配合县法院做好婚调工作,进一步拓展妇女儿童维权服务平台。成立灌阳县婚

7月5日,自治区妇联副主席伍艳娟(左二)为灌阳县婚调委成立揭牌　　县妇联　提供

11月8日，灌阳县2018年基层妇女干部培训班在县委党校会议室举办　　县妇联　提供

姻家庭纠纷人民调解委员会。由律师、法院、司法、公安、妇联、民政等16名志愿者成立调解人员，充分发挥人民调解在化解矛盾纠纷中的基础性作用，积极有效预防化解婚姻家庭纠纷，促进家庭和谐稳定。以“建设法治中国、巾帼在行动”活动为契机，举办基层妇女干部法律知识培训班、开展“三八”维权周法治宣传主题教育实践活动等宣传法律法规，提高广大妇女的法治意识和维权能力。

【“产业到家，牵手妈妈”活动】 年内，实施“产业到家，牵手妈妈”活动，推动巾帼脱贫行动。开展春风送岗，为贫困妇女搭建就业平台。在灌阳传统农具节“二月八”，联合县人社局等单位开展“春风行动”招聘会，为留守妇女和进城务工妇女及其他农村富余劳动力就地提供了就业岗位，招聘会场，共发放就业宣传1000余份，提供就业岗位200多个。依托巾帼科技示范基地，推进城乡妇女发展。强化科技培训，培树先进典型。“三八”节期间，结合“产业到家，牵手妈妈”巾帼脱贫行动，依托自治区巾帼科技示范基地——大坪山油茶种植示范基地，县妇联组织全县部分优秀女性参观学习。通过学习进一步让妇女了解掌握油茶种植的相关技术，更坚定干事创业的信心。积极培树巾帼科技示范基地，辐射带动农村妇女就业创业。积极培树县级巾帼科技示范基地7个，扶持资金达3.2万元，直接带动妇女就业50余人。

【“关爱”工程】 继续实施“关爱”工程，为妇女儿童办好事实事。年内，县妇联到贫困妇女儿童家中走访慰问，了解他们的所想所盼，帮助解决她们的实际困难，全县共慰问贫困妇女儿童60余人，累计发出资助金和慰问品共计3万余元。关心农村妇女健康，开展“两癌”救助和“两癌”保险。积极收集患“两癌”妇女信息，及时上报，争取资金。2018年1月，救助19名患“两癌”的贫困妇女，资金达19万元。同时做好“两癌”保险工作，及时召开动员大会，落实责任，积极宣传。2018年“儿童家园”创建25所，其中为洞井瑶族乡野猪殿村，观音阁乡盘江村和立强村，西山瑶族乡南江村和小源村，黄关镇大竹山村和陡水村，新街镇三江村、龙云村、娘北村，灌阳镇徐源村、秀凤村、仁合村、翻身村，新圩镇桂阳村、国豪村、共耕村，水车镇大营村、江塘村、下泡村，文市镇大湾村、集全村、陈家坪村、同仁村、会湘村，为农村留守儿童提供校外活动场地。在5个乡镇学校开展“争做合格家长，培育合格人才”家庭教育大讲堂八桂行活动。受教育家长共有300余人，引导大家正确教育孩子。继续开展寻找“最美家庭”活动，进一步弘扬家庭传统美德，倡导文明和谐家风。

【妇联组织建设】 年内，坚持党建带妇建，夯实妇联组织建设。做好基层妇女干部培训工作，提高基层妇女干部的综合素质。11月8日，在县委党校举办灌阳县2018年基层妇女干部培训班，全县160余基层妇女干部参加培训，进一步提高妇女干部的综合素质。加强基层妇联组织建设,8月底完成乡镇妇联换届工作和乡镇妇联区域化建设,选出乡镇妇联执委142名,副主席33名,主席9名。扎实做好县级妇联换届工作,9月底完成县本级妇联换届工作,选出妇联执委25名,常务委员会委员9名,副主席7名,主席1名,其中新增兼职副主席5名。

(县妇联)

6月28日,科普服务乡村振兴助力精准扶贫培训工程——柑橘种植技术培训班在灌阳县灌阳镇政府五楼会议室举办　　县科协　提供

科学技术协会

【概况】 灌阳县科学技术协会(以下简称县科协)是灌阳县科技工作者的群众组织,是中共灌阳县委领导下的人民团体,正科级单位,行政编2人,事业编4人。2018年,有在职人员12人,设学会部、科普部、办公室。全县9个乡(镇)都设有科协并配备了专职科协主席,有县级学会12个,农村专业技术协会45个,科普示范户77户,科普示范基地16个。年内,以《全民科学素质行动计划纲要》为指导,以实施中国科协提出的“基层科普行动计划”为突破口,整合全县科普资源,采取科普宣传、科技培训、科技推广、科技咨询、下乡指导、“科普一条街”等形式,全面推进农村科学技术普及工作。县科协建设红旗中学青少年科学工作室1个,建设灌阳县铁皮石斛扶贫产业科普示范基地1个。办公地址位于灌阳县灌阳镇胜利路39号。

【科普宣传活动】 县科协与有关部门配合,在全县各乡镇积极开展“科普一条街”宣传活动。在科普宣传活动月中,共展出各种展板20块次,举办科技培训班3期,300多名村干部、科普示范户、农村种养专业户接受科技培训,无偿印发资料2.5万多份;巡回全县各乡镇开展送科技下乡活动,结合灌阳县种养方面的特点,印发水稻、黑李、雪梨、葡萄、豆角、茄子、辣椒等种植科普宣传资料和猪、牛、羊、禽、鱼类养殖科普宣传资料共8万份。

5月23日,县科协走访慰问科技工作者罗标(中)　　县科协　提供

【八桂科普大行动】 11月2日,由县科协牵头,组织“八桂科普大行动”组委会各成员单位的专家和技术人员,在黄关镇开展了大型的丰富多彩的“八桂科普大行动”启

动活动。“全国科普日”和“八桂科普大行动”期间，共开展“科普一条街”活动9次，下乡举办雪梨、黑李、脐橙、水稻、生猪养殖等培训班5期、科技人员下乡进行实地技术指导101人次，展出展板43块次，无偿发放科技资料5万多份，接待群众咨询1000多人次，受益群众5万多人次。

11月23日至25日，在广西“科普惠农兴村计划”优质农产品“农超对接”成果交流展上展出的灌阳名特优农产品　　县科协　提供

【“五个一”科技培训】 县科协紧紧围绕本县特色产品灌阳雪梨、黑李、脐橙、水稻丰产栽培技术，生猪养殖技术等，采取集中培训与个人自学相结合、课堂培训与现场培训相结合方式开展各类科技培训工作，全年共举办培训班10期805人。其中，县科协举办农村适用技术培训班4期，培训专业技术协会骨干、村干206人；灌阳县新街镇百香果扶贫产业科普示范基地举办农村适用技术培训班6期，培训百香果种植户、贫困户以及业务联系599人次。

12月24日，桂林市科协到灌阳县铁皮石斛扶贫产业科普示范基地检查指导　县科协　提供

【日常科普工作】 县科协以科普宣传栏、《科普大篷车》进校园为平台，开展经常性科普服务。在全县、各乡（镇）、村都建有科普专栏，并适时更新科普宣传的内容，使广大群众能受到了经常性的科普教育。6月28日，县科协联合广西科协和桂林市科协，在灌阳镇政府五楼会议室举办柑橘种植技术培训班。

【“农超对接”成果交流展】 11月23日至25日，在广西科技馆参加一年一度的2018年广西“科普惠农兴村计划”优质农产品“农超对接”成果交流展销会。在展销会上，灌阳县科协展出的灌阳脐橙、雪梨、红薯粉等特优农产品，深受前往参观的顾客喜爱。

（陆冬生）

工商业联合会

【概况】 灌阳县工商业联合会（简称县工商联）为正科级行政机构。是共产党领导的中国工商界组成的人民团体和民间商会，是党和政府联系非公有制经济人士的桥梁和纽带，是政府管理非公

5月30日，县工商联携手爱心企业到观音阁乡文明村小学开展“六一”儿童节慰问活动　县工商联　提供

有制经济的助手。2018年，核定编制4人，有在职在编人员2人。年内，县工商联深入贯彻党的十九大精神及习近平总书记系列讲话精神，在县委、县政府及市工商联的指导下，紧紧围绕县委县政府中心工作，认真贯彻落实上级文件精神，积极履行工作职责，充分发挥桥梁纽带作用，不断深化会员服务，较好地完成各项工作任务。办公地址位于灌阳县灌阳镇建设路26号。

【培训教育】 培育“亲”“清”政商文化，引导非公有制经济人士树立“义利兼顾，以义为先”理念，加强年轻一代非公有制经济人士教育培养，团结培养一批政治觉悟高、发展能力强、社会形象好的青年企业家，为工商联事业发展储备新生代企业家人才。5月，县政协、工商联组织一批担任政协常委或委员的非公有制经济人士到贵州省学习；11月份组织参加市委党校召开的非公有制经济能力提升培训班。通过学习、培训，旨在加快本县非公有制企业创新发展，为灌阳建设发展做出贡献。

【公益事业】 县工商联组织多家民营企业及爱心人士参与爱心捐赠活动。

一是为黄关镇陡水村的蒋昊文捐赠5389.85元现金和拐杖、衣服等物资；为新圩镇桂阳村的范军棋捐赠6384.98元现金和大米、粮油、牛奶、衣服、书包文具等物资；黄关镇猫儿石村的莫桢广捐赠8120元现金及价值1000元的生活用品和营养食品；为西山瑶族乡袁基文捐赠9000元现金。

二是在“六一”送爱心活动中，组织多家爱心企业为观音阁乡文明小学、灌阳镇文化小学、西山瑶族乡小源小学和灌阳镇鱼塘小学捐赠价值3万多元的营养物质和学习用品。

三是成功协助灌阳县统战部、桂林灌阳公益团队举办“同心同向·助力脱贫攻坚慈善公益晚会”，通过文艺演出，发动全社会爱心人士筹资近10万元为社会上急需帮助的弱势群体奉献爱心，吸引一批热心公益事业的企事业单位、爱心人士

12月25日，县工商联界别政协委员开展调研活动　县工商联　提供

来参与,形成态势良好的慈善活动氛围。

四是向全县商协会、新联会及爱心企业、爱心人士发起倡议,为贫困地区和贫困群众募捐,截至10月25日,共筹得资金及物资达172万多元。

（黄翠婷）

残疾人联合会

【概况】 灌阳县残疾人联合会(简称县残联),是经灌阳县人民政府批准和国家法律确认的将残疾人自身代表组织、社会福利团体和事业管理融为一体的残疾人事业团体。实行计划单列,归口政府领导,定为正科级单位,下设2个直属事业单位:灌阳县康复服务指导站和灌阳县残疾人劳动就业服务社。行政编制2名、事业编制5名,现实有行政人员4人、事业人员5人、退休人员4人。办公地址位于灌阳县灌阳镇滨华路18号。

【康复工作】 紧紧围绕残疾人"人人享有康复服务"目标,开展精准康复服务工作。2018年,共完成贫困人员白内障复明手术89例,低视力家长培训4名,盲人定向行走训练2名,聋儿社区康复训练6名,聋儿家长培训12名,肢残社区康复93名,智残儿童社区康复7名,康复专业技术人员在职培训6名,社区康复协调员培训141名;为157名残疾人提供社区康复服务,完成残疾人辅助器具供应服务367件,为双下肢残疾人捐赠轮椅573辆,为105名听力残疾人免费配戴助听器,完成残疾人精准康复服务3243人(其中提供辅助器具服务1259人)。

【项目工作】

阳光助残扶贫地项目 2018年县残联继续在黄关镇顺溪村建立"阳光助残扶贫基地",按照《广西阳光助残扶贫基地管理暂行办法》的要求,分散辐射扶持101户残疾人家庭饲养肉猪,免费为他们举办培训班,免费为他们发放种苗、饲料及跟踪服务,促进残疾人发展养殖业,增加收入,脱贫致富。

"农村基层党组织助残扶贫工程——广西'党员扶残温暖同行(三期)'"项目 该项目由县残联与县委组织部、县财政局共同组织实施,投资14.3万元,每户扶持资金1000元,扶持143户贫困残疾人家庭发展种养业、加工业。

"阳光家园计划"项目 灌阳县争取自治区补助52万元、县财政配套5万元,为376名处于就业年龄段的18—60岁的精神、智力及重度残疾人提供居家托养服务。

"七彩梦行动计划"项目 完成"七彩梦"助听器康复救助筛查6人、受助对象2人;人工耳蜗康复救助筛查2人;肢残儿童矫治手术筛查9人;脑瘫儿童康复救助筛查7人、救助对象7人;孤独症儿童康复救助筛查4人、救助对象2人。完成彩金智障儿童康复救助筛查4人、救助对象2人。

贫困残疾人家庭无障碍改造项目 2018年争取自治区补助56.4万元,为141户贫困残疾人家庭进行无障碍改造。

【就业工作】 认真搞好2018年度残疾人就业援

11月27日,自治区残联检查灌阳县残疾人康复中心建设情况

县残联 提供

5月18日，县残联看望慰问贫困残疾人　　县残联　提供

助月活动。1—2月份组织工作人员深入各乡镇，开展残疾人就业走访普查工作，摸清全县范围内需要就业援助的对象底数，对新增的符合条件的就业困难的残疾人进行登记认定，做到排查到人、实名登记、信息入库。活动期间，走访残疾人登记失业人员家庭户47户。

【社会保障工作】 全县一、二级重度持证残疾人新农合参保全部实行财政代缴，1232名残疾人参加社会保险，2198名残疾人接受社会救助。

【残疾人证核发工作】 年内，对2016年1月1日前的残疾人证（精神残疾除外）进行全面核发。共核发残疾人证6918人，注销残疾人证2615人，做到对残疾人证实行动态管理，确保应办尽办、应销尽销。做好残疾人基础库数据更新工作，举办10期残疾人基础数据更新工作培训班，共培训残疾人信息工作人员152名。

【灌阳县残疾人康复中心及综合服务设施建设工作】 该项目建设地点在灌阳镇大仁村义地上，总建筑面积6350平方米，其中配建综合服务设施890平方米，于8月份开工。

【维权工作】 印发残疾人法律援助资料12900份，接待残疾人来访103人次。

【组织建设工作】 对9个乡（镇）残联专职委员、138个村、3个社区的残疾人专职委员及协管员进行业务培训。

【宣传文体工作】 元旦、春节、“全国助残日”期间，县残联组织开展一系列宣传和助残活动，全县共走访慰问残疾人606人次，赠送慰问金（慰问品）6万多元，印制《残疾人康复知识手册》1.5万份，共出各种宣传专栏4期、电视宣传3次、向上级报刊投稿3篇。

（县残联）

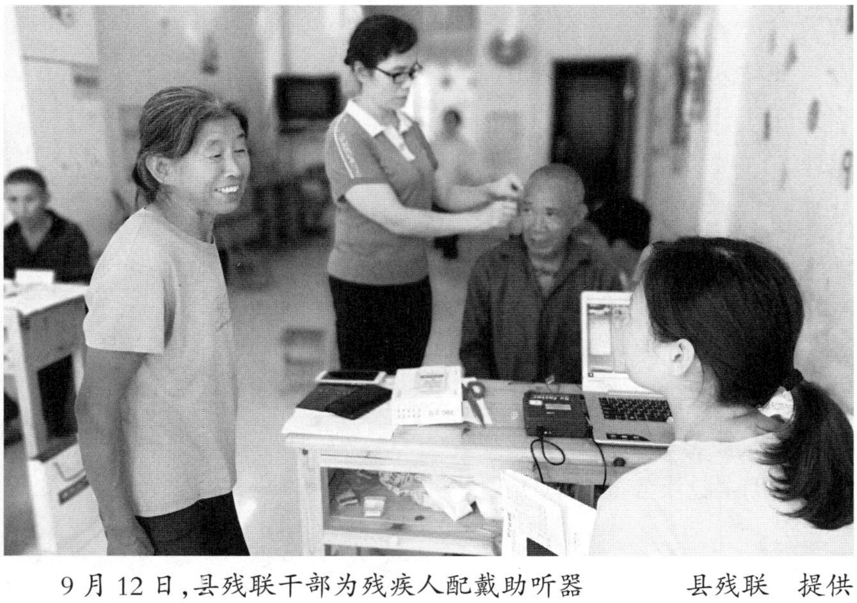

9月12日，县残联干部为残疾人配戴助听器　　县残联　提供

法　　治

10 月 30 日，灌阳县黄关镇李官村被评为“全国民主法治示范村(社区)”

县政法委　提供

社会治安综合治理

【概况】 2018年，灌阳县委政法委全面贯彻落实中央、自治区、市政法工作会议精神，紧紧围绕中心，服务大局，坚持以提升社会治理创新力、执法司法公信力、政法队伍战斗力、政法宣传影响力为着力点，扎实开展扫黑除恶专项斗争，深入推进平安灌阳、法治灌阳和过硬队伍建设，健全打防控管相结合的立体化社会治安防控体系，持续开展矛盾纠纷精准排查精细化解常态化工作，全力提升群众安全感和满意度（全县均达到94%以上），为加快建设宜居宜业宜游、文明和谐幸福新灌阳创造了安全稳定的社会环境、公平正义的法治环境、优质高效的服务环境。

【严打整治工作】 全县共立刑事案件334起，其中5类侵财类案件立257起（同比下降1.7%），涉恶类案件立16起（同比下降5.9%），涉枪涉爆案件立5起（同比下降28.6%）；共破案200起，逮捕（直诉）犯罪嫌疑人167人，打击电信诈骗破案6起，刑拘数2人；抓获各类网上逃犯24人；抓获督捕逃犯5人。侦破现发命案5起，破案率100%，破2起命案积案。法院受理案件130件，审结刑事案件125件，判处罪犯130人。检察院共受理侦查机关（部门）提请（报请）逮捕案件135件195人；批准逮捕118件158人，不批准逮捕16件36人，公安撤回1件1人。

扫黑除恶　一是共打掉恶势力团伙8个共37人，其中群众关注度较高的黄关陆某某等人聚众斗殴团伙，新圩宝盖山陆某某等人寻衅滋事团伙、新街杨某某等人聚众斗殴团伙均在第一时间予以有效打击。共抓获涉恶犯罪嫌疑人52人，同比上升79.31%（2017年同期抓获刑拘29人）；共逮捕直诉涉恶犯罪嫌疑人35人（2017年同期逮捕18人）上升94.4%；二是结合信息研判，审讯深挖，破获一批有影响的串案。2月份，破获系列盗窃电动车等财物案，带破涉案价值7000余元的系列案件5起；3月份，破获系列摩托车被盗案，带破涉案价值达3.5万余元的系列案件19起；4月份，抓获犯罪嫌疑人徐某、周某等人，带破涉案价值达4.2万余元的系列案件10起。为群众追回各类经济损失共计10万余元，全县稍有影响、群众关注的案件全部告破；三是在城区、文市、永安关等设卡开展夜查行动，重点查处酒驾、毒驾等交通违法行为。查处酒后驾驶51起，毒驾3起，无证驾驶81起，行政拘留8人，暂扣机动车230辆。有效震慑酒驾、毒驾等严重交通违法行为。

禁毒工作　一是禁毒推行“月评季考”以及“一票否决”制，凡在打击毒品犯罪工作中不力不作为的单位，所在单位一律取消评优评先资格，所在单位领导、民警、协警一律取消评优评先、职务晋升等资格，对所在单位实行禁毒“一票否决”；二是以“神剑”系列行动为载体，坚决“亮剑”，采取跟班学习的形式，形成集中警力，重点突破的措施，全力严打毒品犯罪行为。打掉长期盘踞灌阳县贩卖毒品的水果妹团伙、

5月18日，灌阳县2018年第二季度提升群众安全感、提升政法队伍满意度工作布置会在县公安局十二楼会议室召开　县政法委　提供

5月18日，灌阳县政法系统"牢记初心使命　严格公正执法"主题教育活动动员会在县公安局十二楼会议室召开　　县政法委　提供

戴某某团伙、江某案团伙、廖某某跨县贩毒团伙，共破获毒品案件20起，逮捕直诉24人，查处吸毒人员190人，强戒30人；三是结合乡镇清查行动，严抓涉毒清查整治，对全县网吧、出租房、KTV等涉毒人员可能藏身的重点场所进行了连续性查缉。全年，共开展乡镇清查行动57次，锁城清查94次，出动警力6000余人次，以"零容忍"的态势对辖区容易滋生涉毒品犯罪的活动场所进行了清理。

【社会治安防控体系】 一是推行警务助理，提升警务效能。全县警务助理共调处各类纠纷1056起，调处率达90%，占所有矛盾纠纷的72%。提供线索343条，协助破获刑事案件11起，协助抓获各类违法人员115人，协助查处治安案件196起，协助稳控重点人员62名。通过手机APP采集流动人口信息441条，开展入户调查5520余人，采集各类场所、人员、地址等基础信息达4000余条，协助户籍民警注销死亡人员户口达223人。辖区长期以来存在的因邻里、家庭纠纷引发的重伤、命案得到有效遏制，全年民转刑案件零发生。

二是提高见警率，扎牢防控网。每月锁城、每周清查，始终保持高压态势，构建起常态化、长效性的社会面巡逻防控网络，全县可防性案件大幅下降。街面"两抢"零发案，扒窃案立3起破3起，其中城区发案仅1起，同比下降90.91%；城区街面打架斗殴零发案，全市唯一无集中吸毒案件。

三是加大信息化建设，向科技要战斗力。共投入资金1000余万元建设精神病管控系统，乡村小天网监控1895个，升级改造智能卡口8个，WIFI点60个和网安电子实验室，逐步形成"天罗地网"式的智能治安防线。

四是落实便民利民措施，切实开展"减证便民"行动。积极推动"户籍＋互联网服务"工作，实现18类车驾管业务"一证办"、一窗通办、缴费业务电子化等一系列便民利民措施，共办理第二

6月26日，桂林市委常委、政法委书记赵志军（左一）到灌阳县调研扫黑除恶专项斗争和禁毒工作　　县政法委　提供

代居民身份证18409张(其中全国异地办证55人次),解决无户口人员登记户口880人;共办理机动车注册登记1705辆,机动车年检2659辆,办理互联网车管业务平台用户注册1415人。

五是大力开展群防群治工作。在各乡镇配备社会督察员、警务助理员两支队伍,组建"红袖标"义务治安巡防队,经过公安机关培训后佩戴"红袖标"在辖区地段开展治安巡逻和矛盾纠纷化解工作。

六是创新服务管理方式。对全县肇事肇祸等严重精神障碍患者佩戴"爱心手环",通过活动区域安装"掌上天网"开展动态监护服务,监护人和当地政府相关人员下载APP,依托互联网的网关对患者在区域的活动轨迹和区域进行采集分析研判,使监护人及部门救治救助小组成员及时了解掌握患者情绪波动和生理变化,预知患者发病并及时送医治疗,防止其肇事肇祸。由县政府出资3万元,县公安局为100名3级以上肇事肇祸等严重精神障碍患者购买"精神病人伤人政府救助保险"。

【矛盾纠纷预防和排查机制】 积极开展社会稳定风险评估工作,将社会稳定风险评估作为重大决策、重大项目的前置程序和必备条件,严格按照"属地管理,分级负责"和"谁主管、谁负责""谁审批、谁负责"的原则,组织实施社会稳定风险评估,切实从源头上预防和减少不稳定因素的发生,对多个涉及民生的重大项目开展了社会稳定风险评估工作,严格落实矛盾纠纷定期排查机制,实行社会矛盾纠纷排查"零报告"制度和直报、分析研判、分级预警制度,构建全方位、动态化的社会矛盾排查预警机制,实行领导包案制,落实责任人和化解措施,积极推进重大复杂疑难民间纠纷的化解。

【人民调解工作】 大力推进矛盾纠纷的化解,通过调解工作"以案定补"政策的实施,全县人民调解组织、调解员的积极性和行业素质也有较大提升,大多数矛盾纠纷被成功解决在基层、化解在萌芽状态。全年,全县共排查出矛盾纠纷3863件,其中3734件矛盾纠纷均得到成功化解,涉及当事人14823人,调解成功率达96.7%。

【人民信访工作】 夯实信访基础、压实工作责任,突出抓好初信初访办理、积案疏导化解、敏感重点摸排稳控等工作,减少信访问题增量,在继续抓好"两个零"的基础上,基本实现自治区提出的"一个好转、两个明显下降、三个坚决防止"目标。全年,共受理群众来信来访67件、326人次,与去年同期76件364人次同比下降12%和10%。其中初访38件173人次,与去年同期46件210人次同比下降17%和17%,重访和集体访共29件153人次,与去年同期30件154人次同比下降了0.3%和0.1%。

11月8日,县委常委、政法委书记杨小平(中)到洞井瑶族乡调研村级服务活动场所、村级集体经济及产业发展情况　　县政法委　提供

【国家安全人民防线建设】 紧紧围绕重点群体和重点人员全面搜集信息,及时跟踪掌握动态动向,每月定期进行社会稳定动态分析研判,加大对邪教危害性认识的宣传教育,压缩邪教的蔓延生存空间,全面开展邪教人员

调查摸排工作，做到底数清，情况明，继续深入开展“无邪教(村)社区”创建活动。

【基层平安创建】 通过宣传教育、制度引领、精神激励、物质奖励等方式，引导广大社会力量参与到打击防范、综合治理、矛盾调处等工作中来。继续深入推进平安县、乡(镇)、村(社区)创建，扎实推动平安单位、平安家庭、平安企业、平安校园、平安医院等基层平安创建活动。

【法治宣传教育】 深入推进“七五”普法规划落实，宣传、文化、教育等部门密切配合的法制宣传教育机制以及“谁执法谁普法”的普法责任制，重点抓好以宪法为核心的中国特色社会主义法律体系的宣传教育，开展“法律七进”活动，针对不同对象，创新载体和形式，努力增强法制宣传教育的渗透力和影响力，完善机关干部学法用法制度、培训制度、普法考试制度，不断提高领导干部和公务员依法管理和服务社会的水平，开展法制宣传文化活动，引导群众自觉遇事找法、解决问题靠法，增强全民法治观念。重点打造法治宣传阵地，加强法制宣传阵地建设，在全县营造浓厚的法治氛围。

【队伍建设】 一是严抓政法队伍管理。加强廉政建设，严格执行廉洁自律各项规定，严格落实“一岗双责”制度，严肃各项纪律。集中开展政法队伍纪律作风建设问题专项治理活动，持续从严整肃政治纪律、工作纪律、生活纪律和群众纪律。

二是切实加强学习教育。深入扎实开展“两学一做”学习教育和全面从严治警“五查五整顿”专项行动，积极改进机关工作作风，提高干警思想素质，强化廉洁意识，营造风清气正、干事创业的良好环境。

(县委政法委)

法治政府建设

【概况】 灌阳县人民政府法制办公室(简称法制办)，以全面推进依法行政、加快建成法治政府为目标，围绕中心、服务大局，充分发挥参谋、助手和法律顾问作用，扎实推进各项政府法制工作。在县政府办公室挂牌，是副科级行政单位，行政编制4名，实有人员4人，其中主任1名，副主任1名，科员2名。办公地址位于灌阳县灌阳镇胜利路39号。

【法治政府建设】

做好法治政府建设情况报告工作　2018年3月2日，第十六届县人民政府第20次常务会议听取法制办起草的2017年度灌阳县法治政府建设情况报告汇报及传达学习习近平总书记对法制办工作重要指示精神，对法治政府建设工作中存在的突出问题进行了研究和部署，并按时向市政府、县委、县人大报告全县的年度法治政府建设情况。

法治政府建设绩效考核　根据《桂林市法治政府建设办公室关于印发2018年桂林市各县区法治政府建设专项考评指标和评分标准的通知》(市法府办〔2018〕3号)要求，制定《2018年

复议案件送达　县法制办　提供

度灌阳县法治政府建设考核内容和评分标准》，对全县法治政府建设考核的内容和分值进行调整。将“落实自治区政府办公厅《关于建立行政执法公示制度的实施意见》（桂政办发〔2016〕51号）”“落实行政自由裁量权基准制度”“落实《广西全面推行重大执法决定法制审核制度的实施意见》（桂依法行政发〔2017〕6号）”等制度执行情况纳入全县法治政府建设年度考评指标，进一步提高考核评价的针对性与权威性。

【规范行政规范性管理】县法制办根据《桂林市法制办公室、桂林市工商行政管理局关于开展涉及著名商标制度的地方政府规章和规范性文件专项清理工作的通知》和《桂林市法制办、市发展改革委关于开展产权保护涉及的规章、规范性文件清理工作的通知》的要求，开展涉及著名商标制度和产权保护的地方政府规章和行政规范性文件专项清理工作。根据《桂林市人民政府办公室关于印发桂林市开展行政规范性文件自查自纠和证明事项清理工作实施方案的通知》（市政办电〔2018〕29号）文件要求，积极开展行政规范性文件自查自纠和证明事项清理工作。根据《桂林市法制办关于开展涉及民营经济发展的政府规章和规范性文件清理工作的通知》的要求，开展涉及民营经济发展的政府规章和规范性文件清理工作。

县法制办陪同市中级人民法院察看现场　　县法制办　提供

【法律事务工作】县法制办列席参加县政府常务会议、政府领导班子会议、专题会议等各类会议80多次，为县政府科学合法作出决策提供法律保障，积极参与推进全县的招商引资、经济建设等重点工作。2018年，共审查《灌阳县农村集中饮用水水源保护区划定方案》《千家洞国家级自然保护区违规电站行政处罚决定书》《灌阳县石材加工园投资项目》等合同协议及重大行政决策共80余件次。组织县政府法律顾问对重大涉法事务进行法律审查论证，出具各类法律意见书12份，为县政府依法科学决策把好法律关。同时，还代理县政府参加行政诉讼案件3件，严格落实《广西壮族自治区重大行政决策程序规定》《广西壮族自治区重大行政决策合法性审查办法》，对报送县政府常务会议集体讨论决定的重大行政决策事项，都需经过本办进行合法性审查，未经合法性审查或经审查不合法的事项，一律不纳入决策程序。共出具合法性审查意见120余件，确保重大决策的合法性。

【行政执法监督】县法制办按照《广西壮族自治区法制办公室关于做好2018年全区行政执法人员资格（续职）培训考试工作的通知》（桂法制电〔2018〕4号）和《广西壮族自治区法制办公室关于做好2018年第二次全区行政执法人员资格（续职）培训考试工作的通知》（桂法制电〔2018〕5号）文件精神，认真组织全县各行政执法部门参2018年全区行政执法人员资格（续职）考试，全县参加2018年度行政执法人员资格（续职）考试共242人，进一步提高执法人员素质，规范各单位行政执法人员执证上岗。4月，根据《桂林市全面推进依法行政工作领导小组办公室关于开展县区农村基层依法行政检查的通知》（市依法行政办〔2018〕3号）文件要求，在全县各乡镇开展农村基层依法行政检查活动，并对发现的各乡镇存在问题进行反馈，有效地提升了基层依法行政能力及促进行政执法的规范化建设。9月开始，根据《市法治政府建设办关于开展2018年度行政执法案卷评查的通知》（市法府办〔2018〕7号）的要求，认真组织开展2018年度行政执法案卷评查活动，对全县各行政执法单位执法案卷进行抽查，对评查中发现的问题及时进行反馈。

【行政复议】 县法制办认真履行行政复议职责，全力化解行政争议。全年共收到行政复议申请5件，立案受理3件，已审理结案2件（维持1件，撤销1件），审查、复核“三大纠纷”案件8件，接待众群来信来访300余人次。

【法制宣传教育】 县法制办坚持把加强法律学习培训和法制宣传教育作为提高领导干部和行政机关工作人员法治意识和法治能力的重要手段，制定领导干部学法制度，在县政府常务会上多次学习有关法律法规，开展领导干部培训班，全面提升领导干部依法行政能力素质。3月至5月份，全县举办灌阳县科级干部十九大精神专题培训班。把《中华人民共和国行政诉讼法》《中华人民共和国行政复议法》等法律、法规列入专题学习课程，全县分6批次共计600余人参加培训班。开展法制宣传活动，通过政府门户网站、电视台、《今日灌阳》报社等多种形式进行法制宣传，积极营造良好的法治政府建设氛围。积极向市法治政府建设办报送法治信息宣传稿，其中被采用7条。

（县法制办）

公　安

【概况】 2018年，灌阳县公安局内设机构有17个，分别为指挥中心、政工室、县纪委驻公安局纪检组、警务保障室、法制大队、国内安全保卫大队、刑事侦查大队、禁毒大队、预审大队、交通管理大队、治安管理大队、出入境管理大队、经济犯罪侦查大队、巡逻警察大队、网络警察大队、灌阳县看守所、灌阳县拘留所。派出机构有9个，分别为洞井派出所、观音阁派出所、西山派出所、黄关派出所、新街派出所、城关派出所、新圩派出所、文市派出所、水车派出所。全局有政法专项编制169名，实有民警为165人；后勤服务控制数为7名，实有后勤服务人员为7人；事业编制为12名，实有事业编制人员为1人。

全县公安机关全力以赴，紧紧围绕社会治安防控体系换挡升级工作，全力开展“神剑”及扫黑除恶系列高压严管行动，全局民警攻坚克难，促使全县社会治安各项数据稳步好转。共立刑事案件334起，其中五类侵财类案件立257起（同比下降4.1%），涉恶类案件立16起（同比下降5.9%），涉枪涉爆案件立5起（同比下降28.6%）；共破案200起（含交警、禁毒、经侦案件），逮捕（直诉）犯罪嫌疑人167人，打击电信诈骗破案6起，刑拘数2人，抓获各类网上逃犯24人，抓获督捕逃犯5人，侦破现发命案5起，破案率100%，破命案积案2起。男性家族排查系统建设信息采集率超过115%，该项工作在全市排名第一。

【党建建设】 一是围绕党建抓思想政治教育，扎实开展五查五整顿、不忘初心使命，严格公正执法等主题学习教育，通过打造党建文化警营活动、战时党组织等活动，第一次叫响灌阳公安党建品牌，切实增强党员民警的宗旨意识和服务意识；二是创新形式抓培训，民警整体素质全面提升，认真开展“轮训轮值、战训合一”活动，严格落实“三个必训”制度，举办各类培训班50期，确保每年每名民警参训训练和学习，派员参加区厅、市局培训班100期，进一步夯实队伍政治意识和素质；三是多措并举抓扶贫，民生警务工作成效明显，全力为扶贫脱贫攻坚保驾护航，有效预防因案事件致贫现象发生，全年无涉及扶贫及扶贫项目的案件。为联系村争取建设资金，全局民警按期完成精准扶贫工作。

【严打整治】 坚持重拳打击到位，发起扫黑除恶凌厉攻势，全年共打掉恶势力团伙8个共37人，其中群众关注度较高的黄关陆某某等人聚众斗殴团伙，新圩宝盖山陆某某等人寻衅滋事团伙、新街杨某某等人聚众斗殴团伙均在第一时间予以有效打击。共抓获涉恶犯罪嫌疑人52人，同比上升79.31%（2017年同期抓获刑拘29人）；共逮捕直诉涉恶犯罪嫌疑人35人(2017年同期逮捕18人）上升94.4%。

集中优势警力，打硬仗啃骨头　2月，破获系列盗窃电动车等财物案，带破涉案价值7000余元的系列案件5起；3月，破获系列摩托车被盗案，带破涉案价值达3.5万余元的系列案件19起；4月，抓获犯罪嫌疑人徐某、周某等人，带破涉案价值达4.2万余元的系列案件10起。为群众追回各类经济损失共计10万余元，全县稍有影响、群众关注的案件全部告破。

推进酒驾醉驾毒驾(3+N)专项整治行动　在城区、文市、永安关等设卡开展夜查行动，重点查处酒驾、毒驾等交通违法行为。查处酒后驾驶51起，毒驾3起，无证驾驶81起，行政拘留8人，暂扣机动车230辆。

【禁毒工作】 一是禁毒推行“月评季考”以及“一票否决”制，凡在打击毒品犯罪工作中不力不作为的单位，所在单位一律取消评优评先资格，所在单位领导、民警、协警一律取消评优评先、职务晋升等资格，对所在单位实行禁毒“一票否决”。二是以“神剑”系列行动为载体，坚决“亮剑”，采取跟班学习的形式，形成集中警力，重点突破的措施，全力严打毒品犯罪行为，分别打掉长期盘踞灌阳县贩卖毒品的水果妹团伙、戴某某团伙、江某某案团伙、廖某某跨县贩毒团伙，共破获毒品案件20起，逮捕直诉24人，查处吸毒人员190人，强戒30人。三是结合乡镇清查行动，严抓涉毒清查整治，对全县网吧、出租房、KTV等涉毒人员可能藏身的重点场所进行连续性查缉。全年共开展乡镇清查行动57次，锁城清查94次，出动警力6000余人次，以“零容忍”的态势对辖区容易滋生涉毒品犯罪的活动场所进行了清理。

【重点项目整治】 县公安局把思想和行动统一到推动经济社会持续平稳较快发展的实践中来，为全县经济社会发展的提高提供有力保障。在文市镇工业园区建设，石材整治，新圩镇宝界山风力发电站建设等工作中，组织警力2000人次，开展各项整治及矛盾纠纷化解工作150余次，全年共立刑事案件7起，刑拘13人，逮捕5人；查处行政案件10起，行政拘留15人，打击非法运输石材行动中查获和强制报废运输石材车12辆。

10月14日，县公安局执勤民警为2018全国山地户外运动挑战赛(灌阳站)进行安保执勤　县公安局　提供

【社会管理建设】 一是推行警务助理，提升警务效能。全县警务助理共调处各类纠纷1056起，调处率达90%，占所有矛盾纠纷的72%。提供线索343条，协助破获刑事案件11起，协助抓获各类违法人员115人，协助查处治安案件196起，协助稳控重点人员62名。通过手机APP采集流动人口信息441条，开展入户调查5520余人，采集各类场所、人员、地址等基础信息达4000余条，协助户籍民警注销死亡人员户口

达 223 人。二是提高见警率，扎牢防控网。每月锁城、每周清查，始终保持高压态势，构建起常态化、长效性的社会面巡逻防控网络，全县可防性案件大幅下降，街面“两抢”零发案，扒窃案立 3 起破 3 起，其中城区发案 1 起，同比下降 90.91%。三是加大信息化建设，向科技要战斗力，全年投入资金 1000 余万元建设精神病管控系统、乡村小天网监控 1895 个、升级改造智能卡口 8 个、WIFI 点 60 个和网安电子实验室，逐步形成“天罗地网”式的智能治安防线，有效扭转警力“洼地”的被动局面。三是落实便民利民措施。切实开展“减证便民”行动，积极推动户籍 + 互联网服务工作，实现 18 类车驾管业务“一证办”、一窗通办、缴费业务电子化等一系列便民利民措施，着力破解群众办事堵点问题。共办理第二代居民身份证 18409 张（其中全国异地办证 55 人次），解决无户口人员登记户口 880 人；共办理机动车注册登记 1705 辆，机动车年检 2659 辆，办理互联网车管业务平台用户注册 1415 人。

9 月 29 日，县公安局在滨江路开展锁城清查行动

县公安局　提供

【专项行动】 2018 年，县公安局组织警力，开展多次专项行动，打击违法犯罪行动。

1 月 14 日，县公安局在全县开展清理整治行动，共出动警力 150 余人，车辆 30 余台次；清查各类重点场所 47 家，排查过往车辆 200 余辆，暂扣车辆 1 台，查处交通违法 8 起。

4 月 4 日，灌阳警方组织县公安局机关民警、交警大队、巡警大队、城关派出所等警力在县城范围内开展以打击“黄赌毒”和“酒驾、毒驾”违法犯罪为重点的统一清查行动。行动中，共清查宾馆、KTV5 家，盘查可疑人员 40 余人；共检查车辆 180 多辆，查获酒后驾驶 4 人，查处其他违法行为 25 起，扣押打屁虫摩托车 1 辆。

5 月，县公安局、交通管理大队、巡警大队等部门组成联合执法行动小组，共同开展城区街道交通违法行为联合整治行动 32 起，集中夜查 22 起，查处交通违法 2265 人次。（其中查处酒后驾驶 16 起，查扣报废车辆 36 台，违法三轮车 66 台），查处乱停乱放机动车及电动车 220 余辆，暂扣“打屁虫”车辆 6 辆次，行政拘留 2 名无证驾驶摩托车违法人员。

6 月 14 日，灌阳县警方打掉一个跨县涉毒犯罪团伙，抓获团伙成员 4 人，带破毒品刑事案件 4 起，斩断一条从邻县向灌阳输入毒品的贩毒通道，缴获毒品冰毒 20 余克。

9 月 11 日，县公安局组织治安、交警、巡警、城关派出所、局值班组、消防等开展锁城清查行动，重点对清查区域内的重点特行场所进行全方面检查。共检查娱乐场所 3 家，网吧 1 家，旅社 3 家；查获酒驾 5 起，毒驾 1 起，非法携带管制刀具 1 起；抓获盗窃嫌疑人 1 名。

11 月 7 日，县公安局组织局机关、交警大队、巡警大队共出动警力 50 余人，共检查车辆 50 余台，现场查处酒后驾驶 1 起，无证驾驶 1 起，其他交通违法行为 12 起，破获贩卖毒品案 1 起，抓获涉毒人员 2 名。

11 月 29 日，县公安局组织 140 余名警力，在县城、黄关镇、灌阳高速路口开展全县范围大清查行动，以社会面清查为重点，共清查宾馆、网吧、KTV 等行业场所 33 余家，出租房屋 46 余间，依

12月29日，灌阳县交警在新圩路段疏导交通　县公安局　提供

法盘查256余人，走访在逃人员家属26人次，抓获涉毒人员6人，现场收缴疑似毒品冰毒3粒。抓获涉嫌强奸犯罪嫌疑人1人。检查车辆103辆，查获酒驾1人、无牌车辆1辆、无证驾驶1起（行政拘留1人），其他交通违法行为14起。

（县公安局）

检　察

【概况】 2018年，灌阳县人民检察院（简称县检察院）内设办公室、政工科、公诉科、侦查监督科、民事行政检察科、控告申诉检察科、监所检察科、司法警察大队、案件管理中心、文市检察室、黄关检察室、人民监督员办公室12个科室，原内设的自侦部门（反贪局、职务预防局、反渎职侵权局）及其职能于2018年1月转隶至县监察委，8名检察干警一同转入，现有检察干警31名，聘用制书记员9名。

3月15日，灌阳县人民检察院扫黑除恶专项斗争推进会在院六楼会议室召开　县检察院　提供

县检察院认真开展“不忘初心使命　严格公正执法”“队伍建设年”等教育活动，积极参与扫黑除恶专项斗争，为全县政治经济建设创造良好的法治环境。监所检察科被桂林市人民检察院记部门集体嘉奖，1名干警被自治区人民检察院评为全区检察业务能手，1名干警被桂林市人民检察院记个人三等功，2名干警获桂林市人民检察院嘉奖。办公地址位于灌阳县灌阳镇东华路25号。

【侦查监督工作】 全年共受理侦查机关提请逮捕案件141件201人，批准逮捕120件156人，不批准逮捕16件42人，公安撤回1件1人，提前介入案件20件，立案监督案9件，向侦查机关提出纠正违法4件。被自治区检察院评为“优秀检察建议书”1件，所办理的“刘某抢劫案”在2018年全市政法系统案件质量评查中被评为优秀。

【公诉工作】 全年共受理侦查部门移送审查起诉各类刑事案件149件221人，经审查，向同级法院提起公诉142件194人，其中涉恶案件1件12人，报送市检察院5件7人，纠正漏诉13件25人，法院开庭审理并作出判决145件197人，不起诉17件24人，提请抗诉1件1人，撤回起诉1件1人。1件出庭公诉的职务犯罪案件和1件抗诉案件分别被桂林市人民检察院评为优秀公诉庭、优秀抗诉案件。

12月4日，县检察院在大市场开展宪法宣传活动

县检察院　提供

【民事行政检察工作】 县检察院在诉讼监督方面，根据最高人民检察院《关于印发〈全国检察机关民事行政非诉执行监督专项活动实施方案〉的通知》的精神，开展民事行政非诉讼执行监督专项活动，办理民事、行政诉讼监督案件7件，其中民事执行监督案件4件，行政诉讼监督案件3件。在公益诉讼方面积极开展公益诉讼工作，发掘公益诉讼线索14件，立案调查11件，办理行政公益诉讼案件5件，发出行政公益诉讼诉前检察建议4份；办理刑事附带民事公益诉讼6件，挽回国家损失、生态环境损失共计90余万元，其中向法院提起刑事附带民事公益诉讼1件，并获得判决。

【控告申诉工作】 县检察院“12309”检察服务中心正式对外办公，控告申诉科，全年共受理群众来信来访案件33件，接待信访群众100余人次，检察长接待日接待来访群众13人次，受理国家赔偿案件1件，办理刑事申诉案件公开审查1件，受理民事执行监督案件4件，受理举报线索2件，办理国家司法救助6件6人，发放救助金额7.6万元。

5月30日，县检察院到红旗中学开展检察开放日活动

县检察院　提供

【监所检察工作】 县检察院坚持驻所检察，全年共检察入所、采纳或变更强制措施建议18件，羁押必要性审查26件，向看守所发出纠正违法通知书12份，看守所均已纠正。与县司法局达成信息共享机制，检察院可通过同步账号登录社区矫正信息化管理系统，实现实时的社区矫正动态监督。

【案件管理工作】 全年统一受理、录入、分流公安机关移

11 月 9 日，县检察院对新圩镇新型城镇化示范乡镇建设项目进行调研　　县检察院　提供

送的刑事案件 292 件 424 人，其中移送批捕的案件 141 件 202 人，移送公诉的案件 151 件 222 人；审查接受、保管涉案款 0.9561 万元，赃证物 136 件；接待律师 23 次 23 人；发布案件程序性信息 241 件，重要案件信息 32 条，法律文书 175 份，办理辩护与代理网上预约 5 件次。

【诉讼监督】 立案监督和侦查监督。对应当立案而不立案和以罚代刑遗漏犯罪嫌疑人等问题依法监督，通过阅卷前置机制，关口前移。与县公安机关协商并建立了阅卷前置机制，即对重特大、疑难、复杂刑事案件、有重大影响的刑事案件及上级机关或领导交办、督办的几类刑事案件，公安机关提前送检察院侦监科阅卷，侦监科也可在侦查期间主动要求查看相关案卷材料；通过适时介入机制，及时了解案件情况。提前介入突发性事件，通过与受害人及家属谈话等方式，缓解当事人的激动情绪，同步了解案件进展情况，及时掌握侦查机关是否存在违法情形，在办案中充分发挥法律监督职能，积极认真地开展侦查监督和刑事审判法律监督。全年办理立案监督案 9 件，向侦查机关提出纠正违法 4 件。

审判监督。对案件判决情况认真审查把关，除对判决确实存在错误提出抗诉外，对一些存在瑕疵又不够抗诉标准的判决也应及时以口头或书面形式提出的《检察建议》《纠正违法通知书》，以利于全面加强审判监督工作。提请抗诉案件 1 件；加大公益诉讼工作力度，维护国家和集体利益。

刑罚执行监督。积极构建法律文书送达、转递和信息共享机制，与县法院、县公安局和县司法局等部门联合建立法律文书送达、转递和信息共享等机制。指定专人负责社区矫正对象信息录入和建档工作，将监外执行罪犯的刑种、刑期、住所地等信息及时、准确地录入监外执行检察监督台账和监外执行检察办公自动化系统，进行微机管理，建立台账，提出羁押必要性审查 26 件，同时，将每名监外执行罪犯的判决书、裁定书、暂予监外执行决定书和交付执行通知书、接受社区矫正保证书，以及其他有关材料整理归档，做到一人一档。

（县人民检察院）

法　院

【概况】 灌阳县人民法院（简称县法院）属县委领导下的正科级政法机关。主要职能是审判法律规定由人民法院管辖的和上级人民法院指定的刑事、民事、行政等一审案件、再审或发回重审案件，依法行使司法执行权和司法决定权。内设机构有办公室、政工科、立案庭、刑事审判庭、民事审判第一庭、民事审判第二庭、行政审判庭、审判监督庭、执行局、法警大队、监察科，派出机构有黄关法庭、文市法庭。

灌阳县人民法院共审结各类案件 1666 件，同比增长 32%，涉案诉讼标的额达 1.93 亿元。一审服判息诉率、上诉案件发回重审率、执行完毕率等主要指标位居全市法院前列，审判执行质效明显提升。围绕党委、政府中心工作，全力推进扶贫工作，联系的贫困村实现整村脱贫，扶贫成效显著。县法院荣获全市基层人民法院绩效考评二等奖、全市法院“执行攻坚年”活动“集中拘传拘留被执行人”单项工作先进集体，共获得市级以上奖励11人/项次，立案庭副庭长莫秀巧被评为全区法院审判管理工作先进个人。办公地址位于灌阳县江东开发区。

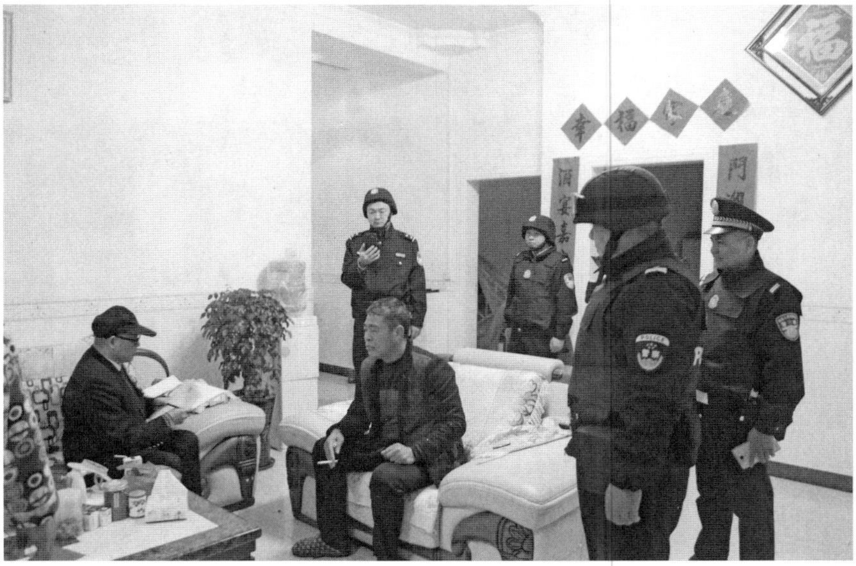

11月14日，县法院开展“2018冬季风暴”集中拘传拘留失信被执行人专项行动 县法院 提供

【审判执行】 年内，审结刑事案件155件，判处罪犯172人。深入推进反腐败斗争，审结何某某贪污、受贿、私分国有资产等职务犯罪案件4件8人。开展扫黑除恶专项斗争，开庭审理灌阳县首例涉嫌恶势力犯罪集团案件。依法严惩危害社会治安犯罪，审结“两抢一盗”、故意伤害、涉毒、危险驾驶等犯罪案件73件82人。审结灌阳县首例环境生态领域公益诉讼案件，为保护好灌阳县的碧水蓝天提供司法保障。

审结各类民商事案件899件，以调解、撤诉方式结案441件。其中审结婚姻家庭纠纷案件271件，审结金融借款、民间借贷等合同纠纷案件278件，审结人身损害、医疗、交通等侵权类纠纷案件76件，全力化解群众矛盾纠纷。

审结行政案件17件，审查非诉行政行为申请执行审查案件51件。引导和规范当事人依法行使诉权，防止行政滥诉现象，促进行政机关树立依法履职的良好形象。全年执行结案595件，同比上升75%，实际到位金额8213万元，同比上升57%。落实“一把手”工程，院党组加强督导调度，主动邀请人大代表、政协委员监督执行活动4次，增强执行透明度。对照国家第三方评估指标要求，查漏补缺，完成基本解决执行难“三个90%”和“一个80%”的任务目标。

3月23日，县法院开展“二月八”街头法治宣传活动

县法院 提供

通过网络查控平台查控被执行人车辆、证券、银行账户资金、不动产等财产情况，全年共查控案件600余件。全面推行网络拍卖，通过淘宝网成功拍卖标的27件，成交额2650.43万元，溢价率57.67%，为当事人节省佣金118.68万元，提高了财产变现率。

7月4日，县法院到观音阁乡立强小学开展法治宣传

县法院　提供

开，开展庭审网络直播368次。不断加强司法救助工作，向经济困难的申请执行人发放司法救助金67.51万元，对经济确有困难的当事人缓、减、免交诉讼费15万元，其中惠及贫困户5户。

全年开展集中拘传拘留失信被执行人专项行动2次，共出警90人次，拘传失信被执行人12人，司法拘留5人，拘传后履行金额26.67万元。

【能动司法】

推进案件繁简分流，提高办案效率　组建速裁庭，对60%的民商事案件进行速裁，平均审理天数37天，有效提升了审判质效。健全院庭长办案机制，强化办案职责，院庭长办结各类案件1136件，占全院结案数量的72%。

创新调解机制，推行多元化解　发挥巡回法庭贴近基层的优势，在县农商行挂牌成立“金融巡回法庭”，共办理案件173件，以调解、撤诉方式结案103件。积极开展多元化解纠纷，与县综治办、县妇联等部门联合成立灌阳县婚姻家庭纠纷人民调解委员会，建立多元化解纠纷机制，全年多元化解案件81件，为构建和谐社会起到积极作用。

加强司法公开，实施利民惠民举措　推进庭审公开，开展庭审网络直播368次。

【队伍建设】

推进内设机构改革　制定内设机构改革方案，将原有12个内设机构整合为8个，明确整合后内设机构的职能定位。按照上级法院的工作部署，2019年3月底前基本完成内设机构改革任务。

强化队伍履职能力　提请县人大新任命审委会委员3名，中层正职5名，中层副职2名，平均年龄37岁，夯实法院中坚力量。从年轻干警中遴选5名员额法官，充实法官队伍。组织干警开展各类学习培训12次，打造专业型审判团队。

全面加强作风建设　深入开展“五查五整顿”专项行动，组织干警参观桂林市廉政教育基地、赴百色开展红色教育活动、观看廉政警示教育片，以党建带队建，引导干警牢固树立“四个意识”，提

12月4日，桂林市中级人民法院党组书记、院长陈敏(右二)到灌阳县法院了解电子卷宗使用情况

县法院　提供

升职业尊荣感。

【接受监督】 认真落实县人大各项决议，加强与人大代表的日常联络，邀请代表视察法院、旁听庭审、监督执行等10余次，认真办理代表们提出的意见建议10件。主动加强与政协的联系，加强与民主党派、工商联、无党派人士和各人民团体的日常联络，认真听取意见，广泛凝聚共识。

（陆慧婷）

司法行政

【概况】 灌阳县司法局是县政府主管全县司法工作的正科级行政单位。内设机构有办公室、法宣股、公律股、法援中心、基层股。公证处为下设机构，9个乡镇司法所为派出机构。核定人员编制有政法专项编制37名，机关后勤服务人员控制数1名。

县司法局贯彻落实全区、全市司法行政工作会议精神，主动作为，开拓进取，扎实工作，不断开创全县司法行政工作新局面。灌阳县依法治县领导小组被评为全市法治宣传教育先进集体；组织申报(李官村)并获得第七批“全国民主法治示范村”称号；文市镇调委会被自治区司法厅通报表扬；人民调解工作先后两次在自治区司法厅召开的区级会议做经验发言。办公地址位于灌阳县灌阳镇新华路17号。

【党建领航】

齐抓共管，确保党建工作形成合力 县司法局一方面层层压实党建工作责任落地，形成党组书记负总责、班子成员分工负责，各司法所、股室负责人具体落实的工作“合力”。另一方面，通过全体党员干警大会，开展党日活动，队伍大练兵，集体参观廉政基地等方式，增强全体党员干部的凝聚力和向心力。

健全机制，确保从严治警常态化 完善各项规章制度，强化暗访督查机制，让全体党员干警时刻绷紧思想弦，确保从严治警制度化、常态化。

强化作风，确保党员队伍风清气正 全面深入推进“两学一做”学习教育、全面从严治警“五查五整顿”专项行动和“牢记初心使命 严格公正执法”主题教育活动，要求每个党员干警对照活动内容进行自查自纠，全面整改，营造风清气正的队伍氛围和清正廉洁的队伍形象。

【法治宣传】 县司法局开展法治宣传教育活动，“量体裁衣”设置法治教育课程或宣传活动，让广大干部群众学得懂、学得透、还想学。积极推动国家机关“谁执法谁普法”责任制落实，大力宣传“谁执法谁普法”责任制，明确普法主体责任和工作机制，充分发挥国家机关在普法工作中的职能作用。

学法用法工作 推动学法用法工作进一步制度化、规范化，切实提高国家工作人员的法治素养和依法办事的能力。在国家工作人员学法用法考试中，全县的参考率和通过率都在97%以上。

法治文化宣传阵地建设 打造一批有特色、

10月11日，桂林市司法局到灌阳县指导工作　　县司法局　提供

5 月 15 日，县司法局到县直二小举办法制讲座　　县司法局　提供

务工作者，参与矛盾纠纷的化解，为维护社会稳定贡献力量。二是做好法律援助工作，维护社会公平正义，做到应援尽援。规范法律援助案卷的管理，提高案卷质量，全年共办理法律援助案件 345 件，受援人 363 余人，接待来电来访咨询 3000 余人次。三是全面推进公共法律服务体系建设。实现 141 个行政村（社区）"一村一法律顾问"全面覆盖，对全县 141 个行政村（社区）的 146 名村法律援助联络员进行公示，并落实制度上墙工作。四是加强公证工作，推进公证处体制改革。严格规范办证程序，努力提高公证质量和服务水平，全年，办理各类公证事项 470 件，提供法律咨询 600 余次。五是完善公共法律服务平台建设。

效果好的法治文化宣传阵地。其中李官村还被司法部、民政部评为第七批"全国民主法治示范村"。

信息报送工作　全年共报送工作信息稿件 80 余篇，被各类媒体采用 50 余篇次，全方位地展示全县的司法行政工作。

【人民调解】 强化人民调解员队伍建设，选强配齐基层人民调解员，通过培训，增强他们服务群众的能力；提高化解纠纷的能力，推进矛盾纠纷多元化解机制发展，提高矛盾纠纷联合化解的工作效率；完善"以案定补"制度，严格做好人民调解案件"以奖代补"工作，进一步提高全县人民调解员的工作热情；积极排查化解各类矛盾纠纷，严格落实好矛盾纠纷排查化解工作，维护社会稳定。全年，全县排查受理各类纠纷 6213 件，调处成功 5982 件，调处成功率 96% 以上，有效地维护社会的和谐稳定，筑牢了"第一道防线"。

【公共法律服务】 一是抓好基层法律服务执业者的道德教育，积极引导基层法律服

【特殊人群管理】 一是加强社区矫正信息化管理工作，规范社区矫正日常管理程序，做好档案管理工作，提高社区矫正管理质量。二是在重大会议、节庆日期间，加强对社区服刑人员的监督管理，严格执行报平安制度。三是推进社区矫正信息化建

12 月 4 日，县司法局在"12·4"法制宣传日活动现场发放宣传资料
县司法局　提供

11 月 21 日，自治区司法厅社区矫正局到灌阳县调研指导工作

县司法局　提供

设。按照全区的统一标准，完成社区矫正中心、指挥中心、监控中心等的建设工作。四是打造阳光服务基地，创新教育方式。全县共接收社矫对象 69 名，解除社矫对象 60 名，现有在册对象 88 名。

【党风廉政建设】 加强学习教育，认真贯彻落实上级会议精神，深入推进"两学一做"学习教育制度化、常态化。把新《党章》《中国共产党纪律处分条例》等作为重要学习内容进行安排；传达学习中央、自治区、市、县纪委全会精神。强化工作措施，狠抓党风廉政工作任务的落实，通过召开会议、观看警示教育片、参观廉政教育基地、开展自查自纠等具体措施，确保党风廉政建设取得实效。完善工作制度，严格监督管理，健全财务管理、考勤管理等制度，严格执行暗访督查的监督机制，持之以恒地开展好"牢记初心使命　严格公正执法"主题教育活动和全面从严治警"五查五整顿"专项行动。

（县司法局）

调处土地山林水利纠纷

【概况】 灌阳县调解处理土地山林水利纠纷办公室（简称县调处办）是县政府办公室挂牌的正科级行政单位，设行政编制 4 名，其中主任 1 名，副主任 1 名，实有在职人员 2 名。2018 年，县调处办认真落实区、市两级调处工作会议精神，围绕在"三大纠纷"调处工作中实现"三个减少、两个不发生"的工作目标任务。有效地维护全县社会稳定，促进全县经济又好又快发展。办公地址位于灌阳县灌阳镇灌江中路 2 号（原县卫生监督所 4 楼）。

【三大纠纷】 县调处办全年共发生"三大纠纷"案件 25 件（土地纠纷 8 件，山林纠纷 17 件），已结案的有 25 件，调解处理结案 24 件，裁决处理 1 件。每月及时向市调处办报送全县的三大纠纷排查数据；认真审阅县林业、国土职能主管部门送阅的三大纠纷案卷材料，审阅移送 8 件案件；12 次分别对 9 个乡镇和 3 个业务主管部门进行了督查。由于工作到位，方法得当，措施得力，处置及时，全县没有因"三大纠纷"引发群体性纠纷械斗和集体非正常上访事件。

【重大项目建设保障服务】 县调处办按照区市两级调处工作会议的要求，灌阳县开展重大项目建设跟踪保障服务重点跟踪服务。一是灌阳县江东新区开发、二是瑶乡小镇建设、三是马头风力发电项目 3 个大项目，处理纠纷 9 个（其中：灌阳县江东新区开发项目处理纠纷 2 个、瑶乡小镇建设项目处理纠纷 2 个、马头风力发电建设项目处理纠纷 5 个）。

【联调联访工作】 县调处办与湖南省江永县、道县、广西恭城县、全州县等周边交界县市进行走访，双方进行学习交流，建立"三大纠纷"联调联防调处制度，定期召开联席会议，共享边际纠纷信息。同时还与相邻市、县接壤的乡镇也建立

“三大纠纷”联调联防调处制度，定期召开联席会议。

【普法宣传工作】 加大调处队伍培训力度促进社会稳定。通过征订书籍、收集和整理相关的法律法规知识编印普法宣传材料进行宣传，通过召开培训会议对广大调处队伍进行培训，提高他们调处工作的能力和素质。利用重大节庆日，大力宣传有关调处“三大纠纷”法律、法规及政策，提高广大群众依法维权意识，发放9000多份宣传资料。采用会议培训方法全年开展4次培训，培训人数510多人次。另外还通过以案说法的形式在办案中向当事人宣讲、通过下乡深入基层向当地群众宣传、通过公开栏和社会媒体向各界群众宣传法律法规，使人民群众掌握的法律知识，从而自觉守法用法，促进稳定。

（范见团）

军　事

2月11日，桂林警备区司令员刘礼智（右三）到灌阳县看望慰问现役军人家属

县人武部　提供

灌阳县人民武装部

【概况】 灌阳县人民武装部(简称县人武部),团级单位,编制3个,现役军官3人,非现役文职人员7人。2018年,县人武部认真贯彻党的十九大精神,坚决落实习主席一系列重要指示精神和军委决策部署,紧紧围绕党在新形势下的强军目标,按照“凝魂聚气、突出中心、改进作风、确保安全”的思路,聚焦备战打仗,破解矛盾问题,狠抓各项工作落实,确保部队的安全稳定。办公地址位于灌阳县灌江中路3号。

【思想政治】 县人武部按照理论武装、指导实践、推动工作的要求,认真学习领会习主席系列重要讲话精神。按照上级文件精神规范理论学习,创新学习方法,提高学习质量。年初,专门召开党委会,对全年工作特点及规划进行讨论分析,制定了单位和个人年度理论学习计划,积极组织干部职工参加“两学一做”“传承红色基因,担当强军重任”专题教育活动和十九大精神学习,做到每次理论学习授课都进行一次学习体会交流,并指定人员重点发言,做到学以致用,联系实际,以任务为牵引,将理论学习成果转化为能力和战斗力。

3月7日,桂林警备区政治工作处到灌阳慰问荣立二等功现役军人家属　　县人武部　提供

8月15日,县委书记周春涌(右二)检查指导征兵体检工作　　县人武部　提供

【拥政爱民】 县人武部一直持着驻地就是故乡的理念,拥政爱民。全年,出动民兵预备役人员80人次参加地方国防教育活动,积极参加地方精准扶贫活动,扶持3户贫困户,联系3个贫困村,全年投入资金4万元进行村基础设施修缮,并积极寻找脱贫项目,扶持贫困户开豆磨场,进一步密切军民关系。

【战备工作】 一是狠抓军官在职训练工作,军官在职训练严格按大纲要求完成规定的内容,突出重点,加强新知识,新理论和业务基础训练,以防反空袭、反恐维稳、支前保障为重点，熟悉作战指挥和组织民兵参战支前的内容方法和程序，提高干部的指挥能力，紧贴实战和任务，针对薄弱环节，深入开展岗位练兵，提高全体干部岗位任职能力。二是狠抓专武干部的培训，在抓好自身训练的同时，组织专武干部脱产轮训，并组织新上任的专武干部参加警备区组织的集训。三是狠抓民兵训练，以提高战斗力为标准，注重打牢基础，突出训练重点难点，按照《民兵军事训练大纲》要求，采取人武部统一集中驻训的方式，保证训练时间、内容和人员的落实。

【征兵工作】 根据上级安排，制定切实可行的工作方案，进行广泛的宣传发动，按照政策规定认真抓好体检政审。严格征兵纪律，加大征兵条件、程序、指标公开、公示力度，确保高标准、高质量完成征兵工作任务。

【作风建设】 进一步深化从严治军要求，推进正规化建设，深入开展作风纪律整顿活动，认真落实"六个从严""三个不发生"的要求，扎实抓好条令条例的学习、查找问题、组织整改、加强训练4个环节，坚持干部军事训练不合格年度不评先、不立功、不推荐；立起吃苦者吃香、优秀者优先、有为者有位的鲜明导向。

（县人民武装部）

武警灌阳中队

【概况】 武警灌阳中队（简称武警中队）主要担负灌阳县看守所外围武装警戒。县武警中队以习近平强军思想为指引，按照"三个绝对"的根本要求，强化思想政治引领，按照"提士气、抓精细、树标准、争先进"的思路，以提高战斗力标准为着力点强化军事训练，以抓好经常性基础工作为基本点做好安全工作，提高标准实现"两个确保"。

【组织建设】 武警中队紧紧围绕提高党支部三个能力这个重点，在实际工作中，增强中队党支部的凝聚力、战斗力。一是用创新理论武装头脑，认真学习习近平新时代中国特色社会主义思想，跟进学习习主席党建思想。二是用教育活动强化党性，中队党支部扎实开展"七一"主题党日、"两学一做"等活动，通过党员承诺践诺、重温入党誓词、参观纪念馆、观看电影等活动，不断增强党性修养。三是用制度落实纯正风气，严格落实组织生活制度，严肃党内政治生活，浓厚民主氛围。形成凭能力进步，靠成绩发展的导向。

【政治工作】 一是抓好主题教育，积极开展相关活动，瞻仰红色遗址、观看红色电影、讲好红色故事、搞好仪式教育，以实际行动拥护党的绝对领导。二是抓实经常性教育，着眼蓄积底蕴、增长内涵，扎实开展经常性基础教育，抓好进行战斗精神、形势任务和内部关系教育。三是抓活文体活动，编排《红军魂》《不朽》等文艺节目，坚持节假日、周末组织集体活动，不断丰富官兵文化生活，提升部队软实力。

8月14日，县长卢嵩（左一）到第二高中检查指导学生军训工作

县人武部　提供

【军事训练】 武警中队大力开展实战化训练，狠抓备战打仗。一是训练水平稳步提升。以学习贯彻落实新大纲为突破口，主官主抓，骨干分工，广泛开展群众性比武练兵活动，牢固树立“训练有为、训练有位”鲜明导向。二是执勤战备牢固厚实，学事故通报、观警示案例、练基本技能，以大讨论的形式增强官兵忧患意识和使命意识，协调地方政府和目标单位，加快推进智慧磐石工程，整改执勤硬隐患，确保绝对安全。三是执勤能力有效提高，重视哨兵能力培养，立足突发情况想全，情况处置战法练实，进一步提升官兵遂行任务能力。

1月15日，桂林市消防支队到灌阳消防大队指导工作

县消防大队　提供

【安全工作】 武警中队按照全面进步、全面过硬的目标，坚持落实条令制度、正规各项秩序，确保部队安全稳定。一是深入开展“条令年”活动，合理制定条例大纲学习推进表，进一步提升正规化管理水平。二是教育引导干部骨干端正根本态度，每月以谈心、问卷、交流听取官兵意见，做到帮解难题。三是贯穿全年开展安全大检查，认真落实安全工作规范的要求，持续开展群众性创安活动，通过案例通报、警示教育、专题课堂教育、讨论消化等活动加强安全意识。

（武警灌阳中队）

灌阳县消防大队

【概况】 2018年，灌阳县消防大队共有39人，大队部9人，中队执勤人员30人。配备执勤车7辆，水罐泡沫消防车1辆，城市主战消防车1辆，水罐消防车1辆，抢险救援消防车1辆，登高平台消防车1辆，消防摩托车2辆，消防宣传车1辆，行政用车2辆。

【战训工作】 县消防大队扎实开展岗位练兵活动，全力提升战斗力，消防大队全年共接警出警57起，其中火灾42起，抢险救援12起，社会救助3起。有5人次被市消防支队选送参加第十五届东盟地区城市应急救援研讨班总队级比武竞赛，李华政在比武竞赛中荣立个人三等功；支队组织开展“条令条例学习月活动”，狠抓干部战士的作风建设，确保大队管理秩序的正规化、法制化，正规化管理，并在“条令条例”竞赛活动中取得队列会操第6名和知识竞赛第9名。

【灭火救援】 全年县消防中队完成制作和修订重点单位数字化灭火救援预案30份，《水源手册》新增市政消火栓10具，完成全年任务总数100%。对辖区重点单位六熟悉95次，实战演练92次，其中出水20次，夜间演练15次，联勤联训46次。为提高指战员救援能力，坚持体能训练与技能训练相结合，在冬训和夏训期间，严格按照冬训及夏训的方案，制定大队的训练方案，做到科学施训、按纲施训。在夏训期间坚持每天不少于3小时的技能科目训练，不少于1小时的体能训练，提高官兵的技能和体能素质，切实做好官兵灭大火、打大仗的准备工作。消防队中队挑选优秀骨干参加各类培训和研讨班，5月，挑选4人到阳朔参加水域救援培训，培养优秀骨干队伍。专职消防队员通过灭火救援专业（初级）职业技能鉴定达标率超过80%。有2支乡镇专职消防队，完善基层单位的联动机制；辖区重点单位微型消防站建设达标率100%，且能联勤联动；设2名通讯员负责信通工作，对通讯员进行专业培训，对讲机配备率已达100%，完成4G单兵和布控球的配备。全年县消防大队采购一架无人机和海事卫星电话2台。

【后勤工作】 县消防大队全年争取到消防经费335万元，采购装备设施42万元，其中正压式空气呼吸器10具、6.8升气瓶和9升气瓶各10具、17式消防员灭火防护服45套、17式抢险救援服45套、防蜂服3套、二级防化服6套。斥资4.7万元采购卫星电话2台、无人机1台，采购水域救援装备12万元。持续推进营房管理信息化工作，营房管理系统基础数据录入率达100%。

【防火监督】

加强消防监督执法，消除火灾隐患 全年县消防大队坚持落实“每日一查”制度，加大对基层单位的监督处罚力度，火灾隐患整治取得新成效。共检查单位3024家，发现火灾隐患6001处，督促整改消除火灾隐患5977处，发出责令整改通知书1758份，下发消防行政处罚决定书69份，临时查封单位27家，三停33家，罚款63.55万元，拘留7人。

推进夏季消防检查 县消防大队以夏季消防检查为契机，全面排查整治火灾隐患，严格落实防控措施，确保夏季辖区火灾形势稳定。10月31日，召开2018年冬春火灾防控工作动员部署会，安排部署消防工作，对辖区内3个社区全部完成消防安全社区创建工作。

【消防安全专项整治】 一是开展商场市场消防安全专项治理，进行1次全面检查，摸清底数及现状，严格督促火灾隐患和违法行为整改。二是开展电动车停放充电消防安全管理专项整治，清理住宅小区和村民自建房门厅、楼梯间和楼道，规范电动车停放管理，坚决遏制电动车火灾事故发生。

县消防队大队联合住建、安监等行业部门对辖区的高层建筑进行全面的排查，共排查辖区高层建筑33栋，其中公共建筑4栋、住宅建筑29栋，高层住宅小区2个，微型消防站应建5个，已建成3个。

【消防宣传】 全年，县消防大队充分利用消防科普教育馆、消防宣传车等形式，开展“五进”宣传活动260余场次，邀请基层单位人员到消防站，开展经常性开放活动，深入学校、企事业单位开展消防安全知识培训和灭火演练，共培训8000多人次，发放消防宣传资料3.1万余份。结合全县重大节日活动及法定节假日，利用消防宣传车开展走街串巷入户宣传活动。

（县消防大队）

2月17日，桂林市消防支队慰问灌阳消防大队全体官兵

县消防大队 提供

人民防空

【概况】 2018年，灌阳县人民防空办公室(简称县人防办)，与武装部组建一支100人的人防专业队伍，在全县范围内进行抢险救灾、组织人员疏散等工作，为确保人防专业队伍建设适应新形势、新任务的要求，5月，对100名人防人员进行专业训练，训练内容有抢险救灾、组织人员疏散等。

【防空试鸣和疏散演练工作】 县人防办在9月18日10时30分进行防空试鸣和疏散演练，全县2台警报器准时无误发出防空警报信号，在红旗初中、民族初中、县直二小按计划完成疏散演练规定的内容。试鸣期间，学校井然有序，居民生活秩序安定，车站、码头过往旅客情绪稳定，企事业单位没有因试鸣而造成任何不良影响。

【教育宣传】 县人防办认真做好法律法规宣传工作。2月8日，成立人防志愿者队伍，人数达80人。开展丰富多彩的文化宣传活动，利用灌阳县传统的民族节日开展形式多样的人防宣传活动。一是人防志愿者发放宣传单；二是利用新闻媒体在电视上宣传；三是标语横幅板块宣传。全年，共制作宣传横幅3幅，宣传版面6块，参观群众达500多人次。通过与教育部门结对共建，给2018年初一学生发放人防教材，并组织全县初一学生进行人防知识考试，为人防事业的发展打下良好的基础。

(县住房和城乡建设局)

城乡建设·环境保护

5月21日,灌阳县自然资源与生态环境保护工作会议在县委三楼会议室召开

县环保局　提供

城乡建设

【概况】 灌阳县住房和城乡建设局(简称县住建局),内设行政审批办公室、规划管理股、建设工程管理股、财务股、法制股、村镇规划建设管理股6个股室。实有行政编9人,工勤编1人。2018年,县住建局按照“五县战略”和“一江一路一园”发展思路,紧紧围绕“兴旅美城”的工作部署,坚持加快推进城乡协调发展进程为核心,切实履行部门职责,强化城乡规划编制和规划实施管理,精心组织重点项目和城镇基础配套设施建设,持续加大城市基础设施建设的投入规模,县区道路、古村落保护、便民基础建设、农村危房改造、住房保障、基础设施等重点工程。

【经济指标】

争取资金与固定资产投资　完成固定资产投资3.042亿元,完成任务的117%,向上争取资金6100万元,占全年任务的152.5%。

“四上”企业培育　灌阳县的建筑业总产值增加17.8%,商品房销售增长19%,房地产增幅63%。按照全县已经申报的3家建筑企业和5家房地产企业的基础数据,为确保在全市范围内保持增幅不会有较大的波动。2018年,县住建局培育发展4家房地产企业(灌阳县水车中辉集体经济投资有限公司、灌阳县鑫达物流有限公司、桂林灌阳县志鑫投资有限公司、灌阳县宏兴实业有限公司)。

商品房销售　当期上市面积为2.06万平方米,12月末累计可销售面积达5.75万平方米,截至12月,商品房成交面积达2.8万平方米,成交套数为234套,平均成交价格为3526元每平方米。二手房成交面积为3.24万平方米,成交套数为369套。全年县商品房销售基本平稳,商品住房库存处于合理区间。

【城建工作】

兴灌路综合整治工程　项目总投资7000万元,主要建设内容包括房屋征拆,建设道路长2500米,宽24米,双向四车道,共设6个道路交叉口及沿路绿化、亮化、街道风貌改造等配套设施。一是立面改造工程有序推进,假日宾馆、文工团等样板工程全面完成;二是强弱电下地已基本完成;三是人行道铺设已完成样板工程;四是完成路灯、绿化的设计方案。

双桥路市政道路桥梁工程　项目总投资7500万元,主要建设内容包括征拆安置,建设道路长400米,宽24米,双向四车道,三个道路交叉口及沿路绿化、亮化等配套设施。一是桥梁工程已主体验收,具备通行能力,正在进行桥面装饰、绿化等;二是已完成市政道路的路基工程,正在进行沥青路面及人行道铺设;三是完成路灯、绿化的设计方案。

县城污水处理厂提标改造工程　项目已获项目立项、可研批复,预算已经通过财政评审,已完成施工招标工作,正在进行基坑开挖施工,相关材料进场,同时进行招标设备采购。12月初完成改建及设备安装,12月中旬进行出水调试,污水厂出水年底前达到一级A排放标准。全县水环境质量总体保持优良,城市黑臭水体基本消除,

2018年,修缮修复好的传统村落洞井村　　县住建局　提供

2月23日，县长卢嵩（前右三）到观澜购物公园项目部调研　　胡　蓉　摄

350户危改指标任务，超过完成第一批任务239户预脱贫村危房改造指标的任务，第二批669户，按步骤2019年5月底前全面完成，正在按相关程序进行中。

改厨改厕及公共照明项目　2018年，农村改厨和改厕任务各1.8万户。年初指标任务已经分配到各乡镇，经过精心组织，扎实开展，稳步推进，全部完成任务数，全县无害化卫生厕所普及率达85%，清洁厨房普及率达55%；开展农村公共基础照明项目，太阳能路灯完成招投标手续，全面开工安装，各村照明路灯正式投入使用，完成总任务的100%。

城市排水排污环境质量得到全面改善。

观澜购物公园项目　观澜购物公园作为灌阳县首个瑶族文化特色城市综合体项目，集旅游、休闲、购物、餐饮、娱乐、休闲、文化等功能于一体的商业中心，汇集有文化艺术品、民族特色商品、食品街、老字号商铺、百货、小吃街、美食广场、特色精品餐饮等综合业态。项目总投资3亿元，2018年完成投资8250万元。该项目位于灌阳县灌江中路12号，规划用地面积13002.35平方米，总建筑面积77402.0平方米，计容积率建筑面积64997.0平方米，整体规划地下两层、地上4栋高层建筑。主体已完成建设，正在进行装修，预计2019年元旦可以试营业。

棚户区改造项目　全县列入2018年棚改任务共355户，其中列入国家任务的为县瓷器厂棚户区改造项目213户；自治区新增任务142户，其中木材公司、木材加工厂棚户区改造项目78户，县机械厂棚户区改造项目64户。

【古村落修缮、乡土特色建设】

传统村落保护修缮　共调查统计传统村落

【人居环境建设】

危房改造项目　上级下达灌阳县2018年危房改造任务数为908户，计划投资5448万元，对25个预脱贫村的危房改造指标户进行全面的调查、摸底、公示、审查，按照公平、公开、公正的原则确定危房改造对象，精心组织施工，严把工程质量，完成

2018年，修缮修复好的传统村落水车镇官庄村　　县住建局　提供

36个,14个村落被列入中国传统村落名录,其中文市镇月岭村获评中国历史文化名村,新街镇江口村、新圩镇小龙村被列入广西特色名村,新街镇江口村被评为"中国传统建筑文化旅游目的地"。积极争取上级项目资金并整合相关资金,完成保护规划编制12个,其中11个村落通过住建部审查,获得中央资金补助3300万元;推进洞井瑶族乡洞井村、新街镇江口村、水车镇官庄村、文市镇月岭村等村落的历史建筑修缮修复、村屯人居环境整治等工作,完成投资约6000万元。

乡土特色示范村建设　15个乡土特色示范村共获上级补助资金2250万元。官潭、马桥等村屯已完成建设,完成投资690万元。新圩镇和睦村上立湾屯、新圩街等路段正抓紧施工建设,完成后将展现全县特色文化内涵,突显鲜明民族特色、环境整洁、生态优美的新灌阳。

【新型城镇化建设】 27个示范乡镇建设项目中计划实施产业发展项目9个,投资额1.2亿元,占总投资的55.3%。新圩镇作为2018年新型城镇化建设示范乡镇,积极融入全县"旅游旺县"战略,依托资源优势,结合新圩镇产业发展特点,重点以红色旅游业、特色优势种植业为发展重点,把农业与旅游业有效融合发展,重点建设酒海井红军纪念园、杨柳井红色旅游新村、龙塘红色驿站、高速路口到龙桥定屋的红色骑行道等红色旅游精品景点。沿路打造新卫至和睦化塘的桃、李产业改造提升示范带,酒海井200亩农业景观,60亩大棚蔬菜示范点,通过土地流转、发展种植业直接带动沿线的新卫、和睦、新圩村的75户235人贫困人口脱贫。引进秋潮集团重点开发小龙乡村旅游景区,升级打造小龙休闲农业示范区,争取建成市级现代特色农业示范区,打造成农旅融合发展的典范,带动周围的老百姓通过服务业(第三产业)脱贫致富。计划在新建的110户贫困户易地搬迁集中安置点,引进现代加工等劳动密集型企业入驻,有效解决贫困人口后续就业问题。

【政务公开】 县住建局为全面提高政务公开工作质量,做到"四个结合"即:把政务公开与目标考核相结合、与服务承诺相结合、与政风行风相结合、与党风廉政建设相结合。在行政审批事项上为增强办事的透明度,提高办事效率,将所有行政审批和非行政审批项目全部纳入行政效能电子监察系统管理,与区网、市网联通,接受上级监督,并统一集中在县政务中心办证服务大厅办理。同时,抓住涉及关键工作、关键环节,群众关心、社会关注、与群众利益关系密切的重要事项,从内容和形式上重点加以深化。重点对工作职能、财务管理制度、办事程序、行政执法及行政审批事项的审批、收费、办理程序等进行公布。达到群众直观、方便,办事程序简化,提高工作效率,实现勤政为民的目的。

(县住建局)

城市管理综合行政执法

【概况】 灌阳县城市管理综合行政执法局属于县人民政府工作部门,主要承担城乡建设规划管理、市容环境管理、占道经营管理等方面的行政处罚职能。因机构改革等原因,暂未制定三定方案(单位性质、行政级别、内设机构等未明确)。灌阳县城市管理综合行政执法大队为灌阳县城市管理综合行政执法局的二层机构。2018年,灌阳县城市管理综合行政执法大队编制数为35名,实有人数67名(在编人员25名,协管人员42名)。年内,通过扎实有效地开展各项专项整治行动,市容环境及秩序得到明显改善,渣土管理水平得到大力提升,"两违"建设存量增量得到有效减遏。办公地址位于灌阳县灌阳镇兴灌路3号。

【市容秩序执法】 坚持以提升城区形象为目标。4月,为改善城区范围内的环境秩序,县城市管理综合行政执法局大力开展非机动车辆乱停乱放大整治行动,全年共查处乱停乱放非机动车2363辆,协助交警大队对机动车贴单1453张,共出动

6月22日，县城市管理综合行政执法局清理汽车站占道经营影响市容市貌烧烤棚　　县城市管理综合行政执法局　提供

执法人员4100多人次；为规范非机动车辆的停放，在中心小广场等地段合理规划停车区域，共增加三轮车停车位20个，两轮车停车位80个，同时在城区范围内配套增加非机动车停放的出入口180多个；为整体优化市容环境秩序，开展专项综合整治行动20余次，制止超门槛经营3500余人次；与主街道门店店主签订“门前三包”责任书4000余份。

【城区规划执法】 坚持以提高规划执法水平为目的。为严厉打击违法占地建设行为，进一步加强规范全县建设用地和城乡规划建设执法工作，疏堵结合，严厉打击“两违”建设行为，着重在消化存量，遏制增量上下功夫。2018年，联合职能部门对违法建筑实施断水断电行动23次(处)，涉及违法建筑户90余户；对新发现的违法建设制止违法建设行为57余起；采取强制制止拆除11起；共查处违法建设用地面积26864.67平方米(含强制拆除违法建筑面积2762平方米)，违法建筑总面积98613.14平方米；依据《“两违”建设清理整治方案》和“两违”建设处理流程对违法建设行为人进行处罚，共罚款92.966余万元；协助乡镇实施拆违工作，共出动执法人员40余人，执法车辆8辆，联合公安、住建、相关乡镇政府等部门，对新圩等地的11处违法建筑进行拆除。

【渣土治理】 渣土管理职能自4月从县市容管理局移交到县城市管理综合行政执法局，专门安排特勤中队负责此项工作。以“控制源头，提前防范，纠清并举，立足长效”为渣土管理原则，认真贯彻落实渣土管理规定，集中力量对建筑渣土进行整治。一是宣传引导，加强源头管控。执法队员深入工地，重点路段加大宣传引导力度、检查力度，同时督促建设单位采取防污措施，杜绝车辆带泥上路。对各施工工地统一要求，统一管理，与各施工单位签订《文明施工责任书》，要求施工工地做到“六个100%”(工地周边100%围挡，出入车辆100%冲洗，渣土运输100%

7月24日，县城市管理综合行政执法局进行渣土运输执法检查
县城市管理综合行政执法局　提供

10月23日，县城市管理综合行政执法局在新圩小龙拆除违法建筑
县城市管理综合行政执法局　提供

密闭，物料堆放100%覆盖，拆迁工地100%湿法作业，施工现场地面100%硬化）。对渣土运输车辆进行宣传教育1300次，发放大气污染宣传资料1000余份，与施工单位签订《文明施工责任书》20余份；二是多路并进，强化运输管理；主动上门宣传，要求各大石场、沙场立一块渣土覆盖密封告知牌；严厉查处渣土运输车辆未按规定路线运输，对渣土、沙石运输车辆，要求实现覆盖运输，严防途中撒漏滴，针对部分车辆利用下班时间违规运输的问题，执法队员时刻保持严管状态，不断堵塞渣土管理中的漏洞；三是严防死守，加大查处力度。对违反运输规定的车辆，依法进行打击处理。特别针对绕城公路卿家大桥、二桥头、西山坪、官潭等多条车辆撒漏高发路段开展渣土运输专项行动，查处过往渣土运输车无证上路、不作密闭覆盖、沿途撒漏、超限超载等违规行为。行动共出动执法人员2704人次，执法车120台次，检查过往渣土运输车辆4000余次，对渣土运输车辆宣传教育800余次，对情节严重、屡教不改等情形依法处罚260余次。

【联合执法】 遵照广西灌阳县2018年土地矿产执法监察巡查工作实施方案，多次联合国土、公安、电力公司、文市镇政府等单位对文市岩头坝、电筒山等区域采石场进行全面专项整治，重拳打击死灰复燃非法开采石材的乱象行为。以“三不留、一毁闭”的原则，对矿点的发电机、采石机、水管、厂棚等生产设施进行彻底捣毁，对非法采石工具依法进行搜缴和销毁。共摧毁非法开采石材的厂棚15个，剪断电线3000多米，推倒支架7个，收缴空压机10台，卷扬机8台。厂家自拆厂棚2个，拉走空压机3台。

【信访接待】 共接办县政府及信访办信访件5件，回复率100%。接待群众来电来访43人次，经过耐心细致的解释说明，群众表示满意或理解，满意率100%。

（郭　幸）

市容管理

【概况】 灌阳县市容管理局（简称县市容局）于2008年成立，属财政全额拨款参照公务员管理的正科级事业单位。负责对市政公用设施、城市园林、城市绿化、路灯的管理；对燃气经营网点设置进行备案；负责县城范围内环境卫生管理工作；负责乡镇生活污水和垃圾处理设施建设和监管；承办县委、县政府交办的其他相关工作。内设机构有人秘股、财务股、法制股；二层机构有市政公用事业管理站、环境卫生管理站。2018年，在职干部职工26人（局机关11人、市政公用事业管理站6人、环境卫生管理站9人）。年内，在县委、县政府的正确领导下，县市容局主动适应城市管理工作新形势、改革发展新要求、市民群众新期待，不断加强队伍建设，强化市容环卫管理，推进市政基础设施建设，健全长效管理机制，在提升县城形象，营造洁净环境，构建和谐灌阳方面取得了显著

8月8日，学州区雅仕苑垃圾分类收集试点　县市容管理局　提供

成效。2018年，争取自治区乡村振兴项目7个，补助资金2520万元。办公地址位于灌阳县灌阳镇兴建路16号。

【市政公用设施管理】 抓好市政道路、排水、路灯设施的养护，确保市政设施安全运行。投资500万元改造学洲区污水管网。投资72万元完成对解放西路至关帝庙的小街小巷改造。对县城道路、小街小巷污水、雨水井进行汛期排查、维修和清理。清理雨污井1030个，更换雨污井盖220个，清理沟渠1500米，维修滨江路损坏护栏52处，修补损坏人行道320平方米，路沿石280米。投资60万元新购路灯维修车1辆。完成对滨江西路、教育局路段损坏景观灯的维护。2018年共维护县城路灯1216盏，处理电线故障37次，维修各乡镇路灯310盏。城区亮灯率保持在95%以上。

【环境卫生管理】 提升清扫保洁效果，城区环境更洁净。2018年，积极开展垃圾分类工作，在滨江花园、雅仕苑小区设置垃圾分类收集试点。继续推行“夜间作业、白天保洁”模式。主干道每天4时至22时保洁8次以上，小街巷每天清扫1次以上，所有垃圾每天及时清运，实现县城公共区域和道路清扫保洁全覆盖，无死角。晴天对一级道路冲洒水每天6次以上，其他道路不少于4次(雨天除外)，路面冲洗每周2次以上。做好城区公共厕所建设工作，加强对现有公厕的日常保洁，确保公厕正常使用。新建江东安置小区公厕1座。规范垃圾处理费征收工作，加大收费透明度。共收取垃圾处理费65万元。

【园林绿化】 加强对公共绿地、广场、公园的清扫保洁和管护力度。管护人行道绿化树13999株、绿化带及花坛365302平方米，灌江两岸绿化524097平方米，公园绿地564854.4平方米。县城建成区绿地率达24%，绿化覆盖率达31.2%，人均公园绿地面积13.6平方米。

【垃圾处理设施建设】 灌阳县大竹凹生活垃圾

11月29日，灌阳县2018年预防非职业性一氧化碳中毒年终检查工作布置会议在县政府三楼会议室召开　县市容管理局　提供

2018年,黄关污水处理厂投入运营　　县市容管理局　提供

填埋场正常运行,垃圾场实行台账式管理,场区工作人员每天做好计量、覆土、消杀、污水处理等台账,做到24小时有人值班,以确保垃圾场安全正常运营。2018年,共清运垃圾21488吨,无害化处理21488吨,县城生活垃圾无害化处理率达100%。各乡镇垃圾中转站均按要求管护,垃圾日产日清,正常使用。各垃圾焚烧点全部投入使用,垃圾焚烧后排放物通过严格检测达到国家标准。

【污水处理设施建设】 黄关、文市、新街、新圩污水处理厂正常运行。水车镇污水处理项目已完成立项、选址意见、征地、可研、土地预审等前期工作,初设正在报批,敷设市场段污水管网铺设2千米及棚户区污水管网1千米。洞井、西山、观音阁3个污水处理厂已完成立项、选址意见、入河排污口、环评的批复,可研报告已做好,正在等土地预审批复。

【燃气管理】 2018年,县市容局加强对燃气行业的安全管理工作,联合安监、公安、消防大队、工商质监等部门对燃气企业开展安全隐患专项整治检查4次,暂扣钢瓶30余个,维护燃气市场经营秩序,消除安全隐患。推进灌阳县管道燃气项目建设,已敷设县城市政中压燃气管道12.5千米,对江东水岸家园小区、和信云水瑶小区、花果山小区和商业用户14户接通天然气,县城管道燃气入户率达24%。开展燃气安全使用宣传进社区、进学校、进家庭等系列活动。通过3个社区、江东水岸家园物业和燃气企业等渠道发放"给灌阳县瓶装液化石油用户的一封信"宣传单1.2万余份,燃气企业随同送气发放宣传册5000余份,通过手机发送宣传预防信息30多万条,在灌阳电视台、《今日灌阳》、《雄基广告》上刊登专版宣传,让公众懂得正确预防一氧化碳中毒知识,保证了安全生产宣传的针对性和实效性。2018年,全县没有出现非职业性一氧化碳中毒死亡案例。

（县市容局）

环境保护

【概况】 灌阳县环境保护局(简称县环保局)是灌阳县人民政府主管全县环境保护工作的正科级行政单位。内设局办公室和综合管理股,二层机构有环境监察大队和环境监测站,均为财政全额拨款参公管理事业单位。2018年,核定编制数26名(公务员行政编4名,参公事业编22名),现有在岗人员27人。年内,县环保局落实环境保护"党政同责、一岗双责"责任制,实施"生态立县"战略,推进生态环境保护工作,全年无生态环境安全事故发生,全县环境质量持续优良,环境空气质量优良天数327天,地表水(文市断面)、饮用水源水质达标率100%,县城区域环境噪声均达到功能区标准。办公地址位于灌阳县灌阳镇双桥路99号。

【环境监管】 县环保局开展全县环境风险隐患专项检查、集中式饮用水水源地环境保护专项排查工作、"非法排污"专项执法工作、铁合金行业环境执法检查专项行动整治,出动执法人员570

11月21日，自治区环境保护督查组到灌阳督查环保工作

县环保局　提供

余人次，检查企业230家次。加强建设项目环保行政许可工作，审批建设项目环境影响报告表15个，完成建设项目环境影响登记表网上备案35个。做好西山坪工业园区污水处理厂、文市工业园污水处理厂、双胞胎集团养殖项目等县重点项目的环评相关工作，聘请有资质单位完成跟踪灌阳县工业园区环评规划和跟踪环评工作。2018年，共立案查处环境违法案例13件，其中查封3件，移送公安1件，罚款11件、43.5万元。

【污染防治】

大气污染防治　开展砖厂管理，全县砖厂生产企业完善脱硫除尘设施建设，安装在线监控装置经桂林市环境保护局全部验收备案；进行施工工地管理，审批发放施工许可证34宗，建立施工工地扬尘污染投诉举报制度，扬尘治理立案查处1宗，下发整改通知书16份；进行道路扬尘控制，对县城内主干道每天洒水次数不少于6次，其他道路不少于4次（雨天除外）；进行建筑渣土整治，共出动执法人员1100余人次，执法车360台次，检查过往渣土运输车1000余辆，对200余辆违规车辆作出处理；加强工业企业烟尘达标排放、挥发性有机物治理、油气回收管理，加强对铁合金、砖厂、石材企业的日常巡查，按照要求对排污单位实行网格化管理，开展双随机抽查156次，开展3次对辖区内加油站、贮油罐专项检查；加强露天焚烧管理，悬挂禁止露天焚烧垃圾宣传横幅，制作宣传禁烧牌，发放宣传资料5万余份，对焚烧整治情况进行经常性监督检查和跟踪监管。

水污染防治　县城污水处理厂提标改造工程项目主体工程建设基本完成，县城污水处理厂完成总磷、总氮在线监控设施安装并与区、桂林市环境保护局在线监控管理平台联网正常运行；4个乡镇污水处理设施建设投入试运营，污水处理设施均正常运行。开展饮用水源规范化建设保障饮用水安全，按要求公开季度县城饮用水水源、供水厂出水和用户水龙头水质等饮水安全状况信

1月3日，灌阳县大气污染防治工作联席会议在县政府三楼会议室召开

刘婷　摄

11月22日，自治区国家重点生态功能区考核组在灌阳大竹凹垃圾填埋场检查运行情况　　县环保局　提供

息。开展防治畜禽养殖污染，制定《灌阳县人民政府办公室关于印发灌阳县畜禽养殖禁养区和限养区划分方案的通知》，完成畜禽粪污处理设施配套装备的30个场，畜禽粪污处理设施配套率达到76.92%，综合利用率达到79.75%。全县7个农村环境综合整治（含传统村落）项目均完成验收，预算安排21万元农村污水处理设施专项运行维护经费确保污水处理设施正常运行。完成加油站的改造任务2座（中石化1座、私营1座）。编制灌江流域水污染防治应急预案，开展辖区内重点行业企业和工业集聚区环境风险评估和突发环境事件应急预案编制，开展打击非法小选矿专项检查工作，严防小选矿死灰复燃。

土壤污染防治及其他　完成辖区土壤污染重点行业企业基础信息调查工作；对纳入疑似污染地块开展土壤环境初步调查，与重点行业企业签订土壤污染防治责任书，加强督促和指导土壤环境重点监管企业制定用地进行土壤环境监测年度计划和实施，调查企业17家，完成企业基础信息调查工作。开展辖区企业危险废物规范化管理工作，并通过自治区生态环境厅规范化管理要求考核。

【第二次全国污染普查】　成立灌阳县第二次全国污染普查工作领导小组及领导小组办公室，配备专职工作人员2人，落实普查工作经费20万元，制定2018年度工作计划和普查实施方案，完成清查建库工作，开展普查宣传培训、普查工作业务培训工作，开展入户调查和数据审核工作，按照上级要求全面完成阶段工作任务。

【督查整改】　根据广西千家洞国家级自然保护区内违规水电站整改年度工作计划，对艾家湾、道江河、汇源3个电站下发逐步退出千家洞国家级自然保护区的通知，完成对艾家湾、道江河、汇源等5个水电站的资产清查，签订退出协议；完成对千家洞国家级自然保护区内受到破坏的区域进行生态修复工作，点播补种的大部分幼苗已成活（除因山洪自然灾害冲毁河床造林部分外），成活率均达90%以上。2018年中央环境保护督察“回头看”期间，共接到交办件17件，均按照时间节点有序完成整改任务。

【生态建设】　观音阁乡、洞井瑶族乡申报区级生态乡镇获得命名，全县区级生态乡镇创建率100%。创建14个区级生态村和126个市级生态村，全县生态村创建率达91.3%。

【环境宣教】　组织县环委会19个成员单位在县城大市场开展环保宣传“进乡镇”“进村屯”“进校园”“进企业”活动，全年累计开展环境宣教活动10次。组织全县7所学校参加全市申报生态学校培训，灌阳县黄关镇第二寄宿学校和水车镇高年级寄宿制小学开展绿色学校创建申报活动，灌阳高中、灌阳县直第一小学两所学校开展创建国际生态学校活动。灌阳县直属机关第一小学获得“2018年度国际生态学校项目绿旗荣誉学校”。

（蒋颖欢）

住房制度改革

【概况】 灌阳县住房制度改革委员会办公室(简称县房改办),是县人民政府直属财政全额拨款的正科级参公事业管理单位。主要职责贯彻落实国家、自治区住房制度改革的方针、政策和规定;负责制定全县住房制度改革方案和配套政策,并组织贯彻实施。2018年,现有编制4名,在职人员3名(含副科级领导2名,办公室人员1名)。年内,主要负责房改房的上市交易审批工作,协助住建局做好全县棚户区项目实施工作。办公地址位于灌阳县建设路18号。

【棚户区改造项目】 一是做好2015年棚户区续建项目405套在建住房的进度上报及统计工作。二是协助做好灌阳县2018年棚户区改造工作,为实施棚户区改造项目提供政策指导,为房改房拆迁户提供有关档案资料,保证全县棚户区项目拆迁改造工作顺利实施。三是做好2016年区保障办对全县住房保障工作进行督查时指出的存在问题进行整改。2018年,全县江东棚户区改造项目的整改任务已完成90%以上。

【房改房办理房地产交易及权属登记】 在办理房改房房地产交易及权属登记的过程中,做到公开办事流程,实事求是、依法依规严格审批程序,文明礼貌,热情服务,明确责任义务,自觉接受群众监督。2018年,共办理房改房上市交易审批登记41户,产权面积约3280平方米,评估房产价值近787.72万元。为灌阳县户籍在外地购买政策性住房人员提供证明63份。

【住房信息档案】 完善住房信息系统中房改房个人住房档案3177份,为全区政策性住房档案信息联网工作打下坚实的基础。

(唐桂珍)

住房公积金管理

【概况】 灌阳县住房公积金管理部按照中心下发的各项指标计划,全面贯彻落实公积金新政。一方面收紧公积金支取条件,取消装修提取、异地购房提取;在个贷率居高不下的情况下,保证本地职工购房贷款的刚性需求;另一方面配合公积金新业务系统上线,大大简化公积金支取和贷款手续,提取公积金秒到,同时缩短贷款业务办理时限,既方便贷款职工,也加速房企去库存,回笼资金,促进房地产市场良性发展,为助力灌阳县国民经济增长、保障民生做出应有贡献。

2018年,江东棚户区项目2015年续建项目　　县房改办　提供

【住房公积金各项业绩】 2018年,缴存单位314个,缴存职工6969人。新增缴存职工404人,归集资金9318万元,提取公积金6801万元,发放贷款98户,共3127万元。

【提高工作效率】 为提高办事效率,树立良好窗口形象,县住房公积金管理部组织职工学习业务知识,吃透政策精神,严格按照上级政策和中心对外公布的办结时限，按时保质地完成承办的各类业务。

【审核调查】 为确保资金安全，管理部在公积金提取上突出审核重点，采取现场验证、网上查询、电话询证、实地查看等方式，对异地购房提取、银行按揭还贷提取及装修提取进行严格审查，防止骗取的现象发生；在公积金贷款方面，除要求贷款人正常提供资料外，坚持做到商品房不封顶不放款、自建房不竣工不放款、二手房不查验不放款，严格控制还贷风险。

【内外协调】 管理部是中心派出的办事机构，除接受中心的领导和指导外，还经常与当地政府职能部门相互沟通。为完成好各项任务，解决工作上出现的问题，县住房公积金管理部经常向中心领导请示报告工作情况，向业务科室咨询探讨业务政策、处理方法；同时加强与县国土、房管、不动产登记等部门的联系协调，促进公积金贷款抵押、撤押业务的顺利开展。

【法制教育】 在开展业务学习的同时，县住房公积金管理部自觉参加法制教育、警示教育、廉洁教育，以各类渎职、失职案件为反面典型，树立正确的价值观、权力观，筑牢拒腐防变的思想道德防线，自觉抵制不法行为，做到遵纪守法，廉洁自律。

（县住房公积金管理部）

交通运输·邮政

8月22日,灌阳县2018年交通运输工作会议在县交通运输局六楼会议室召开

伍秋福　摄

交通运输

【概况】 灌阳县交通运输局（简称县交通局）是县人民政府的交通运输主管部门。主要负责县内地方公路规划、建管，道路运输管理、航务管理、交通执法等。2018 年，内设机构有行政审批办公室、综合规划股、财务股、综合运输管理股。机关行政编制 8 名，机关后勤服务人员 1 名。下设 5 个站所：运输管理所、公路管理所、航务管理所、交通执法大队、货运服务站（其中货运服务站属自收自支单位），干部职工共 58 人。

年内，灌阳县农村公路里程已达 720 千米，占全县公路总里程的 80.9%，100% 的行政村通等级公路，城乡一体的交通网络初具雏形。全县县道好路率达 85%，乡、村道好路率达 78%，县道晴雨通车里程率达 100%，乡、村道晴雨通车里程率达 98%。全县拥有等级客运站 6 个，其中二级客运站 1 个。便民候车亭 78 个，其中新建 18 个。全县共有农村客运班线 19 条，其中新增江东公路客运班线，新购客车 4 辆，农村班车 11 辆，公交车 58 辆；新增 6 个行政村通客车（其中预约通客车 5 个行政村），128 个行政村通达客运班车和公交车，通达率为 92.75%。办公地址位于灌阳县江东开发新区。

9 月 13 日，县交通局开展交通执法治超检查　　县交通局　提供

【交通基础设施项目建设】 以交通基础设施建设项目为工作重点，全面推进在建工程收尾工作，同时加快项目落地和建设进度。2018 年，交通类项目总投资达 4 亿多元，全县公路水路交通基础设施共完成固定投资 1.23 亿元，按计划完成预期目标任务。

1. 灌平高速公路：完成灌阳段先行开工点（麻地隧道）56.94 亩征地拆迁任务，完成年度形象投资 1.31 亿元。

2. 国省道干线：国道 357 永安关经水车至灌阳公路工程，二级公路，计划总投资 3.33 亿元，全长 35 千米。2018 年完成 25 千米清理表土工作，完成路基 65%，桥梁 40%，涵洞 80%。

3. 灌阳县千家洞旅游景区道路：二级建设标准，计划总投资 3003 万元，路线全长为 4 千米。2018 年底建设基本完工，剩余路面标线。

4. 灌阳文市勒塘至（全州）两河大田公路，2017 年续建项目，全长 11 千米，新建三级公路，水泥混凝土路面，总投资 2420 万元。完成路基 90%，涵洞 50%，2018 年底完工。

5. 完成樟树林—永富、土地塘—下洞、茶叶场—鹰嘴、陶家桥—南江、陶家桥—茶源、文市—大湾、黎子口—同仁窄路拓宽项目 7 条，共投资 630 万元。

6. 完成灌阳—顺溪、蔡家—小龙、文市—大湾、筛子塘—王道、茶叶场—鹰嘴安全生命防护工程项目 5 个，共投资 131 万元。

7. 完成扶贫资金项目福星村周家湾至小江头道路硬化工程，总投资 170 万元，路线总长 1.82 千米。

【农村公路管养】 积极推进农村公路养护工作。对县道的路面、水沟、涵洞等进行修整和完善。2018 年，全县在养农村公路总里程已达到 703.44 千米。投入县道日常养护经费 65 万多元，对县道的路面、水沟、涵洞、路肩、挡土墙及水毁路段等进行修整和完善。乡、村道的养护按县财政年初预算的比例拨付乡村道养护费53万多元，并对经费使用情况进行督促，对乡村道进行定期或不定期检查。2018年完成长渡经水车至文市公路k0+000-k2+200段的路面大中修工程，投入35万元对灌阳至顺溪公路k0+000-k14+000进行路面维护，投入12万多元对县道西山（李家桥）至土地塘5.6千米被水冲毁路肩进行了填补，投入26万多元对鸟崽冲至庙边、土地塘至下涧、双河口至北江、龙塘田至西江等乡道水毁进行修复，投入水毁抢修保通资金25万元，对2017年遗留水毁路段灌阳至秀凤公路进行修复。

9月13日，县交通局开展水上交通应急演练　　县交通局　提供

【农村公路生命防护工程】 年内，公路所开展农村公路安全隐患大排查工作，并对比较典型的安全隐患拟出整改措施，上报主管部门及安监部门。对隐患较严重的公路，如伍家湾至老屋坪公路K0+000—K0+500处设置波形护栏500米，投入资金16万元；另投入资金23万元，完成灌阳县9大安全隐患的官庄村路面修复及大竹源村水竹窝公路波形护栏设置。

【道路运输管理】 县交通局及时申报和发放全县公交车、出租车、农村客运车辆燃油补贴，营运车辆IC卡申办、审核及发放工作有条不紊地进行，2018年营运证IC卡已发放430张。在春节、“五一”、国庆等重要时段节点，提前部署，靠前指挥，全县道路运输形势整体平稳有序发展，无旅客滞留现象和较大安全事故发生。特别是春运期间运管所按照要求开展“情满旅途”活动，为旅客全新服务、倾注真情、奉献爱心。各客运企业均按照营运客车车貌规范的要求，提供车身外观整洁、车内环境卫生的客车，为旅客创造舒适的乘车环境；各客运站增设售票窗口，延长售票时间，增设便民设施；并为老弱病残及军人提供专项服务；为团体旅客提供上门售票服务，积极开展联网售票，电话订票、超市网店售票等新型售票方式；拓展手机客户端、支付宝、微信等便捷售票渠道。要求出租车做到不拒载、不宰客、不甩客、不说脏话。一杯热茶、一盒针线包、一包晕车药，让旅客感受到一份家的温馨，客运站和运管所均实行24小时值班制度，时刻保持通讯畅通，及时通报春运信息，了解春运动态，及时掌握旅客流量。

【汽车维修行业管理】 年内，一是规范全县机动车辆维修市场秩序，提高维修质量和服务水平。督促维修企业签订《维修行业2018年度目标责任书》《维修行业2018年度环境目标责任书》。二是为保证维修质量，规范服务、从业人员素质、环境条件、安全生产等。2018年，要求维修作业严格执行《汽车维修、检测、诊断技术规范》(GB/T)合同管理，要求企业对作业项目工时单价、承诺服务、投诉电话、作业流程等上墙公示。三是对维修企业环保问题进行日常监管。通过突击检查，现场查看、查阅资料和听取汇报等方式，要求企业高度重视，健全废气、废水、废油、废物等处理的一系列管理制度，切实减少维修过程中对环境造成的污染。四是开展2017年度维修行业质量信誉考核工作。2018年4月—6月，对全县5家二类维修厂家进行考核，有1家因安全生产制度不健全及场地等原因，考核不达标，由二类降为三类。经过信誉考核，进一步规范全县汽车维修行业经营秩序，增强环保观念，维修市场面貌有大幅提升。

【农村物流网络建设】 随着农村物流市场三级网络体系逐渐建成使用，全县农村商贸物流基本形成县城设快递配送中心、农资配送中心，9个乡镇设连锁配送点、行政村设连锁放心店的农村商贸物流三级网络体系。

【水上交通】 水上交通实现连续34年无安全生产责任事故。全年客运量7.74万人，客运周转量139.32万人千米，客运量、客运周转量比去年同期减少10%。全年共出动检查人员259人次，检查船舶170艘次。共查出安全隐患13起，12起整改到位，1起在整改中。投入资金约2万余元为5艘运行中的渡船更新救生衣，救生衣全部按要求配备，为文市镇江西渡更新灭火器2个，为5艘渡船更换雨棚。6月，县航管所、桂林海事局、灌阳县红十字会联合到文市中学开展水上交通安全知识进校园活动，通过发放宣传画册、摆放宣传展板、多媒体讲座、安全警示、现场实际操练等多种形式，向学校师生讲解水上安全知识、防溺水知识及基本急救技能。全年协同桂林市海事局联合进行航务执法大检查6次，发放宣传资料300余份，保障水上交通工作的稳步推进。

11月6日，市交通局局长钟德臣（右中）到灌阳检查指导工作

县交通局　提供

【春运执法】 春运期间，交通局执法大队加大辖区道路执法监管力度。严厉打击非法营运、超范围运输经营、班线车站外揽客、不按规定检测车辆等违法经营行为。交通局执法大队春运期间共上路执法40天，出动执法人员193人次，查处非法营运2起，不按规定线路运行1起，无从业资格证驾驶营运车辆5起。有力维护辖区内客货运市场秩序，保证春运期间道路交通运输安全。

【路政执法】 年内，县交通局加强路政执法力度，维护农村公路路产路权。一是完善农村公路路政联动巡查工作制度，切实做好县辖区范围内700多千米农村公路的日常巡查工作。加大对农村公路沿线群众乱堆乱放、占道经营、利用路肩种植农作物等影响农村公路安全畅通违法行为的整治力度。2018年，共出动巡查车辆128辆次，人员513人次，发现并纠正公路占道行为76起，有效维护农村公路路产路权，及时消除运行安全隐患。二是主动联系公安交警大队、公路局路政大队联合开展公路超限超载治理。2018年共联合执法22次，连续执法7天以上2次，执法车辆22辆次，人员143人次。参与检查货运车辆173辆次，配合查处超限超载违法行为1起，查处超限超载车辆17辆次，卸载17辆次。三是积极做好打非治违活动。在全年的治理中共出动执法车辆127辆次，执法人员452人次，检查车辆297辆次。查处非法营运行为10起，无从业资格证驾驶营运车辆行为11起，不按规定检测车辆1起，不按规定携带“道路运输证”1起，不按规定线路运行1起，罚款3.8万元。四是积极配合多部门联合开展防治行动。10月24日参加县政府组织召开的防控“非洲猪瘟”疫情会议；10月25日，执法大队根据工作部署拟好“非洲猪瘟”疫情临时检查站时间人员安排值守表，每班24小时2人，出动车辆27辆次,27个昼夜,人员55人次,联合查处1起从疫区非法运输生猪的违法行为并由畜牧部门进行无害化处理。积极配合参加政府组织的石材市场治理专项行动,迅速查办交通运输违规行为9起,参加夜查2次。

【道路运输安全监管】 抓好春运及其他节假日道路运输安全生产工作,及时开展道路运输行业安全生产大检查。积极开展“安全生产月”及“安全生产八桂行”活动等。2018年,共进行安全检查198人次,发现问题15个,均已督促整改到位,及时消除各种安全隐患。对运输企业、从业人员的管控能力逐步增强。一是督促客运站、客运企业、货运企业、出租汽车公司定期召开安全工作例会,分析当前安全形势,解决工作中存在的问题;二是及时通报全国及周边出现的各种重特大交通事故,举一反三,在全行业开展安全大教育、大检查、大整治行动。三是抓好源头安全管理,强化安全检查制度。各客运站加强安全工作的检票、监督,驻站人员协同企业管理人员严格执行“三把关、一监督”“三不进站、六不出站”等规定,落实“谁检查,谁负责,谁签字,谁负责”的安全责任追究制度。同时加强对站内车辆及外地配载车辆的“三品”检查。四是落实责任、健全机构的基础上,县交通局把各类专项整治工作和隐患排查治理工作有机结合起来,督促企业全方位落实安全措施和制度,彻底排查整治安全隐患不留死角。5月,县交通局对运输企业开展安全隐患大检查大排查,督促灌阳汽车总站对发现的问题及时整改,要求其严格执行“三不进站,六不出站”制度。通过各类检查发现并督促企业整改安全生产隐患4处,现场提出整改督办意6次。五是坚持科技兴安的工作思路,加强长途班车的动态监管,各客运企业卫星定位系统监管平台实行24小时值班,详细做好监控情况记录,及时发现并纠正驾驶员在旅客运输途中发生的违章操作行为,严格监控禁止客运车辆在凌晨2时到5时通行规定的执行情况。

(陈　杰)

公路管理

【概况】 灌阳公路管理局(简称县公路局)隶属于桂林公路管理局,属于事业单位。2018年,局机关设养护与工程管理科、办公室、政工科、安全与国有资产管理科、纪检监察室、财务科、工会、灌阳路政执法大队,基层设灌阳养护站及黄关养护站。

县公路局总管养公路里程为101.67千米,上级下达给县公路局2018年终的路况指标为:优等路10千米,良等路74千米,中等路3.666千米,次等路8千米,差等路6千米,优良路率为82.62%。办公地址位于灌阳县灌阳镇灌江北路169号。

11月29日,县交通局开展交通执法检查　　县交通局　提供

【养护工程】 县公路局完成公路养护项目4个,分别为:

1.G357线(原Y497线七星台—太和K0+000-K1+850)水毁路面修复工程,项目总投资10万元,该项目于2018年5月21日开工,5月30日全面完成施工任务。

2.G241线沥青路面大中修工程,项目批复预算984.97万元,于10月份进行招标,招标工程计划工期240

12 月 29 日,灌阳县举行长文公路改建工程开工仪式

县交通局　提供

日历天,开工时间 2018 年 11 月 10 日,完工时间 2019 年 7 月 7 日。

3.G357 线东山至泸水灌阳段公路路产损失修复工程,项目总投资 10 万元,该项目于 2018 年 10 月 29 日开工,11 月 20 日全面完成施工任务。

4.G241 线水毁挡墙修复工程,项目总投资 19.65 万元,2018 年 11 月 22 日开工,12 月 25 日全面完成施工任务。

【专项宣传活动】 年内,积极开展“路政宣传月”“安全生产月”专项宣传活动。5 月,为了全面落实以“规范执法、护路为民”为主题的“路政宣传月”活动,灌阳路政执法大队紧紧围绕活动主题,开展形式多样的宣传活动:一是在公路沿线乡镇、原收费站发放路政管理法律法规宣传资料 100 余份;二是充分利用县公路局滚动显示屏宣传《中华人民共和国公路法》及《公路安全保护条例》等相关内容;三是开展走进企业专题活动,为企业和司乘人员答疑解惑;四是在办公场所及原收费站张贴宣传海报;五是开展“政府主动、部门联动”的联合治超。5 个部门参与联合治超,开展为期 7 天的联合治超,出动执法人员 75 人次,其中公路部门出动 28 人次,检查车辆 106 辆次,卸载车辆 2 台次,卸载货物数量 45.5 吨。利用“安全生产月”活动开展路政、治超宣传工作。加强安全生产方针政策,公路等相关法律、法规及其他科普知识的宣传,营造浓厚的普法宣传氛围,强化平安交通的安全理念。通过悬挂横幅、设立宣传咨询台、展出安全宣传板报、发放安全知识宣传资料等方式,深入宣传活动的主题“打造本质安全,共享平安交通”。

【公路养护】 对所辖路段的零星坑槽采用沥青冷补料进行及时修补,对新接管养 G357 线(原 X073)的路面零星坑槽采用“一油一料”封补,共修补路面零星坑槽 4773 平方米。积极完成上级下达的公路养护小修工程计划,共计完成公路养护路面小修修复工程 85208.79 平方米。

【路政执法】 全年,共发生路政案件 3 起,查处 3 起,共收取路产赔(补)偿费 21290 元,案件查处率为 100%。清理非交通标志牌 64 块,清理堆积物 36 处 87 平方米。查处超限车辆 117 辆次,卸载超限车辆 117 辆,卸载货物 1303.81 吨。

【“美丽广西 · 宜居乡村”交通行动】 年内,积极实施“美丽广西 · 宜居乡村”交通行动,维护公路沿线设施及路容路貌整治。共计投入人力 1252 人次,投入车辆、机械 459 台次,清理国省干道水沟以 6266 米,对沿线群众进行宣传教育 423 人次,使“美丽广西·宜居乡村”公路行动取得显著成效。

(县公路局)

邮　政

【概况】 2018 年,中国邮政集团公司广西壮族自治区灌阳县分公司(简称邮政灌阳分公司),内设机构有综合办公室、市场营销部(下设金融业务中心、集邮与文化传媒中心、包裹快递中心、渠道平台中心、机要室),县城生产班组为寄递事业部、投递班,乡镇下设分支机构有县城胜利路营业所、城南营业所、观音阁邮电所、洞井邮电所、西山邮电所、黄关邮政支局、新街邮电所、新圩邮电所、文市邮电所、水车邮电所10个邮政支局(所)。年内,共有从业人数为84人,其中正式合同工49人,劳务派遣员工35人。10个邮政营业网点担负着全县的邮政通信生产任务和普遍服务的义务。邮政储蓄网点6个、自动柜员机25台。

2月12日,邮政灌阳分公司组织人员进行消防安全演练

邮政灌阳分公司　提供

【代理金融】 县公司将余额发展作为代理金融业务的"压舱石"和"推进器",带领员工立足农村,抢抓农业经济、打工经济。截至2018年末,完成余额净增1.32亿元。

【渠道平台分销业务】 邮政灌阳分公司完成32个村邮乐店的建设,已建成并运营的店有122个,电商分销业务坚守效益底线,立足邮政特点走特色发展道路。按照市分公司党委开启"党建+电商+扶贫"模式,打造助农增收、精准脱贫的"新引擎"。针对全县季节性农产品(黑李、雪梨),大力实施"电商扶贫"计划,共收订17.36万单,实现收寄收入67.3万元。中央电视台CCTV2财经频道和广西电视台对此予以肯定并充分报道。

【邮务类业务】 邮政灌阳分公司落实邮政普遍

5月25日,桂林市各县科协与邮政领导参观灌阳县村邮乐购运营模式　邮政灌阳分公司　提供

服务新标准，严守“两条红线”，加强邮政普遍服务管理，巩固扩大特殊服务成果，实现建制村通邮率100%的目标。同时严把邮件收寄关，确保邮政寄递渠道安全；报刊业务在做好报刊大收订的同时，强化与教育行政部门、学校的沟通。全年报刊大收订实现流转额185万元。8月，联合县委宣传部、教育局、文新广电局在江东开展图书巡展活动，受到广大居民、学生的好评。

（唐兴好）

工业·信息产业

11月15日，灌阳县人民政府与广西雅高珺奇实业有限公司在县政府四楼会议室举行工业园区石材签约仪式　　蒋纤纤　摄

工　业

【概况】 灌阳县工业和信息商贸局(简称县工信局)为县政府正科级的工作部门,主要负责全县工业、商业实行宏观管理和调控。内设机构有办公室(行政审批办公室)、计划财务股、经济运行股、能源资源股、企业管理股、项目股、商务股、科教人事股、工业园区规划建设股、信息化推进股,二层管理机构有县工业和信息商贸局行政执法大队、县中小企业管理站、县节能监察中心3个。2018年,有行政编17人、参公编8人、事业编12人、机关后勤编2人,在职人员38人。年内,全县规模企业工业总产值完成29.97亿元,同比下降12.7%,规模工业增加值完成(可比价)7.89亿元,同比下降4.6%;工业投资同比下降10.9%;工业园区产值完成22.4亿元,同比增长9%。办公地址位于灌阳县龙岗一巷二号。

【节能减排】 县工信局做好散装水泥监管工作,对散装水泥搅拌站生产区、产品质量进行监督管理。并根据桂工信节能〔2016〕870号文件精神,组织县内相关企业做好自治区锅炉能效提升财政奖励资金项目申报工作。年内,都庞岭木业有限公司申报清洁生产项目,申报奖励资金共计人民币100万元。

【信息化推进】 灌阳县以桂林市国家信息消费试点城市为契机,推进三大运营商和广电网络建设,促进通信网、广播电视和计算机网络三网融合,强化网络安全,加大贫困村网络化建设力度,完成电信普遍服务试点项目;积极引导企业转变传统营销观念,大力开展网上营销和信息化项目。工业化与信息化融合加快,在传统工业产品中嵌入信息技术,推动信息技术综合集成到不同企业中,使企业的管理、产品、生产要素等向数字化、智能化、网络化发展。

【安全生产】 参与"打非治违"专项行动、安全隐患排查治理月活动、消防安全大排查大整治等活动。全年工业企业无重特大安全事故发生。

【企业改制】 完成国有企业县机械厂、钢厂、冶金总厂、瓷器厂、医药公司改制前期摸底工作。县工信局组织开展摸排,处置县机械厂、县瓷器厂、原水泥厂、原百货公司等企业和部分项目建设中影响社会稳定问题。

9月4日,县委常委、组织部部长黄小雪(中),副县长陶日桂(左一)到眼镜厂调研　　县工信局　提供

【园区建设】 重点打造文市石材产业园,规划建立占地面积1000亩的文市石材产业园,总投资6亿元。新建标准厂房3.5万平方米及路网、排水、排污管网等配套建设;计划引进安装60台海恩牌拉锯和大理石磨机等一系列国际先进生产设备、全自动化生产作业流水线,提高生产能力、丰富产品线。项目规模:整个园区预计第一年完成生产250万平方米大板,实现年销售额3亿元,实

现税收1000万元。项目实施中以标准厂房建设为契机，主动对接企业需求，为企业入园发展壮大搭建工作平台。年内，与香港雅高控股有限公司签订投资协议，该企业租用标准厂房3.5万平方米，引进安装广东科达大理石静压排锯16台，薄板排锯2台，科达全自动磨机8台，行车16台，设备总投资约3500万元，远期配套投入超过3亿元，预计2019年6月竣工投产。

4月26日，县工信局调研灌阳县冶炼企业生产运行情况

县工信局　提供

【重大项目】 2018年，县工信局在抓好贵达异地搬迁等工业续建项目的基础上，重点抓好工业园区雅高黑白根建设项目、西山坪工业园区和文市工业园区污水处理厂项目建设、文市石材产业园标准厂房和园区大道建设项目、灌阳县华山矿业有限公司异地搬迁项目等项目建设。

（县工信商贸局）

信　息　业

中国电信股份有限公司灌阳分公司

【概况】（简称电信灌阳分公司）内设一室二部四支局，即办公室、客户部、网络部、政企支局、黄关中心支局、文市中心支局，其中黄关中心支局下辖新街镇、黄关镇、西山瑶族乡、观音阁乡、洞井瑶族乡5个电信所，文市中心支局下辖新圩镇、文市镇、水车镇3个电信所。2018年，电信灌阳分公司用工总量为30人，其中在岗合同制员工29人；内退1人，离退休31人。党员7人。在职员工有本科学历8人，大中专学历16人，高中、技校5人，初中及以下文化1人。

【经营指标】 电信灌阳分公司认领的年度主营业务税后收入指标3144.10万元。全年累计完成收入3170.01万元，完成率100.85%，同比增长16.99%。

天翼手机　天翼手机发展数46635部，同比增长57.70%。

宽带电视　宽带电视(IPTV)用户15800户，同比增长73.61%。

光宽带　光宽带用户20065户，同比增长26.23%。

固定电话　固定电话用户为9980户，同比减少20.96%。

光纤专线　光纤专线用户为272条，同比减少0.08%。

【通信建设】

农村4G天翼基站　实现灌阳138个行政村天翼信号全覆盖。累计开通4G基站49个，新建直放站24个，高山基站扩容10个。

FTTH光网宽带　光宽带建设以“1000M引领，300M主流，100M起步”为建设标准，全力满足灌阳县边远山区对光网的需求。2018年光网宽带建设投资立项约533万元，建设范围覆盖199个自然村（屯），实现灌阳138个行政

1月28日，中国电信股份有限公司灌阳分公司在新圩镇进行线路维护　　电信灌阳分公司　提供

村光网全覆盖，覆盖率为100%。灌阳H总端口数为43105线，实占率约为49.01%，年内新建H端口数为3944线，新建端口实占率约为24.77%。

综合维护工作　网络部先后开通洞井至灌阳、文市至灌阳2条乡镇波分环路，保障灌阳全县光网不间断运行，同时网络部更换了观音阁等5个乡镇接入网机房空调设备和接入网机房的5组蓄电电池。针对A改H业务，网络部下电并删除网管资源70多套FTTB设备，乡镇及县局DSLAM设备已全部下电；针对固话软交换设备退网，面对3600多线用户，于11月10日前全部完成割接；在政企项目上，网运部完成灌阳县政务外网、政法委视频会议及公安局三级网等9个重要项目，全年累计开通政企专线约149条，履约率及开通及时率均达100%。

线路维护工作　完成三里桥、杨柳井、西山、文市等多处中继线路整治，及时排除乡镇网络全阻隐患，灌阳县政府重点建设项目的兴灌路、一桥头、357国道等线路迁改项目目前持续在跟进中。针对杆路及管道资源保护，网络部要求装维师傅及外包工程队加强巡视，一经发现侵占要立刻阻止并上报，同时发现本公司线路隐患，要及时上报处理。

（王云波）

中国移动通信集团广西有限公司灌阳分公司

【概况】（简称中国移动通信灌阳分公司）负责经营灌阳县所有中国移动通信业务，2018年，员工总数50人，自营营业厅3个，自建他营6个。市场运营：2018年计费收入完成9400万元，同比增幅8.35%。有效客户到达13.2万，有效4G客户到达7.4万户，宽带有效客户到达1.7万户。全年累计完成工程网络建设投资1500万元，基站总数达到480个，全县4G网络覆盖率达到99%以上，

1月29日，中国移动通信灌阳分公司员工众志成城保畅通　　中国移动通信灌阳分公司　提供

家庭宽带端口达到3.6万个,全县行政村有线业务覆盖率达到90%以上。累计为186个机关和企事业单位提供集团信息化业务,有效提升电子政务和电子商务的发展。

【发展举措】 中国移动通信灌阳分公司始终坚持务实发展,创新营销,按照大连接战略的指引方向,开拓大市场,打造大网络。一是以大连接战略为指引方向,抓住4G发展的先发优势,持续推进对标与联动,全面实现个人市场、家庭市场、集团市场新突破;二是提高集团有线业务渗透率,以集团全价值经营为核心,加强集团信息化业务发展,促进信息化收入提升,推进集客市场持续健康发展;三是夯实基础网络建设,根据下达的各项网络建维工作任务,结合灌阳现网情况,加强网络基础维护管理,改善不足,持续做好灌阳属地网络建维工作;四是全面落实主体责任制,自觉履行好第一责任人的责任,督促领导班子成员履行好"一岗双责"的责任。

【建设维护】 共新建完成站点170个(包含FDD、NB站点),累计完成9000个家庭宽带的端口建设,无线和有线网络承载能力稳步提升,并先后完成桂林公司传输网络提升攻坚行动和OTN成环建设,有效组织春节、"二月八"农具节、"五一"、清明、端午等节假日的通信保障工作,有效完成汛期应急通信保障联合演练等重要活动,及时完成日常基站的停电故障、光缆传输故障处理,及时有效的解决客户的网络投诉等工作。

（中国移动通信灌阳分公司）

6月15日,中国移动通信灌阳分公司为新圩龙塘小学送上"六一"儿童节礼品　　中国移动通信灌阳分公司　提供

中国联合网络通信有限公司灌阳县分公司

【概况】（简称中国联通灌阳县分公司)有员工总数20人,自营厅2个,社会渠道20家,面对灌阳本地客户需求和全新竞争格局,全体干部员工在经营转型、市场营销、队伍建设、网络建设及服务水平等方面明显提升,公司各项业务实现较快发展。

【市场经营】 中国联通灌阳县分公司深入推进营销模式转型,充分发挥4G网络优势、终端优势和资费优势,为灌阳客户提供更快、更好的通信服务,全力推动灌阳信息化进程,全县客户数2万全年营业收入800万元。

【网络维护建设】 网络建设工作围绕支撑市场、支撑服务和通信保障要求,狠抓网络建设能力的提高,全面完成通信建设的各项目标任务。完成乡镇及村屯传输建设20个段落,新增黄关工商所分组1台,完成返乡4G基站22个(石材厂2、交警大队、文市塘村、黄关商家、黄关顺溪、黄关新屋塘村、黄关李官、黄关东阳、黄关完小;新街文家洞、新街香溪、新街马山、新街永富、新街龙炼、新街飞熊、新街、新街龙中、新街坪洞、灌阳苏东、灌阳千家洞景区、灌阳仁渡、灌阳福星);完成3G削峰基站建设3个(水车同德、仁柜及仁江石井滩基站);新加SDR5套;完成灌阳农信社胜利路ATM机专线、灌阳西山坪中石油加油站等集客专线的建设,网络覆盖面进一步提高。

(中国联通灌阳县分公司)

广西广播电视信息网络股份有限公司灌阳分公司

【概况】(简称广电网络灌阳分公司)于2004年7月1日挂牌成立,内设办公室、客服营销部、规建部、农网部,有员工17人。2018年,在册用户15880户,其中有效用户11200户。经营范围:广播电视网络的设计、建设、运营、改造、经营、维护、管理、多功能开发及技术服务;广播电视节目和网络信息传输服务;广播电视设备及信息设备的购销。广电网络灌阳分公司是灌阳文化的窗口与平台,为灌阳的数字电视用户提供高质量的视频、音频、宽带、信息、政务信息等服务。

【经营收入】 广西广电网络灌阳分公司完成权责收入516万元,完成全年任务511万元的101%。

【网络建设】 完成城域网前端机房配电房环网改造、出台城网接头工程双向改造方案,确保城网"网络建设高质量、网络传递高品质、业务发展高进度"向三高目标迈进。城网在网双向用户2516户,宽带(CM)用户1610户。全年新增双向宽带用户621户,为城域网全网高清、全网互动和宽带奠定了基础。年内,完成新圩镇至文市镇的光缆主干线的回建升级工作,全面完成全县8年乡镇机房双向宽带升级改造和OLT平台的建设,全面实现农网全数字、全双向、全业务的三全目标,全面推进光纤到户。

【智慧广电】 出台《灌阳分公司2018年度"智慧广电升级"激励方案》体现多劳多得的激励机制,城网以"智慧广电升级为抓手,并与社区合作,宣传普及好"智慧广电升级"业务,让更多用户了解广电高清宽带业务。特别是原有的标清机顶盒老化现象严重,各种故障衍生的其他客服问题制约了用户的体验度。为缓解这一情况,及时改进作法,一是通过低门槛置换标清和单向高清,留住传统收视用户;二是通过执行乐家套餐,实行每月最低消费这些手段留住中青年用户,取得了很好的成效,合约机用户迅速增长,实现了新的突破,全年共办理标清机置换三网融合机680多台。积极向当地党委、政府汇报,宣传"智慧广电、智慧企业、智慧社区"等业务。永远牢记"广电永远是党和政府的子弟兵",争取当地党委、政府的支持。县城江东异地搬迁扶贫安置小区共477户,县政府一次性拨款27万元进行安装入网使用,取得政府购买服务的良好效果。以"智慧乡村"为抓手,做好试点工作,以点代面推动"智慧乡村"工作,发展文市镇吉田村"智慧乡村"村屯2个。

(广电网络灌阳分公司)

7月9日,广电网络灌阳分公司向文市吉田村村民示范智慧乡村直播操作

广电网络灌阳分公司 提供

农　　业

1 月 19 日,自治区副主席张秀隆(中)到灌阳县神农稻博园调研产业扶贫

县农业局　提供

概　述

全面贯彻落实中央农业工作会议精神，紧紧围绕年初制定的各项工作目标，以增加农民收入为核心，以科技创新为手段，以发展特色产业和项目实施为重点，推进全县农业经济平稳快速发展。2018年全县农业和农村各项工作进展顺利，农业农村经济呈现“总体平稳、稳中向好”的发展态势。

粮食　全年完成粮食播种面积42.96万亩，同比增长2.14%，占市下达任务38万亩的113.05%。粮食总产量18.74万吨，同比增长5.16%。其中，完成早稻播种面积13.29万亩，占任务11.9万亩的111.68%；中稻播种面积3.45万亩，占任务2.6万亩的132.69%；晚稻播种面积12.29万亩，占任务11.4万亩的107.81%。完成玉米播种面积3.88万亩，占任务3.2万亩的121.25%；其他旱粮播种面积10.05万亩（其中豆类2.77万亩、红薯5.89万亩、其他1.39万亩），占任务8.2万亩的122.56%。

经济作物　全年全县共完成经济作物种植面积22.5万亩，比2017年增加0.2万亩，增长0.9%。预计经济作物总产26.84万吨，比2017年增加0.3万吨，增长1.13%。总产值60368万元，比2017年增加3165万元，增长5.53%；扣除面积增加成本200万元，农民人均经济作物纯收入比2017年增加116.73元。

水果　全县共扩种改种优质水果1.12万亩，完成计划任务的112.04%，水果种植总面积26.16万亩，其中投产面积22.42万亩，预计水果总产量41.28万吨，同比增长10%以上。

6月29日，桂林市农业农村局局长蔡立圭（右一）到灌阳县调研水果产业核心示范区建设
县农业局　提供

【机构】　灌阳县农业局（简称县农业局）为县人民政府工作部门、县正科级行政单位，主要负责全县农业与农村经济发展工作。内设5个职能股室和10个二层事业机构。行政股室包括办公室、财务室、政策法规股、农业信息股、畜牧兽医股，二层事业机构包括县农业合作经济经营管理站、县农业技术推广中心、县农业行政综合执法大队、县土壤肥料工作站、县种子管理站、县经济作物站、县植物保护站、县农业技术中心推广站、县科学技术教育站、县农产品质量安全监督管理站。行政编制9名、实有15人；事业编制49名、实有44人。挂牌机构有县水产畜牧兽医局。办公地址位于灌阳县灌阳镇灌江北路44号。

农业成就

【现代特色农业（核心）示范区建设】

桂林灌阳县千家洞水果产业（核心）示范区提质升档工作顺利推进，投资550万元继续完善示范区功能设施。一是修建文化展示和游客接待综合楼；二是星级公共卫生间；三是松树山至杨家亭长800米，宽7米的道路扩建；四是朱安冲吊脚楼装修；五是建设停车场和休闲观光道路。年内，游客接待综合楼发包建设，地基做好；星级厕所完成设计和征地；松树山至杨家亭道路扩建完成；吊脚楼装修基本完成；停车场和休闲观光道路基本完成。

灌阳县神农稻博园（核心）示范区提档升级计划投资600万元，建设“神农画梦”示范种植区；园林景区；超级稻+再生稻高产攻关区；绿色防控区；新品种、新成果展示区；良种繁育区；测土配方施肥区；富硒水稻区全程机械化生产示范区；生态循环农业示范区。年内，已投资220万元，完成稻博园游客中心、稻博馆、文化长廊的主体建设。

【水果新品种的引种和新技术的推广】 引进梨、李、枣、火龙果等9个新品种种植，并进行试验观察等工作；开展梨树“双臂顺行式”整形修剪棚架式栽培新技术试验示范工作；在新圩和睦村开展黑李避雨栽培试验，研究黑李细菌性穿孔病的防治，获得了较好的防治效果；在灌阳镇长坪村、新圩镇和睦村2个点开展黑李重度更新后综合防治细菌性穿孔病的试验研究，取得了较好的效果；在灌阳镇大仁村、长坪村开展了梨液体授粉试验和奈李疏果套袋试验。

【农村土地承包经营权确权颁证工作】 2013年中央作出“用5年时间基本完成农村土地承包经营权确权登记颁证工作”的重大战略决策，按照中央和区市的统一部署，2014年以来，县委、县政府把土地确权工作作为全面深化农村综合改革的重要任务，严格按照“由点到面、上下联动、全面推进、不留后患”的总体思路，积极稳妥扎实有效地完成了各项工作任务的落实，达到了“确实权，颁铁证”的目标要求，全面完成了土地确权工作任务。

全县确权涉及9个乡（镇），行政村138个，村民小组2438个，二轮家庭承包农户67481户，二轮延包承包耕地面积23.9万亩。根据上级部署，土地确权试点工作于2014年8月在观音阁乡启动，进行第一批土地确权试点工作，在总结试点经验的基础上，2015年在洞井瑶族乡和水车乡开展第二批土地确权工作，2016年第三批土地确权工作在西山瑶族乡、新街镇进行，2017年第四批土地确权工作全面推开，在灌阳镇、黄关、新圩、文市4个镇进行。2018年，全县共完成测绘面积24.8万亩，占应确权面积100%，签订承包合同67481户，已建立登记簿67481户，占应确权户100%，颁证6.5322万户，颁证率96.8%，已建立好信息管理系统平台及数据库，县、市、区三级第三方成果验收已经完成，建立了档桉室，纸质档案已基本整理完成，完成了区、部级数据汇交。

【信息进村入户工作】 全县建设益农信息社县级运营中心1个，建设村级益农信息社标准站141个、专业站141个、简易站141个，项目资金共计

7月18日，桂林灌阳“六月六”尝新节暨特色优质农产品展示推介交易会在红豆杉广场开幕　　县农业局　提供

180万元。本项目由灌阳县农业局牵头实施，中标运营服务商广西乐村淘网络科技有限公司负责具体建设运营。

【农业服务性工作】 1.完成创新施肥面积68万亩次，紧紧围绕化肥零增长的要求，开展农作物增施有机肥，实施有机—无机搭配为主的测土配方施肥。全县农作物使用创新施肥技术面积达到80%，经创新施肥区与常规施肥区比较，总增产0.9万吨，总减少不合理施肥量（纯量）600吨，总节本增收2200万元。

2.大力发展冬种绿肥12万亩。一是通过开展以磷增氮、增施氮肥、“田”字沟技术，完成2016年冬种专用绿肥10万亩的春季管护工作，经测产验收，亩产绿肥4418千克，亩节约化肥10.8%，亩增产7.2%，亩增收节支63元；二是分别在9个乡镇9个村委会各建立1个100亩的超级稻+再生稻+冬种绿肥示范垌，在黄关联德建立超级稻+再生稻+冬种绿肥示范垌1个，总面积6000亩，采购红花草种子1.6万千克，油菜种子2.5万千克，完成2018年冬种绿肥12万亩。

3.完成水肥一体化及节水农业10万亩，其中水果6万亩，红薯2万亩，晚稻2万亩，采取等高种植，生物覆盖，聚土垄作，水肥一体化栽培管理农艺措施综合并举，提高水肥利用率8%以上。

4.病虫害防治情报及时发放。全年共印制农作物病虫情报21期，发放病虫情报资料6500多份，做到村村发情报、屯屯贴情报，使病虫防治情报村屯覆盖率达100%，病虫测报准确率达95%以上。同时还开展“植保信息进农家活动”，在农作物生长关键时节发送病虫情报短信21期，通过微信（种植大户群和水果种植气象服务群、农业局工作群、推广站）等为农民及时提供先进实用的农业植保技术，确保全县水稻、水果、蔬菜病虫害有效防控，降低农业灾害损失。

5.农情信息工作得力。根据2018年农情调度内容，认真做好各期农情数据的调查、收集、统计、上报，做到数据、汇总、上报等环节不重不漏，力求数出有据，客观真实。全年通过农情调度系统，及时、准确上报农业生产进度统计表51期，占任务的100%。

【农业宣传】 农业信息工作坚持以习近平新时代中国特色社会主义思想为指导，以服务“三农”为宗旨，按照区、市、县农业信息工作的要求，深入农业生产一线认真调查研究，并充分利用网站、报刊、电视、微信等平台发布信息，加大灌阳农业的宣传报道力度，提高灌阳农业的知名度，有效地促进了灌阳农产品的销售。全年发布各类信息260多篇。其中，部分原创文章被《农民日报》《广西日报》《桂林日报》《今日灌阳》以及桂林电视台、灌阳电视台等新闻媒体采用。同时，认真收集、整理农业生产重要时期、各类项目以及领导活动的图片和录像资料，为项目汇报、专题片制作等储备素材。

（谭善林）

粮食生产

【概况】 2018年，全县粮食播种面积28640公顷，比2017年增加600公顷；粮食总产18.74万吨，比2017年增加0.92万吨。

其中稻谷种植面积19346.7公顷，比去年增加293.7公顷；单产493.4千克；总产14.3175万吨，比去年增加0.632万吨，其中早稻播种面积8860公顷，中稻播种面积2300公顷，晚稻播种面积8193.3公顷，蓄留再生稻面积3346.7公顷。旱粮播种面积9293.3公顷，其中玉米2586.7公顷，红薯3926.7公顷。

【实施水稻绿色高产高效创建项目】 项目从2016年开始实施，实施区域涵盖了灌阳镇、新街镇、黄关镇、文市镇、新圩镇、水车乡、西山瑶族乡共7个乡镇。通过建立县、乡核心示范区，辐射带动整个项目的实施，共计实施面积260642亩。主推广模式为“一季超级稻+再生稻+绿肥”，集成推广“一季蓄再生稻一体化栽培技术”“水气平衡栽培技术”“三控施肥技术”“测土配方施肥”、病虫害绿色防控等技术。使水稻从单纯的高产向

"绿色高产高效"方向转变。

2018年项目在黄关镇、新街镇、灌阳镇、新圩镇、水车镇、文市镇6个主要产粮乡镇进行,创建区面积共计10.68万亩。全县建立示范面积1万亩。在创建区内通过加强技术培训、订单种植、社会化服务和示范区的辐射带动,实现水稻绿色高质高效全覆盖。提升水稻绿色高质高效创建技术水平,实现水稻生产向绿色高质高效方向转变。项目区域内水稻生产综合机械化水平达到85%,病虫害绿色防控覆盖率达85%以上;农药、化肥使用量比非创建区减少4%,产量提高5%,亩节本增效150元以上。

【实施稻谷生产者补贴项目】 根据《灌阳县人民政府关于印发2018年灌阳县稻谷生产者补贴实施方案的通知》(灌政办〔2018〕135号)要求,各乡镇组织属地内的申报主体,进行补贴面积的申报、核实、公示、录入和上报。2018年12月20日至2019年1月10日,县农业局会同财政局等有关单位对各乡镇申报的补贴面积进行抽查核验。并对发现的问题,及时通知乡镇重新核实、公示。经核实,2018年全县符合补贴要求的申报主体共有64个,面积12005.335亩。

全县统一按最高补贴标准,每亩补贴300元执行,其中种植大户(家庭农场)的补贴上限为5万元;农民合作社的补贴上限为15万元;农业企业的补贴上限为30万元。全县补贴资金总额为3362482.5元。

【实施耕地地力保护补贴项目】 自2016年起在全县范围内全面将农作物良种补贴、种粮农民直接补贴和农资综合补贴等三项补贴政策(以下简称农业"三项补贴")合并为"农业支持保护补贴",由激励性补贴向功能性补贴转变、由覆盖性补贴向环节性补贴转变,提高补贴政策的指向性、精准性和实效性,促进粮食生产的规模化、组织化。

2018年,全县耕地地力保护补贴面积为177005.21亩,每亩补贴标准为149.26元,全面覆盖全县9个乡镇。补贴金额2750万元,已在项目规定时间,通过"一折通"发放到农户手中。

【实施"粮食生产功能区保护区划定工作"项目】 灌阳县的划定任务为13.05万亩。通过公开招标确定桂林国土资源规划测绘院为中标单位,具体负责全县粮食生产功能区的划定工作,至12月20日,已经完成底图制作和实地勘查,并形成粮食生产功能区空间分布草图。力争在2019年6月底前完成数据库及管理平台建设,并进行成果归档及申请上级部门进行项目验收。

【建立油菜生产示范样板】 2018年,灌阳县结合"全国休闲农业与乡村旅游示范县"建设,灌阳县在各乡镇各建立了一个油菜示范样板。同时灌阳还是桂林油菜综合试验站的协作实施县,据统计全县油菜种植面积2.6万亩。

【富硒农产品的开发和推广】 完成全县19万亩稻田土壤硒含量检测工作,采集土壤样品36个,建立灌阳县耕地土壤硒含量数据库,在黄关镇联德村建立超级稻200亩稻谷富硒栽培示范区。

【耕地保护与土壤有机质提升】 建立绿肥示范面积8.1万亩,亩产鲜绿肥3819克,总产鲜绿肥30933.9万千克;鲜红花草化验含氮0.30%、总含五氧化二氮0.08%、含氧化钾0.23%,共为8万亩水田土壤提供氮92.8万千克,磷2024.7万千克,钾2071.1万千克。按化肥纯氧分氮6.6元/千克、五氧化二磷7.0元/千克、氧化钾7.5元/千克折算,鲜绿肥直接效益达1319万元。

【农作物加肥微灌园技术推广】 建立加肥微灌园累计达到15000亩,据测产验收,雪梨加肥微灌平均亩产3600千克,比对照园平均亩产雪梨3300千克增产雪梨300千克,增幅达到9%;蔬菜加肥微灌园平均亩产辣椒2330千克,比对照园平均亩产辣椒1960千克、亩增产蔬菜370千克,增幅达到19%。由于采用加肥滴灌技术,平均亩还节约化肥纯量7.2千克,共节约化肥纯量10.8万千克,亩节本75.6元,共节本113.4万元。亩节约施肥人工 10.5 个，大大减轻劳动强度。

【沃土工程、中低产田改造】 整合发改、土管、农发、水利交通等耕地质量整理、交通条件改善等项目力量，大力搞好中低产田改造和沃土工程。2018 年完成沃土工程 6.0 万亩，其中水田沃土工程 4.0 万亩，在 2017 年平均亩产 445 千克的基础上，2018 年亩产 481 千克增产 36 千克，增长 8%，共增产 216 万千克；雪梨果园 2.0 万亩，在 2017 年平均亩产 2600 千克的基础上，2018 年亩产 2980 千克，增产 380 千克，增长 15%，共增产 760 万千克。

【创新施肥技术】 共实施创新施肥面积 60 万亩，经技术推广区与习惯施肥区比较，总增产 1818 万千克，减少不合理施肥量 60 万千克，总节本增收 2455 万元。

【测报业务工作】 积极主动抓好水稻、果树、蔬菜等病虫预测预报工作。全年发布《病虫情报》21 期，其中粮食作物 11 期、果树 8 期、综合趋势分析 2 期，每期上报区、市植保站、通过 118 信息系统向县四家班子领导和各乡镇政府汇报，发送邮件给县农业局领导，局直属站、乡镇农技推广站、种植大户、生产制种企业以及 138 个村委会和部分农户以及农资经营单位或个人。全年预报准确率达 96.2%。完成填报“五天一报表”46 份、信息卡 6 份、统计表、大田普查表、汇总表 58 份及时上报区、市植保站。

【病虫防治】 全县建立完善水稻病虫害绿色防控示范区 7 个 1.16 万亩，水稻统防统治示范区 12 个 2.4 万亩。建立果树绿色防控示范区 3 个，面积 0.7 万亩，果树统防统治示范区 15 个 3.4 万亩，建立蔬菜绿色防控示范区 2 个，面积 0.1 万亩，统防统治示范区 5 个，面积 0.4 万亩。重点示范应用“四诱”和生物防治技术措施，共推广安装太阳能杀虫灯 126 台，电源式杀虫灯 50 台，面积 1.1 万亩，性诱器 6000 个，面积 2000 亩，赤眼蜂卡 1 万张，面积 400 亩，稻、鱼共生面积 1000 亩。食饵诱剂 500 瓶，面积 2000 亩。选用生物农药防治 0.98 万亩、推广高效、低毒、低残留农药占比达 98% 以上。

全年开办培训班 12 期，培训基层植保专业技术人员 65 人，种植物大户及绿色防控农民技术骨干 342 人。全年开展农作物病虫害统防统治面积 146.96 万亩次，其中粮食作物病虫害统防统治面积 48.26 万亩次，水果病虫害统防统治面积 77.53 万亩次，蔬菜病虫害统防统治面积 21.17 万亩次。农作物病虫害绿色防控面积达 20.76 万亩。推广农药减量控害技术 195.64 万亩次。全年减少化学农药用量（有效成分）11.4 吨。

【产地检疫】 对分布水车镇、灌阳镇、黄关镇、新街镇共 7 个种子公司，17 个水稻品种，共 2210 亩水稻制种进行产地检疫，对合格种苗及时申办产地检疫编号，签发产地检疫合格证，签证合格种子 37.5 万千克。2018 年签发调运检疫种子 10 批次 37.5 万千克。苗木 10 万株。

【农村集体资产清产核资工作】 中共中央国务院 2016 年出台《关于稳步推进农村集体产权制度改革的意见》，对推进改革进行了顶层设计，明确提出开展集体资产清产核资，农业部等 11 部委印发《关于全面开展农村集体资产清产核资工作的通知》，要求 2018 年 12 月底前完成报表系统录入，2019 年完成清产核资工作，2020 年完成产权制度改革。10 月在全县开展清产核资工作，在新街镇永富村进行产权制度改革试点，已取得阶段性成果。

灌阳县涉及清产核资对象 9 个乡镇，138 个行政村，2438 个村民小组。通过县直相关部门、各乡镇、村、组的共同努力，已完成统计报表填报工作。截至 2018 年底，全县总资产 12546.7 万元，其中：流动资产 1597.9 万元，农业资产 1813.6 万元，长期资产 70 万元，固定资产 8063.4 万元，其他资产 1.9 万元。集体土地面积 157.1 万亩，耕地 308498 亩，园地 10980 亩，林地 1127032 亩，草地 18496 亩，农田水利设施用地（沟渠）3121 亩，养殖水面（坑塘水面）21227 亩，其他农用地 943 亩，建设用地 75151 亩，未利用地 6569 亩。已完成全县9个乡镇、138个村委、2438个村民小组的全部32张统计表的填报及系统录入，并上报市、区业务主管部门。

【农业经营主体培育】 立足全县粮食、水果、经作、养殖等产业，积极引导一批善经营、会管理、懂技术、有奉献精神的经济能人和村干部，按照成员主体是农民、入社自愿、退社自由、服务宗旨、成员平等、民主管理的原则，大力发展农民专业合作经济组织，家庭农场和公司。截至2018年底，合作社462家，家庭农场78家。其中自治区龙头企业1家，市级龙头企业12家；国家级示范合作社1家，自治区级示范合作社17家，区级家庭农场4家；市级示范合作社8家，市级家庭农场4家。

【农民负担监督管理】 提高对减负工作重要性的认识，县减轻农民负担监督管理领导小组及时召开会议，布置专项清理和惠农政策落实工作，通过专项清理和惠农政策落实调查，对全县的各涉农收费使用情况和强农惠农落实进行了检查。通过对全县9个乡直单位、138个行政村及县直29个单位进行调查，全县已收费项目9项，48.3万元；惠农政策落实12项，涉及金额2.1亿元，按规定已发放1.8亿到农户。

【农经统计】 为及时准确客观做好农村经济社会统计工作，为领导科学决策提供祥实的材料，按照统计法的规定和《农业部办公厅关于做好农村经营管理情况季报统计工作的通知》（农办经〔2010〕1号）精神，深入实际，对农村土地承包、经营纠纷、土地流转、农村三资等进行统计。截至12月底，按农户的从业形式：纯农户22021户，农业兼业户39046户，非农业兼业户9927户，非农户9412户；按农户经营规模形式：经营耕地10~30亩的农户数1180户，经营耕地30~50亩的农户数275户，经营耕地50~100亩的农户数142户，经营耕地100~200亩的农户数85户，经营耕地200亩以上的农户数52户；按土地流转面积形式：流转总面积82323亩。出租（转包）76821亩，转让774亩，互换653亩，股份合作、其他形式4075亩。通过及时、准确、真实、客观统计，为领导决策提供科学依据。

【水稻新品种】 抓好全年水稻新品种观察比较试验展示项目，制定科学严密的实施方案。项目选在交通便利、灌溉设施完备、土壤肥力均衡的黄关镇联德村进行，小区展示品种13个，都是中、迟熟品种，每个品种小区展示面积50平方米；大区展示每块田种1个品种，展示面积13.5亩。所有展示品种分熟期统一播种期和移栽期，统一施用同一品牌化肥和相同的施肥时间施肥数量，统一防病治虫。

（陈爱平　文进军　唐康元　孙太华　唐定华）

经济作物生产

【概况】 2018年，全县经济作物种植面积22.5万亩，比2017年增加0.2万亩，增长0.9%。经济作物总产26.84万吨，比2017年增加0.3万吨，增长1.13%。其中：蔬菜15.5万亩（含复种数），比2017年增加0.2万亩，总产21.28万吨，比2017年增加0.28万吨；西香瓜1.8万亩，与2017年持平，总产3.51万吨，与2017年持平；中药材种植面积2.1万亩，与2017年持平，中药材收获面积2.15万亩，比2017年增加0.05万亩，总产0.462万吨，比2017年增加0.007万吨；其他经济作物3.1万亩，与2017年持平，总产1.583万吨，比2017年增加0.009万吨。经济作物销路畅通，播种面积、产量、效益稳中有升，2018年实现经济作物总产值60368万元，同比增长5.53%。

【特色经济作物种植】 全县20亩以上经作种植大户发展迅速，从2017年的97户增加到115户，面积0.94万亩，其中蔬菜94户，中药材11户，西瓜6户，百香果4户。100亩以上的21户，其中蔬菜15户。各种植示范户通过科学种植和管理，产品质量好，价格稳中有升，效益较好。

【经济作物“三避”技术应用】 灌阳经济作物“三避”技术应用面积6.3万亩，较上年增加0.2万亩。其中：早春小拱棚育苗0.48万亩，地膜覆盖5.36万亩，遮阳网覆盖0.36万亩，其他（棚栽等）0.1万亩。

【规范蔬菜无公害生产】 全县全年无公害蔬菜生产面积15.3万亩，占蔬菜总面积的98.7%。推广蔬菜新品种22个，“三避”集成技术应用6.3万亩，营养杯育苗栽培4.2万亩，嫁接育苗栽培1.7万亩。积极推广蔬菜“清洁田园”、病虫害绿色防控技术等，全县在蔬菜上应用太阳能杀虫灯18台，悬挂性诱捕器6000多个，覆盖面积2万多亩，有效地防治蛾类、蚜虫等害虫的危害；应用“农业防治+生物防治+高效低毒农药”等技术模式推广，覆盖面积达15.5万亩，减少农药的施用量，改善生态环境，为灌阳县蔬菜无公害标准化栽培起到积极的示范作用，产生明显的经济效益、生态效益和社会效益。

【示范与推广】 为确保全县经作生产势头强、后劲足，着力抓好经作新品种、新技术的试验示范和推广。

一是在经作示范基地积极开展生产试验示范。根据农业局的安排，开展“大棚春苦瓜品比试验、春露地线椒品比试验、春露地番茄品比试验、春番茄避雨栽培试验、秋豇豆品比试验、秋黄瓜品比试验”共6个。

二是引进新品种，推广新技术、新材料。在以优良品种为龙头，推进良种化的基础上，全年引进蔬菜新品种20多个，在各乡（镇）、村蔬菜基地展示种植，取得良好的示范效果。在洞井椅山村蔬菜基地，继续实施国家级园艺作物标准化生产基地建设，建设面积1000亩，其中示范基地面积200亩。生产技术全程按照标准化生产与绿色防控技术操作，该基地经济效益初步显现，节本增效明显，农业环境得到改善，农民蔬菜生产意识进一步增强。

三是围绕科技增效抓业主大户种植示范。全县全年20亩以上经作种植大户115户，面积0.94万亩，其中蔬菜94户，中药材11户，西瓜6户，百香果4户。100亩以上的种植大户有21户，其中蔬菜15户。

【推广间套种模式】 为充分利用现有耕地资源和农作物生长特性，科学合理安排农作物间套种，重点推广“幼果园套种西瓜、红瓜子、花生、豆类、菊花和红辣椒”“西红柿和辣椒套种红薯”“玉米套种红薯”“木薯套种红薯”等模式。全县全年完成农作物间套种技术推广面积13.5万亩，其中幼果园套种西瓜、红瓜子、花生、豆类、菊花和红辣椒5.3万亩，西红柿和辣椒套种红薯2万亩，玉米套种红薯和大豆3.2万亩，木薯套种红薯0.3万亩，其他间套种模式2.7万亩，实现了土地叠加利用、叠加产出，促进农业增产农民增收。

【加强技术培训及技术指导】 一是利用农业服务信息平台，积极做好经济作物生产期间技术咨询和技术指导工作，为农民送去农业科技信息并及时为他们解决生产中存在的技术问题。据不完全统计，技术咨询达8000多人次；二是采取多种形式，加大科技培训力度。根据作物不同时期生产情况，结合强基惠农活动、基层农技推广体系改革与建设示范县、新型职业农民培训等项目，分期举办各种培训。全县全年举办各类经济作物生产实用技术培训班52期，培训人数5700多人次，发放技术资料2.2万多份。

【经作农情统计工作】 依据全年经济作物生产特点，采取多种形式，加强与统计部门沟通与对接，广泛收集经济作物农情信息，并对全县经济作物生产情况及时统计、分析和上报，确保数据的全面性、及时性和准确性，为科学指导灌阳经济作物生产提供可靠的科学依据。

【农产品质量安全】 开展县域农产品质量安全体系建设工作。县级例行监测工作共检测基地果蔬样品2090个，合格率100%；乡镇级例行监测工作共检测基地样品7114个，合格率100%；全年共检测农贸市场蔬菜样品 17850 个，合格率 100%。

【标准化生产建设】“三品一标”认证工作稳定推进，2018 年新增有机产品 1 个，复查换证无公害农产品 8 个，受理待发证无公害农产品 2 个。获证农产品存量 10 个。“三品一标”基地面积稳中有增，2018 年新增“三品一标”基地 3 个，其中洞井村有机稻基地 200 亩，三树村无公害水稻基地 1000 亩，飞熊村无公害柑橘基地 100 亩。获得认定的“三品一标”基地面积累计达 165895.95 亩，其中无公害认证面积 133128 亩，有机产品认证面积 2767.95 亩，地理标识产品认证面积 3 万亩。

【农业生态与资源环境保护】依据广西壮族自治区农业厅办公室《农广西壮族自治区第二次全国农业污染源普查工作方案》要求并结合本县实际，在中秀村等 24 个行政村开展典型地块调查，调查地块数 220 个，调查项目 1245 个，采集信息 149280 条；在大仁村等 120 个行政村开展秸秆利用量调查，调查农户 120 户，调查项目 120 个，采集信息 30960 条；在秀凤村等 26 个行政村开展秸秆产生量原位监测工作，共采集水稻等 6 大作物秸秆样本 60 个，采集监测信息 2358 条。

（谢彦超　蒋亚军）

农业执法

【概况】坚持“着力治本、标本兼治、打防结合、综合治理”原则，以加强源头治理和市场整顿为重点，以加大查办力度和强化服务指导为手段，开展农资打假专项治理活动，严厉打击制售假冒伪劣农资行为，进一步整顿和规范农资市场秩序。

【农业法律法规宣传】12 月 4 日，灌阳县农业行政综合执法大队组织举办“12·4”农业法制宣传现场会；组织开展“放心农资下乡进村宣传周”活动，全年共举办 2 场优质农资暨识假辨假推介会，现场开展农业法律咨询、农业技术咨询、真假农资鉴别，有效促进农业法律法规的宣传普及。

【农资打假】以农业部农资打假电视电话会议精神为指导，根据区市农资打假工作会议部署，采取有力措施，扎扎实实开展以规范种子、肥料市场为重点的春季打假行动，以规范农药、卫生杀虫剂市场为重点的夏季打假行动，全年共出动执法车 160 辆次，出动执法人员 900 人次，检查生产经营单位 1600 个（次），整顿市场 160 个（次）。

【农业执法】全年县农业行政综合执法大队接受群众来信来访 6 人次，受理举报投诉案件 2 起。共调解处理各类农业生产事故 2 起，挽回直接经济损失 4 多万元。

【人员培训】全年共组织执法人员、农资生产、经营企业人员及农业示范大户法律法规学习培训 2 批（次），受训人数达 190 人次，其中参加区农业厅法规处组织的两期农业行政执法人员培训班，参加培训人员 4 人（次）。

（卿　澈）

水果生产

【概况】全县共有水果面积 26.56 万亩，其中投产面积 22.42 万亩，水果年总产量 45.58 万吨，比 2017 年增长超过 10%；总面积中李类 8.85 万亩，投产 8.17 万亩，产量 13.86 万吨；梨 4.81 万亩，投产 4.51 万亩，产量 11.47 万吨；柑桔类 7.73 万亩，投产 5.51 万亩，产量 14.95 万吨，其中脐橙 1.62 万亩，投产 1.42 万亩，产量 2.92 万吨；桃 2.07 万亩，投产 1.86 万亩，产量 1.48 万吨。

【发展种植优势水果品种】全县共新种优质水果

9456亩，实际新增水果面积6043亩。其中经验收合格的连片50亩以上扶贫产业示范果园46个，面积4980亩。新种水果中以柑桔类、李类为主，主要品种为沙糖桔、沃柑、奈李等。

【精准扶贫】 为推进全县精准扶贫工作的顺利开展，完成水果技术扶贫培训87期次4500多人次，同时完成扶贫产业指导、验收等相关工作，圆满完成了各上级部门布置的工作任务。

【拓展农业功能】 为进一步拓展农业功能，实现果业提质增效，与多部门合作，继续抓好《灌阳县千家洞雪梨黑李产业(核心)示范区》建设，同时抓好新街镇江口村雪梨示范区、洞井瑶族乡日升生态特色农业示范园、水车镇桃产业示范园、新圩镇小龙休闲农业示范园等现代农业示范区建设，主推病虫害绿色防控、统防统治、水果富硒栽培、测土配方施肥、水肥一体化、等高种植与生物篱、雪梨花芽嫁接等先进实用无公害水果生产技术，大力发展休闲农业。

【抓好《梨李试验站》建设】 依托《灌阳梨李试验站》平台，继续开展以下各项果树科学试验。

1.引种观察试验。一是继续开展翠玉梨(518)、清香梨、鄂梨2号、新翠冠梨等梨子新品种试验；二是开展李新品种试验，品种有幸运、前卫红、龙园蜜、秋姬、安哥诺、国峰2号、国峰17号；三是祁东脆枣、山东金丝小枣、沾化冬枣、苹果枣、蜂蜜罐10号、六月鲜、妈妈枣、辣椒枣等枣子新品种试验。同时继续观察美国糖桔、W·默科特、沙糖桔、沃柑等柑桔新品种及猕猴桃、葡萄、火龙果、百香果、樱桃等新品种在全县种植的表现。

2. 在新圩镇和睦村开展黑李避雨栽培试验，研究黑李细菌性穿孔病的防治，获得较好的防治效果。

3. 在新圩镇和睦村开展黑李重度更新后综合防治细菌性穿孔病的试验研究，效果良好。

4. 在灌阳镇大仁村开展雪梨液体授粉试验和奈李疏果套袋试验，有效提高了雪梨的座果率和奈李品质。

【技术培训】 采取多种形式，以质量、安全和效益为中心，与支农惠农和扶贫政策相配合，大力宣传推广普及科学种果技术，并根据不同农事关键季节到各示范点开展现场技术指导，深入到全县各村屯，扎实抓好水果生产实用技术培训与推广普及工作，全面提升果农素质。通过技术培训和指导，使科学种果技术进村入户，果农素质得到较大幅度提高，水果实用技术覆盖率达95%以上，同时还有效地控治水果病虫的危害，减少农药用量，降低生产成本，保证水果产品质量安全，获得良好的经济效益、生态效益和社会效益。

【强化品牌意识】 依托“中国绿色生态农业示范县”“中国绿色生态雪梨之乡”“中国绿色生态黑李之乡”“中华名果—灌阳黑李”“中国国家地理标志产品—灌阳雪梨”等品牌和“千家峒”“都庞岭”等水果商标，强化品牌意识，狠抓产品质量安全，同时通过举办梨花节、雪梨黑李节、“二月八”等节庆活动及各种网络平台、参加农产品展销会等形式，大力推介灌阳特色水果，同时通过电商销售灌阳特色水果，使全县水果销路保持畅通，价格稳健，实现增产增收和脱贫致富目标。

（王立新）

农业科技

【概况】 以新型职业农民培育工程、基层农技推广体系改革与建设补助项目等农业科技项目为平台，围绕“水稻、水果、蔬菜”三大产业，开展针对性强、务实有效的专业技能培训，切实抓好基层农技人员、农业科技示范主体、新型职业农民培训工作，提高农技人员服务水平和农民科技意识，促进农业科技的推广普及，加快科技成果的转化和应用。全年共开展各类培训班517期，培训农户59279余人次。

【新型职业农民培育】 以专业大户、家庭农场、农民合作社、农业企业、返乡涉农创业者等新型农业经营主体带头人为重点培育对象，围绕水稻、水果、蔬菜3个产业，全县遴选新型职业农民502人，开展农业生产技能、农业政策和农产品质量安全等相关知识培训，提高广大农民的生产能力和经营水平，培育一支“爱农业、懂技术、善经营”的新型职业农民队伍，推动全面建立职业农民制度，带动城乡人口综合素质、生产技能和经营能力进一步提升，强化乡村振兴人才支撑，促进农业增效和农民增收。

【科技示范主体培育】 在连续实施基层农技推广体系改革与建设补助项目的基础上，不断调整和完善，通过对上年度工作完成情况的考核，对技术指导员及科技示范主体加以调整和补充，2018年全县共培育农业科技示范主体502人，辐射带动周边农户5020户，选派县、乡两级技术指导员33人，采取进村入户培训指导方式，围绕水稻、水果、蔬菜3大主导产业，积极推广18个主导品种及3项主推技术。全年共开展现场培训、指导510余场次，技术咨询服务2.93万人次，发放技术明白纸4.63万余份，通知项目实施，示范主体先进实用技术入户率和到位率达96%以上，示范主体种植水平比周边普遍农业户平均种植水平增加15%以上。

【试验示范基地建设】 围绕全县主导优势产业，遴选和认定11个农业科技试验示范基地，其中县级2个，乡镇9个，开展新品种、新技术、新机具引进、试验、示范和技术培训工作。在全县11个试验示范基地共开展各类试验35个，组织培训、观摩27期，共1600多人次，充分发挥基地的示范带动、展示培训功能。

（胡祖标）

农业区划

【农业遥感样方监测】 完成全县早、中、晚稻种植面积本底调查样方遥感监测任务，合计4个乡镇8个村委会（黄关镇龙吟、商家、东阳村；新街镇葛洞、马山村；灌阳镇福星、苏东村；文市镇月岭村）监测面积2000多亩。

【野外打点】 对全县9个乡（镇）各村、屯进行实地野外打点，完成3000多个野外农作物打点工作任务。

【遥感解译】 完成大宗农作物面积“一张图”如：马蹄、芋头、柑桔、水稻等经济作物的野外本底调查和解译任务。

12月31日，县农业局到水车镇砂糖橘种植基地调研预防低温雨雪冰冻灾害工作　　县农业局　提供

【航拍工作】 1.完成洞井日升生态特色农业：猕猴桃园区及砂糖桔园区航拍；2.完成观音阁农业产业园区航拍；3.完成新街镇水果核心示范区、工业园区、以及乡村旅游示范区航拍、航测工作。完成黄关镇神龙稻博园航拍工作；4.完成新圩镇红色旅游区航拍工作，为红色旅游的开发提供重要依据。完成水车镇农业产业园区航拍工作；5.参与灌阳县农业遥感

地面样方监测等工作。

【遥感助建】 维护大仁美丽乡村遥感助建3D系统展示平台。

（文颖燕）

畜牧水产

【概况】 灌阳县水产畜牧兽医局（简称县畜牧局）是县农业局挂牌单位，主管渔业、畜牧业、兽医行业和饲料工业方面的工作，承担县委、县政府和上级业务部门交办的其他工作。内设秘书股、财务股2个股室，下设动物卫生监督所（参公）、水产渔政管理站（参公）、动物疫病预防控制中心、畜牧技术推广站、乡镇水产畜牧兽医站（9个）等13个事业单位。编制92个、在职人员73名。2018年，被市水产畜牧兽医局评为全市水产畜牧兽医工作二等奖。

全县生猪出栏33.39万头、同比增长2.78%，牛出栏1.40万头、同比增长11.19%，羊出栏0.99万只、同比增长8.46%，家禽出笼203.35万羽、同比增长-0.83%，牧业总产值6.30亿元；水产养殖面积7020亩，水产品总产量6220吨、同比增长5.0%，渔业总产值0.69亿元。办公地址位于灌阳县灌阳镇灌江西路149号。

【招商引资】 为服务项目落地实施，成立灌阳县双胞胎集团生猪养殖产业链项目建设指挥部，在县水产畜牧兽医局成立双胞胎集团生猪养殖产业链项目建设指挥部办公室，负责处理协调项目建设的相关事宜。全年，引进双胞胎集团、新希望集团和大广农牧有限公司等大型养殖集团（企业），发展规模养殖业和产业扶贫项目，引进资金7亿元。

双胞胎集团成立灌阳双胞胎猪业有限公司，共投资11.5亿元，在全县建设母猪扩繁场2—4个，实现存栏能繁母猪1.9万头、年出栏商品仔猪40万头生产规模。其中新圩镇平田村年存栏9000头母猪扩繁场建设项目实际投入资金3500万元，完成征地（土地流转）612亩，完成通水通电通路“三通”工作，进场道路已硬化，土地平整完成3个生产区地块；新圩镇光明村扩繁场项目计划征地（土地流转）300亩，已完成测绘、环评等工作，进入征地（土地流转）环节（征地有难度）；水车镇官庄村扩繁场项目计划征地（土地流转）210亩，已完成测绘，进入征地（土地流转）摸底环节；新街镇车头村扩繁场项目进入征地（土地流转）环节；新街镇龙云村肉猪场项目（双胞胎+村集体项目）完成“三通”、平整土地。

新希望集团、新科源公司、桂柳养殖公司等采取“公司+农户”形式，以养殖户（贫困户）建栏舍，公司提供仔猪（家禽苗种）、饲料、技术和保价回收的方式，合作发展养殖业（产业扶贫）项目，2018年，已签约生猪养殖场（户）21个（户），新增存栏肉猪9500头、全年可新增出栏肉猪1.9万头；签约家禽养殖场（户）17户，新增家禽存栏7万羽、出栏5万羽。

5月31日，灌阳县产业扶贫（养殖业）调研工作座谈会在县政府四楼会议室召开　　县畜牧局　提供

大广农牧有限公司在新街镇建成母猪繁育场1个，存栏能繁母猪1500头，年出栏仔猪3万头以上；公司水车生猪养殖基地项目完成征地协议签署210亩。

【养殖业产业扶贫】 一是出台《灌阳县产业扶贫（养殖业）奖补方案》，县财政每年拿出200万元以上的养殖业奖励资金对全县新增规模养殖场进行奖补，以规模养殖带动养殖业发展和产业扶贫，扩大养殖规模。初步验收合格新增养殖业产业扶贫示范场（企业）13个。

二是开展养殖技术培训。全年共组织专业技术人员深入各村开展产业扶贫养殖业技术培训62期、3720人次贫困户参加培训。邀请新希望集团、广西大学动物科学院、区市业务部门专家来灌阳开展技术培训和现场指导，累计培训规模场技术员130人次。

【项目建设】 上半年完成灌阳县绿之源生态农业综合开发有限公司和灌阳县洞里养殖场、新街镇邓家村3个稻渔综合种养示范项目建设。完成2018年国内渔业捕捞和养殖业油价补贴政策调整项目的申报，自治区海洋和渔业厅已批复稻渔综合种养项目600亩、休闲渔业项目一个、禾花鱼种苗基地项目一个，争取项目资金515万元。通过稻渔综合种养等项目的带动，生态养殖发展迅速，水车镇绿之源生态养殖公司成为自治区桂建芳院士工作站（禾花鲤养殖基地）。

【重大动物疫病防控】 畜禽免疫和监测　全年免疫家禽81.475万羽，家畜33.627万头，应免畜禽免疫密度达100%，血清学检测抗体合格率达70%以上；完成畜禽监测采样，阴性率100%。

非洲猪瘟防控　自8月3日辽宁省发生全国首例非洲猪瘟疫情后，灌阳严格按照全国、自治区、市非洲猪瘟防控紧急会议和相关防控文件及县领导批示精神，高度重视，并迅速行动起来，全面展开非洲猪瘟等重大动物疫病防控工作。一是及时成立防控工作领导小组，负责组织全县防控工作的开展；二是制定下发《灌阳县非洲猪瘟非洲猪瘟疫情应急预案》《灌阳县动物疫情管理制度》《灌阳县人民政府重大动物疫病防治指挥部办公室关于转发广西壮族自治区人民政府重大动物疫病防治指挥部办公室关于切实抓好非洲猪瘟防治强化秋季动物防疫工作的通知》（灌重防办发〔2018〕3号）和《关于切实做好非洲猪瘟防治工作的紧急通知》（灌渔牧发〔2018〕52号）等文件，对全县的非洲猪瘟防治工作进行全面部署；三是多次召开全县非洲猪瘟防控工作部署会议，布置防控工作任务；四是加强培训，共举办非洲猪瘟防控技术培训班、培训会议13场次（其中县水产畜牧兽医局4场、乡镇9场），培训基层兽医人员200人次、培训生猪规模养殖场业主（技术员）156人次；五是加强宣传，组织编印《非洲猪瘟防控技术资料选编》《非洲猪瘟防控知识挂图》《非洲猪瘟防控告知书》等宣传、技术资料2500份（册），极大地增强了养殖场（户）及屠商

5月28日，县委书记陆桂弟（右二）到文市镇玉溪好生活生态农业有限公司调研

县畜牧局　提供

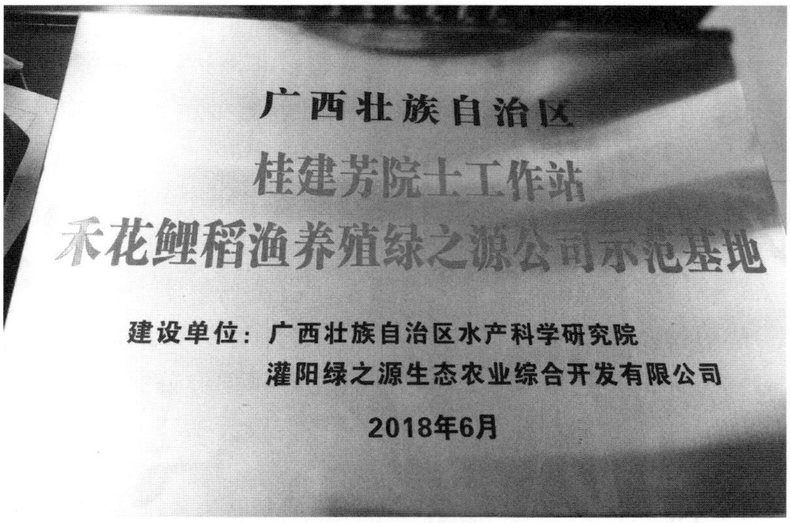

2018年，水车镇大营村－灌阳绿之源生态农业综合开发有限公司被自治区人民政府列为桂建芳院士工作站示范基地

县畜牧局　提供

的自主防范意识；六是全面开展非洲猪瘟紧急疫情排查，确保排查全覆盖，不漏一场一户；七是切实加强生猪检疫和调运监管工作，不断规范产地检疫和屠宰检疫；八是设立高速公路防控非洲猪瘟临时检查站，严防死守，防止区外疫情进入。自云南、湖南相继发生疫情后，县政府决定由县水产畜牧兽医局负责牵头设立G76夏蓉高速灌阳服务区临时检查站，检查人员从文市镇政府、县交通运输局、县公安局、县水产畜牧兽医局、县交管大队等单位抽调，检查站于10月25日正式启动；检查站实行24小时无缝衔接值班和领导带班制度，各相关部门要密切配合，相互支持，建立健全协调机制，形成防控合力；县财政局安排经费20万元，保障非洲猪瘟防控及检查站经费的落实。截至11月21日，全县非洲猪瘟临时检查站共计拦截检查畜禽运输车310车，其中来自疫区湖南省生猪2车、运输生猪64头，来自新疆疫区羊一车17只，已严格按照应急预案和操作规程对违禁运输的生猪、羊进行无害化处理；九是加强生猪养殖技术指导积极宣传和督导养殖场（户、企业）规范养殖，排查过程中发现有饲喂泔水或餐厨废弃物的，要求养殖场户要立即整改，并对泔水或餐厨废弃物对养殖的危害进行宣传告知；十是充分做好应急准备工作，强化应急值守，切实做好储备物资、应急队伍等应急准备。

【其他工作】 开展水产畜牧产品质量安全监管工作，全面完成水产畜牧产品抽样监测任务，未发生食品安全事故；完成畜禽规模养殖场生态认证23家，已完成区市政府2018年度养殖业绩效考核任务；强化渔业执法，维护渔业生态。全年累计开展30余次专项整治行动，共出动执法人员290多人次，收缴电鱼机32台，地笼长1100余米。并积极配合市渔政支队组织的联合执法；做好全县养殖规划，完成渔业、畜牧业规划。

（胡作文）

农业机械化

【概况】 灌阳县农业机械化管理局（简称县农机局），成立于1972年，县人民政府直属正科级事业单位，负责贯彻执行党和国家有关农业机械化的方针政策和法律法规；全县农机化管理，农机新机具新技术推广应用，农机培训、农机安全监督管理等工作。内设秘书股、财务股，下设3个直属事业单位农机安全监理站、农机技术推广站、农机校。共有编制30人，2018年有在职干部职工32人。

2018年，县农机局认真贯彻党的十九大精神，以加快实施乡村振兴战略为动力，以提高耕种收综合机械化水平为目标，发挥“小农机，大作为”作用，有力促进“农业增效、农民增收”，有效推动了全县农业机械化科学发展。全县农机总动力达到32万千瓦，耕种收综合机械化水平达62.34%，水稻耕种收综合机械化水平达到75.9%。全县已登记注册的农机合作社19个，入社成员总数150多人，拥有各类农机具400多台（套），其中50–100马力拖拉机10台、联合收获机械32台、无人植保机2台；落实农机购置补贴资金131万元，完成绩效任务的218%；圆满完成全年农机化各项指标和工作任务，县农机局荣获2018年度桂林市农机化技术推广工作先进单位、桂林市培育发展农机合作社工作先进单位、桂林市农机化宣传工作先进单位等荣誉称号。办公地址位于灌阳县灌阳镇灌江北路139号。

【农机安全监理】 县农机局就农机安全生产进行周密部署，坚持文明执法和严格执法，实行普法和执法相结合，使全县农机安全生产水平稳步提高，未发生一起农机事故。

严把拖拉机入户、年检关，凡是达到报废年限的拖拉机一律不过检，从源头上消除事故隐患。为切实做好全县拖拉机年检工作，一是在各乡（镇）主要街口和重点村张贴拖拉机年检通知；二是在各乡（镇）国土规建环保安监站的配合下将年检书面通知送达到应检拖拉机驾驶员手中；三是对机手短信群发3000多条，督促其及时参检。

开展农机安全生产宣传教育活动，以“守法回家，平安相伴”、文明交通“进农村”、安全生产月活动为契机，开展“全面落实农机手主体责任”农机安全生产主题宣传活动。全年利用乡镇圩日、节假日，到乡镇村屯、田间地头、中小学，开展内容丰富多彩农机宣传活动32次，发放宣传资料8200多份，悬挂宣传横幅标语18条，书写永久性宣传标语5条，配合各乡镇开展安全咨询活动10次，在安全隐患路竖立安全警示牌8块。

贯彻落实“安全第一，预防为主，综合治理”的方针，加大源头治理。一是10月23日，组织全县农机专管员和文市镇村级管理员在文市镇清塘村开展农机事故应急救援演练，通过贴近实战的农机事故应急救援预案演练，检验和提高多部门协作实施农机事故应急救援及农机部门在应对突发性事故时的应急处置水平；二是到西山瑶族乡农田场院、临崖路段进行农机安全大检查，消除农机安全隐患，并且利用节假日、西山“二月十九”“六月十九”“九月十九”，观音阁“九月初一”等乡镇庙会进行执法和宣传。共出动执法车辆150台次，出动执法人员380人次，检查拖拉机760台次，纠正违规违章行为240起。查处无证驾驶20人次，强制培训10人次，查处违法载客拖拉机30台次，暂扣拖拉机2台，处罚机手50人次，拆除载客装置2台，受教育机手、群众6000余人次，有效促进全县农机安全生产。

【农机推广】 县农机局在农机推广工作中，抢抓机遇、谋求发展，把农机推广工作和农机购置补贴工作紧密结合起来，以“二月八”农具文化节为契机，结合农机发展新形势，创新思路，着力打造“农机购置补贴政策宣传、农机产品推介、农机演示推广、农机操作培训”平台，成功举办“二月八”现代农机具展示活动。共推广各种新机具达1061台（套）。

以桂林市2018年农机化技术科技人员培训班现场会为契机，举办丘陵山区农业机械化果园轨道运输机现场演示会，推广这款适合果园作业的新机具，既解决“请工难，请工贵”的问题，又降低劳动成本，为实现果品生产机械化管理奠

9月4日，灌阳县2018年水稻全程机械化（无人植保机）培训会在灌阳镇上王村举行　　县农机局　提供

10月23日，县农机局组织农机事故应急救援演练

县农机局　提供

定基础。在春耕春播期间，组织工作人员进村入户800余人次指导农民使用、维修田间作业机械1200多台次，培训田间作业机械操作人员560余人次，保证农忙时节农民有机具可用，有好机具用，不误农时。全年，共完成机耕面积41000公顷，水稻机插面积7005公顷。田间作业机械的大量使用，提高生产效率，保证全县粮食稳产增产，为农村劳动力顺利转移奠定了基础，促进农村社会经济全面发展。

注重加强农机专业合作社组织的建设和管理，充分发挥合作社在水稻生产作业服务和新机具推广应用等方面的带头作用，取得较好的经济效益和社会效益。全县已登记注册的农机合作社19个，入社成员总数150多人，拥有各类农机具400多台(套)，其中50—100马力拖拉机10台、联合收获机械32台、无人植保机2台。全县提供社会服务的农机主要有育秧、烘干、机收、机插、机耕、机植保等方面，据统计，全县农机社会化服务作业产值达500万元。

【农机购置补贴实施】 2018年，全县完成农机购置补贴资金131万元，完成绩效任务的218%。受益户数781户，补贴机具数量1061台套。为让农机购置补贴这一惠农政策及时、充分地落实到农村千家万户，不断完善农机购置补贴实施方案，全面落实先购机后申请补贴、具体操作环节与经销商分离等廉洁高效便民措施。6月5日，召开2018年农机购置补贴办理业务培训会，会上对窗口前移工作作了布置。由于农户2、3月就已将机具先购回家中使用，带机具到县政务中心办理申请补贴手续十分不便。为方便群众，县农机局将全体干部职工分为5组，分赴9个乡镇进行核机验机，并且制作了“申请明白卡”，详细地记录办理农机购置补贴业务所需要准备的材料，方便老百姓办理补贴业务。用时半个月核验机具400多台(套)，将窗口前移至购机户家门口，将便民惠民落到了实处。全年共印

12月4日，县农机局在大市场开展农机安全、惠农政策宣传活动

县农机局　提供

发宣传资料5万份，环保宣传袋8000个，宣传抽纸3000盒，发到全县各村、组、农户手中，进一步宣传农机购置补贴政策，提高群众的知晓率。同时，以“二月八”农具节为载体，联系农机厂家与经销商展出各类先进机具，并开展现场咨询活动积极宣传农机购置补贴政策并解决群众的疑惑。

12月5日，桂林市农机局到灌阳检查路检路查工作

县农机局　提供

【农机产品质量监督与管理】 以购置补贴农机具为重点，开展农机产品售后质量监督工作。根据全县的实际情况，开展2018年农机质量集中整治和专项检查工作，加大对农机质量投诉的查处工作。检查农机补贴销售商6家，维修网点9个。对全县农机维修网点进行资质、设施设备、人员、质量管理、安全生产、环境保护等相关宣传及检查。依法稳妥处理和解决涉及群众利益的热点难点问题，严厉打击非法制售伪劣农机产品行为，加强对坑农害农事件的查处，净化农机市场，防止损农坑农事件发生，依法维护群众的合法利益。

以农机购置补贴机具质量监督检查和农机销售、维修市场的监管为重点，以“二月八”农具节和3月15日国际消费者权益日的活动之契机，举办2场现场咨询培训，接待咨询群众1000余人，并通过短信和宣传材料向社会发布农机质量投诉监督电话。同时，向农民群众普及农机管理的法律法规，广泛宣传、介绍识别真假农机的常识，讲解科学使用农机的知识，使农机质量投诉政策深入人心，增强经营户的法律观念，识别假冒伪劣农机产品能力明显提高。

【农机校培训】 以农业机械化实用新技术、新机具为主，以农业机械化实用机具和实用技术作为主要内容开展技能培训。年内，县农机局创新培训方式，采取走出去的形式开展培训工作。根据基层农技服务体系实施方案的要求，在市农机局的指导下，联合平乐县、临桂县农机局组织基层农机技术人员在哈尔滨全国农机化教育培训中心举办了1期农机技术人员业务能力提升培训班，共培训基层农机技术员20人；利用农机校的培训资源，以农业机械化实用新技术、新机具为主，开展农村党员和农机手培训。全年完成各类农业机械化技术培训435人次，其中拖拉机驾驶员38人次，完成收入4.68万元。

（县农业机械化管理局）

脱贫攻坚

【概况】 灌阳县扶贫开发办公室（简称县扶贫办）属县人民政府工作部门、为正科级行政单位，主要职责为拟订全县扶贫开发总体规划和政策措施；负责组织开展扶贫对象精准识别、精准退出工作，县本级扶贫督查考核；负责全县扶贫开发信息化建设，组织全县贫困状况的监测与统计；参与拟订全县扶贫开发资金管理办法；拟订全县扶贫开发项目管理办法；检查、督促落实县直单位定点扶贫责任制。内设7个股室：综合股、社会扶贫股、资金项目管理股、灌阳县小额信贷管理中心、灌阳县

3 月 23 日，灌阳县 2018 年精准帮扶“一户一册一卡”工作推进暨业务培训会在县红豆杉二楼会议室召开　　范汝敏　摄

扶贫项目管理中心、灌阳县扶贫开发监测中心、灌阳县扶贫开发综合服务中心。有行政编制 10 名、机关后勤服务聘用人员控制数 1 名；事业编制 21 名；设主任 1 名，副主任 2 名。

2018 年，县扶贫办贯彻落实习近平总书记扶贫开发战略思想，按照自治区“打赢打好脱贫攻坚战，核心是精准、关键在落实、确保可持续”的要求，将脱贫攻坚作为最大政治责任和最大民生工程来抓，建章立制，精准施策，狠抓落实，取得了重大阶段性成效。2015 年灌阳县全县共有建档立卡贫困人口 11004 户 40930 人、65 个贫困村，贫困发生率 16.17%；2016 年 11 月动态调整后，全县有建档立卡贫困户 10898 户 40401 人，贫困发生率 15.62%。2018 年全县共有 67 个贫困村（新增 2 个贫困发生率 25% 以上的深度贫困村）。2016 年至 2018 年，实现 46 个贫困村、7760 户 30084 人脱贫摘帽，其中 2018 年脱贫 25 个贫困村、3353 户 13180 人。截至 2018 年底，全县还有 21 个贫困村，2916 户 9811 人建档立卡贫困人口尚未脱贫，贫困发生率 3.79%。

【扶贫宣传】

内宣工作　县扶贫办整合涉及“两不愁、三保障”和“十一有”单位出台的相关惠民政策，编印《灌阳县 2018 年脱贫攻坚惠农政策汇编》2 万份，发放给贫困群众、帮扶联系人人手一册。5 月 17 日晚，由县委宣传部牵头，县扶贫办参与，组织开展“扶贫政策”知识抢答赛，历时约 2 小时，观音阁乡代表队获一等奖，西山瑶族乡代表队和灌阳镇代表队获得二等奖，黄关镇代表队、文市镇代表队与水车镇代表队获得三等奖。6 月 10 日，县扶贫办组织全县帮扶干部开展桂林市脱贫攻坚政策知识竞赛灌阳县初赛活动，营造良好的扶贫政策学习宣传氛围。利用“二月八”“六月六”“电商大集”等重大节日，开展扶贫政策宣传活动，发放扶贫政策宣传资料 5 万余份，张贴、播放宣传标语 2000 余条，切实提高人民群众对扶贫惠民政策的知晓率。为全面落实各项教育扶贫各项政策，发放教育惠民政策宣传资料 6.8 万份。2018 年全县共有 38139 人（次）

3 月 23 日，灌阳县 2018 年抓党建促脱贫攻坚专题培训暨深度贫困地区脱贫工作推进会在县红豆杉二楼会议室召开　　范汝敏　摄

学生享受资助，发放资助金额2265.88万元。

外宣工作 2018年自治区下达的宣传任务为：中央级媒体发表8篇，自治区媒体发表50篇。截至12月31日，灌阳县在中央级媒体发表稿件16篇，在自治区级媒体发表稿件62篇，扶贫宣传工作在全市名列前茅。在县电视台、《今日灌阳》报纸及其微信平台开辟“打赢脱贫攻坚战”和“脱贫攻坚”宣传专栏，电视台播出专栏192期，《今日灌阳》报纸和微信平台刊发440期，编印《灌阳县精准脱贫攻坚简报》45期。

6月10日，桂林市脱贫攻坚政策知识竞赛灌阳考试现场

《今日灌阳》 提供

【产业扶贫】 将优质稻、杉、牛、李、猪、柑橘、中药材确定为灌阳县“5+2”特色产业，67个贫困村分别结合自身实际，明确“3+1”特色产业，打造“一村一品”“一乡一业”；参与制定《2018年灌阳县贫困户产业扶持方案》《灌阳县产业扶贫(种植业)奖补方案》《灌阳县产业扶贫(林业)奖补工作方案》《灌阳县2018年以奖代补特色产业扶贫实施方案》《2018年灌阳县村(社区)集体经济发展扶持工作方案》等系列文件，通过新型农业经营主体在全县建立水果类50亩以上的规模种植场63个，总面积6284亩，带动全县水果改扩种11200亩；蔬菜规模种植场6个445亩；食用菌种植示范场8个325亩；2018年全县新增油茶规模示范点3个3900亩。全县申报产业扶持资金贫困户共10473户，拨付产业扶持资金共3256.14万元。

【技能培训】 推进就业劳动力技能培训，完成短期技能培训5期294人，发放培训资金87.99万元；对全县138个村的贫困户开展培训班138期，培训贫困户5978人次、组织218名农村创业致富带头人在桂林市参加培训；2018年全县共落实“两后生”参加职业培训总培训54人，发放补助金额14.85万元。2018年开展培训班126期，培训6300多人次。

【雨露计划】 2018年，全县计划安排雨露计划教育补助资金351.75万元。全年实际发放补助2060人，发放补助总金额371.4万元，其中：2018级本科147人，发放金额73.5万元；高职(专科)731人，发放金额109.65万元；中职1006人，发放补助金额150.9万元；2017年符合条件但未申请雨露计划学历教育补助的学生176人，补发金额37.35万元。

【住房保障】 推进安居惠民工程，截至2018年12月5日，灌阳县危房改造18166户，危房改造率达95.86%，2018年全县实施贫困户危改908户，其中2018年预脱贫户危改任务数179户，完成改造率达100%；易地扶贫搬迁有序推进，累计完成投资2亿元，全县6个集中安置点已全部竣工，入住1186户5035人，入住率100%，顺利完成“十三五”易地扶贫搬迁任务。

【医疗保障】 构建医疗卫生保障体系，贫困人口县内住院实行“先诊疗后付费”城乡居民医疗保险和大病保险“一站式”即时结算，贫困人口参合缴费补贴60%，住院综合报销比例达90%，贫困人口参保率达100%，家庭医生签约率达

5月17日，灌阳县在县红豆杉二楼会议室举办“不忘初心，牢记使命，圆梦2020脱贫攻坚”知识抢答赛　　范汝敏　摄

100%。全县现有农村低保对象4478户7684人，其中建档立卡贫困人口2017户3973人，扶贫与低保重合率51.7%，保户率达100%。建档立卡贫困户养老保险完成参保31668人，养老金待遇发放100%。

【减贫成效】

贫困人口脱贫摘帽　灌阳县根据《自治区扶贫开发领导小组办公室关于做好2018年度贫困户脱贫摘帽“双认定”工作的通知》（桂扶领办发〔2018〕51号）文件精神，按照“两不愁三保障”和“八有一超”脱贫摘帽标准及认定程序，开展贫困户脱贫摘帽“双认定”工作，实现3353户13180人脱贫，脱贫人口在全国扶贫信息系统标识。

贫困村脱贫摘帽　2018年，灌阳县按照贫困村“十一有一低于”脱贫摘帽标准及认定程序，完成洞井瑶族乡保良村，西山瑶族乡南江村、小源村，观音阁乡立强村、盘江村，黄关镇大竹山村、陡水村，新街镇三江村、上甫村，灌阳镇大源村、马头村、徐源村、鱼塘村，新圩镇桂阳村、国豪村、合力村，水车镇大营村、合成村、江塘村、下泡村，文市镇大湾村、会湘村、集全村、同仁村、玉溪村共25个贫困村的脱贫摘帽认定工作。

【精准识别】　按照国务院扶贫办、自治区和桂林市的决策部署，灌阳县按照程序开展贫困人口动态调整工作，制定下发《2018年贫困人口动态管理工作实施方案》《灌阳县扶贫信息数据联席会议制度》等文件，2018年新增贫困户43户173人，剔除错评69户269人，认定返贫18户75人，通过剔除错评、与贫困户子女合户、重新识别等方式，解决506户807人“老人户”问题，进一步提高扶贫对象精准度。

【精准帮扶】

一帮一联　制定下发《灌阳县2018年精准扶贫结对帮扶方案》，实行区、市、县共102个单位包村、干部结对包户和工作组包干的结对帮扶机制，落实干部5232名，实现结对帮扶贫困户全覆盖。

一户一册一卡　制定下发《灌阳县精准帮扶“一户一册一卡”工作实施方案》，着力做好“一户一册一卡”工作，积极组织各帮扶干部进村入户，按要求填写《帮扶手册》，张贴联系卡，落实惠民政策。

完善社会帮扶体系　用好社会扶贫APP，利用“中国社会扶贫网”平台，帮助贫困户发布需求，对接需求，动员和引导亲戚朋友注册为爱心人士，以“一对一、一对多”形式对接贫困户需求，提高对接率，截至12月18日，“中国社会扶贫网”全县累计注册12634人，注册率为75.2%，其中，建档立卡贫困户累计注册10946人，累计帮扶成功2741次。

【基础设施】　全县138个行政村道路硬化建设项目已全部完成，793个自然村（屯）全部实现通砂石路或水泥路；村级公共服务中心建设全县67个贫困村已建成达标62个（其中2018年25个预脱贫村已全部建成达标）。2018年基础设施共投入财政专项扶贫资金6546.67万元，实施项目157个，其中，新建护坡18处5363.4立方米、新建独立桥梁2座42.04米、新建砂石路项目9条11.384千米、道路扩建项目3条6.7千米、硬化村屯道路项目125条136.818千米。印发《灌阳县扶贫项目库编制指南实施方案》，清理出库438件，新纳进库746件，目前清理完善后的项目库共有项目4898件，计划投入资金35.28亿元。

【督查工作】 成立县督查专责小组，全年各专责小组开展业务督导29次，开展专项督导督查8次。推动脱贫工作细化、量化，及时对接掌握工作动态情况，有序推进全县脱贫攻坚工作的开展，实现3353户13180人脱贫，完成25个贫困村摘帽。

【扶贫资金】 全县共整合涉农资金8732.7万元，县财政统筹安排扶贫工作专项资金5916.33万元，与2017年相比增加27.51%。统筹整合使用财政涉农资金支出8179.23万元，占涉农整合资金总额的93.66%。

【典型经验】

龙头企业和产业核心示范区助推农旅融合带动脱贫增收 一是引进双胞胎集团、新希望集团、大广农牧有限公司、深圳茂雄集团等大型农业龙头企业。建立示范基地，落实生态规模养殖示范场选址1处，面积600余亩，计划投资2.25亿元；二是加强与国家杂交水稻中心、广西植物研究所、广西农科院、广西特色作物研究院的合作，建立2个示范基地。2017年灌阳优质稻一季稻1009.45千克加再生稻552.1千克亩产高达1561.55千克，连续8年创广西之最。全县推广优质稻种植面积28.5万亩，贫困户种植覆盖率54.1%，贫困户户均年创收2600元。2018年对一季超级稻进行测产，平均亩产再破1000千克，单产连续9年创广西第一；三是成功创建灌阳县千家洞雪梨黑李产业核心示范区、“神农稻博园”水稻核心示范区、灌阳县油茶产业示范区等3大现代特色农业核心示范区，是桂林市区级核心示范区最多的县。千家雪梨黑李核心示范区实现年接待游客18万人次，带动脱贫522户、2012人，示范区人均可支配收入达1.23万元。

成立全国首家县域公立医院集团助力健康扶贫经验在全区示范推广 整合3家县级公立医院、9家乡镇卫生院，组建成立统一法人的灌阳县公立医院集团，成为全国首家成立的县域公立医院集团。全县共组建签约团队49个，建档立卡贫困户实现100%签约，灌阳县健康扶贫工作在广西医改工作座谈会上作先进典型发言，得到国务院办公厅的激励通报表扬，相关经验信息分别在《人民日报》《新华每日电讯》《人民网》《广西日报》《广西扶贫信息网》《桂林日报》上刊登。

6月11日，县扶贫办到观音阁桃花村入户宣传扶贫政策

县扶贫办 提供

电商扶贫助力脱贫增收取得新成效 引进阿里巴巴、兴农汇、泰士特等知名电商企业，大力推进“党旗领航·电商扶贫”，创立“电商扶贫直通车”，创建“基地+合作组织+电商平台+城市社区体验店”电商扶贫新模式。全县已建成电商村级服务点162个，全县67个贫困

村电商网点已全覆盖，乡镇服务站9个，仓储物流中心3个，共计占地4700平方米。通过电子商务共带动全县农副产品销售2.09亿元，农副产品产地收购综合价格平均提高10%以上，促进农村1.8万余人就业。其中带动贫困村实现6000多万元农副产品销售，带动2000多贫困户增收。“党旗领航·电商扶贫”工作在《广西精准脱贫攻坚简报》上作经验交流，并在《人民日报》《新华日报》上刊登。桂林市2017年“党旗领航·助力脱贫”主题活动暨“党旗领航·电商扶贫”启动仪式在灌阳召开。2018年10月19日，举办党旗领航·电商扶贫“我为家乡代言”电商大集，广西电视台影视频道、新闻频道、公共频道、国际频道全程并机直播，并同步网络直播，全方位展示灌阳的特色产品、旅游资源、红色文化和独特的人文风情，有效提升灌阳农特产品、旅游资源等方面的知名度。

实行脱贫攻坚工作限时办结制，增强督查工作力量，有效推动脱贫攻坚工作　实施脱贫攻坚工作限时办结制，扎实推进全县精准扶贫、精准脱贫各项工作，全面提升全县脱贫攻坚工作质量与水平；根据全县脱贫攻坚工作实际情况，制定下发《灌阳县2018年扶贫工作督查方案》等工作方案，从相关单位抽调41人组成督查工作专责小组，实行集中驻组办公，结合每月任务清单完成情况，梳理确定月、季度督查工作重点，拟定督查工作方案。自9月份成立以来，协调组织有关专责小组和有关单位就干部帮扶情况、第一书记履职情况、易地扶贫移民搬迁、产业发展等工作开展1次全面综合督查，8次专项督查。

工作清单制度分解细化任务掌握全县脱贫攻坚工作动态情况　每月26日前，由综合协调专责小组负责收集各专责小组工作情况、要及时完成的工作等，经开会研究讨论，反复修改完善后再下发。下个月工作清单根据上个月的实际情况、经验做法、存在的问题等制定完善，切实做到目标明确、任务清晰。全年共下发各类清单11份。

印发灌阳县扶贫政策明白卡扫除惠民政策宣传盲区　以服务贫困群众为主线，围绕向贫困群众宣传各项惠民政策为重点，梳理出小额信贷、产业奖补、雨露计划、困难残疾人生活补贴等惠民政策共21条，印制成纸质卡，由帮扶联系人在规定时限内全部发放到贫困群众手中，共发放政策明白卡1万5千份，确保政策明白卡贫困户覆盖率达100%，扫除惠民政策宣传盲区，让群众进一步知晓政策、理解政策、支持政策，有效提升群众满意度。

（卿钟莉）

气象工作

【概况】 灌阳县气象局始建于1956年8月，是县政府主管气象工作的部门，属中央直属事业单位。主要业务工作包括气象探测、农业气象服务、气象预报与公益服务、人工影响天气、防雷减灾工作的组织管理、气象科技信息服务等。单位现有职工

5月10日，自治区气象局到灌阳调研指导气象台站建设工作
县气象局　提供

11 人,其中在职 8 人(含编外),离退休 3 人。2 个内设机构:综合办公室和防灾减灾科;2 个直属业务机构:县气象台和县气象服务与防雷中心;1 个地方事业机构:县人工影响天气办公室。

2018 年,县气象局贯彻习近平新时代中国特色社会主义思想和党的十九大精神,紧紧围绕上级决策部署,以“三个建设年”为抓手,着力在提升气象服务保障能力,深化气象改革,加强党的建设和自身能力建设。切实抓好规划实施,推进气象业务能力建设。业务值班用房完成搬迁,国家气象观测站地面观测业务软件(ISOS)完成升级。组织参加 2018 年广西气象行业职业技能培训和竞赛。实况数据分析业务高分辨率数值预报产品在平台中初步应用,“两系统一平台”在业务中投入业务运行。广西突发事件预警信息发布平台完成升级,更新了信息员库,11 月中旬,完成绩效考核省突系统在县级 4 个单位的推广工作。气象灾害风险业务化管理执行业务留痕更加规范。固定作业点配置了人影火箭自动发射架、保险柜,视频监控设备,完成现场使用培训。较好的完成全年各项工作任务。办公地址位于灌阳县灌江西路 52 号。

【气象服务】 面对暴雨、强对流等复杂多变的天气过程,严密监测、科学分析、及时预警、主动服务。针对传统节日“六月六”雪梨黑李节、全国山地越野持久战赛等重大节日、重要活动和高中考等开展气象服务。全年累计制作发布常规服务材料 102 期,专项气象服务 12 期,重大气象专报 4 期,启动应急响应 4 次,发布预警短信 134 期,预警信号 46 期。

严格落实《重大气象信息报告党政主要负责人的规定》,启动重大气象信息报告党政主要负责人 4 次,有效应对汛期强降水天气过程。深化部门联动,与驻灌部队签订救灾合作协议,联合多部门开展汛期安全检查,发现问题,要求整改并督促督办。

着力改善气象服务供给,发挥“两系统一平台”的作用,制作发布精细化气象服务产品,通过一键发布开展服务,提高预警信息发布效率和气象服务产品的准确性、及时性、实用性和便捷性。组织开展气象为农服务,编制气象为农服务周年方案、气象服务工作历;利用灌阳水果农业气象服务微信群,开展“水果”智慧农业气象服务。加强公众和专业气象服务,编印发放《气象服务明白卡》,利用各种节日开展科普宣传,发放宣传资料数千份。做好气象预警大喇叭维护工作,大喇叭上线率基本保持在 90% 以上。积极开展旅游、交通、电力等专业气象服务,针对用户需要及时提供服务产品,开展保障服务。

【生态文明建设】 加强地方应对气候变化工作。参与地方应对气候变化工作,在气候资源开发利用、节能减排降碳等工作中发挥作用。为灌阳重大项目建设、风能、太阳能开发利用提供气象服务。2018 年开展人工增雨作业 2 次。

【行业扶贫】 主动融入国家乡村振兴发展规划。

12 月 4 日,副县长唐敏(左二)到气象局调研察看气象探测环境情况
县气象局　提供

5月31日，县气象局到新街邓家小学作气象科普知识报告会

县气象局　提供

巩固农村防灾减灾救灾成效，助力精准脱贫。建立进村入户的重大气象灾害预警信息传播机制和责任体系，将全县扶贫驻村工作队员纳入气象信息员库并开展气象防灾减灾知识培训；选派扶贫干部做好定点扶贫工作，所有在职职工均承担帮扶任务并按时间节点完成。加强突发事件预警发布工作，完成区市绩效考核省突系统在环保、国土、林业、水利4个县级单位的推广，气象预警大喇叭、气象信息员覆盖所有行政村，信息定时组织开展“乡村振兴”调研，开展特色农业气象服务及种植大户培训，向基层和种植户推广“广西气象微农”微信公众号，并将其纳入全县农业气象服务微信群，进行直通式气象服务。

发布，实现突发事件预警信息发布系统向农村基层延伸，推动行业扶贫。

（赵玉红）

林业·水利

12月5日，自治区移民和扶贫安置中心主任韦朝勇（左三）到易地扶贫搬迁县城集中安置点查看搬迁入住情况　　县移民局　提供

林 业

【概况】 灌阳县林业局是县政府主管全县林业工作的职能部门，主要执行国家森林生态环境建设、森林资源保护和国土绿化的方针、政策、法律、法规；研究拟定森林生态环境建设、森林资源培育和保护利用的具体措施，经批准后组织实施；组织和指导林业行政执法和执法监督。内设机构有办公室、财务室、调处办、林政股，二层机构有森防站、野保股、稽查大队、林业工作总站、森林防火指挥部办公室、林改办、能源办、新圩林业工作站、灌阳镇林业工作站、新街林业工作站、黄关林业工作站、西山林业工作站、观音阁林业工作站、洞井林业工作站、文市林业工作站、水车文市合并站、新圩木材检查站、洞井木材检查站。2018 年，林业局编制数为 151 人，实有在岗人数 148 人[其中公务员 30 人，参公人员 23 人，全额拨款事业单位人员(9 个乡镇林业工作站)34 人，自收自支事业单位人员 61 人]，退休人员 18 人。办公地址位于灌阳县灌阳镇胜利路 68 号。

【经济指标】 林业总产值达 54.36 亿元；植树造林总面积 2.59 万亩；林下经济产值 7.08 亿元；木材产量 9.82 万立方米；森林覆盖率 75.73%；林地保有量 14.7 万公顷。

7 月 12 日，自治区林业局到灌阳县黄关镇大坪山油茶高产高效示范园调研　　县林业局　提供

【造林绿化】 完成人工造植树林总面积 2.59 万亩，占任务 2.36 万亩的 109.75%，其中人工造林 0.93 万亩，实施封山育林 1.66 万亩；完成全民义务植 48 万株，占任务的 100%；完成造林补贴项目 0.314 万亩，占任务的 100%；完成油茶造林 0.4 万亩，占任务的 100%；中幼林抚育面积 6.0 万亩，占任务的 100%。

【森林资源保护】 一是完成森林生态效益补偿资金兑现 769.6 万元，超过上级下达目标任务 3.4 个百分点；二是开展天然商品林确界工作，完成停伐协议签订及补助资金兑现 1.9 万亩，完成林地和森林资源年度变更，2017 年森林覆盖率 75.73%，2018 年森林覆盖率维持在 2017 年水平或略有增加；三是有效防控林业有害生物，林业有害生物没有成灾情况，未发现松材线虫病、薇甘菊等外来有害生物入侵；四是强化森林火情管理，没有发生重特大森林火灾，全年共发生火灾 5 起，过火面积 21.66 公顷，受害森林面积 19.58 公顷，森林受害率 0.14‰；五是完成全县古树名木挂牌保护 1843 株，占任务的 100%；六是林业案件查处，全年立森林刑事案件 29 起，逮捕涉案嫌疑人员 28 人，移送起诉 18 起，查处林业行政案件 25 起，罚没款 36.7 万元。

【自然保护区确界】 灌阳县按照中央环保督察组的整改要求，和自治区环保厅、林业厅的整改意见，进一步修改完善海洋山保护区面积和界线确定工作。最新的确界方案，确界面积达到原描述面积的 86.4%，不存在给违法违规项目和人工商品林让路的问题，尽最大努力做到应保尽保,该方案已通过自治区保护区评审委员会评审。

【山林纠纷调处】 全年,共调查处理并移送上级部门山林纠纷案件12件,承担县人民政府的山林纠纷诉讼13起,行政复议13起。

【农村能源建设】 全年,共完成5个小中型沼气工程项目建设,开展5个贫困村太阳能路灯建设示范项目,助力脱贫攻坚。

7月12日,广西林科院副院长马锦林教授(左一)到灌阳县黄关镇兴秀村油茶基地对参加培训人员进行现场教学　　县林业局　提供

【林权制度改革】 按照《灌阳县集体林地林权查缺补漏纠错实施方案》年度目标任务,积极开展查缺补漏纠错工作,已完成查漏补缺纠错任务14万亩,在黄关唐官和新街葛洞开展集体林地林权调查,已将11400亩的调查材料交不动产登记管理局审核发证;全年共审核登记林权抵押贷款110宗,新增林权抵押贷款2418.2万元;完成新街掌叶覆盘子、福泰林下养鸡、万聚立体生态养鸡3个林下经济示范项目,争取到自治区补助资金80万元,全县林下经济产值突破7亿元,占任务的100%;争取县财政支持,完成投保面积202.54万亩,继续保持全县政策性森林保险面积全覆盖;完成林业总产值52.8亿元,占任务的101.6%。

【基础设施建设】 县木材加工厂棚户区改造项目已挂网招标落实施工单位;县森林公安综合业务用房建筑主体已封顶;森林防火训练营房项目已挂网招标。

【优化营商环境】 县林业局向上争取项目资金4200多万元,吸纳社会资金投入林业建设,培育扶持林业龙头企业,鼓励林农成立造林专业合作社,制定林产品产销方案,解决林农后顾之忧。主动对接靠前服务,努力优化资源配置和营商环境,推动全县林业建设新发展。

【专项行动】 县林业局进一步加大林业执法力度,协调县相关部门,制定实施方案、成立专项行动工作领导小组,在全县范围内开展森林督查,结合“绿剑2018”“绿网·飓风2018”“绿盾·春雷2018”等专项行动的开展,严厉打击涉林违法犯罪行为。

【油茶产业发展】 以国家大力发展木本油林为契机,把油茶产业作为现代林业建设的主导产业,通过强化组织领导、加大政策扶持、创建示范基地、推广“三良”栽培技术、创新扶贫模式等一系列政策措施,着力发展油茶特色林业产业。2018年,全县油茶种植面积已达7.3万亩,参与油茶种植农户1万户。

(县林业局)

水利水电

【概况】 灌阳县水利局是县政府工作部门,主要负责有关水利法律法规的监督实施、全县水资源开发利用与保护、水利工程项目编制规划设计建设与管理、防汛抗旱、水土保护、河道管理、农田灌溉等工作。内设机构有办公室(行政审批办公室)、财务股、水政股、规划计划股、水利技术股;二层机构有县防汛抗旱指挥部办公室、县水利工程管理站、县农田水利管理站、县水资源管理站、县水土保持站、县水电工程质量与安全监督站、县电力管理站、县水电物资管理站、县水电设计室(设洞井瑶族乡、观音阁乡、西山瑶族乡、黄关镇、新街镇、灌阳镇、新圩镇、水车镇、文市镇9个乡镇水利站)。2018年,编制人数75人,实有人数64人。年内,县水利局贯彻区、市、县委、县政府的决策部署,以区、市水利项目推进会为抓手,学习贯彻十九大精神,全力推进水利项目建设,全面推进河长制工作各项改革,全力加强防汛抗旱工作,深入开展"两学一做"活动,推进全县水利协调发展。全年完成水利固定资产投资10300万元(按财务支出法)。3月,获"2017年度全市水利工作先进单位";5月,"获2017年度全区水利建设质量先进集体";5月,广西灌阳县灌阳河新街镇江口段整治工程荣获"2017年度广西水利建设工程文明工地"称号。办公地址位于灌阳县灌阳镇胜利路66号。

【项目建设】

2018年农村饮水安全巩固提升工程　完成投资969万元,已完工项目28处,解决1.7935万人的饮水问题,其中贫困户808户0.3043万人。

3月15日,自治区水利厅就农村饮水安全工作督查和水利涉农资金监管到灌阳县调研　县水利局　提供

中央财政小型农田水利建设补助专项资金项目　灌阳县2018年中央财政小型农田水利建设补助专项资金项目总投资1070万元。截至2018年12月,已累计完成投资514万元,完成10260米渠道防渗。

高效节水灌溉工程　灌阳县高效节水灌溉工程总投资900万元,建设高效节水灌溉面积为4000亩。已完成灌溉面积4000亩。

水土保持项目　按照水利厅下达年度水土保持生态建设任务指导性指标任务是治理水土流失面积12平方千米,全年安排的国家重点水土保持治理项目4个(分别是溪流源、泡江、大湾江、排埠江)。溪流源小流域项目总投资1200万元,治理水土流失面积24.72平方千米,泡江小流域项目总投资700万元,治理水土流失面积14.09平方千米,大湾江小流域项目总投资671万元,治理水土流失面积17.73平方千米,排埠江小流域项目总投资1400万元,治理水土流失面积28.04平方千米,2018年,4个项目完成治理水土流失面积56.35平方千米,超过《规划》制定的12平方千米的任务目标。

中小河流治理工程　灌阳县灌阳河灌阳镇官潭至峡口河段整治工程已完成治理河长0.952千米;灌阳县灌阳河灌阳镇福星村河段整治工程,已完成治理河长1.538千米;灌阳县灌阳河麒麟山连接段护岸工程,已完成治理河长3.165千米;灌阳县灌阳河水车镇伍家湾至官庄老村河段整治工程完成治理河长6.63千米,已做完工验收,正完善内业资料为竣工验收做好准备;灌阳县灌阳河新街镇江口段整治工程完成治理河长4.45千米,已做完工验收和竣工验收。

灌阳县灌阳河新街镇青箱村至鼎锅村河段整治工程、灌阳县灌阳河文市镇会湘车田河段整治工程、灌阳县灌阳河黄关镇黄关村河段

3月22日，水土保持综合治理状况　　县水利局　提供

真抓好抗旱工作，加强旱情会商分析，积极部署应对，提高防旱抗旱能力确保农业增产增收。

【水政执法】

1. 改善执法机制，加大河道执法巡查力度。按县委、县政府的安排和部署，积极配合乡镇开展河道的日常监督管理，进一步强化河道执法管理，持续保持打击违法行为的高压态势，巩固治理整顿成果。

整治工程、灌阳县灌阳河黄关镇龙吟村河段整治工程，均于8月27日开工建设(其中广西灌阳县灌阳河新街镇青箱村至鼎锅村河段整治工程已完成治理河长1.56千米，灌阳县灌阳河黄关镇黄关村河段整治工程已完成治理河长0.41千米，灌阳县灌阳河黄关镇龙吟村河段整治工程已完成治理河长1.03千米)。

水车水库东西干渠节水配套改造　已完成工程量的82%。

【农村水电】 9月21日，自治区水利厅、桂林市水利局分别对灌阳县水车水电站、雷家江水电站的增效扩容改造工程进行竣工验收。

【防汛抗旱减灾】 按照全县防汛抗旱工作要求，始终坚持“以防为主，安全第一”的工作原则，牢固树立防大汛、抢大险的思想意识，早行动、抓主动，确保各项防汛抗旱工作落到实处。开展防汛水上救援应急演练，提升指挥调度、紧急救援和联动配合能力，为保障汛期安全度汛打下坚实的基础。认

2. 规范河道采沙管理，坚决遏制违法采沙行为。加强河道采沙监督管理，督促6个采沙场，严格按照河道采沙许可证的规定采沙，不得改变河势、损坏水工程、破坏水生态环境，及时清运沙石、平整弃料堆体或者采沙坑槽。严厉打击在禁采区、禁采期采沙作业和其他违法采沙作业行为。

3. 加大水法规宣传力度，加强和完善举报制度，自觉接受群众监督。

【水资源管理】 县水利局围绕“三条红线”，落实最严格的水资源管理制度。全面贯彻取水许可、水资源有偿使用、建设项目水资源论证制度，规

5月14日，县水利局开展保护母亲河活动　　县水利局　提供

范水资源行政许可审批，做好取水许可台账录入工作。

全年，完成2017年度水资源费征收221.7万元、取水证延续取水换证56个、入河排污口设置论证报告书审查1个、灌阳镇水里冲饮用水水源地保护工程完工验收。完成全县入河排污口摸底调查、全国第三次水资源调查评价数据收集、桂林市水生态文明城市试点建设验收材料收集、第二次全国污染源普查入河排污口调查登记工作、农林牧渔业和农村居民生活用水调查、河湖生态流量摸底调查、全县水电站最小下泄流量现场调研调查、2018年度实行最严格水资源管理制度考核前期准备工作、新圩镇水源地保护项目完成初步设计及申报、规模以上入河排污口标志牌设立安装、按要求开展重要饮用水水源地安全保障达标建设自评估工作。

【河长制】 河长办做好河流巡河记录、巡河照片收集工作，巡河工作做到基本常态化，境内江河湖库均未出现重大的环保事件；对各乡镇开展河长制工作专项督查3次，并向各乡（镇）有针对性地提出整改意见，推动河长制工作有效推进；积极开展“清河行动”和“联合执法行动”，经过一段时间的治理，辖区河流流域环境进一步得到有效保护，成效显著；灌阳县河长制中期评估顺利通过自治区、市级验收，河长制总结评估验收也顺利通过自治区、市级验收。

【小型水利工程体制改革】 灌阳县积极推进深化小型水利工程管理体制改革工作，将改革方案分年度落实到各个时间节点，有序推进小型水利工程管理体制改革。列入本次改革范围为县管理的国家投资建设的小型水利工程共338处，其中小型水库工程18座、小型河流及堤防工程8处、小型农田水利工程107处、农村饮水安全工程199处、水土保持工程4处、小型水电站2座。全县改革范围内工程确权发证已全部完成，12月14日，召开灌阳县深化小型水利工程管理体制改革县级验收会议，经验收组评议，同意通过灌阳县深化小型水利工程管理体制改革自验收。

【安全生产】 制定全年安全生产工作计划，落实农村水电站“双主体责任”和防汛责任的落实，签订年度安全生产责任状。积极开展以“生命至上，安全发展”为主题安全生产月活动。2018年，县水利局出动56组次检查组，检查水库安全19座，防洪工程4处，安全饮水工程10处，农村水电站40座，河道采沙点4处，发现问题及时要求进行整改。

（县水利局）

水库移民

【概况】 灌阳县水库移民工作管理局（简称县移民局）成立于2009年2月，属县人民政府的正科级参公事业单位。主要职责是做好全县水库移民生产、开发与管理工作等。内设机构有办公室和

10月18日，县移民局与县财政局验收水车镇大埠塘防洪堤建设项目

县移民局 提供

8月31日，县委副书记陈礼兵(左四)查看易地扶贫搬迁县城集中安置点分房现场　　县移民局　提供

综合股。2018年，实有编制8人，在职6人。全年，完成1个水利建设项目、1个小型水库道路建设项目；完成2018年度大中型水库移民后期扶持资金(直补部分)的发放工作；完成“十三五”期间易地扶贫搬迁完成1186户5035人安置任务。2016年、2017年、2018年易地扶贫搬迁入住率为100%。办公地址位于灌阳县江东新区扶贫办大楼8楼。

【大中型水库移民后期扶持工程】 县移民局继续实施完善水库移民基础设施建设工程，切实解决库区和移民安置区村屯道路及新村建设等基础建设问题。投资49万元的水车镇大埠塘防洪堤建设项目，项目已完工待组织验收；投资24万元的新街镇谢家湾屯村道路硬化工程，该工程全部完成。

【大中型水库移民后期扶持资金发放】 县移民局严格执行后扶资金管理使用办法，严格落实“专户管理”“县级报账”“资金直达”等制度。在各镇村自查自报的基础上，及时更新原迁移民人口管理数据库，确保原迁移民后期扶持资金发放的准确性、严肃性，全年足额、及时发放移民后期扶持资金合计132.9万元。

【易地扶贫搬迁项目】 为确保完成自治区党委、政府提出：“2016年、2017年易地扶贫搬迁入住率达100%，2018年度易地扶贫搬迁入住率达60%以上”的目标，县委、政府采取有效措施。一是强化领导，县委、县政府主要领导担任易地扶贫搬迁领导小组组长，亲自谋划、亲自部署、亲自推动；二是强化责任，通过落实县级领导“八包责任制”，营造比、学、赶、超工作氛围；三是强化督导，加强对工作班子履职情况督导，做到一级抓一级，形成工作合力；四是强化管理，进一步简化相关手续，简化资金拨付流程，加快资金拨付进度。严格按照易地扶贫搬迁资金管理使用有关规定，做到专款专用、封闭运行；五是强化后扶。灌阳县“十三五”期间易地扶贫搬迁计划搬迁1186户5035人，其中分散安置462户1935人，集中安置724户

8月30，灌阳县城集中安置点分房抽签培训会在县交通局六楼会议室召开　　县移民局　提供

3100人,2016年计划搬迁228户972人,2017年计划搬迁941户4011人(其中分散安置234户963人,集中安置707户3048人),2018年计划搬迁17户52人。2018年已完成“十三五”期间易地扶贫搬迁完成1186户5035人安置任务。

【劳动力就业培训工程】 县移民局对水库移民进行生产技能培训。全年办班培训1期,受训人数24人。同时,县移民局配合教育部门做好就读普通高中和中等职业学校学生给予资助;二是组织易地扶贫搬迁户共举办各类产业、技能培训班48期,参训人员达2565人(次)。为实现搬迁户每户至少有一人就业目标,各移民安置小区通过开办扶贫车间、提供农贸市场摊位、转移就业、提供公益性岗、自主创业等方式安排搬迁户就业,确保搬迁户搬得出、稳得住、有收入、能发展。

(县移民局)

广西千家洞国家级自然保护区

【概况】 广西千家洞自然保护区属森林生态系统类型自然保护区,总面积12231.0公顷,其中核心区面积6470.2公顷,缓冲区面积1999.0公顷,实验区面积3761.8公顷。主要保护:1.亚热带原生性常绿阔叶林森林生态系统。2.南岭山地的生物基因,尤其是国家保护的野生动植物物种基因。自然保护区内野生动植物资源极其丰富,已查明的种子植物共有170科710属1653种。其中有国家一级保护植物4种,分别是资源冷杉、红豆杉、南方红豆杉、钟萼木;二级保护植物18种;特别是福建柏和长苞铁杉有多处呈大面积分布,实为珍贵。保护区内已发现的脊椎动物有236种,隶属5纲27目79科146属。其中国家一级保护动物有黄腹角雉、林麝、白颈长尾雉3种;二级保护动物有25种,已鉴定昆虫922种。

5月15日,千家洞管理局实地察看林道维修现场

千家洞管理局 提供

【机构】 广西桂林千家洞国家级自然保护区管理局(简称千家洞管理局)原为国营灌阳县都庞岭林场,自治区人民政府于1982年6月批准在林场范围成立千家洞水源林保护区,由林场管理;2002年2月,明确为自治区级自然保护区;2006年2月,经国务院办公厅批准为国家级自然保护区。2011年10月,桂林市批准成立广西桂林千家洞国家级自然保护区管理局,于2012年12月组建完成,为桂林市林业局管理的副处级参公事业单位,主要贯彻执行国家有关自然保护区的方针、政策、法律和法规,组织制定和实施自然保护区发展规划,制定自然保护区的各项管理制度并组织实施,组织开展自然保护区建设、管理、科研、宣教、森林防火、社区共建等工作,做好自然保护区内的资源调查和环境监测,依法保护自然保护区内的自然资源和生态环境等。内设办公室、财务科、保护管理科、经营管理科、科研宣教科、森林防火科6个科室。2018年增挂“千家洞国家级野生动物疫源疫病监测站”。下设沙岗、八道水、雷家江3个管理站及七道水、湾家塘、大凸坳、大湾4个保

护站。核定人员编制32名，现有在职人员28人(其中副处级1人,正科级6人,副科级5人),聘请护林员20人。2018年,在全市林业有害生物防控目标管理检查考核中被桂林市林业局评为优秀等级,局党支部和2名党员分别被桂林市林业局机关党委评为先进基层党组织和优秀共产党员。办公地址位于灌阳县西山坪选矿机械制造工业园。

7月15日,西北农林科技大学在千家洞保护区开展昆虫调查

千家洞管理局　提供

【专项检查】 加强深度巡护频次,确保远程巡护、联合检查落到实处,实现森林资源和河道监督管理无死角、全覆盖。收缴猎捕野生动物工具15套。积极开展“绿盾2018”自然保护区监督检查专项行动,认真排查保护区内各类违法违规活动;完成环保部门保护区遥感监测疑似问题清单和林业部门针对保护区的人类活动变化斑块的核查工作,没有新增人类活动现象。

【森林防火】 采用悬挂横幅、书写标语、群发短信、下村宣传等多种方式做好森林防火宣传工作。与各管理站签订《2018年度森林防火责任状》,落实责任,强化火源管理和隐患排查工作。健全完善2个森林消防半专业队伍,做好扑火培训和安全教育,严格执行森林防火期领导带班值班制度,确保森林火情有效处置。无森林火灾发生。

【宣传教育】 制作专题宣传片在县级电视台播放;充分利用横幅、宣传画(册)、标语、小学生作业本、进学校课堂宣讲等形式,在“爱鸟周”“世界野生动植物日”“保护野生动植物宣传月”、灌阳县“二月八农具节”“六一”儿童节等时间节点开展有关自然保护区法律法规和野生动植物保护宣传活动。累计悬挂宣传横幅12条,张贴宣传画24幅,发放宣传资料2000份,到周边11所小学发放附有宣传森林防火和生态保护内容的小学生作业本1万本,受教育学生达1500多人;在周边村屯社区召开村干部和群众代表座谈会,制作保护区宣传图册6000多册,发放

10月22日,千家洞管理局开展国家级生态公益林监测

千家洞管理局　提供

11月27日，千家洞管理局对森林消防半专业队伍作训练动员
千家洞管理局　提供

到县直有关单位和社区进行宣传。

【生物防控】 利用智能巡护系统开展巡护和监测，积极开展非洲猪瘟、候鸟等野生动物疫源疫病监测防控工作，加强重点时段和区域的巡护检查，落实轮班值守制度，及时上报监测数据。做好松材线虫病、马尾松毛虫、黄脊竹蝗等林业有害生物监测防控工作，按时上报有关数据，做到疫情早发现早处置，确保生态安全。年内，无陆生野生动物疫源疫病和林业有害生物疫情发生。

【调查监测】 完成2017年度林地及森林资源变更调查工作和森林覆盖率样地核实调查工作；积极开展野生动物资源监测调查工作，放置红外相机46台次。

【处理违法违规建设】 一是切实做好道江河水电站生态修复跟踪管理工作。由于受2018年1月—2月低温霜冻天气影响，前期种植的林木受冻害影响较为严重，为提高林木植被保存率，采取补植荷木、撒播马尾松种子等措施恢复植被，以促进区域生态尽快修复。二是认真按照上级部署，定期对保护区内违规水电站进行巡查，确保电站在整改退出阶段不开展任何形式的技改、扩建活动，防止新的生态环境破坏行为发生。

【管理体系建设】 积极做好部门预算资金、管护补助经费、生态公益林补偿等资金使用和管理。围绕保护区“五化”建设目标，积极开展管理站、保护站基础设施建设，改善保护管理条件，促进保护管理工作顺利开展。全面完成七道水、湾家塘、大湾保护站和八道水管理站业务用房及场地硬化等附属设施工程，完成八道水管理站水毁林道部分重点路段修复工程和大凸坳1400米的林道硬化工程，雷家江管理站业务用房主体已完成，正在装修当中。新招聘护林员18名，充实到各管理站、保护站执勤护林，管理局、管理站、保护站三级管理体系基本建立。

【业务培训】 采取走出去、请进来的方式加强专业知识培训，全面提高管理人员综合素质，提升保护管理能力。组织全体管理人员到猫儿山保护区考察学习“五化”建设，开阔视野，学习先进经验，拓宽思路。开展业务培训3期，对新招聘护林员进行专题上岗培训，以适应保护管理工作需要。

【安全生产】 认真做好安全生产教育，与各科、室、站签订《2018年度安全生产责任书》，积极开展“安全生产月”和“安全生产八桂行”宣传教育活动。做好野外巡护、汛期、森林防火期安全、节假日、重要会议等重点时段安全生产教育和提醒工作，密切关注天气预报和上级情况通报，及时传达到各管理、保护站。做好交通、山洪、地质灾害、架空电线、森林防火等隐患排查工作。加强督促检查，严防安全生产责任事故发生。

（千家洞管理局）

商　　业

12月1日，文市日用消费品配送中心项目——胜易超市开业　　县供销社　提供

商　　务

【概况】 灌阳县完成社会消费品零售总额22.18亿元，同比增长8.3%。批零住餐方面:批发业4.01亿元，同比增长6.1%；零售业21.67亿元，同比增长7.2%；住宿业0.39亿元，同比增长11.7%；餐饮业4.58亿元，同比增长16.3%。

【成品油行业管理】 县工信局共对全县加油站进行安全生产监督检查22次，出动人员106人次，及时有效地消除，加油站存在的安全隐患；对18家加油站签订了安全生产目标管理责任书，围绕全县成品油需求量的实际，重点检查各加油站，严查无证无照经营成品油行为，规范全县成品油市场。协同工商质监局加大成品油检查力度，确保成品油产品质量和防止无合法来源油品在县内销售。同时，对合法企业进行尾气回收装置改造督察及年审工作。强化全县成品油市场监测、监管制度，使全县成品油市场健康有序发展。

【商务执法】 随着商务行政执法领域的不断发展，县工信局在行政执法过程中，始终贯彻落实以人为本的行政执法观念，坚持服务与管理并重，定期或不定期开展执法检查，严厉打击各种违法行为，规范和维护冻肉品类和成品油市场秩序。县商务行政执法大队累计执法88次、出动执法人员329人次，其中生活必需品市场供应应急执法8次、共计30人次；美容美发业执法4次、共计16人次；餐饮业执法2次，共计10人次；再生资源回收及商业特许经营执法7次，共计16人次；成品油市场执法24次、共计118人次；单用途商业预付卡12次、共计57人次；对外贸易检查15次，共计34人次；开展其他执法16次，共计48人次。

【限上企业】 灌阳县在原有基础上新培育发展4家“限上”企业。全县商贸流通限上企业总数为16家，其中:批发企业2家，零售企业及大个体8家，住宿餐饮企业6家。

【对外贸易进出口】 县工信商贸局积极培育发展外贸企业，依托全县资源优势，围绕选矿机械制造及有色金属加工等产业，积极指导企业解决工作中遇到的困难，全力以赴完成外贸任务指标，不断提高外贸企业业务员和管理层的外贸经营水平。2018年，全县的进出口交易额任务为15万元人民币，较好地完成了全年任务。

6月14日，县工信局到机械园进行安全检查　　县工信局　提供

【电子商务进农村】 电子商务交易额达21638万元，同比增长7.86%；农村产品网络销售额达12354万元，同比增长8.12%；拉动农村网购消费16223万元，同比增长10.56%；带动就业、创业总人数14000余人，通过电商带动建档立卡贫困户就业、创业人数达到4000多人；建档立卡贫困户培训人数达到920人；贫困户参加网络销售总人数达到725人。行政村宽带网络(含移动宽带)覆盖率为100%。

县乡村三级服务体系、物流体系、品牌培育和质量保障体系、人才培训体系四大项目的实施，整合优化了全县电商、物流企业，提高了信息化水平，构建和完善全县农村物流配送体系，实现县到村包裹邮件双向当日配送，确保电商企业网上销售的寄递时限，日益完善的农村物流配送体系，打通服务群众“最后一公里”。已建成县级运营中心1个，乡（镇）服务站9个，村级服务点162个，全县65个贫困村，覆盖率已达到100%。

【品牌培育】 推行社会办节、协会办节新模式，成功举办“二月八”农具文化节、“红色沃土 生态灌阳”“我为家乡代言”电商大集活动，受到社会各界的广泛赞扬和好评，同时增添品牌商机，并创造出良好的社会效益和经济效益。

（县工信商贸局）

供 销

【概况】 灌阳县供销合作社联合社（简称县供销社）是参照公务员管理的事业单位，有乡镇基层社7个，直属企业3个，包括县振合资产管理公司、生资公司、全州转运站。2018年县供销社核定编制9人，实有人数11人，设理事会主任1人，监事会主任1人，理事会副主任2人，监事会副主任2人。

经济指标 全县供销系统完成销售总额65129万元，同比增长19.8%；购进总额55509万元，同比增长20.7%；农副产品购进14970万元，同比增长20.7%；消费品零售额23193万元，同比增长20.5%；生产资料销售额21284万元，同比增长18.2%；再生资源回收额70万元，同比增长40%；利润总额74万元，同比增长24.5%；电子商务销售额155万元，同比增长604.5%。办公地址位于灌阳县灌阳镇灌江中路25号。

3月13日，县供销社开展春耕农资供销情况调研 县供销社 提供

【综合改革】

土地托管 为加强农业社会化服务，2018年，县供销社因地制宜开展土地托管3020.9亩，较上年增长143.6%。产业覆盖果蔬、粮食、中药材、食用菌等种植业，水产、家禽养殖业及休闲农业产业，较好的促进一、二、三产业融合发展。

领办农民专业合作社 县供销系统先后领办43个专业合作社（联合社）。2018年，新领办昌源生态农业专业合作社、致富农民专业合作社、润泽生态种养专业合作社、鑫土地种养专业合作社、娘家寨种养专业合作社、鹏辉种养专业合作社、文市镇日达水果种植专业合作社、林中仙灵芝种植专业合作社、农丰种养专业合作社、周勇种植专业合作社10个农民专业合作社，领办成立灌阳县首家县级联合社——灌阳县支农种养专业合作社联合社。灌阳优农水果种植专业合作社获2018年桂林市供销系统农民专业合作社示范社。

供销E家电子商务 新建成1家县级运营中心，3家乡镇级服务站、9家村级服务网点，全年完成电子商务销售额155万元。

金融代理服务 供销金融服务网点通过社村合作的方式，在水车同德村建成供销社“三农”金融服务室，开展金融宣传和代理等服务工作。

农贸市场建设　以“村级集体经济发展基金+闲散土地+公司投资”的方式,联合李官村两委共同建设1212平方米李官村市场,促进乡村商贸流通。

【项目建设】

新网工程　投资总额2600万元建设的新网工程——文市供销社日用消费品配送中心项目年底完工,新建完成文市综合服务站、金点酒店、胜易超市及综合商住楼,新增年收入40万元,实现社有资产的保值增值,同时解决25户下岗职工的住房问题。

新能源加注站项目　县供销社以文市供销社改制剩余资产桂岩土地2031.77平方米入股的形式与广西丰泰能源科技有限公司合作,建设煤基新能源加注站项目,新增年收入10万元。

地头冷库项目　灌阳洞井瑶族乡生态特色农业观光园冷库建设项目位于洞井瑶族乡保良村鲁塘屯,建设单位灌阳日升公司,项目总投资106.66万元,其中申请获得财政扶持资金30万元,自筹资金76.66万元。项目于2017年7月开工建设,2018年7月完成建设并通过验收,建成冷库房3个,总体积360立方米,冷库总容量60吨。地头冷库项目的建设提高了农产品的质量安全水平,促进农产品跨季均衡销售,延长农业产业链,同时满足居民对农产品的多样化、新鲜度和营养性等方面的要求。

【春耕农资商品供应】　全年,完成农业生产资料购进12304吨,完成销售8188.4吨,其中销售化肥8115吨,销售农药38.8吨,销售农膜34.6吨。化肥销售主要有尿素、复合肥、磷肥、钾肥、碳铵,年销售量分别为1390吨、3069吨、1352吨、1047吨、1257吨。

(县供销社)

烟草专卖

【概况】　灌阳县烟草专卖局(营销部)内设4个股室、3个所(站)、1个稽查大队,有员工34人。2018年累计销售卷烟7461箱,同比下降199箱,降幅为2.59%,完成全年7450箱总量目标。累计实现单箱销售金额23977元,同比增加1384元,增长6.2%,完成年计划(23843元)的100.6%。年度总销售额1.7889亿元,同比增加662万余元,增长3.84%。上缴各类税收734.04万元。办公地址位于灌阳县建设路25号。

【市场监管】　县烟草专卖局按照严管市场、严打无证户、严堵涉烟非法运输的“三严”措施,加强对卷烟市场的监管工作。全年共查获各类涉烟违法案件76起,其中立案28起,千元以上无证经营案件48起,完成年任务106.67%;查获涉案金额1万元以上影响辖区市场销量案件8起,完成年计划任务的133.33%;查获卷烟实物数135.072万支,完成年计划任务的118.48%,其中影响区内市场销量实物数114.012万支,完成年计划任务的115.16%,非影响区内市场销量实物数21.06万支,完成年计划任务140.4%,散支

6月4日,灌阳县供销社第一届第二次社员代表大会暨首届农民专业合作社培训班在红豆杉大酒店四楼会议室召开　　县供销社　提供

烟3万支，完成年计划任务的150%，查获涉案金额5万元以上案件3起，并移交公安处理，刑拘3人，逮捕2人。

查处特大生产、销售假烟案 8月16日凌晨，桂林市烟草专卖局联合桂林市公安局对灌阳制售假烟窝点进行统一收网行动，累计出动警力250余人，车辆50余台次，警犬10条，无人机2架。精准打掉制丝加工窝点1个，卷接生产窝点1个，制假存放仓库2个，抓获犯罪嫌疑人26名（其中越南籍工人12人），涉案车辆4台。查获制假物资一批，具体有：利群、南京、云烟等品牌散支卷烟约800万支；滤嘴棒82箱约2000千克；卷烟纸36件约2000千克；烟叶烟丝2650袋约93吨；卷烟机（YJ14－23型）1台套；三相电发电机2台套；卧式锅炉1台套；带蒸汽管大型滚筒2台套；带电机震槽5台；脱梗打叶机2台套；八刀头大型切烟丝机1台套；真空回潮机1台套；烟叶烘干机2台套；平板台秤2台。涉案金额超千万元。该案的查获，有力地打击不法分子的制假行为及涉黑活动，净化灌阳卷烟市场，为合法卷烟销售创造良好的市场环境，维护消费者的合法权益。

3月27日，灌阳县查处“3·27案件”现场　　县烟草专卖局　提供

7月17日，县烟草专卖局查处假烟生产窝点　　县烟草专卖局　提供

7月17日，假烟生产嫌疑人指认现场　　县烟草专卖局　提供

【证件管理】 县烟草专卖局根据有关文件要求积极规范烟草专卖零售许可证办理工

作流程，通过强化监督和考核，增强窗口办证人员的服务意识和纪律意识，认真落实“一次性告知”“最多跑一次”“一次不用跑”3张清单的编制及报备公开工作。对烟草专卖行政许可事项办结时限进行全面调整，具有权限办理的行政许可事项均缩减至8个工作日以内，大大减少群众办事的流程，切实解决群众办事的困难。全年共受理新办申请73份，准予新办71户，不予办证2人户；受理管理类申请698份，其中延续449户、停业52户，歇业40户，恢复营业20户，变更9户。审批注销127户，收回1户。灌阳辖区共有持证零售户1314户，解决近3000人在家就业问题。全年未发生行政复议或行政诉讼案件。

【卷烟品牌培育】 县烟草专卖局（营销部）深入挖掘商圈划分对品牌培育的重大影响和重要作用，对灌阳卷烟市场进行商圈划分，深入分析各商圈的卷烟销售特点，根据各个商圈的不同卷烟销售特点，有针对性地进行品牌宣传促销，有效地促进卷烟品牌的培育工作。

【经营指导】 定期开展零售户培训工作，加强零售户与县烟草专卖公司的沟通。每个季度定期开展零售户培训会，详细解答卷烟经营相关政策，分享卷烟销售经验，提升卷烟零售户的卷烟销售能力和经营利润。同时做好《客户经营指导建议书》，提升卷烟零售户对自身经营情况的了解。帮助客户寻找市场机会、挖掘销售潜力，提高盈利水平，指明今后经营发展的方向。

（县烟草专卖局）

粮油贸易

【概况】 灌阳县粮食局内设办公室、综合业务股、监督检查股、储备粮管理股。二层机构有灌阳县宏泰粮油有限责任公司。编制18名，在职18名。2018年，县粮食局在县委、县政府和区、市粮食局的领导下，围绕全县经济社会发展的中心工作，按照“守住管好天下粮仓，做好‘广积粮、积好粮、好积粮’三篇文章”的总要求，严格落实中央“八项规定”，狠抓机关效能建设，认真履行粮食行政管理职能，加强粮食流通监督检查，维护粮食市场秩序，确保自治区和地方储备粮食管理安全，各项工作有序开展，取得较好成绩，圆满完成直补订单粮食收购任务4000吨。

【粮食直补】 全县自治区和县级储备粮订单粮食收购任务为普通早籼稻4000吨。具体任务分为：黄关镇900吨、新街镇2400吨、灌阳镇600吨、水车镇100吨。县粮食局积极贯彻区、市粮食直补订单有关政策和实施方案，利用多种形式进行广泛宣传，将任务分解到乡镇、村委会、农户，把粮食收购价格、收购计划、直补资金分配落实到户。加强储备粮订单收购直补资金专项检查，保证直补资金专款专用，全面完成直补订单收购任务。

【粮食贸易】 2018年，共销售、出库自治区储备

8月28日，市粮食局局长秦伟民（左三）到新街粮库检查直补订单粮食收购工作

县粮食局　提供

粮 1229 吨，销售金额 258 万元，县级储备粮轮换销售 1500 吨，实现销售收入 352 万元。

【粮食监督检查】 开展库存检查，对新街、黄关粮站库存稻谷物理处理情况进行监督检查3次，经检查，2 个粮站在使用物理处理稻谷过程中管理规范、操作程序符合规定要求；开展粮食资格收购换证工作，进行 2 次监督检查；完成粮食质量安全抽检监测工作，对全县 4 个粮站进行粮食质量安全监测扦样 2 份，及时做好样品运送和汇总。

【粮食保管与安全】 县粮食局对宏泰公司的 4 个储粮点进行全面检查，做到“有仓必查、有粮必查，查必彻底，不留死角”保管的粮食均达到“一符四无”粮食标准。

（县粮食局）

水利电业

【概况】 灌阳县水利电业有限公司成立于 2003 年 11 月 29 日，注册资金 2255 万元，2018 年拥有总资产 56219 万元，其中广西水利电业有限公司占 94.7% 的股份，灌阳县电力公司占 5.3% 股份。灌阳县水利电业有限公司作为灌阳县唯一的供电法人，主要供电区域为地处高寒山区、人口居住分散的灌阳县行政区域，供电面积 1863 平方千米，覆盖全县 9 个乡镇 29 万多人口。负责经营趸购电量、城乡电网建设和改造、水电开发经营、发供电工程施工安装、设备及材料配件销售，技术服务咨询等业务。公司在岗职工 270 人、劳务派遣员工 39 人、内退职工 2 人、退休职工 162 人，合计 473 人。

公司下设 8 个职能部室，9 个乡镇供电营业所，15 个变电站，其中 110 千伏变电站 4 座，主变 7 台，容量 363.5 兆伏安，线路 123 千米；35 千伏变电站 11 座，主变 20 台，容量 128.5 兆伏安，线路 294 千米；10 千伏台区 943 个，线路 1385.5 千米。供电电源有桂供、全县小水电、国家电网公司（湖南电网），供电结构中 70% 为冶炼厂工业用电。

【经济指标】 全年累计完成供电量 7.67 亿千瓦时；累计完成售电 7.26 亿千瓦时；公司网损率为 5.42%；实收电费 4.11 亿元，电费回收率 99.58%；共完成营业收入 33199.76 万元；全年实现利润 1374.73 万元；累计完成投资 2293.24 万元；资产保值增值率为 117%。

【精细化管理】 全面推行精细化管理，促进公司创新经营业绩。通过成本控制、财务预算的精确测算、经营风险管控，负荷利益最大化和机动灵活调度、全员抄表到户等一系列决策措施，确保各项经营指标的完成。2018 年度的工资总额完成 2365.94 万元，员工的人均年收入 8.41 万元。

11 月 26 日，县水利电业有限公司在西山瑶族乡罗家坪组织应急演练

刘　权　摄

5月24日，县水利电业有限公司灌阳镇供电所进行应急处置实战演练　　县水利电业有限公司　提供

万元，确保大部分大客户全年的连续生产，为公司及县域经济的发展作出贡献。

【项目工程建设】 合理安排进度，保质保量保安全完成各个工程项目。2018年，完成2016年第一批农网项目，总投资986.15万元；2017年第一批农网项目，总投资2155.57万元；35千伏线路改造项目，总投资1170.23万元；异地扶贫搬迁项目9个，总投资规模330.64万元。

【优化营商环境】 大力推进优化营商环境工作，提高服务质量，严格按照上级优化要求，推进营销管理工作的改革，从用户报装、接入电力，日常管理、故障处理、两率保证、拓宽缴费渠道等全方位推进服务工作。年内，努力为大客户争取到了4.5亿千瓦时的交易电量，降低企业用电成本2300多

【安全生产】 落实安全生产责任，安全生产保障体系和监督体系成效显著。员工的技术培训、理念提升、安全思想教育取得明显成效，保证了各项规章制度的严格执行。公司全年无人身、设备、电网事故，生产氛围平安祥和，优秀班组创建获得高分通过。

（县水利电业有限公司）

旅　　游

湘江战役新圩阻击战酒海井红军纪念园　　县旅游局　提供

概　述

全县主要景区有千家洞(黑岩)景区、新圩阻击战旧址景区、月岭古民居、小龙自治区特色旅游名村、唐景崧故居、文市石林群落、千家洞国家级自然保护区、太子山原始森林、灌江小山峡、高草禅林寺、大仁生态休闲园。接待游客总人数164.21万人次,同比增长132.90%。完成旅游综合总收入17.14亿元,同比增长125.06%。

旅游企业

【广西千家洞圣宝胜旅游开发有限公司】 为股份制旅游公司,由董事会、监事会组成,董事会的会议每年举行2次,董事会每届任期3年,可连任。公司监事会由2名监事组成,由股东会议决定选派,监事任期每届为3年。公司于2017年10月1日成立董事会,2017年11月14日在灌阳注册成立广西千家洞圣宝胜旅游开发有限公司,公司经营期限为长期。2018年3月13日公司入驻千家洞景区开始筹建。

【月岭古民居旅游有限责任公司】 为股份制旅游公司,由董事会、监事会组成;董事会的会议每年举行2次,董事会每届任期为5年,公司监事会由2名监事组成,由股东会决定选派,监事任期每届为3年。公司于2002年3月18日成立董事会;2002年4月28日注册成立灌阳县月岭古民居旅游有限责任公司;2002年8月18日公司挂牌;2003年3月8日试业,公司经营期限为50年。景区有工作人员10人。

旅游景区

【千家洞(黑岩)景区】 位于县城北面7.5千米处的苏东村和小龙村之间。千家洞(黑岩)景区占地5.7万平方米,是集溶洞游览、酒店住宿、餐饮、瑶族保健、娱乐等为一体的休闲景区。景区投入资金1.2亿元,完成一期工程的80%建设项目,在旅游、住宿、餐饮、娱乐等方面形成初步接待能力,有按四星级标准建的客房186间,一栋7860平方

千家洞(黑岩)景区　　县旅游局　提供

米综合大楼，并拥有可同时接待500人用餐的大型餐厅，以及相关的娱乐和活动设施。景区瑶族文化内涵丰富，建筑、服饰、饮食、生产、生活习惯有浓郁的瑶寨风格。景区溶洞长度在20千米以上，为特大型岩洞洞穴，溶洞地下河贯通全洞，常年4个流量，洞内空气清新，四季恒温18℃。溶洞内石笋、石柱、石幔、石梯田、石晶针、石花、鹅管、边石坝、吊石柱，以及钙华、石盾结构完整，地质形态保存完好，具有典型的岩溶地貌特征。洞内泛舟，游江、览景、听瀑、寻幽浑然一体，奇幻天成。

【千家洞国家级自然保护区】 位于灌阳县城东南18千米，总面积125平方千米，属国家级自然保护区，保护区内有丰富的动植物资源，属国家重点保护的二级珍贵植物有福建柏，三级保护的有长苞铁杉、南方铁杉、红豆杉、白豆杉等；国家二级保护的珍稀野生动物有小灵猫、猕猴、穿山甲、锦鸡、水鹿、大鲵等。景区内有五岭之一的都庞岭，其最高峰——韭菜岭，海拔2009.3米，是华南第二高峰。2006年2月批准为国家级自然保护区。这里是天然氧吧，充满神秘，是徒步探险的上佳之地。各项基础设施正在完善。

灌阳新圩阻击战旧址景区（全国红色旅游经典景区名录）

【新圩阻击战主战场遗址】 1934年11月26日，红三军团命令红五师星夜赶到新圩，阻击灌阳方向桂军第15军的24师，第7军的44师及一个直属独立团，以保证红军左翼安全，掩护红军大部队过湘江。红五师师长李天佑、政委钟赤兵率领十四团、十五团及军委炮兵营把阻击阵地选择在杨柳井附近的水口山、枫树脚、板桥铺一带。红十五团在公路左侧（往灌阳县城方向），占住钟山、打锣山、坦复、定复一带，红十四团在右侧的霞上坪、判官山、打矿山、马鞍山一线，师指挥所设在杨柳井一民房里；军委炮兵营设在十五团左后侧附近山头，战地救护所设在和睦村下立湾屯。历时四天四夜的新圩阻击战是湘江战役打得最艰苦、最悲壮的一次战斗，红五师、红六师十八团和三十四师等在灌阳牺牲6000多人，确保中央红军渡过湘江。2006年5月，该战场遗址被确定为国家级文物保护单位。其中心点枫树脚屯完成新圩阻击战陈列馆（已开馆）、大型主题雕塑、风貌改造，石浮雕群、景观雕塑、观景亭、停车场、广场、农家乐等设施建设和村屯的绿化、美化以及治安亭、产品展示亭、雕塑护栏等附属设施建设，成为县内红色旅游的核心景区之一。

【酒海井红军纪念园】 酒海井红军纪念园位于灌阳县新圩镇和睦村，全沙公路旁，距灌阳县城18千米处，占地面积3500平方米，建于2004年10月。1934年11月，为掩护中央红军抢渡湘江，中央军委炮兵营、红五师第十四、十五团及红六师十八团受命在灌阳镇排埠江、新圩一带阻击国民党两个师和一个独立团的疯狂进攻，经过浴血奋战，完成了阻击任务。由于战斗形势紧迫，撤退时，来不及将设在新圩下立湾临时救护所里的100多个重伤员转移，被敌人残忍地丢到酒海井里，全部壮烈牺牲。2006年5月25日该处被批准为国家级文物保护单位。2014年9月对酒海井原有的红军烈士陵园进行规划扩建，通过自筹资金和积极向上级民政部门申请立项，修建灌阳县酒海井红军纪念园。该项目规划用地面积150亩，预计总投资8000万元。园区共分六个功能区，分别为主墓区，纪念广场区、入口管理服务区、（左边）纪念场馆区、（右边）纪念公园区、（主墓后）山地瞻仰区。具体项目有纪念广场、红军帽、纪念塔、纪念馆、红军雕塑、烈士英名录及附属设施等。项目一期、二期主墓区、纪念广场建设已竣工，准备进行三期工程建设，完善景区功能。2016年，将散葬于县境内的部分红军烈士遗骸迁葬到酒海井红军纪念园。酒海井红军纪念园成为全县爱国主义和革命传统教育基地。

【红五师指挥所旧址】 1934年11月27至28日，新圩阻击战红五师指挥所设在新圩龙桥村杨柳井屯的一民房里。2015年，县政府对指挥所遗址进行了修缮，指挥所原有格局与遗址形成时期大致相同。还在杨柳井村建设新圩阻击战纪念广场、杨柳井水景区、步行街、停车场等功能区，进行民居改造、雕塑以及相关配套设施建设。2006年5月25日，批准为国家级文物保护单位。

【新圩阻击战战地救护所】 位于灌阳县新圩镇和睦村下立湾屯，为该村蒋氏祠堂，始建于清道光四年，砖木结构小青瓦，外墙饰精美的蜈蚣墙体，坐北朝南，宽12米，长19米，总面积230平方米，整个建筑工艺考究，保存完整。1934年11月底为保证军委纵队和红军主力顺利通过灌阳，抢渡湘江，突破敌人第四道封锁线，红三军团第五师奉命在新圩布防，把该处作为战地救护所。2006年5月25日，批准为国家级文物保护单位。

【红三军团指挥部旧址】 位于灌阳县水车镇同德村宾家桥屯，为该村远岗公（字九如）的私宅，始建于清光绪年间，分上下两座，内设天井和厢房，砖木结构，饰小青瓦并配有勾头瓦当，外墙饰马头墙，前门外八字形装饰，两边墙体均书写“九如堂”三字，坐北朝南，总面积289.9平方米，保存完整。1934年11月红三军团由湖南经雷口关到水车，经先头部队侦察，把当时村最大的“九如堂”选为指挥部，红三军团长彭德怀在此坐镇指挥。2006年5月25日被批准为国家级文物保护单位。

【红军亭】 红军亭位于文市镇政府旁的灌江两岸，始建于清代，是红六军西征过灌阳时在文市镇抢渡灌江的渡江点和战斗地点。东亭基脚为大四方石料，护有岸坡、阶梯、水埠，亭内地面铺以长形、方形石料，盖小青瓦，为木石结构，亭高5.2米，宽3.4米，造型、装饰古雅，富有地方特点，是爱国主义和革命传统教育基地。2006年5月25日被批准为国家级文物保护单位。

旅游景点

【月岭古民居】 位于县城北面30千米的文市镇月岭村，已有700多年的历史，祖居为唐氏家族。月岭古民居始建于明末清初，属典型的湘南式民居。其中六大院是保存最为完整，其庭院各立门楼，依次名为“翠德堂”“宏远堂”“继美堂”“多福堂”“文明堂”“锡嘏堂”。每院由6幢组成，每幢均为上下两座结构，前设中门、天井和大堂，后有小堂和天井，配有住房、厨房、客房、仓库和专供唱戏用的戏楼，为官府庭院式。院内均有水井、花园，全村及各院围墙道路均用石围石砌，是广西区内保存较为完整的古民宅群落。月岭古民居三面环山，背靠灌江，其周围分布的人文景观主要有建于清道光年间的“孝义可风”贞孝牌坊，清乾隆年间的“步月亭”和“文昌阁”，清宣统年间的“百岁亭”以及“催官塔”“将军庙”“古石寨”“唐孔林墓”等古建筑，月岭古建筑工艺精湛，雕刻精美。自然景观有“步月仙桥”“步月岩”“白驹岩”“沙江晚渡”“古井旋螺”“上井石泉”“双发井”等。月岭村文化历史悠久，宋末时期就建有剧团，清初逐渐演变成为具有一定影响的桂剧团，是广西桂剧的创始地。2007年获得广西农业旅游示范点，2013年9月获得第二批中国传统村落，2014年3月获得第六批中国历史文化名村。

【文市石林】 位于灌阳县城北部30千米处，省道20164线（桂林至零陵）贯穿而过，是由典型的喀斯特熔岩浸蚀而成，占地面积约5平方千米。文市石林奇石罗列，众峰林立，形态峻峭，具有典型的剑状岩溶地貌和复杂的发育历史，可与云南的路南石林相媲美。2012年被批准为广西地质公园，已修建生态停车场和AA旅游厕所，景区开发建设正在进一步规划设计中。

【唐景崧故居】 位于新街镇江口村，属中国传统村落、自治区特色文化名村，距镇政府驻地约1千米，为清朝抗法、御倭名臣唐景崧（1841—1903）出生地。唐景崧故居始建于清康熙年间，占地面积410平方米，为砖木穿斗式结构，饰小青瓦、蓝灰墙，分上、下两座，设有前庭、正庭、厢房、天井等，梁、枋、门楣等均雕刻有人物故事、龙

唐景崧故里——江口村全貌 *县旅游局 提供*

风花草虫鱼，两边墙体均以蓝灰粉刷，墙体山头，饰以双龙、太极八卦等图案。屋前宽阔、幽静，并有一口古井和茂密的竹林。清澈的灌江水从门前流过，该故居建筑雄伟，工艺精细，是县内唯一的一座保存较完整的名人故居，具有一定的历史、艺术、研究价值。

【太子山原始森林】 太子山位于洞井瑶族乡保良、野猪殿村一带，属海洋山自然保护区腹地，距县城55千米，离桂林市中心60千米。该景区原始森林覆盖面积8万多亩，山环水绕，古木参天，有珍稀的南方铁杉、银杉等20多个名贵树种和50多种珍禽走兽，景区内空气清新、鸟语花香，附近村落风俗古朴，极具特色，有美丽动听的民间传说和传统的瑶族风情。

【灌江小三峡】 灌江是湘江的一支流，为灌阳县内最大的河流，灌江小三峡起于县城往北3千米的灌阳镇境内灌阳官潭，止于水车水库大坝，全长15.7千米，其两岸山峦重叠，山峰峡峙，高耸蔽日，河水清流透明，鱼、虾戏水随处可见，美不胜收。名胜古迹有“龙岗拥秀”“石匮归樵”“双犬嬉戏”。还可领略多处灌阳的民俗风情。在炎热的夏季，山峡区内的气温仍保持在20℃—24℃之间，最适宜乘船游览，避暑休闲。

【高草禅林寺】 禅林寺位于西山瑶族乡北1千米，建于清代。“文化大革命”中被毁。1978年后，原僧侣和各地善念人士筹资重建，恢复传教活动，是全县佛教第一大寺院。每逢农历二月十九日“观音生日”、六月十九日“观音得道”、九月十九日“观音坐莲台”，这三大节日成千上万信众到寺祈福、朝贺，有不少游客前往观光游览。

【云台寺】 云台寺位于黄关镇西北5千米处，建于唐代，规模宏大，原为县内的宏伟景观，建有龛佛四十八座，俗名四十八座脚庵。清朝后期到民国，寺庙一再被废，解放后，仅剩一片废墟。2005年，开始重建云台寺。云台寺供奉的神像是“寿佛爷”，佛名全真大师，相传农历二月初八是全真禅师的生日。于是每逢二月初八，远近村民到此赶集，焚香化纸，求神拜佛，形成盛大的庙会。二月初八正值农村春耕春播前夕，人们在烧香拜佛的同时，购买农具产品，为备耕作准备，久而久之，供奉神灵的庙会逐步演变成今天灌阳最旺盛的民间节庆——农具节。

【大正禅寺(九龙岩)】 大正禅寺位于县城西7.5千米的新街镇石丰村平顶山下，始建年代不考，乾隆三年，应参和尚重扩禅正寺，值田地若干亩，现有碑记。大正禅寺后方有一天然岩洞——九龙岩，此岩门不高，可容二人并肩而入，进洞后清风习习，令人心旷神怡。越数步往左爬上石阶，内有一台地，宽约90平方米，纵横卧着九条石龙，其身长

2至3米，或盘或伸，体态圆圆，鳞甲片片，手触摸之，滑润冰凉，使人心畏，九条龙体，同一方向，往外延伸，形成九龙共首，真是天工巧设，天下奇观。近年来此观光、烧香拜佛的游客络绎不绝，成为集自然景观、人文景观于一体的旅游胜地。

【清凉寺】 清凉寺位于灌阳镇福星村华山脚，始建年代不考，1993年重建，修建上殿、三圣殿。

【大仁村生态休闲园】 位于县城东南方1.5千米，包括米珠山新村、白竹坪新村，经过几年的建设，新村发生了巨大的变化，村容整洁、规划有序、环境优美，2003年8月，米珠山新村为桂林市旅游局首批向社会推荐的八个农家乐之一，定点挂牌接待户12户，2004年，被评为自治区文明卫生村。白竹坪获全市“十佳魅力社会主义新农村、十佳旅游示范村”。新村为灌阳雪梨和西瓜的主产地，长年绿树成荫，瓜果飘香。每年初春举办民间梨花会。活动期间有斗牛、斗鸡、武术表演、舞狮表演、山歌对唱擂台赛等传统文化活动项目。

【小龙特色旅游名村】 小龙村位于灌阳县新圩镇西南面，距县政府驻地11千米，有旅游专用公路直达省道201线，是千家洞(黑岩)景区腾龙洞的入口，小龙村资源类型多样、体量丰富，集“山－群山环绕”“水－泉溪潺潺”“林－古木成林”“田－多彩洞田”“村－孪生村落”“舍－湘式故居”“农－农耕文化”“俗－民俗风情”等于一身，融入“奇趣和清新、浑厚与雅致”为一体，是镶嵌在千家洞的一颗生态明珠，名副其实的“世外桃源”，被授予中国最美休闲山村、中国特色景观名村、自治区特色旅游名村等多项美誉。

旅游开发与建设

【红色旅游开发】 2018年，着重建设枫树脚主战场遗址、酒海井红军纪念园、杨柳井红色旅游新村、战地救护所、红三军团指挥部旧址(九如堂)等。

【旅游基础设施建设】 修建黄关沙州坪公园旅游厕所、新街禾亚庄园旅游厕所、文市镇大湾村大湾屯旅游厕所、文市镇同仁村宅首屯旅游厕、水车镇合成村苗源屯旅游厕所、椅山村旅游厕所6座厕所。修建文市镇会湘村登山步道、观景台，完善新街镇江口村休闲步道、道路等基础设施。

【品牌创建】 列入自治区全域旅游示范区创建单位、自治区旅游标准化试点县创建单位，江口特色文化旅游区评为广西五星级乡村旅游区，灌阳红豆杉国际大酒店获得四星级饭店称号，唐景崧故里景区获得国家AAA级旅游景区称号。通过品牌创建活动，提升灌阳旅游产品的竞争力，促进灌阳旅游健康发展。

旅游节庆活动

【桂林灌阳千家洞瑶族文化旅游节暨“二月八”农具文化节】 2018年3月17日—3月25日在灌阳县城举行，本次活动由中共灌阳县委员会、县人民政府举办。主要活动内容有寿福爷巡街、金茶锅、农耕农具艺术巡游、二月八“叫叫”大比武、开耕仪式、赏千亩桃园、赏万亩梨园、山地自行车健身体验活动、唐景崧故居猜谜一条街、灌阳“十大碗”美食展示、万人品尝灌阳油茶、萸油茶等旅游活动。开幕式当天，在县城参加活动的人数达10万余人。

旅游工作

【概况】 灌阳县旅游局在县政府办公室挂牌，行政编制4名，实有工作人员4名，其中，局长1名，挂职副局长1名，科员2名。下属机构2个，旅游执法大队、旅游投诉受理中心。旅游执法大队为全额拨款事业单位参公管理，事业编制4名，实有工作人员3名；旅游投诉受理中心为全额拨款事业单位，事业编

3月24日，桂林灌阳千家洞瑶族文化旅游节暨"二月八"农具文化节开幕式　　县旅游局　提供

制3名。实有工作人员3名。2018年，县旅游局向上争取资金668.4万元，完成固定资产投资11960万元。办公地址位于灌阳县灌阳镇建设路26号。

【旅游项目开发】

千家洞景区项目　顺利将资产移交给广西千家洞圣宝胜旅游开发有限公司并积极推进景区相关工作。完成项目立项、可研、规划设计、景区内部整理、河道清淤、道路修护、园林修剪、人工湖清理、天然恒温游泳池建设等。

观阳古镇项目　与广西博古文化旅游发展有限公司签订《桂林观阳古镇文化旅游项目合作开发框架协议书》。

红军露宿营地　红军露宿营地一期工程，完成设计、控制价报告、备案和招投标，已开工建设。

中央预算类资金项目　中央预算类资金项目前期工作，完成湘江战役新圩阻击战旧址红色旅游基础设施建设、文市石林及月岭古民居景区基础设施建设项目建议书、可研等前期工作。

【景点打造和建设】　全年，重点打造和建设一批旅游项目：1. 着重建设好枫树脚主战场遗址、酒海井红军纪念园、杨柳井红色旅游新村、战地救护所、红三军团指挥部旧址（九如堂）、红色旅游通道等基础设施；2. 稳步推进文市石林及月岭古民居旅游项目开发；3. 全面推进千家洞景区建设，提升景区功能，与苏东、小龙村，形成"一岩两村"旅游中心景区；4. 加强唐景崧故居、月岭古民居、洞井古民居、官庄古民居等重点文物保护、修缮、开发；5. 积极创建江口村五星级乡村旅游示范区；6. 完善旅游公共服务设施配套。加快建设提升旅游厕所，完善旅游导览、标识牌等公共服务设施。

【旅游监管整治】　一是突出抓好安全生产工作，每月、每季度开展一次例行检查，"元旦""春节""三月三""清明节""五一"节、中秋、国庆分别开展专项检查，对查出的问题及时整改，并对景区、星级农家乐范围内的涉水区域设立警示、提示宣传牌。组织监管督查旅游景区景点12次，全县

6月15日，县旅游局参加安全生产月活动　　县旅游局　提供

11 月 14 日，自治区旅发委到灌阳调研旅游扶贫项目

县旅游局　提供

旅游行业未发生安全事故。

二是强化旅游安全设施建设投入和应急管理，严格按照旅游投诉统一受理工作方案要求，及时处理旅游投诉案件，切实维护游客和旅游经营者合法权益，不断提升游客满意度。加大宣传力度，及时向社会公布投诉举报电话，自觉接受游客和社会的监督。发挥各类媒体覆盖面广、渗透力强的特点，采取生动活泼、通俗易懂的方式，培养旅游者理性消费观念，引导旅游者自觉抵制“零负团费”，合法维权。全县旅游市场秩序良好，旅游投诉为零。

【红色旅游扶贫】 灌阳红色旅游核心项目区重点在新圩镇、灌阳镇、文市镇、水车镇和西山瑶族乡，涵盖 30 个自然村屯，其中建档立卡贫困村 16 个，贫困人口共 7000 多人，项目辐射区内涵盖贫困人口 2.5 万余人。2018 年，灌阳接待游客量和旅游综合收入中，红色旅游占 80%。景区内增加了公益性岗位，工作人员均为贫困户。景区周边的村民向游客销售自己种植的黑李、雪梨、西红柿、红瓜子、红辣椒、红萝卜等土特产，通过直接销售和电商销售，实现直接就业 200 多人，间接就业 1000 余人。

（唐春凤　黄新明）

财政·金融

7月20日,国家税务总局灌阳县税务局举行挂牌仪式　　　　县税务局　提供

财　政

【概况】 灌阳县财政局下设办公室、预算股、综合股、文教行政股、社会保障股、农村财政财务管理股、农业财务股、农业综合开发办公室、统计评价会计管理股、企业财务股、债务管理股、政府采购办、经济建设股、监督检查办公室、国库股、国有资产管理股16个内设机构。局所属事业单位有县财政局国库支付中心、县财政局信息中心、县资金管理局、县财政投资评审中心。县财政局现有工作人员49人。办公地址位于灌阳县新华路1号。

【财政收入】 全县全年财政收入完成34063万元，占年初预算的105%，同比下降7.41%。其中：国税部门完成收入13880万元，占任务的40.74%，同比下降1.6%；地税部门完成收入8753万元，占任务的25.70%，同比下降3.18%；财政部门完成收入11430万元，占任务的33.55%，同比下降3.18%。

【财政支出】 全年国库集中支付各项支出217884万元，同比增长17.46%。财政资金的支出实现规范化、透明化、信息化，大大减少资金积压沉淀，显著提高利用效率。一是全县社会保障和就业支出34743万元，减少5535万元，下降14%；二是支持保障重点项目建设。筹措资金4780万元，推进厕所革命、体育场馆改造、饮用水水源地水质自动监测站建设、新圩、文市等4个镇级污水处理厂建设、大竹凹生活垃圾卫生填埋场正常运行等项目建设。筹措资金8620万元，大力度推进街路整修提档、楼体美化亮化、改造提升兴灌路、滨江西路、双桥路、义马路、城北通道等县城主干道，为拓展县城发展空间、增强发展后劲奠定了基础。筹措资金3400万元，推进灌平高速、357国道、西山坪高速路口至县城连接线、绕城公路、洞井至潮田公路等建设，完善交通基础设施。筹措资金12861万元，推进文市、西山坪工业园区、双胞胎生猪养殖基地、红色旅游景区景点、乡村旅游景区景点等重点基础设施建设，确保重点项目税源接续；三是支持促进实体经济发展。筹措资金357万元，支持小微企业发展，推动“大众创业、万众创新”。全县筹措财政扶贫资金25499万元，重点用于贫困村的村屯道路、产业扶持、异地搬迁、技能培训等脱贫攻坚项目；四是支持教育均衡发展。2018年全县教育支出32975万元，保障财政教育投入持续稳定增长；五是全力支持推进医疗卫生事业发展。筹集资金13351万元，确保全县城乡居民基本医疗参保人员的医疗待遇；筹集资金3310万元，用于中医院、妇保院、乡镇卫生院业务用房建设，医疗条件得到较大改善；筹措资金360万元，全力支持推进公立医院综合改革；筹措资金4800万元，支持推进重点疾病预防控制等重大公共卫生项目及中医药发展等工作。

3月26日，自治区财政厅联系基层专题调研及村集体经济会议在县政府三楼会议室召开　　县财政局　提供

【财政管理】 年内，在灌阳县政府门户网站上设立预决算公开统一平台，并将县本级2018年政府财政总预算，

各部门2017年部门预算在统一平台上集中公开。对在统一平台公开的政府预决算和部门预决算编制目录，对公开内容进行分级、分类，方便公众查阅和监督。全面深化国库集中支付制度改革。进一步扩大国库集中支付制度改革的覆盖面和资金量，全县所有县直和乡镇预算单位全部纳入国库集中支付改革范围，实现了“横向到边，纵向到底”。

5月9日，县财政局到马头村委会调研预脱贫及修路情况

县财政局　提供

【据实组织财政收入】 按照年初预算，2018年全县完成财政收入34063万元。为完成年初计划，县政府领导带领财税三局的人员多次到企业了解生产经营状况，帮助企业想办法、出点子。多次到项目实施单位了解项目进展情况，要求加快项目实施进度，鼓励企业生产和加快项目实施进度来完成全年的收入任务。由于受全球经济发展不景气的影响，全县经济仍保持低位增长的态势，财政收入面临前所未有的困难和挑战，全年收入任务难以完成。县财政局领导班子权衡利弊，达成共识，决定不预解，不虚收，据实组织财政收入，得到国税、地税部门的支持，县委、县政府亦予以认同。

【争取上级补助】 全年共向上争取资金194029万元，比上年增加10416万元，增长5%。

【推进财政管理制度改革】 年初，根据县委、县政府下达的工作任务，局领导经过认真分析和调研，将各项工作任务分解落实。对财政收入任务，分解到财税3局和9个乡镇。对需保障的重点支出，列入年初预算。对项目资金的争取、财政支出的监管等工作，分别落实到局各股室。

6月18日，县委书记周春涌(左二)到灌阳镇马头村调研扶贫情况

县财政局　提供

【财政监督】

盘活财政存量资金　建立和完善财政存量清理机制，对结余留转两年及以上财政资金统筹收回财政，优先保障重点和民生项目。

规范财政性专项资金管理　出台《灌阳县财政性专项资金投资项目审批管理办法》，进一步规范财政性专项资金投资项目的管理。

6月29日，县委书记周春涌（前左二）到灌阳镇马头村调研修路情况　　县财政局　提供

政府采购　全年审批政府采购项目246个，总额25993万元，节约财政资金1119万元，节支率4.13%。（范汝浩）

税　　务

【概况】 原灌阳县国家税务局于1994年成立，内设9个职能股（室）：办公室、人事教育股、监察室、政策法规股、征收管理股、收入核算股、纳税服务股、财务管理股、机关党办，1个事业单位（信息中心），1个直属机构（稽查局），2个派出机构（灌阳税务分局、黄关税务分局）；原灌阳县地方税务局于1994年成立，内设7个职能股（室）：办公室、收入规划核算和财务管理股、人事股、监察室、法规税政股、征管和科技发展股、征收服务股，8个派出机构（观音阁税务分局、西山税务分局、黄关税务分局、新街税务分局、灌阳税务分局、新圩税务分局、水车税务分局、文市税务分局）。由于国税地税征管体制的改革，原灌阳县国家税务局和原灌阳县地方税务局合并，7月20日，国家税务总局灌阳县税务局成立，现内设13个职能股（室）：办公室、法制股、税政股、社会保险费和非税收入股、收入核算股、纳税服务股、征收管理股、税收风险股、税源管理股、财务管理股、人事教育股、机关党委、纪检组，1个事业单位（信息中心），6个派出机构（第一税务分局、第二税务分局、观音阁税务分局、黄关税务分局、灌阳税务分局、文市税务分局），现有在职人员114人，其中党员84人，本科及以上学历84人。主要负责灌阳县增值税、消费税、企业所得税、储蓄存款利息所得个人所得税、车辆购置税等税种的征收管理工作。辖区管户4406户，其中企业纳税人1143户（其中一般纳税人488户），个体纳税人3263户。

全年，累计完成总局口径税收24126万元，占收入调整后任务25400万元的94.98%，同比减少

6月27日，县长卢嵩（左二）到灌阳县国税局调研

县税务局　提供

1861 万元，下降 7.16%。其中：地方政府口径税收完成 22677 万元，同比减少 2308 万元，下降 9.24%，完成年初县政府任务 30470 万元的 74.42%。

【征管体制改革】 按照《县（区）局督导（联络）清单》各项工作要求，以交办单的形式分解到各部门落实，实时与上级局及督导组联络，各项工作有序推进。推进国地税征管业务整合，制定征管业务《整合方案》和《作业图》。对各阶段 58 项工作任务进行部署分工，细化分解 329 项改革事项，确保征管业务改革事项平稳推进落实。做好金三特定征收部门信息、文书字轨、税务机构变更等模板核查及修改全局 14 个内设部门和 6 个派出机构所有人员的金三岗责配置。为确保了国税地税机构合并后的系统正常运行和业务整合衔接，组织做好各项压力测试。分乡镇、分行业统计纳税人户籍信息和税收情况，做好机构整合后税源管户分配，对全县所有管户(4362 户）进行重新分配和管户调整。为确保落实“三定”后管户调整顺利和税收业务的连续性，组建了管户对照工作组，对全县国地税所有管户进行全面对照和清理，截至 12 月底，在国地税金三系统中完成管户对照数据共 3125 条，其中涉及同一登记户确认 732 条，疑似同一户登记处理 725 条，未对照数据处理 1616 条，单边库重复数据处理 52 条，管户对照工作进度名列全市前茅，为下一步国地税金三平台顺利并库整合打好基础。同时做好社保费接管前各项工作，积极推进社保费征管系统上线。促成由县政府牵头组织召开社保费交管动员大会。开展社保费数据清洗，截至 12 月底，核对、修改、反馈上级推送的 3 批数据共 1142 条，为社保费系统上线工作打好基础。抽调大厅人员分批到社保局跟班学习，了解社保数据和缴费人户籍信息，掌握社保费征收流程、问题应对和数据处理现状，学习管理经验。

【深化“放管服”改革】 国地税合并后，多次开展企业问计问需活动，广泛听取纳税人对新税务机构优化纳税服务工作的意见建议，主动征询纳税人需求、回应纳税人关切。开展支持民营经济发展大调研大走访活动，接受纳税人咨询 23 次，当场解决民营企业合理诉求 18 个。通过召开纳税人座谈会、发放调查问卷、实地走访等方式，广泛征求纳税人意见，切实优化税务工作。2018 年灌阳县税务局开展联户进企业相关工作，走访纳税人共计 726 户。深入开展“便民办税春风行动”，持续提升办税厅“一厅通办”，做到“窗口受理、内部流转、限时办结”。在办税服务厅设置“清税注销业务专窗”，优化企业税务注销流程纳税服务。落实“五办”举措，实现“一次办”“网上办”“马上办”“就近办”和“一站办”改革承诺，建立办税服务容缺受理机制。办税服务厅目前设置自助办税终端机 4 台，网上报税电脑 6 台，自助发票认证机 1 台，自助代开发票机 1 台。推出 5 大类 133 个事项作为“最多跑一次”服务范围，向纳税人公布“最多跑一次”服务清单，全面惠及全区所有纳税人。完善网上办税平台，在原

12 月 5 日，桂林市税务局征管科到县税务局组织召开征管会议

县税务局　提供

有的网上办税服务厅和24小时自助办税厅的基础上，公布71个涉税事项“全程网上办”清单，实现常办涉税事项24小时网上办理。制定《办税服务十不准》，加强对办税服务厅窗口服务的监督，建立工作日局领导值班制，维护办税服务厅整体办税秩序。加强导税服务，切实执行首问责任制和一次性告知制，认真落实首问负责制、服务承诺制度、限时服务制、预约服务制和延时服务制等各项服务制度。强化信用管理。做好2017年度纳税信用等级评定工作，评出A级纳税户45户，B级纳税人285户，C级纳税人55户，D级纳税人15户，M级纳税人753户。

【聚焦税费改革】 一是做好社保费和非税收入征管职责划转纳税服务工作。根据上级要求做好办税服务厅社保费征收承载能力评估，办税厅、窗口以及人员的整合和设置，确保征管职责划转工作平稳有序过渡。2018年累计召开个人所得税纳税人座谈会6次，个税培训会2次，下户走访重点企业40余户。召开各种政策解读会制定应急预案，建立健全社会保险费和非税收入征管职责划转征收服务应急工作机制。

二是落实个税改革纳税服务工作。针对过渡期政策、执行日期、新税制变化点、申报义务、申报方法、流程、资料、法律责任和扣缴系统操作流程等重点事项，组织办税服务厅一线人员集中开展个税政策和信息系统的培训；围绕过渡期政策及扣缴系统操作等热点问题，利用办税服务厅开展宣传工作；在办税服务厅设立个税咨询专窗，抽派个税管理业务骨干到办税服务厅充实咨询辅导力量，协助开展个税咨询解答、引导办税和辅导纳税人使用个税申报系统。利用纳税人学堂开展新个人所得税法面对面培训，帮助扣缴义务人和纳税人掌握政策要义和基本系统操作，保障个税改革顺利实施。

【转变税收征管方式】 转变税收征管方式，全面推动税务系统“放管服”改革，认真贯彻执行总局明确的30项“放管服”改革工作任务，细化落实区局50项改革目标和市局60项改革举措。

转变税收征管方式，推动重点税源征管体制改革 （1）重新设定行业预警值，构建重点行业税源管理新模式。对冶炼、石材等行业实行“以电控税”，重新设定行业预警值，制定出台新《灌阳县冶炼行业税源管理办法》《灌阳县石材行业税源管理办法》及商品混凝土行业税源管理指南，有效推进税源专业化管理，提升重点行业管理服务质效，有效堵塞行业税收漏洞。2018年冶炼行业税收实现了大幅增长，1—12月该行业入库税收1830.93万元（其中国税1729.28万元，地税101.65万元），与上年同期相比，增收636.87万元，同比增长76.32%。1—12月，石材行业累计入库税收516.94万元（其中国税428.04万元、地税88.9万元），剔除非正常因素，石材行业同比增加336.54万元，增长186.55%。（2）强化重点税源分析，为全县经济运行提供数据参考。为强化税收征管，分析税源管理过程中存在问题，建立重点税源分析台账，定期召开经济税收分析会，分析税收增减原因。2018年，召开经济税收收入分析会3期，定期写撰《灌阳县经济税收分析报告》3份报县政府，为经济运行、税收预测提供决策支撑。

推进工程项目管理“一体化”，打造灌阳县工程项目管理综合治税平台 推行以“政府主导、税务主管、部门协同、信息共享”为框架的工程项目一体化税源管理模式，税收实现了大幅增长，截至12月，全县500万元以上重大项目共108个，入库税收3041万元，比2017年同期增长49.13%。

狠抓征管主观努力程度，夯实税源征管基础 以后续管理平台为抓手，加强日常征管基础管理。全面推行实名办税工作，2018年，已采集2932户纳税人实名信息。为防范税收执法风险，继续推行税源动态痕迹化管理，制定《税收管理员工作手册》，填写《税收管理员工作底稿》，有效地降低税收执法风险和税务干部廉政风险。以决策二包、广西国税大数据分析应用为抓手，全面推行风险扎口管理，提升税收风险应对质量。年内，通过决策二包共接收税收风险任务31户数，扎口推送率100%。对推送的任务经过案头分析、实地核查、数据比对、纳税评估、风险辅导

等措施，累计取得风险应对成效240.22万元，加收滞纳金4.05万元。为加强企业所得税风险防范管理，是年起，全面开展对长亏不倒、长期零负申报企业进行调查核实清理，共对278户规模较小企业按行业进行所得税定率核定管理，提高了企业所得税征收面，营造公平竞争的营商环境，有效降低税收风险。

夯实税源征管基础，推进税源专业化管理（1）加强餐饮行业税收整顿，推进开展餐饮行业税源专业化管理。

一是开展发票用票量和税负比对分析。在金三系统中对灌阳县餐饮行业所有纳税人发票用票情况进行统计，比对分析缴税情况，对16户异常户进行核实评估，月调增税款2.38万元。

二是出台餐饮业税源管理专业化管理指南。组织人员对全县餐饮业进行调查摸底，拟定餐饮行业税收调整方案和监管指标，推进餐饮行业税源专业化管理。

（2）开展发票风险和大企业个性化服务管理。

一是组织人员对灌阳县使用收购发票的企业进行风险排查和纳税辅导，责令3户有问题企业自查自纠，促使其增值税进项转出208万元，补缴企业所税26.53万元，有效提高了纳税遵从。

二是利用广西税务大数据分析平台，开展发票风险分析及管理，对发票开具疑点企业开展风险排查。通过比对分析，发现有12户纳税人发票开具与申报存在不符现象，补缴税款6.58万元。

【加大依法行政力度】

做好税制改革政策辅导工作　设置“税制改革”绿色服务通道，及时解答纳税人的“税制改革”政策咨询和有效地处理各种应急事件，帮助纳税人用好用足各项税收政策，2018年，开展政策辅导培训纳税人160人次，辅导增值税一般纳税人转登记为小规模纳税人170户，帮助农户59户了解涉农税收优惠政策。

贯彻税收优惠政策　全年，办理减免税1150.63万元，享受小微企业户数268户，优惠政策受益面达100%。享受西部地区15%企业所得税率鼓励类企业2户，减免所得税额1046.86万元。对两户企业2015年1月1日至今享受“资源综合利用产品和劳务增值税优惠”情况进行核实，2户企业享受征即退金额合计47477.77元。

加强增值税发票管理　规范纳税人正确使用商品编码开具发票，确保增值税发票系统升级版推行100%，2018年核实桂林市税务局发布的17批233户纳税人商品编码开票名单，对76户纳税人商品编码开票不规范进行辅导。

做好灌阳2018年保护税改革运行情况及效应分析　与环保局交换全县89户环保税纳税人的申报数据，比对相符。2018年完成全县89户环保税纳税人申报工作，入库税款15.10万元，同比2季度增长12%，环保税纳税人增加11户。

做好2018年耕地占用税收入质量自查报告　2018年共入库耕地占用税1769.08万元。

抓好企业所得税汇算清缴工作　加强对办税服务厅人员政策辅导，辅导纳税人申报2017年度企业所得税。应申报户数538户，全部按时申报完毕，申报率达100%。

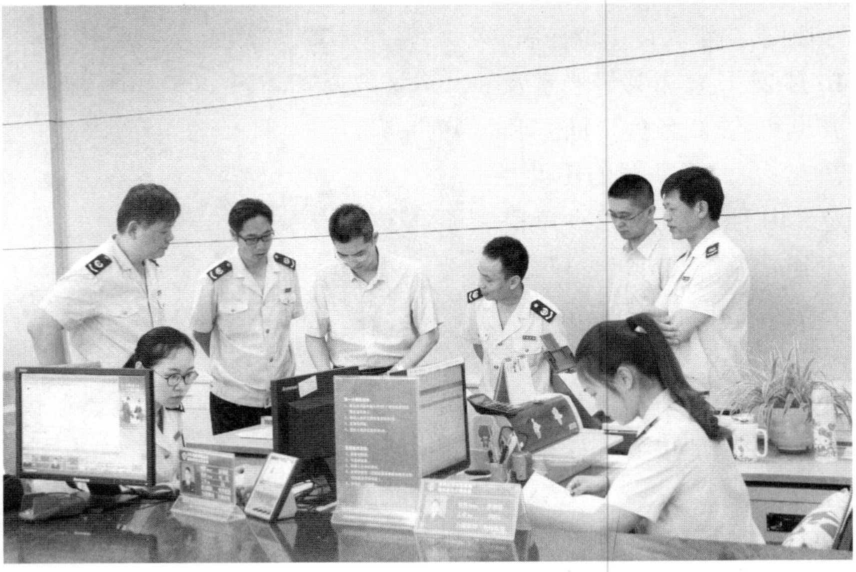

5月15日，桂林市国税局局长黄国准（左三）到灌阳县国税局调研

县税务局　提供

【税法宣传】 通过利用短信、电视、报刊等媒体阵地，打造税收宣传立体平台，夯实宣传效果。结合自身实际，采取“请进来”与“走出去”相结合的方式，广泛与当地民营企业开展交流互动活动。组织税务人员开展上门送税法活动，帮助纳税人更精准掌握政策规定，更彻底地享受税收优惠，更充分地抵扣进项税额，更清楚地办理涉税事项，引导纳税人更好地提升对税制的适应程度。通过精心筹划，组织开展一系列税收宣传活动。通过到灌阳师范附属高中上税收宣传课、进西山坪工业园区开展税收宣讲、“二月八”和圩日到街头及乡镇摆设咨询台发放税收宣传资料等活动，对税收新政进行了重点宣传，接待纳税人咨询500余次。

【征管体制改革】

科学部署，扎实推进落实改革任务 7月17日成立灌阳县税务局联合党委，4个综合部门实现联合办公，及时部署改革各项工作。在10天内完成改革情况汇报、改革督导任务分配、工作方案制定和新机构挂牌等工作。7月20日，新税务机构国家税务总局灌阳县税务局挂牌成立。

深入学习，切实贯彻执行上级决定 认真学习贯彻总局、自治区税务局关于“三定”的文件精神，摸清本局机构设置、人员情况。根据上级局“三定”实施方案中的规定和原则，确定人员岗位任职。10月25日宣布县局股室及派出机构20名负责同志和79名一般工作人员的任职决定。10月29日举行乡镇税务分局工作人员出发仪式，35名税务干部成为乡镇税务新机构的第一批税务人。10月30日，乡镇新税务机构挂牌，工作人员正式入住乡镇分局。

严明纪律，为改革顺利推行保驾护航 在挂牌成立后，在7月24日召开中层领导严明纪律集体约谈会，以“严规铁纪”护航改革攻坚。“三定”期间，共开展谈心谈话167人次；10月11日，灌阳县税务局完成了“三个全覆盖”第一轮谈心谈话；10月19日，灌阳县税务局完成“三个重点谈”第二轮谈心谈话。

（唐春香）

金　　融

中国人民银行灌阳县支行

【概况】 灌阳县全辖各类存款总额为880222万元，较上年度同期增加39981万元，增幅4.76%。其中，个人存款726233万元，占存款总额的82.51%；单位存款153989万元，占存款总额的17.49%。全辖各项贷款总额为508685万元，较上年度同期增加30547万元，增幅6.39%，其中短期贷款112585万元，占贷款总额的22.13%；长期贷款396100万元，占贷款总额的77.87%。2018年，辖内各金融机构中间业务收入总额为1743.61万元，较上年度同期增加255.62万元，增幅17.18%。其中，结算性中间业务收入138.83万元，管理性中间业务收入119.18万元，代理性中间业务收

5月31日，中国人民银行灌阳县支行召集辖内银行业金融机构开展优化企业开户服务督导工作　县人民银行　提供

入 119.91 万元，银行卡业务收入 1217.97 万元，其他中间业务收入为 147.72 万元。辖内 5 家保险机构保费收入总额为 12148.38 万元，较上年增加 2825 万元，增幅达 30.30%。

【贯彻落实稳健货币政策】 紧紧围绕人民银行中心工作，继续贯彻落实国家稳健货币政策，提高金融支持地方经济发展水平。一是落实好稳健中性的货币政策，维护流动性基本稳定，健全货币政策和宏观审慎政策“双支柱”调控框架；二是加强宏观信贷政策指导，着力推动供给侧结构性改革取得实质性进展，引导金融机构加大对重点领域和薄弱环节的支持力度；三是促进信贷结构优化和金融市场规范协调发展，做好稳增长、促改革、调结构、惠民生、防风险各项工作；四是引导银行业金融机构回归服务实体经济本源，为高质量发展营造中性适度的货币金融环境；五是利用地方法人对扶贫再贷款的需求，引导法人机构开展央行内部评级，深化利率市场化改革，促其提高金融管理水平。

【金融管理服务】 发挥基层央行牵头协调作用，完善金融稳定协调机制。一是建立金融信息共享机制。针对中央银行宏观政策评价的新需要，努力做好经济金融信息的收集工作，做好与金融机构、银监办及政府部门间的信息沟通和资源共享工作，为防范和化解系统性风险提供依据。建立金融风险预警体系及应急方案，认真落实金融安全实施方案，向辖内金融机构及时通报金融案件，沟通交流金融系统安全管理情况，配合公安部门开展反假、反洗钱、金融宣传等工作，有效控制辖区金融治安、安全事故的发生；二是强化金融预警处置，加强投保机构风险监测和金融风险排查，认真做好地方法人投保机构评级，夯实风险差别费率基础，落实重大事项报告制度，督促金融机构切实做好重大事项报告工作；三是加强重点行业和重要领域的监测，密切关注辖区出现风险状况的中小企业、民间借贷利率、金融犯罪舆情和反洗钱监管，及时调查了解并上报相关情况；四是进一步加强金融执法检查工作，对辖区农行、村镇银行和农村商业银行等金融机构开展现场执法检查，检查内容涉及被检查单位执行存款准备金、金融市场、金融统计、个人征信、人民币银行结算账户、反洗钱、人民币收付和反假货币以及国库管理规定的情况等。

【金融服务机制创新】 一是继续做好个人和企业的信用信息查询工作，全年共查询个人信用报告 2055 份，企业信用报告 38 份；二是结合广西农村金融改革工作要求，持续深入推进农村信用体系建设，在搭建农户信用信息系统的基础上，联合政府、金融机构等相关部门挂牌成立了灌阳县农村信用建设中心，并于 10 月底成功导入金融精准扶贫农户数据，完成了 89% 的数据入库。另外，新建“三农金融服务室”87 个，实现全县 138 个行政村全覆盖，“四级联创”建设工作也在有条不紊持续推进中；三是大力推进金融基础设施建设，引导金融机构加大 POS、

12 月 13 日，灌阳县公交成功开通云闪付并举行开通仪式

县人民银行　提供

ATM 等自助机具的布放，在全县 138 个行政村中设立了 161 个助农服务网点，覆盖率达 100%；在全辖共布放 ATM 机 98 台，POS 机 1983 台，极大地改善了农村金融支付环境；四是继续推进金融服务精准扶贫脱贫攻坚工作，深入贯彻落实政府年初的精准扶贫工作计划，强化金融服务担当责任，帮助和解决建档立卡贫困户脱贫的现实需求。全年共对 4356 户贫困户发放小额扶贫贷款 1.65 亿元。截至 2018 年 11 月，全县已累计评定信用户 56466 户，创建信用村 69 个，信用乡（镇）6 个，信用户、信用村、信用乡（镇）占比分别达 66.72%、50%、66.67%。创建特色金融扶贫示范点 6 个。其中 2018 年创建金融扶贫示范点 2 个，分别为桂林新宇葛业有限公司（银行 + 公司 + 农户）、广西中源农业发展有限公司（公司 + 基地 + 农户 + 贫困户），形成了良好的宣传和示范带动作用。

【内部管理】 围绕中央经济工作会议、全国金融工作会议以及上级行工作会议精神和中国人民银行南宁中心支行、桂林市中心支行年初工作会议精神，以“夯基础、攻难点、抓突破”工作为载体，根据中国人民银行桂林市中心支行年初会议提出的“四个用心”工作思路和“六个立足”工作要求扎实开展工作，促进全行员工履职能力和业务素质的提高。一是进一步强化内部管理，理顺工作思路，年内，重新修订了 6 项内部控制制度，内容涉及考勤管理、差旅费管理、党费管理、工会管理等方面；二是认真落实意识形态工作责任制，注重加强意识形态工作主体责任，建立意识形态阵地清单，规范管理意识形态宣传阵地，严格落实网络舆论监督，强化核心价值观宣传教育和思想政治工作，积极推进意识形态队伍建设；三是建立突发事件总体应急预案及处置防范措施，创造条件积极开展各项应急演练培训，特别是对安全生产、群众信访、防抢防暴和供电消防等的应急培训、演练，提高干部职工处置突发事件的能力；四是切实加强民主管理，支行每年召开民主管理大会，充分听取全行员工对支行建设的意见及建议，发挥党支部、青年团、工会等群团组织作用，努力构建和谐央行。

12 月 15 日，中国人民银行桂林市中心支行副行长关崇明（左一）到灌阳县新街镇龙云村参观了解三农金融服务室工作情况，并指导群众使用云闪付　　县人民银行　提供

【金融宣传】 开展金融知识宣传，深化金融普法教育。利用“3·5”贫困村走村入户、“3·15”消费者权益保护日、“5·22”金融科技宣传周、“6·14”征信宣传日、“6·21”防范金融风险追求美好生活等活动安排，积极开展支付结算、银行卡、征信、反洗钱、人民币反假、金融消保、反金融诈骗与非法集资等金融知识普及宣传，全年共开展金融知识宣传 6 次。

【机构改革】 做好各项准备工作，推进县支行职能调整顺利进行：一是充分进行调查摸底，掌握现状，有针对性地提出职能调整的意见与建议；二是要把握好细节，周全考虑机构改革方案带来的问题及需要解决的问题；三是加强员工的思想教育，努力营造一个确保改革顺利进行的和谐氛围；四是党组成员高度统一思想，全力推动县支行职能调整的顺利进行；五是规范好人、财、物管理，做到公平、公正、合理，努力创造一个公平合理的改革环境。

（谢燕婷）

中国农业银行股份有限公司灌阳县支行

【概况】 2018年，存款余额为19.32亿元。其中储蓄存款余额为15.54亿元，比年初增长1.54亿元；对公存款余额为3.78亿元。贷款余额为8.31亿元，其中对公贷款4.84亿元，个人贷款3.47亿元。

全年零售业务发展较好，微信银行、信用卡分期交易、IC借记卡发卡、自主理财、贵金属收入、个人理财签约客户数、私人银行签约、个人加权贵宾客户数均完成全年计划。

年末实现营业收入5146万元，实现拨备利润3883万元，人均创利52万元。年内，实现中间业务收入685万元。

【银政关系】 年内，部分单位工资代发由他行转入中国农业银行灌阳县支行，或在支行开立账户并拨款进账。

【业务发展】

个人业务　灌阳支行在各阶段考中均排名桂林分行前5名。储蓄存款稳步增长，实现了灌阳支行储蓄时点增量达15099万元，排名桂林分行第三名，储蓄日均增量16213万元，排名桂林分行第2名。完成率均排系统内第一名。

法人不良贷款核销工作　完成桂林思源生态5900余万元大额不良贷款核销工作，有效降低支行整体信贷不良率到5%以下。

【营销策略】 年初，根据业务的重点分别针对不同业务出台具体的考核方案，促进重点业务的推进，制定《灌阳县支行2018年非三农个贷营销考核方案》《灌阳县支行"122"营销方案》《灌阳县开展代扣、代缴医保业务激励考核办法》等营销方案，促进个贷、贵宾客户、电子银行、医保代理业务的发展。

【理财业务增长】 2018年，灌阳县支行借助理财产品优势，积极营销，实现理财业务收入的平稳增

10月26日，农行广西区分行金融扶贫组到灌阳县支行开展督查工作

县农行　提供

8月9日，灌阳县支行组织参加桂林分行趣味运动会

县农行　提供

长。个人理财余额1.6亿元，比年初增加3800万元，日均余额1.6亿元，完成全年计划的115%。

【强化服务效能】 2018年，灌阳县支行根据桂林分行个人贵宾客户维护方案的总体要求，结合支行实际，制定《灌阳县支行个人核心客户维护提升方案》，明确维护目标和考核措施，实行名单制管理，将客户落实到人，并与年度考核挂钩，有效促进了员工对客户维护的积极性。

【培养协作精神】 灌阳县支行积极开展各种有利团结、有效激励活动。一是开展气排球比赛、徒步和游园等文体活动，提升团队协作精神；二是营销费用向网点倾斜，给每个网点配置营销费用，并与各项存款增量完成进度挂钩，按月均衡配置使用，激发网点员工的营销积极性。

（中国农业银行灌阳县支行）

广西灌阳农村商业银行股份有限公司

【概况】 2018年，各项存款余额53.67亿元，其中对公存款10.82亿元；储蓄存款余额42.85亿元。各项贷款余额40.12亿元，比年初增长3.46亿元，增幅9.57%，贷款总量、增量市场份额占比分别为78.01%、109.06%，继续保持全县同业第一。其中：涉农贷款余额35.63亿元，占各项贷款余额比88.81%。小微企业贷款余额23.37亿元，占比58.24%，比年初增加1.14亿元，增幅5.13%。2018年实现经营利润1.26亿元，年度企业及员工累计缴税2382万元，缴税额居全县第二，贡献度持续增大。

【支持“三农”】 一是创新支持县相关融资项目和重点项目。重点支持交通、能源、水利、节能环保等重大基建项目，以及粮油食品加工、农产品加工、特色农业、文化旅游、健康养生等重点产业项目。2018年投放县内政府相关融资项目1.24亿元；支持工业园区石材园、刨花厂等重点产业项目授信和信贷支持，提升本行支持县域实体经济的力度。

二是加大金融精准扶贫力度，继续做好扶贫小额信贷精准投放和产业带动脱贫。2018年，全县建档立卡贫困户总户数10518户，全行已评级授信户数8988户，授信金额28734万元；扶贫小额信用贷款余额1.61亿元，惠及县建档立卡贫困户4592户，全年累计发放贫困户贷款219户，新增金额842万元。支持日升生态农业等4家农业养殖产业带动贫困户脱贫。

三是加大对农户及新型农业经营主体的支持力度。继续推进农户建档立卡和评级授信工作，进一步提高农户授信覆盖率；做好家庭农场、专业大户、农民专业合作社和农业产业化龙头企业等新型农业经营主体的信贷服务，解决种植养殖专业户在生产经营过程中的资金需求，促进种养殖专业户农业规模化发展。2018年，农户贷款余额19.01亿元，农户种养殖贷款户数比年初新增1729户，金额1.54亿元，其中种养大户贷款比年初新增129户，金额2643万元。

四是大力支持民营企业和小微企业发展，缓解小微企业融资困难。继续将单户授信1000万元以下（含）的小微企业贷款增速不低于各项贷款增速、户数不低于上

1月31日，灌阳县农村信用体系建设中心，县人民法院金融巡回法庭在县农商行揭牌　　县农商行　提供

12 月 13 日，“灌阳公交一卡通”及二维码扫码乘车启动仪式在灌阳县汽车总站举行　　县农商行　提供

年同期纳入全行综合经营考评，持续将信贷资源向普惠性小微企业倾斜。加大对全县传统优势行业、现代农业、民生服务、新兴产业的信贷支持力度，拓展“4321”新型政银担合作模式贷款。2018 年，县农商行小微企业贷款余额 23.37 亿元，占各项贷款比例 58.24%，比年初增加 1.14 亿元，增幅 5.13%，完成小微企业贷款增量不低于上年同期水平，贷款获得率 100%。积极贯彻落实银监、区联社文件精神，着力解决小微企业倒贷（借助外部高成本搭桥资金续借贷款）问题，给予符合条件的小微企业进行续贷，降低小微企业融资成本。

五是加大与辖内个体工商户的业务合作，满足个体工商户在生产、经营中的合理资金需求。2018 年，累放户数达 1224 笔，累计发放金额达 3.95 亿元，余额达 7.54 亿元。

六是加大公务员消费贷款推广力度。对区域内所有党政机关、医院、学校等机关企、事业单位进行统一集中授信，2018 年，累计发放户数达 148 户，累计发放金额 3260 万元，余额 4480 万元。

七是加大个人住房按揭贷款的发放力度。加大对优质楼盘的营销力度，对地理位置较好、价格适中、符合国家住房产业政策、销售情况良好的楼盘开发商逐一开展营销。2018 年，与灌阳县内主要的 8 个房地产开发项目建立了按揭贷款合作关系，按揭贷款余额 1.91 亿元。

【践行普惠金融　履行社会责任】　一是成功搭建农户信用信息系统，采集完善农户数据，并积极创建灌阳县农村信用体系建设中心。2018 年，灌阳县农村信用信息系统共采集农户信息 75867 户，占全县农户户数的 93.32%。灌阳农商行创建信用户 56466 户、信用村 69 个，信用乡（镇）6 个，信用户、信用村、信用乡（镇）创建面分别为 69%、50%、67%；二是搭建多层次服务格局，积极推进移动支付惠民便民工程，打通农村金融服务“最后一公里”。在辖内 138 个行政村共铺设 138 个“两点一站”，覆盖率达 100%。其中“农村金融综合服务站”22 个，“惠农支付便民服务点”36 个，“助农取款

12 月 7 日，县农商行到新街镇葛洞村开展扶贫政策宣传活动　　县农商行　提供

点”80个,在6台县城公交上加载银联POS及农信聚合扫码支付,实现卡及支付宝、微信扫码支付乘车;三是全力推进定点扶贫工作。通过扶贫信贷投放、选派扶贫工作队员、结对帮扶、捐助资金等方式,助推脱贫攻坚,实施“党旗领航.电商扶贫”行动,扎实推进电商扶贫,推荐全县3户优质电商上利农商城;四是做大做强,以提高贡献度为己任。

(广西灌阳农村商业银行股份有限公司)

桂林国民村镇银行灌阳支行

【概况】 桂林国民村镇银行灌阳支行(简称灌阳支行)下设三部两支行,分别为营业部、业务部、综合管理部和胜利支行、黄关支行(拟于2019年5月开业)。灌阳支行开业8年来,牢记宗“服务三农”的宗旨,紧密结合灌阳县的经济实际,坚持“支农支小”、下沉乡镇,创新服务、稳健发展,着力打造“小而美、小而精、小而专”的新型农村金融机构。2018年,支行在职员工30人,各项存款余额25961万元,较2017年末增加1781万元,各项贷款余额17632万元,较2017年增长3836万元,存贷比68%,较2017年增加9个百分点。

【支农支小】 灌阳支行坚定不移地走“合作金融、三农金融、普惠金融”发展之路。充分吸纳全县热心“三农”事业、具有创业激情的人才,培育职业化、专业化、规范化团队,确保灌阳支行战略目标和发展策略不跑偏、不走形;重点开展“整顿工作作风”专题教育活动,提高员工队伍的综合素质和战斗力;提出“不抽客户一支烟、不吃客户一顿饭、不贪客户一分钱”的行为准则,倡导“做好人、存好心、办好事”的信贷文化,做到阳光办贷、廉洁办贷,以良好的团队树立良好的企业形象。

【创新支农惠农手段】 桂林国民村镇银行作为地市级村镇银行,灌阳支行作为其分支机构,始终坚持总行“支农支小”的市场定位,信贷投向主要以扶持小微企业、农户生产经营为主,结合县域农业特色经济相继开发了“支农贷”“汽车贷”“商户贷”“小企业贷”“方便贷”“业主贷”等系列产品,对灌阳黑李、雪梨、砂糖橘、沃柑等产业进行精准扶持,用实际行动支农惠农。根据农户资金需求急、短、小、无抵押物的特点,优化审批流程,缩短农户贷款时间,推出无抵押信用方式,有效解决了农户融资难的问题,得到老百姓的高度认可。2018年,灌阳支行涉农贷款余额达13922万元,涉农贷款占比达79%。同时,针对偏远地区无金融服务的情况,灌阳支行申请调用总行流动银行服务车,通过流动形式将传统银行柜台业务办理延伸到农户身边,使农户足不出村、足不出户就能享受到便捷的金融服务,打通金融服务“最后一公里”。同时,灌阳支行不断让利于民,在“免”字上做足文章。免除小额账户管理、账户开立、电子银行业务、短信提醒等4大项18条收费项目。

4月8日,桂林国民村镇银行灌阳支行在县体育馆举办“感恩老客户　礼遇新客户”活动　　　桂林国民村镇银行灌阳支行　提供

【强化风险意识】 灌阳支行坚持“内控优先”的原则,努力提高内控管理水平。一是强化支行制度建设,实行动态管理,促进各项制度落实;二是强化自查,坚持每季度开展一次“九种人”禁止性规定行为的自查及排查,促使员工严格遵守总行“866禁令”;三是强内控意识,坚持每季度开展一次内控防案

12月24日，桂林国民村镇银行灌阳支行在黄关镇举办“桂林国民村镇银行杯”广场舞比赛　　桂林国民村镇银行灌阳支行　提供

分析会，每季度组织一次安全保卫预案演练以及开展一系列的警示教育、职业道德教育等活动，不断增强员工风险意识、制度意识和自我保护意识。

（戴建宏）

保　　险

中国人寿保险股份有限公司灌阳支公司

【概况】 中国人寿保险股份有限公司灌阳支公司（简称中国人寿灌阳支公司）继续占据灌阳寿险市场主导地位。公司总保费市场份额达到了100%。2018年，实现保费收入6998万元，较2017年同期增长18%，其中包括长期险首年保费1737.1万元，10年期以上期交462.6万元，同比减少48.4%，短期险保费616.5万元，业务结构进一步优化。

【各类责任保险】 中国人寿灌阳支公司积极响应中央服务“三农”的号召，推进人身保险行业服务最广大人民群众的普惠性目标，帮助贫困群体摆脱“因病、因灾致贫、返贫”的恶性循环，积极开展小额人身保险、计划生育爱心保险、计生关爱保险等普惠民生保险业务，不断深化民生保险创新实践，扩大小额保险覆盖面，缓解意外事故和疾病等风险对低收入家庭造成的冲击。公司把承担社会和行业责任为已任，充分发挥保险的经济“助推器”和社会“稳定器”作用，真正起到了促进改革、服务经济、稳定社会、造福人民的保障作用。

【社会责任】 中国人寿灌阳支公司辖内管理干部职工及代理营销人员共计400人左右，公司保持稳健发展态势，为当地人才就业提供了稳定的发展平台。2018年税款合计900449元，纳税额及同比增长比例在当地产寿险公司中均名列前茅。

【客户服务】 2018年，中国人寿灌阳支公司持续开展一系列客户服务活动，大力组织开展“少儿艺

5月25日，中国人寿灌阳支公司到乡镇进行户外宣传　　中国人寿灌阳支公司　提供

术节”“牵手国寿　健康同行”、健步走活动、各种 VIP 主题、关注广西分公司微信平台“关注有礼”等客户服务活动。年内，共处理各种赔款给付金额 672.10 万元，寿险死伤给付（含医疗）金额 190.51 万元，短期健康险（含意外）赔款 482.10 万元；坚持“快速、主动、优质”理赔，为灌阳当地持续推进保险保障工作，有效服务“三农”做出应有贡献。

（中国人寿灌阳支公司）

3 月 24 日，中国人寿灌阳支公司开展“二月八”宣传活动

中国人寿灌阳支公司　提供

中国人民财产保险股份有限公司灌阳支公司

【概况】 中国人民财产保险股份有限公司（PICC，简称“中国人保”）是经国务院同意、中国保监会批准，于 2003 年 7 月由中国人民保险集团公司发起设立的、亚洲最大的财产保险公司，注册资本 122.5598 亿元。其前身是 1949 年 10 月 20 日经中国人民银行报政务院财经委员会批准成立的中国人民保险公司，世界 500 强企业。中国人民财产保险股份有限公司灌阳支公司是中国人民财产保险股份有限公司的县级支公司，设有经理室、综合部、业务部、理赔分部等部门，是灌阳县内最大的财产保险公司，公司有员工 19 人。

【经营效益】 全年实现保费 2638.48 万元，支付赔款 1119.90 万元，赔付率 44%；车险业务实现保费 1503.72 万元；非车险业务实现保费 415.7 万元；农险业务实现保费 719.05 万元，其中政策性农业保险、渠道交叉专项业务保持大幅度增长态势，2018 年实现全县农房统保，4 个乡镇的水稻、能繁母猪、育肥猪和森林保险统保，为乡镇保险事业作出突出贡献。

3 月 24 日，人保财险灌阳支公司在江东新区商业街宣传人保车险 V 盟业务

范秋霞　摄

【保险理赔】 以理赔改革为推手，切实推出全国 365 天 24 小时服务专线“95518”，全国范围内故障车免费救援，“异地出险、就地理赔”，车辆损失一万元以下，材料齐全，一小时通知赔付，案件处理率达到 100%，其中车险处理率为 100%，非车险处理率为 100%。全年共支付赔款 1184.93 万元，理赔服务好、理赔周期短、理赔程序透明简洁。

（范秋霞）

经济管理与监督

1月9日，灌阳县人民政府与双胞胎集团在县政府四楼会议室签订合作协议

县招商局　提供

发展和改革

【概况】灌阳县发展和改革局(简称县发改局)是正科级行政机关。主要拟订和组织实施国民经济和社会发展战略、总体规划、年度计划;搞好国民经济综合平衡;加强全县经济运行监测,协调解决经济运行中的重大问题;加强投资宏观管理,调控全县全社会投资总规模;指导推进和综合协调全县经济体制改革,协调推进专项经济体制改革等。2018年,内设办公室(行政审批办公室)、国民经济综合规划股、固定资产投资股(县重大项目推进领导小组办公室、县重大项目稽查办公室)、农村经济发展股(县西部大开发领导小组办公室)、工交能源股(县节能减排工作领导小组办公室)、社会发展股。二层机构有县经济信息中心、县政府投资项目评审中心、县服务业发展办公室、县深化医疗体制改革领导小组办公室。挂牌机构有县国防动员委员会国民经济动员办公室、县物价局、县粮食局。全局编制19人(其中:公务员9名,参公人员5名,工勤编1名,事业编4名)。办公地址位于灌阳县灌阳镇胜利路39号。

【经济指标】2018年,地区生产总值增长4.0%;三次产业比重32.6∶27.8∶39.6。财政收入3.41亿元,负增长7.4%。固定资产投资16.8亿元,增长11.3%。社会消费品零售总额22.18亿元,增长8.3%。城镇居民人均可支配收入32159元,增长5.6%;农村居民人均可支配收入10785元,增长10.1%。4月,灌阳被授予“公立医院综合改革成效较为明显的县”(国务院办公厅国办发〔2018〕28号)。

【分析预测】

科学规划编制灌阳县2018年国民经济和社会发展计划　在认真分析2017年度全县年度计划执行情况的基础上,结合县委、县政府年初确定的工作思路,精心编制灌阳县2018年国民经济和社会发展计划,提出2018年全县经济社会发展的预期目标、主要任务、工作重点、建设规划和对策措施,提请县人代会审议通过后印发至各乡镇和县直各部门执行。

经济监测分析工作　进一步做好经济运行动态的监控分析和预测预警工作,加强经济运行分析的前瞻性、有效性。加强与工信、财政、统计等部门的联系,收集各项经济运行数据,以跟踪月度主要经济指标动态为抓手,全面分析全县经济发展态势,密切关注经济运行动态,抓住经济运行中的突出问题,及时分析提出对策,认真编写季度经济运行分析报告供县委、县政府决策。

灌阳县“十三五”中期评估工作　在落实县政府的工作部署前提下,积极梳理当前各项数据,配合社会中介机构对全县十三五规划纲进行科学评估,形成最终评估报告送县人大审议。

【提速减负】制定出台《灌阳县优化营商环境协调工作组方案》,成立以常务副县长为组长的优化营商环境协调工作组,明确责任分工。积极推进行政审批制度改革,优化审批服务,压缩审批事项办结时间等,提高办事效率,为全县经济社会发展提供高效优质的政务环境。规范市场环境,培育市场主体,建立健全市监管体系,以“提速减负”为出发点,严格落实上级相关优惠政策。打造功能完善的基础设施。切实推进交通路网建设、稳步推进工业园区基础设施建设、实施城镇化改造等,营造优越的投资硬环境和招商引资软环境。

【社会信用体系】按照上级和《加快推进灌阳县社会信用体系建设工作方案》要求,积极组织县直有关单位开展行政许可和行政处罚信息“双公示”工作,全县共公示行政许可4354条,行政处罚421条。

【项目带动】

抓投资稳增长　一是及时分解落实投资任务。代拟《关于下达灌阳县2018年固定资产投资、向上争取资金、服务项目工作目标任务的通知》,及时将全年的固定资产投资目标任务下达到各部门、各乡镇。

二是加大对固定资产投资工作的协调及督查。通过努力，全年完成固定资产投资16.81亿元，同比增长11.7%。

三是扎实做好引入民间资本项目的推进工作，积极鼓励民间资本投入，切实加强灌阳县毕生医药项目、灌阳南江风电场（一期）工程等引入民间资本项目的推进工作，及时上报桂林观阳古镇项目。

抓项目争取资金　始终把争取项目资金作为发展改革工作的重中之重。做好2018年中央预算内投资项目的申报工作，并与上级发改部门沟通衔接、跟踪落实。全县共向上争取基础设施建设资金4.7亿元，占全年目标任务的130.9%。根据上级要求，组织相关单位认真做好促进县域经济发展三年行动计划项目、补短板项目申报工作。全年共争取中央预算内项目4个［灌阳县残疾人康复中心及综合服务设施项目、灌阳县2018年农村饮水安全巩固提升工程、灌阳县水车镇棚户区改造配套基础设施、灌阳县易地扶贫搬迁工程2018年（第一批）］，项目总投资3867万元，其中中央预算内资金1746万元。

抓项目储备　全年完成项目储备29个，计划投资60.9亿元。进一步充实完善重大项目库，及时更新“三年滚动”计划。做好2018年中央预算内投资项目的申报工作，并与上级发改部门沟通衔接、跟踪落实。

抓重点项目建设　坚持科学谋划，提前部署，在经过8次反复梳理、征求意见之后，于3月份明确2018年投资和重大项目工作目标。坚持把重大项目建设，作为促进全县发展的重要抓手，以项目强基础，以项目惠民生，以项目助发展。全年推进重点项目108个，年度计划投资23.7亿元。完成投资13.45亿元，占年度计划投资的56.8%。2018年新开工项目33个，年度计划投资11.5亿元，实际完成投资4.72亿元，占年度新开工项目计划投资目标的41.2%。推进续建项目45个，年度计划投资12.2亿元，实际完成投资8.24亿元，占续建项目年度计划投资的67.7%。

抓项目稽查　2018年，为推进项目建设工作，共配合市级部门对自治区层面重大项目、市级层面项目、中央预算内项目进行督查6次，自行开展督查4件次。

抓项目审批　协调推进广西投资项目在线并联审批监管平台在全县各部门中应用，认真做好平台运行监管和督促检查工作，对相关职能部门不在平台办件问题做到及时汇报，采取通报、约谈等方式，促进平台审批项目正常运行，确保除涉及国家秘密的项目外，全县投资项目审批、核准、备案以及所涉及的各类审批事项都通过在线平台办理，促进项目早审批、早建设、早投产。全县通过广西投资项目在线审批监管平台完成项目录入237项。

【工交能源】

工业能源项目　落实好“三去一降一补”重点任务，让工业发展工作与节能减排工作同向发力。立足本地的资源优势，参与重点项目建设，研究提出工业重点项目18项，项目总投资60.82亿元。狠抓生产要素集中，加快完善园区基础设施建设，其中文市工业园区基础设施有序推进、中国黑白根石材产业园项目前期工作顺利推进。积极推广高效绿色技术应用，推动产业结构转型升级，强化重点领域节能减排工作，正江岭风电场项目完成部分机组并网发电，国电灌阳茶湾风电场工程项目、灌阳南江风电场工程项目（一期）已获自治区核准批复，灌阳南江风电场工程项目（二期）列入自治区2018年风电开发建设方案，灌阳县西山坪工业园区污水处理厂及配套管网工程、文市工业园区污水处理厂及配套管网工程前期工作完成。以灌江国家湿地公园（试点）和宜居乡村建设为平台，加强对重点耗能企业特别是冶炼企业的监管，积极开展严厉打击和取缔违法生产销售“地条钢”督促检查行动。

交通项目　以交通惠民为重点，按照“三纵三横”规划布局，完善交通路网，切实参与交通路网建设。全年交通重点建设项目13项，总投资52.75亿元，计划投资6.69亿元。桂林永安关经水车至灌阳公路（国道357）已累计完成投资2.1亿元。灌阳至平乐高速公路、灌阳千家洞旅游景区公路有序推进。灌阳勒塘至两河大田公路、洞井瑶族乡桂平岩大桥工程、长渡经水车至文市二级公路建设等项目前期工作顺利开展。

（戴桂林）

物价管理

【概况】 灌阳县物价局在县发展和改革局挂牌，内设价格综合股、价格监督检查分局、价格认定中心等股室。有编制10名，配备干部职工10人，设局长1名。年内，开展市场价格监督检查、供水供气价格专项检查、公平竞争审查、医疗服务价格检查、转供电环节收费清理等工作；收费（价格）管理及价格监测工作依规有序进行；按上级文件规定先后三批降低一般工商业电价，目录电价累计降低8.1分/千瓦时。全年共受理来人举报价格案件9件，电话举报16件；接受执法执纪部门、其它部门委托，办理各类价格认定案件52件，认定总金额122万余元。办公地点位于县民政局办公大楼五楼。

【价格管理】

价格监测　年内，按照“定时、定点、定品种”方式每月定期对市场粮、油、肉等22个主要副食品品种价格进行采集，通过采集数据及时掌握市场价格动态。2018年，全县除猪肉价格变动较大外，其余主要副食品价格总体运行平稳，与2017年同期相比，猪肉（前腿肉）价格降幅达12%。特别是在春节过后，全县生猪收购价格一路下滑，猪粮比严重失调，猪粮比由5.65∶1降至4.52∶1，按照国家发改委有关规定，已进入黄色预警区域，属于生猪价格重度下跌区域，各生猪养殖户经营困难。9月，猪肉（前腿肉）价格恢复为12.00元/500克，生猪出栏价格也涨至7.00元/500克，猪粮比由春节后的5.00∶1升至7.00∶1，达到盈亏线以上，各生猪养殖户保持盈利状态。

价格改革　积极推进价格改革工作，一是从2017年12月1日起取消临时接电费，2018年仅此一项共减轻企业用电负担150余万元；二是进一步完善2部制电价制度，从4月1日起，用户可自愿选择按变压器容量或合同最大需量缴纳电费，也可选择按实际最大需量缴纳电费；三是推进工商业用电同价，从4月1日起，将电价分类调整为居民生活用电、工商业及其他用电、农业生产用电3种用电类别，将大工业用电类别和一般工商业用电类别进行合并，从而实现工商同价政策；四是按文件规定分别于4月1日、5月1日、7月1日先后3批降低一般工商业电价，目录电价累计降低8.1分/千瓦时，共计减轻企业用电负担200余万元；五是做好居民电价优惠工作，按照区物价局文件规定，2018年“一户一表”居民用电客户年累计用电量超过4500千瓦时以上部分，每千瓦时电优惠0.2元，丰水期(5—10月)居民阶梯第一档电量在现行基础上每户每月增加60千瓦时，即每户每年增加第一档电量360千瓦时。灌阳县水利电业有限公司办理居民优惠套餐户数15户，优惠电费0.3712万元。

价格临时补贴　为做好社会保障与物价上涨挂钩联动工作，根据市物价局、市民政局等5部门联合下发的市价综〔2018〕3号、市价综〔2018〕42号文件精神，由县物价局牵头，与县民政局等部门，分别于2018年4月、12月，启动社会保障与物价上涨挂钩联动机制，按照“按月测算、按月发放”原则，对享受国家定期抚恤补助的优抚对象、城市低保对象、农村低保对象、特困人员、领取失业保险金人员发放2月、10月价格临时补贴，共发放价格临时补贴45万余元。

【收费管理】 规范收费行为，加强收费管理。

一是开展取消、暂停收费项目和减免、放开收费标准政策落实情况调查工作。安排专人对各收费单位现行收费情况进行调查摸底，并按要求填写《自查表》，对已取消、暂停、减免和放开的收费项目认真进行清理。

二是对灌阳县行政事业性收费项目清单、经营服务性收费项目清单进行动态调整。在已编制收费项目目录清单的基础上，重新审核调整灌阳县行政事业性收费项目清单、政府定价及政府指导价的涉企经营服务性收费目录清单，并在政府门户网站上进行公示。

三是规范医疗服务收费行为，结合灌阳县医疗体制改革，在调查研究的基础上，拟定全县县直公立医疗机构按病种收付费具体病种和收费标准，3月1日起执行。

【价格认证】 县物价局价格认定中心接受公安部门委托。年内，共办理刑事案件48件，鉴证金额50万余元；接受其他行政执法系统委托，办理资产评估4件，鉴证金额72万余元，有效地维护经营者、消费者的合法权益。

11月16日，灌阳县城市道路机动车停放服务收费标准听证会在县市容局四楼会议室召开　　县物价局　提供

【价格监督检查】 按照上级物价部门的工作部署，主要进行以下几方面的价格监督检查工作。

一是积极开展市场价格监督检查。根据区、市物价局对重大节日期间市场价格监管工作的部署和要求。2018年，在元旦、春节、清明节、“五一”节期间，加大市场价格检查和巡查力度，分片分段开展检查，并落实好值班人员值守“12358”价格举报投诉电话，妥善处理价格举报。

二是开展供水、供气价格专项检查。从4月开始，对县城自来水价格、管道天然气价格进行检查，检查的重点是明码标价情况，价格执行情况，通过检查，对发现的问题及时进行处理。

三是开展公平竞争审查工作。按照上级有关文件精神，物价局与县财政局、县工业和信息商贸局拟定《2018年灌阳县清理现行排除限制竞争政策措施的工作方案》并按方案要求，对各部门现行规章、规范性文件和其他政策措施中含有的地方保护、指定交易、市场壁垒等内容进行清理。

四是做好医疗服务价格检查扫尾工作。2017年下半年，对部分医疗单位进行立案检查，但由于该案涉及时间长，工作量大，需要一定的人力和时间，物价局按程序经过大量的调查取证工作，于2018年1月下发处罚决定书，对违规医疗机构的违法所得予以没收和罚款，并将处罚金额81万余元上缴国库。

五是开展转供电环节收费清理工作。按照区物价局桂价查〔2018〕85号文件精神，认真做好转供电环节收费清理工作，通过检查共排查转供电主体总数16户，涉及转供电终端户数214户，对发现的问题及时进行处理和整改。

【价格举报】 全年共受理来人举报9件，电话举报16件，咨询11件。对群众的举报，都及时组织力量进行调查处理，并在规定时间内办结反馈；对群众不明白的价格收费问题，给予耐心的解释，尽量使群众满意。

（邓海生　卿树碧）

工商质监

【概况】 灌阳县工商行政管理和质量技术监督局（以下简称县工商质监局）为县政府工作部门，2016年6月30日，灌阳县工商行政管理局和灌阳县质量技术监督局合并成立灌阳县工商行政管理和质量技术监督局，主要负责打击传销、反不正当竞争、商标广告管理、登记注册、质量发展、标准计量、计量、认证认可、特种设备监管等工作。全局内设办公室、法规与行政执法督察股、企业与个体私营经济监督管理股、市场与合同规范管理股、反不正当竞争执法与商标广告监督管理股、消费者权益保护股、质量发展股、标准计量股、特种设备安全监察股、法规监督股、人事股、财务股12个职能股室。派出机构有洞井工商行政管理和质量技术监督所、观音阁工商行政管理和质量技术监督所、黄关工商行政管理和质量技术监督所、新街工商行政管理和质量技术监督所、城关工商行政管理和质量技术监督所、新圩工商行政管理和质量技术监督所、水车工商行政管理和质量技术监督所、文市工商行政管理和质量技术监督所8个工商质监所，车船营业登记管理所1个专管所，下设2个全额拨款事业单位：计量检定测试所、产品质量检验所。现有在职在编公务员52人，工勤人员5人；2个下设事业单位，有在职在编事业人员15人。

3月15日，县工商质监局开展“3·15”国际消费者日宣传活动

县工商质监局　提供

【工商登记】 2018年，全县共有内资企业231户，注册资本99474万元；私营企业1170户，注册资本472752万元；个体工商户7316户，从业人11703人，注册资本90697万元；农民专业合作社475户，出资额60084万元，成员4228人。

2月6日，县工商质监局开展走私冻品专项整治行动

县工商质监局　提供

【消费者权益保护】 围绕“品质消费　美好生活”为主题，开展2018年“12315”活动。倡导诚信经商，开展“争创消费维权诚信单位”活动，共有5户获得“消费者维权诚信单位”，创建“诚信经营　放心消费”示范店3个；有针对性地开展新《消费者权益保护法》教育引导培训2次，培训人员36人次；继续推进“一会二站”和“12315”“五进”规范化建

设工作，在县城新设1个消费维权服务站，在乡镇新设3个消费维权服务站。接受各种电话咨询66次，受理消费投诉50起，调解成功30次，未调解成功20次，受理消费者举报6起，诉转案1件，罚款3000元，为消费者挽回经济损失3万元。

12月13日，县工商质监局开展一氧化碳中毒专项整治行动

县工商质监局　提供

【农资市场管理】 开展农资打假工作，成立“红盾护农”领导小组，共出动执法人员366人次，执法车辆98台次，检查经营户486户次，发放宣传材料1400余份。共检查种子、农药、农膜、化肥经营户156户，查处农资违法案件56起，取缔无照经营户22户，罚款入库11.54万元。协助中国检验认证集团广西有限公司抽检化肥12个批次，检查出2个批次不合格。悬挂宣传横幅8余条，印制发放600多份化肥农药简易鉴别方法宣传单，并在农村张贴；在各工商质监所门口以板报形式发布4期农资消费警示，引导农民提高识假、辨假的能力。执法人员组织各所对辖区的98户农资经营户督促其建立健全“两账、两票、一卡、一书”，签订“农资商品经营责任书”。落实对农资经营户监管的“五项制度”，指导辖区农资经营企业开展“六统一”连锁经营工作。对其经营行为予以规范，加强农资市场的管理，有力地打击了一些坑农、害农的违法行为，维护广大农民群众的根本利益。

9月6日，工商质监局对特种设备锅炉进行安全检查

县工商质监局　提供

【商标管理】 全县共注册商标274支，严查商标侵权违法行为，共出动执法人员35人次，执法车辆8台次，检查各类经营户53户，共查处商标侵权案件3件，处罚款0.35万元。

【广告管理】 积极配合环境综合治理工作，规范广告发布行为。取缔省道沿线违法广告8块，净化乡镇广告标语25条，集中整治县城内广告发布栏、公共信息栏、电子银幕展板5处,制作发布公益广告3次。开展固定形式印刷品广告、虚假违法广告、计划生育药械市场广告等专项治理行动5次,出动执法人员58人次,执法车辆12台次,责令整改经营户65户。

【特种设备安全监管】 对全县范围内的电梯、锅炉、起重机械等特种设备进行安全监察,确保全县特种设备安全事故的零发生。对涉及计量、质量、特种设备、标准化等的各类生产经营单位,开展日常监督、定期监督抽检及农资、建材等专项打假工作。发现安全隐患和违规行为的,下达安全监察指令书,督促使用单位和个人及时消除安全隐患。

春节、"五一"、中秋、国庆期间,进行电梯安全专项整治活动,深化锅炉、气瓶、压力管道、压力容器的整治和管理。共出动执法人员176人次,检查特种设备使用单位130多家共270多台件,其中检查电梯101台、起重机械160多台,其中督促60余家石材企业改造66台不符合要求的起重机械,责令停用电梯1台,督促更换老旧电梯1台。此外,在县政府的统一组织下,对近70台不符合安全要求的起重机械进行断电处理。

【地理标志产品培育】 稳步开展国家地理标志保护产品培育工作。结合实际制定国家地理标志保护产品培育计划。7月,灌阳红薯粉获国家地理标志保护产品,灌阳雪梨及千家洞矿泉水地理标志保护产品申报工作有序推进。

【质量强县】 按照上级文件精神认真制订好年度工作计划,明确工作重点,将工作目标任务分解到相关责任单位,在各成员单位的积极配合和大力支持下,全县产品质量、工程质量、服务质量、生态质量得到明显提高。

(县工商质监局)

审　计

【概况】 灌阳县审计局是县政府工作部门,正科级行政机关。内设办公室、法规股、财政金融审计股、行政企业事业审计股、经济责任审计股、政府投资审计中心。人员编制16名,在编18人。

全年,县审计局共完成6个审计项目,审计资金总额417359万元,审计发现违纪违规资金501.53万元,管理不规范金额277.52万元,应缴财政金额501.53万元,应调账金额277.52万元,已缴财政金额500.13万元,促进财政增收节支500.13元,提出规范性管理意见和建议42条。办公地址位于灌阳县灌阳镇东华路68号。

【财政审计】 全年共完成财政审计项目4个,查出主要问题金额777万元,提出审计意见和建议18条。重点审查财政收支、财政资金和使用效益情况,主要对预算管理、资金分配及预算执行过程合规、合法性和财政资金的安全性进行审计。

【固定资产投资审计】 继续加大对政府投资项目审计力度,共开展政府投资项目审计2个,均为跨年度跟踪审计项目。

3月12日,县审计局组织参加植树造林活动　　县审计局　提供

【领导干部责任审计】 年内，根据《中华人民共和国审计法》第二十六条和中共中央办公厅、国务院办公厅关于印发《领导干部自然资源资产离任审计规定（试行）的通知》（厅字〔2017〕39 号），受中共灌阳县委组织部委托，经灌阳县人民政府批准，对一个乡的党委书记和乡长任职期间自然资源资产管理责任审计、任职期间经济责任审计及一个局的局长任职期间经济责任审计进行审计，其中自然资源资产管理责任审计项目已完成，经济责任审计已开展现场审计工作。

【社会保障审计】 把民生审计贯穿于审计工作，把涉及群众切身利益的安居工程等重要民生领域、重大民生项目和重点民生资金纳入审计重点。开展了 2017 年度灌阳县城镇保障性安居工程跟踪审计，对县廉租住房保障工作领导小组办公室、住建局、财政局、房改办、农村危改办、黄关镇、水车镇等有关部门进行审计，对 2 个安居工程项目的建设管理情况进行重点检查，并对 62 户农村危房改造家庭做了入户调查。审计发现问题 3 个，提出审计建议 4 条。

【事业审计】 年内，对灌阳县公立医院集团 2017 年财务收支情况进行了审计，审计重点关注医疗集团改革前后资金使用效益及医疗器械、耗材、药品采购等情况。已完成灌阳县公立医院集团 2017 年财务收支情况审计现场审计，并撰写审计报告征求意见稿。

（唐小迪）

6 月 20 日，县审计局在局会议室召开党风廉政建设集体约谈会

县审计局　提供

统　　计

【概况】 灌阳县统计局为县人民政府行政职能部门。内设机构有办公室、国民经济综合股、工业能源和固定资产投资统计股、农村服务业和贸易外经统计股、人口社会和科技统计股、执法股，2018 年 3 月增设执法股。共有编制 15 名，其中：行政编制 6 名，实有人数 6 人；控制编 1 名，实有人数 1 人；参公编制 9 名，实有数 6 人，缺编 3 人；农村社会经济调查队人员增加编制 2 名，由 5 名调整为 7 名。聘用公益性岗位工作员 1 名，在县“百名人才引进”计划中引进 2 名。年末实有人数为 16 人。办公地址位于灌阳县灌阳镇胜利路 39 号。

【统计服务】

重大问题预警监测　在完善 GDP 核算相关支撑指标数据联审评估制度基础上，精心打造经济运行监测预警体系，细化分解 GDP 核算 13 项指标，实时测算指标增速变动对 GDP 的影响，做到月度数据有分析、经济走势有研判，突出问题有预警。

剖析经济运行现状　紧紧围绕全县年度目标，认真分析数据背后的原因，深入剖析经济趋势、产业发展、结构优化等态势，注重分析的针对性、实用性和前瞻性。共撰写统计分析 25 篇。

丰富统计服务内涵　一方面服务效率更加高效。为社会公众提供“面对面”统计服务和“点对点”的电话咨询服务，全年共接待统计信息咨询300余人次，群众满意率100%；另一方面服务产品更加多样。连续多年为县"两会"提供数据，向社会及时发布《灌阳县国民经济和社会发展统计公报》，编制《灌阳县2017年统计年鉴》《灌阳统计》和《统计月报》等，向区、市、县等相关媒体平台报送信息60余篇。

【国情国力调查】 2018年是第三次全国农业普查的收尾年，县统计局做好"三农普"的数据分析及其他收尾工作，圆满地完成农业普查。2018年是第四次全国经济普查的开局年，县统计局作为此次普查的牵头单位，主要做了以下几点工作：(1)组建机构、落实人员并制定责任制度；(2)落实办公场地及办公设施及数据处理设备；(3)落实普查经费。经费包括办公费、差旅费、设备购置（维修）费、会议（业务培训）费、交通费、宣传费等；(4)完成"两员"的选调及根据普查方案开展单位清查摸底业务培训；(5)完成宣传工作：通过报刊、广播、电视、互联网、电话、短信、微信等多途径开展普查宣传并取得实效；(6)完成单位清查：绘制普查区图、完成部门数据整理及比对工作、制作清查单位底册、确保法人单位或产业单位的漏登率低于3%，个体经营户漏登率低于5%。

【常规统计工作与专项调查】 完成2017年度各专业年报和2018年各专业1—12月定期报表，认真编写2017年统计公报，2018年度统计信息、统计分析，认真抓好农业统计、城乡住户调查、贫困监测、基本单位统计、服务业统计、劳动工资统计、人口劳动力抽样调查、文化产业统计、工业交通科技统计、能源统计、投资建筑房地产业统计、贸易统计、四大工程、2017年投入与产出调查、信息化、社会环境、计生妇儿监测、统计专业技术资格报名等各项常规、专项统计调查工作。

【统计改革】 一是做好GDP统一核算配套改革，进一步提高国民经济核算基础数据质量，为统一核算改革提供扎实的数据支撑；二是深化服务业统计改革，抓好电子商务统计改革，完善批零住餐财务状况统计调查和转型升级统计监测；三是推进投资统计改革，强化全流程数据质量控制，加大入库数据审核、事中数据质量监控、事后数据质量评估与核查。

【规范化建设】 始终坚持统计工作根在基层、实在基础的理念，一方面草拟《灌阳县新时代基层统计工作规范化建设实施方案》并请示县政府颁布实施，严格按照方案中《县级统计工作规范》《乡镇统计工作规范》《企业统计工作规范》积极推进并指导全县9个乡镇统计站、全县"四上"企业开展统计规范化建设，不断夯实统计基层基础：一是完善统计基础设备，配备专用档案室、机房，标配电脑和打印机，极大改善了办公条件，二是定期检查乡镇及企业，要求所有乡镇按照规范化工作标准做好各项工作，所有联网直报企业统计台账要标准，建设要规范化，提高基层统计工作能力和水平。

【统计数据质量】 一是不断强化质量意识，统计数据质量是统计工作永恒不变的生命线，始终不渝地把提高统计数据质量放在统计工作的首位；二是不断提升审核评估水平，加强专业间、部门间数据的关联性、逻辑性的科学评估，使宏观数据更加衔接匹配；三是继续加强统计业务培训，着力提高全县统计人员的业务素质和解决实际问题的能力。

【依法治统】

完善数据质量控制体系 一方面完善实施数据质量控制办法。制定并严格执行《灌阳县统计局"双随机一公开"工作实施细则》和相关文件制度，为提高数据质量提供职责清晰、流程合理、监管有力的制度保障；另一方面健全主要经济指标评估机制。完善GDP、工业增加值、固定资产投资、社会消费品零售额等主要经济指标的评估办法，重点关注关键领域、重点行业和核心指标的数据异常波动，最大限度做好各类数据评估。全县共修正工业企业6家。其次，加大考核力度。严格实施县局机关绩效考核、乡镇统计工作考核，用考

核倒逼数据质量。

统计执法宣传　一方面加强法制宣传。全县共举办涵盖统计法规制度等内容的各类培训班2期，参加培训人员200余人次，印发统计宣传资料1.2万余份。另一方面开展执法检查。采取集中执法措施，共对20家规模以上工业企业、2家批发零售企业、1家服务业企业进行统计执法检查；对全县9个乡镇统计、各类企业进行统计数据质量核查、统计违法行为调查和机构规范化建设进行专项督查，达到“发现问题、总结经验、促进工作”的目的。

【名录库更新维护】 严格按照“先进库、后出数”原则，充分利用县直行业主管部门资料，加强对新增单位、已入库单位、拟入库单位的跟踪监测，着力核查单位真实性和单位信息全面性，对不符合要求的单位责令其整改到位，确保“库内”单位真实存在和信息完整。同时通过与县行业主管部门的通力合作，深入乡镇、企业一线摸排，建立了达规单位（项目）信息库和有潜力培育达规的“准四上企业”库，为全面及时反映全县经济社会发展态势，不断夯实基础。截至11月，全县共成功申报“四上”企业1家，确定拟培育“四上”企业13家，入库工作正在进行中。

（蒋亚东）

国土资源

【概况】 灌阳县国土资源局（县不动产登记局）是县人民政府行政部门，正科级单位。负责规范国土资源管理秩序，优化配置国土资源；负责全县耕地保护，实施土地用途管制；提供全县土地利用各种数据；负责矿产资源开发的管理；负责地质勘查、地质环境保护地质灾害预防和治理的组织协调工作；组织制定、实施全县国土资源科技发展战略、规划和计划，组织实施重大科技项目；组织实施国家和自治区的测绘管理办法，依法实施全县测绘行业的监督管理；承办县人民政府和桂林市国土资源局交办的其他事项。内设机构有局办公室、党办、人事股、廉政办、财务股、规划利用股、增减挂办、耕保股、矿政股、政策法规股、审批办、地籍股、档案室、执法大队、交易中心、整理中心、不动产登记中心、地产公司。下辖参照公务员法管理事业单位2个（县国土资源执法监察大队和县不动产登记局），全额拨款事业单位1个（县土地储备交易中心），自收自支事业单位1个（县地产开发总公司）。2018年，有公务员编制13个，实有9人；参公7个，实有6人；事业编制25个，实有24人；工勤编1个，实有1人。

年内，累计出让宗地7宗，挂牌出让5宗，拍卖2宗，面积236773平方米，收缴土地出让金5836万元。其中工业用地3宗，面积222054平方米，出让金额3790万元；经营性用地一宗，面积3827平方米，出让金额236万元；仓储用地一宗，面积9268平方米，出让金额165万元；商业、住宅用地2宗，面积1623平方米，出让金额1645万元。

全县共收储土地10宗，总面积675万平方米，其中工业用地132亩，投入前期收储成本9000万元。为保障收储土地的征收资金，县土地储备交易中申报借贷土地储备债券5000万元，用于城北区、高速路口连接线、苏东旅游景区和文市工业园区的土地征收。办公地址位于灌阳县灌阳镇兴建路11号。

【城乡建设用地“增减挂”工作】 全县申报的8个“增减挂”项目已经被桂林市国土资源局批复同意，实施面积4710亩，预计可以开垦土地3000亩，在3000亩开垦指标出让后，按照每亩20万元计算，预计可以增加财政收入6亿元、增加税收1400万元。

【不动产登记工作】 进一步规范完善登记流程，提高登记效率。8月30日发布即日起执行的《关于取消不动产登记过程中房产交易告知书和房屋档案信息证明的公告》《关于取消不动产登记业务过程中取消身份证、工商营业执照等复印件的通告》。共办理各项不动产登记4349宗，颁发不动产权证书1531本，不动产证明2790份。

与各有关部门相互沟通协调和信息互通共享，全县已完成不动产登记纸质档案数字化和数据整理工作，已经完成数据整合3.5万条，占应整合数据的100%。

组织召开金融机构座谈会，会上听取各金融机构对全县不动产抵押登记的意见和要求。

5月23日，县国土资源局到文市镇矿山现场执法

县国土资源局　提供

加大历史遗留问题的处理力度。建立不动产登记重大事项会审制度，成立不动产登记重大事项会审小组，已通过会审解决登记过程中遇到的历史遗留问题16宗，为群众解决了多年未能解决的登记难题。

排查、清退违规收费：根据9月6日区厅召开的不动产登记作风建设视频会议精神，就不动产登记收费问题进行了排查，经排查，全县测绘中介机构共收取出具抵押宗地坐标测量1597宗计费122750元，测绘1334宗计费506200元，总计628950元。9月11日下发《灌阳县国土资源局关于严格执行权籍调查收费有关规定的通知》，从即日起停止向群众收取依规定不得收取的测绘费用。9月21日在县不动产登记中心办证大厅和国土资源局网站发布清退不动产登记违规收费的《通告》，在国土资源局网站、不动产登记中心办证大厅、《今日灌阳》、县电视台发布《关于清退灌阳县不动产登记权籍调查相关费用的公告》，安排人员逐户电话通知。收到243户的退费申报，退费金额为44917元。

不动产登记和房产交易职能整合：在6月13日完成全县整合不动产和房产交易机构编制方案的送审稿，并上报县机构编制委员会。9月27日县编制委员会下发《灌阳县不动产登记和房产交易中心机构编制方案》（灌编〔2018〕21号）。

5月10日，桂林市国土资源局到灌阳县国土资源局调研

县国土资源局　提供

【打击文市镇非法采矿行为】 分4个阶段对文市镇境内非法采矿行为进行整治，成效显著。

第一阶段。查处42宗盗采案件，移交1宗到县法院，移送2宗到县公安局，行政处罚1宗。抽调9名干部

12 月 20 日，自治区自然资源厅到文市镇工业园区调研

县国土资源局　提供

新增建设违法用地占用耕地面积占新增建设用地占用耕地面积的比例为 11.39%。

二是对 2017 年度土地矿产卫片生态保护区图斑进行核查处理。在 2017 年度土地矿产卫片执法检查工作中，有 19 宗违法用地涉及全县的民生工程，占用耕地 32.13 亩。在 4 月底，已依法依规立案查处到位，其中的 2 宗已按程序报批，对另外的 17 宗符合报批程序的将及时组织材料上报。

三是开展农村居民违法违规占用耕地建房整改工作。在 2017 年自治区党委第六巡视组对灌阳进行专巡视，反馈农村居民建房违规占地 3858 宗，现已经整改完成 3858 宗，有 2 宗没有完成。暂未完成整改的 2 宗涉嫌占用国家已征收土地修建违法建筑，由于收集相关证据难度大，已报公安机关进行查证，待查证后根据实际情况依法依规查处到位后可完成整改销号。

四是开展"全天候"遥感监测执法专项工作。有 5 宗违法用地，其中 3 宗已立案查处整改到位；101、102 号图斑是县交通局正在修建的 357 国道，为自治区重点项目，已经督促县交通局依法依规处理到位后，及时组织材料报批；100 号图斑是县水利局正在修建的灌阳镇官潭至峡口河段的防洪堤工程，已责令县水利局停工，对占用的基本农田恢复种植条件，该图斑已整改到位，达到复垦复绿的条件。

（卿　日）

参加专项整治工作。

第二阶段。共查处无证非法开采点 42 个，捣毁采矿机械设备挖机 3 台、风压机 50 台、卷扬机 50 台、发电机机组 50 台、绳锯 3 台，三脚架 50 个等相关设备，封停关闭无证非法开采点 42 个。

第三阶段。出动执法车辆 60 驾次，执法人员 600 人次，分别对近 200 个采矿点的设备进行地毯式排查，共摧毁非法厂棚 100 多个，剪断电线 8000 多米，没收支架 60 个，空压机 50 台，发电机 30 台、卷扬机 60 台。移送公安机关 2 宗，行政处罚 3 宗，依法查处 4 宗。共没收大理石荒料 179 块，价值 160 万元；没收发电机、空压机等重型设备一批，价值 410 万元。

第四阶段，主要是巩固取得的成果。从 10 月 1 日起，由国土部门派出执法宣传车辆，利用车载广播在文市镇辖区内进行广播宣传，发放 2.1 万多份宣传资料。

【全面整治国土资源违法行为】 一是对全县 2017 年度土地矿产卫片、尾矿库、生态图斑进行核查；对土地卫片图斑进行核查处理。全县 2017 年度土地卫片图斑中判定违法图斑 45 个，其中立案查处整改图斑 41 个，立案率 100%，结案率 100%，罚款到位率 97.27%，没收到位率 100%；非立案整改 4 个，整改到位率 100%。经本级核定，

食品药品监督管理

【概况】 灌阳县食品药品监督管理局（简称县食品药品监督局）主要负责全县食品生产、食品流

通、餐饮食品、食盐、药品、保健食品、化妆品、医疗器械等进行日常监管，以及对全县食品安全综合监管、组织协调，依法查处重大安全事故等。有编制55个（含局机关、稽查大队、乡镇所、县食品检验检测中心），在职52人。2018年，县食品药品监督局紧紧围绕保障食品药品安全监管中心任务，全面落实“四个最严”和“四有两责”，坚持“源头严防、过程严管、风险严控”的总体思路，夯实各环节、各方面的责任，强化监管能力建设。年内有食品药品企业3059家。其中：食品生产企业16家，食品生产加工小作坊148家，餐饮企业456家(学校食堂96家、中小型餐饮360家)，食品流通企业1708家，保健食品经营单位(不包括在食品流通企业兼营)44家，化妆品经营企业52家，药品经营企业319家，医疗器械经营使用单位316家。

【日常监管与稽查办案】

强化日常监管全覆盖　加大全县辖区食品药品监管各环节监管频次和力度，对县城和乡镇以及138个行政村的食品、药品、保健食品、化妆品、医疗器械等“四品一械”的日常安全监管。全年共对3059家食品药品经营企业进行监管全覆盖，出动执法人员8690人次，执法车辆3620车次，确保人民群众饮食用药安全。

食品药品专项整治　在落实日常监管的同时，大力实施食品药品各类专项整治行动，按照市局文件要求，深入开展“两会两节”期间、“二月八”旅游文化节、“六月六”尝新节、“红色文化旅游节暨电商节”、春节、“五一”、端午、中秋等重大节庆期间食品市场专项整治行动，全年共开展专项整治48次，出动执法人员760多人次，重点检查食品经营户1680多户次。

全面完成食品药品监督抽验　加强食品安全抽检和快速检测工作，按照市局下达的抽检监测任务要求，结合全县实际，制定《2018年灌阳县食品安全抽检和快速检测工作计划》，围绕食品药品重点环节、重点领域及重要时段开展监督抽检工作，明确抽验重点品种、时间计划要求，制定快速检测目标、检测重点和项目，并对各乡镇监管所下达快检任务，要求其按月完成。年内，已完成抽检、快检共计1252批次，其中，流通环节农产品安全抽检240批次，完成上级下达的指标任务的100%；食品生产企业监督抽检19批次，完成上级下达的指标任务的100%；保健食品安全抽检4批次，完成上级下达的指标任务的100%；化妆品安全抽检11批次，完成上级下达的指标任务100%；食品快速检测818批次，完成上级下达的指标任务的126%，县级食品安全风险监测抽检160批次。通过开展食品、药品抽检、快检，将全县的食品安全事故防范在萌芽状态。

3月7日，县食品药品监督管理局到灌阳县天华盛隆餐饮配送中心开展食品安全专项检查　县食品药品监督管理局　提供

为县重大活动餐饮安全保驾护航　积极开展县重大活动餐饮保障工作，认真做好食材安全快速检测、食材加工及餐饮全过程的监管，为全县重大活动的顺利开展保驾护航。全年共参与县重大活动餐饮保障25次，确保5.6万人次的餐饮安全。

狠抓不良反应监测促进用药安全　完成药品、医疗器械、化妆品不良反应监测、上报工作，全年共完成不良

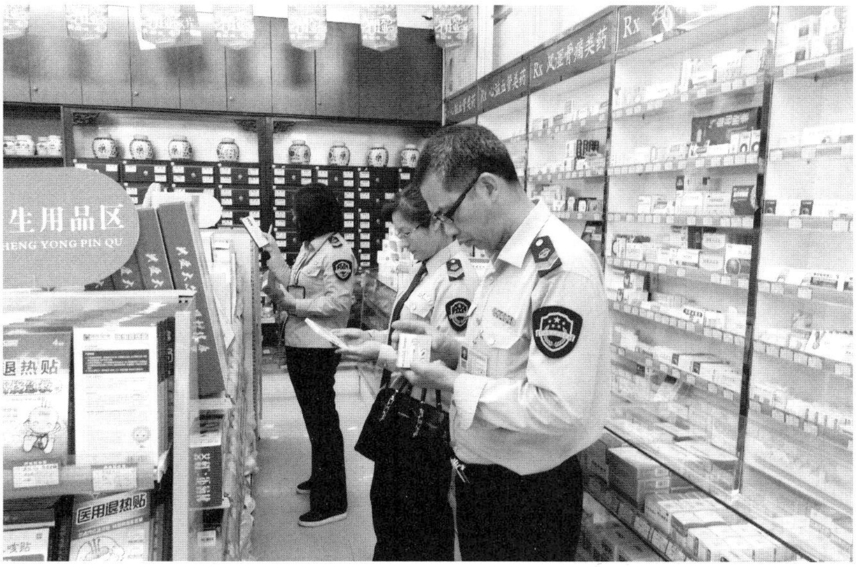

4 月 12 日，灌阳县食品药品监督管理局开展药品经营企业检查

县食品药品监督管理局　提供

局机关帮扶西山大坪村、罗家村，新街三树村共计贫困户 86 户，组织帮扶干部进村入户开展“一户一卡一册”登记帮扶工作，并积极组织帮扶人员会同乡镇工作组对 2018 年脱贫户进行“双认定”工作；同时，结合各村的实际，因地制宜发展壮大村集体经济；年内，局机关从有限的公用经费中挤出 7 万多元支持 3 个扶贫联系村开展乡村振兴工作；“六一”儿童节前夕，局机关组织帮扶干部到各帮扶村学校为学生送去学习用品和体育用品。

反应监测上报 175 例，圆满完成上级下达的监测上报任务。

做好农村 50 人以上聚餐登记备案工作　积极开展农村 50 人以上聚餐备案的宣传，并充分发挥农村协管员的作用，加强农村 50 人以上聚餐登记备案上报工作，确保全县农村食品安全监管工作有序推进，全年共计备案 180 多起。

强力查办案件　通过食品药品日常监管、投诉举报、监督抽检、电子监管、案件线索排摸等渠道深挖案源，严厉打击违法违规行为。全县全年共收受食品药品安全投诉举报 106 件，其中上级部门转办投诉举报案件 9 件，直接投诉咨询件 97 件，案件已全部调查核实处理；全县共查处食品药品违法案件 36 起，涉案货值金额 59.52 万元，罚没款 25.63 万元，案件查办比 2017 年同期增长 9.09%，有效震慑食品药品违法行为。

【业务与县中心工作】

精准脱贫　认真落实上级精准脱贫工作要求，深入村屯，扎实做好扶贫工作。

餐饮服务业“四上”企业的培育　成立“四上”企业培育领导小组，并指定专人抓此项工作。年初，对全县的餐饮服务企业进行调查摸底，对有发展潜力的企业进行重点培育。截至十月底，聚福缘食府、德慧餐饮服务有限公司已经完成入规上报工作。

非洲猪瘟防控　在抓好生产、流通、餐饮服务等环节防控工作的同时，积极加强部门之间的联动防控，联合县水产畜牧兽医、工商质监局等部

3 月 24 日，县食品药品监督管理局开展“二月八”农具节食品药品安全宣传活动

县食品药品监督管理局　提供

5 月 25 日，灌阳县食药监局开展“5·25”全国护肤日“安全护肤·美丽人生——科学染发”宣传活动　　县食品药品监督管理局　提供

门，在辖区内全面开展“非洲猪瘟”防控工作，从源头上加强“非洲猪瘟”疫情防控。共出动执法人员 260 人次，发放宣传单 1000 余份，检查食品生产企业 16 家次，检查农贸市场 3 家次，检查猪肉销售摊位 120 家次，检查餐饮单位 260 家次，学校食堂 26 家。

【创新和亮点】

创示范、促监管　按照“创出示范、树立标杆，促进行业管理的规范化”的监管理念，结合自治区“十百千万”示范工作的要求，大力实施农贸市场、食品经营店示范市场规范化建设，创新食品生产、流通、餐饮监管模式，探索出灌阳特色监管路子。2018 年全县累计创建完成示范农贸市场 2 家、示范超市 1 家、示范食品生产企业 1 家、食品安全示范店 27 家、星级餐饮服务示范单位 2 个、示范学校食堂 3 个。

重检测、早防范　加强食品药品安全监管，立足于“早发现、早防控”的理念，坚持“靶向性、覆盖性”原则，采取计划性抽检与专项抽检相结合方式；把食品药品检验检测工作，作为监督管理工作的重要环节来抓。2018 年狠抓检验检测体系建设，在各基层食药所均设立了食品快速检测室，配备了快检设备，并能积极开展快速检测工作。在完成区、市下达的抽检监测任务的同时，结合全县实际，制定《灌阳县 2018 年食品安全县级风险监督抽检计划实施方案》，对重点环节、重点领域及重要时段的食用农产品进行监督抽检，共完成县级食品安全风险监测抽检 160 多批次，通过开展抽检、快检将全县的食品安全事故防范在萌芽状态。

抓关键、重整治　按照上级的专项整治工作要求，对全县的食品生产企业、农村结合部食品、药品经营企业、学校食堂、校外午托机构、鲜湿米粉生产企业、夜宵摊点、保健食品推销、网络送餐等重点领域的 40 多个食品安全专项整治，全县共整治网络送餐、食品摊贩、熟食制品店、小餐饮单位及学校食堂、鲜湿米粉生产企业、夜宵摊点等 1089 家，责令整改 456 家，警告 15 家；开展药品批发企业特殊管理药品专项检查、染发类化妆品“颜色行动”“以会议方式销售保健食品”等专项整治，共检查药品（医疗器械）经营企业 169 家，限期责令整改 56 家，给予警告行政处罚 3 家；检查化妆品经营企业 45 家，保健食品经营单位 52 家，发现可疑保健食品 2 批。

（唐诚义）

安全生产监督管理

【概况】 灌阳安全生产监督管理局（简称县安全监管局）内设办公室（行政审批办公室）、综合股、工矿商贸监督管理股、危险化学品监督管理股、职业卫生监督管理股，现有在职人员 9 人。2012 年 1 月 12 日成立灌阳县安全生产执法监察大队，为县安全生产监督管理局管理的财政全额拨款事业单位，核定事业编制 7 人，2018 年有在职人员 4 人。

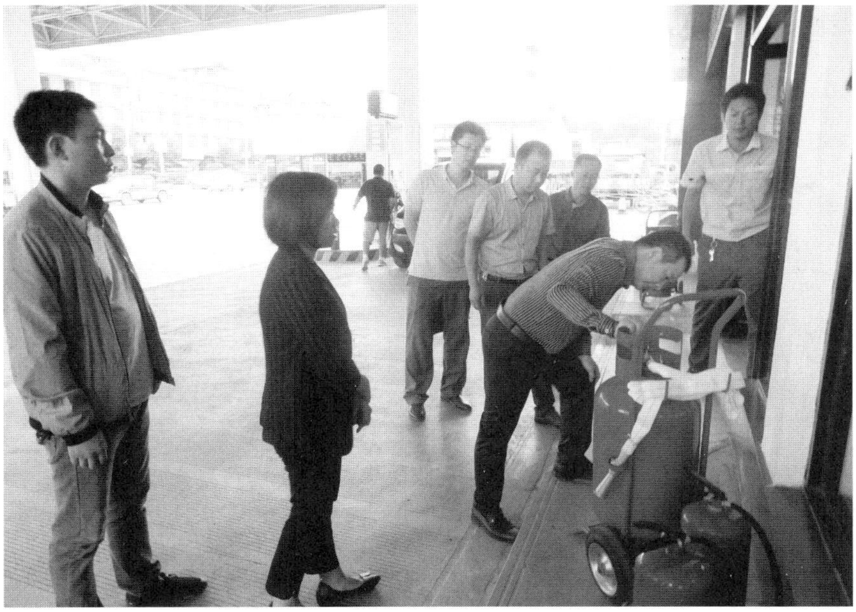

9 月 27 日，县安全监管局开展危化品安全生产大检查

县安全监管局　提供

县安全监管局坚持以习近平新时代中国特色社会主义思想为指导，深入贯彻科学发展观，坚持以人为本、安全发展理念，坚持安全第一、预防为主、综合治理方针，以深入开展“强监管、严执法”活动为主线，深入开展安全事故隐患排查治理工作，全面推进企业落实安全生产主体责任，提高企业安全生产管理水平，坚决预防和遏制重特大生产安全事故的发生，安全生产形势总体保持平稳。

【生产安全事故情况】 1 月至 11 月，全县辖区内共发生 7 起生产安全事故均为道路交通事故，死亡 5 人，受伤 5 人，同比趋于上升。其他行业（领域）未发生生产安全事故。

【安全生产领域“打非治违”】 全县集中开展道路交通、水上交通、矿山、烟花爆竹、危险化学品、建筑施工、消防安全等行业领域安全生产“打非治违”行动 10 次，检查企业 110 家次，取缔矿山非法开采点 11 个，拆除设备 6 批次。没收销毁非法经营爆竹 120 万头，烟花 3200 发，责令 42 个非法销售烟花爆竹零售点停止非法经营行为；取缔非法经营危险化学品经营点 2 个；打击违法驾驶行为 150 人次。

【落实隐患大检查大整治】 开展安全隐患排查专项行动。年内，检查企业 645 家次，各类场所 1152 处，排查隐患 112 项，完成整改 110 项，整改率为 98.2%。其中年初列入县、乡、村重点督促整改的安全事故隐患 36 项，已完成整改 36 项。其中县级隐患 9 项，完成整改 9 项；乡村级隐患 27 项，完成整改 27 项。

【宣传教育培训】 组织开展全国 2018 年“安全生产月”和“安全生产八桂行”活动，严格按照区、市要求，围绕“生命至上，安全发展”为主题开展的咨询日活动，活动出动各类宣传车 10 车次，咨询台 45 个，横幅 58 条、宣传标语 60 余条，展示展

10 月 17 日，灌阳县 2018 年第四季度防范重特大生产安全事故工作会议在电信四楼会议室召开

县安全监管局　提供

11月7日，市安监局局长韦文周（右四）、副县长陶日桂（右三）、县安监局局长卿熙安（右二）在广西都庞岭木业有限公司开展安全生产大检查　　县安全监管局　提供

板50块，共发放宣传资料6.7万份，接待群众咨询5500余人次，利用移动平台发出宣传短信6.5万条，应急救援演练1场次。完成安全生产教育培训4期，培训人员2500人次；开展安全生产知识宣传5次，发放各类安全知识宣传资料32400份，宣传册2万本，宣传物品15000份，横幅302条，宣传短信息119000条；专栏、报刊4期。

【安全生产监管】

非煤矿山　一是认真抓好春节前后非煤矿山生产安全工作，严格按照程序核查验收，对符合复工复产条件的企业及时进行批复；二是做好汛期安全生产工作，有效防范和处置自然灾害引发的生产安全事故，切实加强非煤矿山企业防洪和防治水工作，严防事故发生。全年共出动执法人员42余人次，执法车辆16台（次），下发执法文书22份，其中现场检查记录19份、责令限期整改指令书3份，整改复查意见书3份，排查出安全隐患6项，隐患整改完成6项，整改率100%。处罚非煤矿山企业2家，罚款共计1万元。有效打击该领域的非法采矿行为，保护了国家矿产资源，消除了事故隐患。

危险化学品、烟花爆竹　一是集中开展危险化学品、烟花爆竹领域安全大检查，全面督促生产经营单位落实企业安全生产主体责任，排查治理安全隐患，落实安全生产措施，防范危险化学品事故的发生；二是深入开展烟花爆竹“打非治违”和专项安全检查，在全县范围内共组织开展烟花爆竹“打非治违”专项整治行动共19次，共出动执法人员530人次，检查企业270家次，检查批发企业4家、零售点57家，排查、查处一般安全隐患50余条，下发各类执法文书191份，其中下达《现场检查记录》59份，《责令限期整改指令书》21份，《整改复查意见书》20份，《现场处理措施决定书》50份。通过“打非治违”专项行动，严厉打击了非法销售烟花爆竹违法行为，确保人民群众生命财产安全，维护社会和谐稳定。

【严格落实企业安全生产主体责任】　落实企业安全生产主体责任专项巡查5次，检查企业48家次；创建安全生产示范标杆企业15家；推动鼓励企业投保安责险18家。

（唐双凤）

招商引资

【概况】　灌阳县招商引资局（简称县招商局）为县人民政府参照公务员管理的正科级直属事业单位，主要贯彻执行有关对外开放、利用外资的方针、政策、法规，负责全县投资软环境建设，负责指导各乡镇的招商引资工作，建立健全全县对外招商项目库，组织开展对外招商推介活动，承办县人民政府和上级业务部门交办的其他事项

4 月 25 日，桂林市投资促进局党组书记、局长罗静（左二）带队到灌阳县开展第二季度全市招商引资调研工作　　县招商局　提供

等。内设机构有秘书股、业务股，挂牌机构有县招商引资服务中心。2018 年，事业编制 8 名（其中：局长 1 名，副局长 2 名，后勤服务人员控制数 1 名）。实有干部职工 9 人（其中：组织部分配百名人才 1 名）。

全县内资到位资金任务 26 亿元人民币，外资到位资金任务 550 万美元。全县在建项目 20 个，总投资 65.14 亿元；内资在建项目累计到位资金 26.74 亿元，完成任务的 102.8%，相比 2017 年，内资到位资金增长 10.8%；全县外资到位资金完成 670 万美元，已完成任务的 121.8%，相比 2017 年，外资到位资金增长 30%。

年内，新签约项目分别是：生猪养殖产业链项目、千家洞景区开发建设项目、湿地公园项目、观阳古镇项目、食用菌种植加工项目、猫儿石自然生态冷水鱼养殖项目、康富生态养殖项目、祥顺生态养殖项目、香炉山生态种养项目、真自在生态种植养殖及乡村民俗旅游开发项目、芳土地生态种植、养殖及生态旅游观光项目。

重大签约项目实施进展情况：2018 年在中国—东盟博览会签约 2 个项目，项目总投资 14.5 亿元，分别是：投资 11.5 亿元的生猪养殖产业链项目、投资 3 亿元的千家洞景区建设项目，以上项目已开工建设。办公地址位于灌阳县胜利路 89 号。

【招商引资】

多措并举，全力招商　一是领导重视。县主要领导坚持做到重要客商亲自会见，重要考察团亲自接待，重大问题亲自协调，重大项目亲自洽谈。年内，县主要领导、分管领导分别带队赴厦门、重庆、深圳、北京、云南、江西、中山等地开展“点对点”招商活动，推进文市石材小镇项目、全域旅游开发项目、食用菌加工项目的顺利实施。

二是坚持借力招商。积极参加新时代、新征程、新机遇——广西（深圳）投资推介会，新时代、新征程、新机遇——桂林市（北京）投资推介会，新时代、新征程、新机遇——桂林市（广东中山）投资推介会，并在推介会上大力推介灌阳县项目；

9 月 29 日，灌阳县人民政府与深圳市茂雄实业有限公司在县政府三楼会议室签订食用菌、蔬菜投资开发项目协议　　县招商局　提供

9月12日,常务副县长周恒志(左三)带队参加第十五届东盟博览会桂林市经济合作项目签约仪式　　县招商局　提供

组织广西异地商会召开专题招商推介会;在微信公众号、网站发布灌阳县招商宣传片、最新招商项目等。通过以上借力招商方式,更好地推介灌阳,吸引客商来灌阳投资。

三是借助节庆招商。借助灌阳县的"二月八"农具节、"六月六"尝新节、观音阁瑶族文化旅游节等传统节日开展招商推介活动,推介现场吸引很多企业家驻足咨询,对全县招商宣传起到积极作用。

制定政策,激励招商　为进一步扩大对外开放,加快招商引资步伐,在原有的《灌阳县招商引资激励暂行办法》基础上,1—10月份收集整理土地、厂房、财税、金融、人才引进、技术创新等相关优惠政策,多次邀请客商召开征求意见座谈会,广泛征求意见及建议,拟定招商优惠政策,进一步完善招商引资优惠政策,优化全县营商环境,更好地为客商服务。

主动服务,以诚招商　为优化服务质量,提升服务水平,全力营造"亲商、安商、富商"良好氛围,年内,多次邀请招商项目企业家召开座谈会,听取项目建设过程中遇到的困难、企业需要政府提供的帮助及对招商工作的建议及意见。通过召开座谈会,了解项目业主困难,并及时上报政府帮助解决,极大地优化灌阳的营商环境,获得企业家们一致好评。

脱贫攻坚,产业招商　结合全县脱贫攻坚工作,招商局把扶贫产业作为招商主要方向,成功引进500强企业江西双胞胎集团到灌阳投资生态种养项目,带动贫困户脱贫致富并为村集体经济注入新的活力。

策划包装,促进招商　依托灌阳自然资源、红色资源等,县招商局在原有招商项目基础上新策划包装石材小镇项目、中草药种植及加工项目、全域旅游项目及红色旅游项目。

(周　芬)

文化·广播电视·体育·卫生

7月9日，灌阳县文化馆组织小学生免费举办戏曲基本功培训班

县文新广体局　提供

文　化

【概况】灌阳县文新广体局是县人民政府工作部门，内设办公室、财务股、政策法规股（行政审批办公室）、公共文化服务股、市场管理股、反非法与出版物股、体育管理股7个机构，下设文化市场综合执法大队、文化馆、图书馆、文物管理所、非物质文化遗产保护传承中心（灌阳县桂剧团）、灌阳广播电视台、广电技术中心、业余体校、电影发行放映公司9个二层机构。局机关有在职人员18人，其中局领导班子成员4人、非领导职务人员12人、科员2人；二层机构共有在职人员81人，其中文化市场综合执法大队8人、文化馆9人、图书馆8人、文物管理所7人、非物质文化遗产保护传承中心17人、广播电视台14人、广播电视技术中心3人、水上运动学校6人、电影发行放映公司9人。办公地址位于灌阳县灌阳镇胜利路5号。

【农村文化基础设施建设】大力实施文化惠民工程，积极向上争取资金500万元，总投资达820万元建成文市镇马莲村、陈家坪村；水车镇东流村、上泡村；新圩镇潮立村、光明村、桂阳村、合力村；灌阳镇大源村、马头村、翻身村、徐源村；新街镇坪涧村、娘北村；黄关镇大竹山村、顺溪村、唐官村；洞井瑶族乡大竹源村、野猪殿村、观音阁乡大井塘村20个村级公共服务中心，其中16个为贫困村。为规范和强化对“农家书屋”的管理，2018年对9个乡镇的农家书屋管理员和乡镇文化站站长进行业务培训，同时完成111个农家书屋的补充更新工作。

【文化活动】一是开展“迎新年　送春联”活动、第30届楹联征集活动、迎春书画作品展览、新春游园活动、迎春联欢晚会、“庆元宵·猜灯谜”活动、“三八”妇女节文艺晚会、“二月八”农具文化节、县文化馆、县图书馆、县新华书店联合举办县直二小2018年春季现场书画大赛、参与灌阳县民族小学“三月三”校园民族文化艺术节、参加桂林市中小学地方戏曲比赛、“全民阅读，书香八桂”活动、“读者服务宣传月”活动、举办小学生讲故事比赛、经典诵读活动、农村少儿阅读活动、小学组征文比赛、开展“六一”送书、送学习用品活动；二是举办各类培训活动达20多期，策划“红色沃土　生态灌阳”2018年灌阳红色文化旅游暨党旗领航电商扶贫“我为家乡代言”电商大集活动方案，提高灌阳县知名度，助力全县脱贫攻坚；三是举办丰富多彩的文化活动。出版文艺刊物《都庞岭》第71期和72期，在2018年“4·23世界读书日”，县文化馆、县图书馆、县新华书店联合举办县直二小2018年春季现场书画大赛。

【知识工程】出版文艺刊物《都庞岭》第71期和72期。在2018年“4·23世界读书日”，文化市场综合执法大队在灌阳县大市场和文市镇桂岩小学举办“绿书签”活动。

【文化市场管理】县文新广体局执法人员采取日

8月22日，县委常委、宣传部部长、副县长陈春虹（左一）到文新广体局调研
县文新广体局　提供

12 月 5 日，桂林市文新广局党组成员、副局长夏平（左二）到印刷厂检查“扫黄打非”进基层工作　　县文新广体局　提供

常检查与专项检查相结合的方式，对全县范围内所有网吧、歌舞厅、游戏室、出版物市场、演出市场等公共文化娱乐场所进行检查。2018 年，共出动人员 1008 余人次，检查出版物经营单位和印刷企业 408 家次，收缴非法出版物共计 126（册），立案查处案件 6 起，有效维护灌阳县文化市场的稳定与繁荣。积极开展出版物市场专项行动，保持“扫黄打非”高压态势，完成 20% 的“扫黄打非”进基层规范化建设点，获得 2018 年桂林市“扫黄打非”工作一等奖。同时做好春季和秋季学期教辅材料的备案登记工作，对中、高考期间，歌舞、网吧进行监管，为全县广大中、高考学生营造良好的考试环境。完成软件正版化工作的推进工作，向上级争取 10 万元经费用于购买正版软件。组织各业主按时、按要求参加年检，对灌阳县出版物市场、电影放映单位、印刷企业等进行年检换证工作。安排专人 7×24 小时轮流值班，确保全县文化市场“12318”举报电话畅通。

10 月 8 日，县文物管理所对修缮工程进行质量技术检查

县文新广体局　提供

【博物馆古迹】 做好湘江战役一、二、三、四期维修项目相关工作及 2017 博物馆预防性保护工作及 2018 相关项目申报；完成 2016 年度国家文物保护专项资金年报工作及区市文物统计工作；做好县保单位抢救性保护工作，启动杉木谢家祠堂及郑氏宗祠的维修保护工作；对新街镇胡氏祠堂、陈氏祠堂、黄关镇陆氏祠堂等一批有一定保护价值的古建筑进行保护管理。

【文艺演出、创作】 在县体育馆成功举办灌阳县 2018 年“金鸡辞旧岁　玉犬迎新春”春节联欢晚会暨 2017 年广场文艺会演颁奖晚会；举办 2018 年狗年元宵晚会；全策全力，组织、筹备“二月八”开幕式演出、金茶锅和农耕农具艺术巡游、非物质文化遗产名录展示等活动；协助各单位、乡镇完成文艺会演。配合协助 9 个乡镇及八大口完成“健康杯”广场文艺专场演出，协助统战部完成灌阳县同心同力助力脱贫攻坚慈善公益晚会。赴各乡镇、行政村完成“三下乡”

慰问演出活动。

【非遗名录申报】 完成新街镇禾亚庄园“自治区级非物质文化遗产名录——灌阳瑶族油茶技艺展示基地”的项目建设；组织中天文化公司，创作、排练以灌阳桂剧为主题的少儿舞蹈《桂剧·传承》，参加广西电视台少儿春晚半决赛、总决赛，并被选为2018年广西电视台少儿春晚开场舞；完成《同胞三翰林》新书发布会；完成下乡走访、资料整理、印刷装订、代表性图片拍摄、专题片后期制作等工作，申报市级报区级的非遗项目名录《灌阳县千家峒瑶族传说》；组织灌阳竹编技艺传承人，赴桂林参加桂林市2018年“文化和自然遗产日”宣传展示、展演活动，并被桂林电视台在“桂林新闻”栏目、“身边栏目”和“板路栏目”相继进行报道。

广播电视

【新闻宣传】 2018年，县广播电视台重点宣传报道全国“两会”、区市的“两会”以及灌阳县“两会”精神；精心组织“二月八”、端午节、教师节、国庆节等重要节庆活动、典型人物、重点项目、“十三五”发展规划、精准扶贫工作、协助桂林电视台做好“二月八”大型直播活动、袁隆平到灌阳县视察再生稻长势以及黄关超级稻测产验收的宣传报道、进一步扩大《灌阳新闻》的影响力，《灌阳新闻栏目》共播出新闻526条。中央电视台播出有关灌阳“二月八”新闻与电商扶贫新闻2条，广西电视台15条，桂林电视台121条，市电台39条。认真做好综合治理和内部安全保卫工作，制定安全播出防范措施和安全播出应急预案，制定值班制度和事故零报告制度，机房实行24小时值班，全天候监控。坚决做到安全播出零事故、零中断、零插播。

【“村村通”工程建设和农村公益电影放映】 发射台功能包括播出广西电台、桂林电台共6套调频广播节目，同时播出中央电视台、广西电视台、桂林电视台和灌阳县电视台共20套地面数字电视节目；2018年全县完成3351户的建设任务，实现卫星广播电视公共服务全覆盖，为广大农民群众提供丰富多彩的广播电视节目和服务。加强对县电影公司的管理，积极开展灌阳县农村公益电影一村一月一场电影的放映工作。县电影公司组建6个放映组，下乡放映1380场，受益观众达12万人次。

【无线转播台维护】 对灌阳转播台、西山、洞井、黄关、新圩、文市、水车7个乡镇广播电视无线覆盖机房进行4次日常维护，处理发射机故障2起。较好地完成全年的安全转播任务；完成各乡镇已建台站的维护管理工作，圆满完成2018年的安全转播工作，确保全县各族人民能收听收看到较高质量的广播电视节目。

《今日灌阳》报纸

【概况】《今日灌阳》报社于2009年12月29日

6月28日，红军后代为民族小学学生讲述红色故事

《今日灌阳》 提供

9月14日，广西电视台《我为家乡代言》摄制组拍摄灌阳历史文化

县文新广体局　提供

成立，办报经费列入县财政预算，由县人民政府全额拨付，工作人员6名。该报定位为县委机关报，由县委、县政府主办，县委宣传部代管，负责出版发行《今日灌阳》报。自2010年1月开始发行，并面向全县党政机关、群团组织、企事业单位、行政村（社区）及个人免费发行，自2014年6月1日起，该报发行量由每期的5000份增加到1万份。同时，于2014年11月份开通运营《今日灌阳》官方微信平台，该平台以图片、文字、视频等形式，宣传报道县委、县政府主要领导的工作动态，并实时跟踪报道全县境内的主要活动及重大事件。

【报纸发行】 2018年，《今日灌阳》为全彩16开4或8版：全年共计48期，共208个版面，约100多万字，每期发行1万份。

【宣传成就】 宣传报道党和国家的路线、方针、政策，详细跟踪、记录和宣传县委、县政府的重大决策及主要活动情况，宣传报道全县的“两会”精神和“三严三实”专题教育开展情况，全县各级领导的工作动态，各乡镇、县直各部门的建设发展情况；高质高效地报道灌阳县“二月八”民俗文化节、“六月六”雪梨黑李节等大型活动；灌阳县江东新区、特色产业园区、社会主义新农村等经济社会发展成就；文市镇月岭村、洞井瑶族乡洞井村、新街镇江口村等传统村落的开发和保护情况；积极对内对外宣传报道本县独特的桂剧文化、瑶族文化、茶食文化、农具文化等民俗文化艺术发展成就；宣传报道李祖清、周发发、易顺娇等先进人物事迹。

【对外宣传】 2018年，报社记者积极在《桂林日报》《桂林晚报》《广西日报》等报刊发表新闻稿件240余篇，报道灌阳县经济社会发展成就，对外宣传推介灌阳县取得良好效果。

（唐显才）

体　育

【群众体育】 协助完成“二月八”农具文化旅游节在体育馆举行的为期3天的“传奇魔术秀”表演，开展健身气功八段锦、五禽戏、八法五步技能培训暨三级社会体育指导员培训，共培训人员235人，经考核合格人员有138名达到三级社会体育指导员标准；圆满完成广西第十届体育节全民健身日八段锦展示活动，活动参与人员达1200人次；按质按量完成2018年国民体质监测工作和体育产业调查工作；实现体育馆每天对外开放，每天接待到馆健身人员达750余人。

【竞技体育】 成功举办2018年庆广西“壮族三月三·民族体育炫”及广西万村篮球赛，共有22支代表队500名运动员参加比赛。协助县总工会圆满完成庆“五一”全县干部职工运动会。组织参加6月在玉林市举行的广西跆拳道俱乐部锦标赛获得3金、6银、4铜。组队参加区体育局组织的“广西百县五人制足球赛”、广西传统体育学校田径赛及第九届大众篮球赛；圆满完成2018年中国·红色灌阳山地户外运动挑战赛及组队参加青少年五人制足球邀请赛并取得第四名；成功举办暑假篮协杯篮球赛、国庆气排篮球赛、足球邀请赛、青少年篮球赛、乒乓球赛及羽毛球赛；体校训练的运动员在参加2018年区局举办的青少年跆拳道锦标赛获得3个第五名的好成绩；县业余体校输送到区、市体校的各项目运动员在参加2018年区级以上各类比赛获得8金4银4铜的优异成绩。

【体育基础设施】 全县体育基础设施建设成效显著。2018年新建村级水泥篮球场23个，安装健身路径器材62件，初步建成观音阁春润生态区到洞井瑶族乡的山地自行车骑行道和灌阳镇车田村至新街镇江口村的滨江绿色步道，县社区健身中心项目开工建设，江东新区田径场已列入规划。

【体育产业】 2018年全县经常参加体育健身人数达18.1万，比上年增加13%。全年体育彩票销售453万元。（郑慧敏）

7月15日至17日，市体育局局长王子西（右一）到灌阳视察体育场与全民健身中心　县文新广体局　提供

卫　生

【概况】 全县现有各级医疗卫生机构16家，其中二级综合医院1家，中医医院1家，妇幼保健院1家，疾病预防控制中心1家，卫生监督所1家，民营医院2家（兴灌民医院和灌江医院），乡（镇）卫生院9家（其中中心卫生院3家），乡（镇）卫生计生办、计划生育服务所各9家，诊所、卫生室、医务室共318家；有卫生工作人员1539人，其中执业医师365人，执业助理医师160人，注册护士481人，药剂人员63人，检验人员53人，其他144人，乡村医生441人；医疗机构床位978张。

2018年，全县共出生婴儿2670人，人口自然增长率为2.63‰；符合政策生育率为95.66%；全员数据库信息准确率、变更及时率均达96.3%；流动人口计划生育免费技术服务率达100%；计划生育奖励扶助政策落实率达100%。

【实施国家基本药物制度】 全县3家公立医院、9个乡镇卫生院和138个村卫生室全部实施国家基本药物制度，严格执行“两票制”，实现县、乡、村基本药物全覆盖。为确保药品质量，基本药物全部实行网上集中招标采购，统一配送，执行药品零差率销售政策，切断以药养医途径；落实多渠道补偿政策，强化基本药物采购和使用的管理，同时加强对临床医生基本药物知识的培训和药品安全监管，转变用药观念和用药习惯，规范基本药物的临床使用。

【深化医药卫生体制改革】 灌阳县作为国家第二批县级公立医院综合改革试点县。

桂林医学院附属医院医疗管理技术专家团队进驻灌阳县，为灌阳县提供人才、技术、管理等服务，通过建立健全紧密型医疗联合体，促进优质医疗资源下沉，实现“大病不出县”的目标。2018年5月，根据国务院办公厅发布《关于对2017年落实有关重大政策措施真抓实干成效明显地方予以督查激励的通报》（国办发〔2018〕28号），广西壮族自治区桂林市灌阳县因公立医院综合改革成效明显，荣获国家督查激励通报。

3月28日，自治区卫生计生厅到灌阳县调研医改工作

县卫计局　提供

2018年，区内的钦州市、南宁马山县、来宾市、崇左市、百色田阳县、玉林博白县和国内的四川省、山东青岛市、贵州天柱县等省市前往考察学习借鉴。

10月29日，中共灌阳县公立医院集团委员会成立暨第一次党员大会在灌阳县人民医院行政办公楼五楼会议室召开，根据县委组织部的安排部署，经请示县直属机关工委批准，灌阳县人民医院、中医医院、妇幼保健院组建的党总支和9家乡镇卫生院党员新组建成灌阳县公立医院集团党委，会议按照法定程序选举出县公立医院集团党委书记、党委副书记、组织委员、纪检委员、宣传委员、统战委员。

2018年，灌阳县医药卫生体制改革框架工作基本结束，为全区乃至全国探索了一条可供学习和借鉴的公立医院综合改革的“灌阳模式”。

7月12日，四川省卫计委到灌阳县观音阁乡卫生院考察学习医改经验

县卫计局　提供

【乡村卫生服务一体化】 按“三制、四有、五统一”的标准，全县138所村卫生室在管理上实现一体化，做到看病有登记，用药有处方，收费有发票，转诊有记录。严格执行相关政策，落实村医待遇。

【基本医疗服务体系建设】 灌阳县洞井瑶族乡卫生院（自治区成立60周年大庆项目）总投资175万元，2017年10月开工，2018年8月份竣工验收。灌阳县水车镇卫生院业务用房项目总投资400万元，2017年12月开工建设,2018年9月份竣工验收。灌阳县新街镇中心卫生院业务用房项目总投资300万元,2017年12月份开工建设,2018年12月底竣工验收。

【中医药事业】 加强中医药管理,推动优质医疗资源下沉。全县9家乡镇卫生院中医药服务率100%,已能提供颈肩腰腿推拿、火针、火罐、中药烫熨治疗、电针、小针刀、穴位贴敷、穴位注射、针刺行动疗法、穴位疗法、艾灸、温针12项中医适宜技术项目,中医药特色优势得到发挥,中医药服务能力明显提升。1月4日,灌阳县公立医院集团新圩镇卫生院中医馆正式开馆,总投资20万元,为灌阳县首家基层医疗卫生院中医馆。3月,新成立"壮医瑶医科"特色专科。该科开展壮医普通针刺术、壮医莲花针拔罐祛瘀法、壮医药线点灸、壮医药物竹罐疗法及"瑶医三元火功疗法"等业务,同时开展壮医瑶医保健及亚健康调理,为"小医院,大专科"的探索发展增加了新的引擎。

【基本公共卫生服务】 继续以妇女、儿童、老年人、残疾人、慢性病患者、贫困户等人群为重点,在自愿的基础上,按照国家规范要求,为辖区常住人口建立统一、规范的居民健康档案。2018年累计建立规范化居民健康档案198454份,规范化居民建档率达82.31%。高血压建档15303人,糖尿病人建档5278人,重性精神病人建档984人;为适龄儿童建立预防接种证2573人,建卡率为8.9‰,免费疫苗接种共计62660剂次,接种率分别是:卡介苗100%、糖丸疫苗99.63%、无细胞百白破疫苗99.45%、麻类疫苗99.67%、乙肝疫苗99.53%、乙肝疫苗首针及时接种率为96.73%、A群流脑疫苗99.53%、乙脑疫苗99.52%、甲肝疫苗99.35%。加强免疫疫苗报告接种率分别为:小儿麻痹糖丸98.57%,百白破97.21%,麻腮风98.98%,A+C群流脑96.5%,白破99.25%,乙脑98.56%;无突发公共卫生事件,无甲类传染病发生,登记并报告辖区内乙、丙类传染病928例;全年有产妇2682人,建立《保健手册》2677人,建册率达99.8%;孕产妇系统管理率为97.31%,住院分娩率为100%,产后访视率为98.08%;共有0—6岁儿童22516人,累计建立《保健手册》22516人,建册率为100%;0—3岁儿童人数9777人,0—3岁儿童系统管理人数为9269人,系管率为94.8%。全年新生儿活产数2713人,访视2623人,新生儿访视率为96.68%。全年开展学校卫生巡查1116户次,生活饮用水巡查202户次。

【家庭医生签约服务】 灌阳县家庭医生签约服务以贫困户为主要签约对象,已在各乡镇全面推开。截至2018年10月底,灌阳县以乡(镇)、村为单位签约覆盖率达到100%,全县组建签约团队57个,家庭医生签约服务人数95845人,签约率39.75%。其中重点人群签约服务人数57863人,签约率60.37%。建档立卡贫困户和计划生育特殊家庭签约服务率100%。

1月4日,灌阳县首家基层医疗卫生院中医馆落地新圩镇

【重大妇幼公共卫生项目】 实施母婴健康"一免二补"幸福工程和地中海贫血防治项目等。2018年危重孕产妇住院分娩补助12人;免费增补叶酸应服用人数2124人,叶酸服用人数2130人,叶酸发

服用率为 89.27%；地中海贫血初筛 5983 人次；免费婚前医学检查 2108 人，婚检率为 97.14%；孕期艾滋病抗体筛查 2130 人。对 3564 岁妇女进行两癌筛查，全县乳腺癌筛查人数 3689 人，完成率 100%；宫颈癌筛查人数 3729 人，完成率 100%。

【防治艾滋病攻坚工程】 2018 年，灌阳籍艾滋病病毒感染者和病人累计报告 346 例，其中：艾滋病病毒感染者 184 例，占 53.18%；艾滋病病人 162 例，占 46.82%。累计报告死亡的艾滋病病毒感染者和病人 90 例，现存活的艾滋病病毒感染者和病人 256 例，按全县总人口 29.3 万人计算，人群感染率为 0.8‰。全年全县艾滋病抗体初筛检测共 16367 例，较上年增长 18.26%，严格按照要求开展艾滋病检测和母婴阻断工作。在押人员检测 593 例，查出阳性 3 人（吸毒 2 人，暗娼 1 人），1 名阳性暗娼被立案查处；暗娼检测 115 例，检测率 91.2%，发放检测卡 83 人，检测卡发放率 72.2%，检测人员建档率 100%；婚前保健接受艾滋病咨询人数为 2108 人次，接受艾滋病感染抗体检测人数 2108 人次，无阳性人员；孕期接受艾滋病咨询孕妇数为 1971 人，接受艾滋病感染抗体检测孕妇为 1971 人，检测率 100%；住院分娩产妇数为 2210 人，孕期和产时接受艾滋病咨询产妇数为 2210 人，接受艾滋病感染抗体检测产妇数为 2210 人，产妇 HIV 抗体咨询率、检测率均为 100%；对检测出的 3 名阳性产妇进行了专档管理和随访追踪，有效地阻断艾滋病感染母婴传播。2018 年艾滋病感染产妇所生 3 名儿童 HIV 抗体初筛检测均为阴性。

全年，工作队开展高危场所摸底调查活动 2 次，开展高危行为干预活动 12 次，发放防艾宣传资料 1172 份，安全套 6980 只，接受干预性服务从业人员及管理人员 698 人次，经性传播干预措施月均覆盖暗娼 90.28%。住宿业公共场所安全套 9740 只，放置率达 99%，经营性娱乐场所艾防宣传画张贴率、宣传资料摆放率达 100%。

认真落实“四免一关怀”政策，将艾滋病患者及其家庭纳入城乡低保救助范围，致孤老人实行五保供养，致孤儿童实行专项救助，无监护人的孤儿和愿意进福利院的致孤老人入住福利院，出资资助艾滋病患者及家庭成员参加新型农村合作医疗和城镇医疗保险，将艾滋病患者严重机会感染者纳入大病救助。全年全县艾滋病病人和艾滋病感染者及家属享受低保人数达 162 人，城市低保 7 人，致孤儿童专项救助 1 人，救助总金额 55.42 万元；临时医疗救助 142 人，救助金额 6958 元；自愿关怀救助覆盖率 100%。

12 月 18 日，县卫计局开展家庭医生签约服务　　县卫计局　提供

【突发公共卫生事件应急处理】 重大传染病防控在县内部分学校、托幼机构开展以手足口病、肠道传染病为重点的传染病防控工作检查；在全县托幼机构、学校建立呼吸道传染病的晨检制度，并强化医疗机构肠道门诊管理，认真落实各项防治措施，各类传染病得到有效控制；巩固和强化结核病防治工作。卫生应急组织有关医疗卫生单位开展手足口病、H7N9 禽流感疫情防治知识培训，提高全县卫生系统对疫情的预防、救治和规范有效处置能力。圆满完成

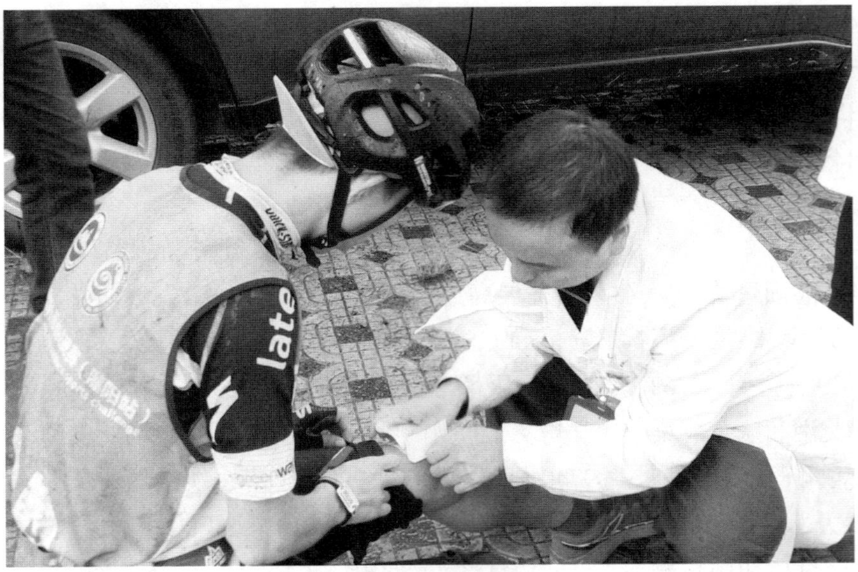

10 月 14 日，县卫计局为山地户外运动赛服务　　县卫计局　提供

2018 年 10 月 13 日—14 日在灌阳举行的全国山地户外运动系列赛的医疗应急保障工作。

【除“四害”活动】 组织开展以春秋季除“四害”为重点的爱国卫生活动，改善城乡环境卫生面貌。2018 年开展春夏季和秋冬季 2 次大规模的除“四害“工作，聘请有资质的消杀公司对县城、各乡镇农贸市场、县城主干道公厕、垃圾桶等人流密集的公共场所进行 4 次卫生消杀，投入经费 12 万元。有效降低全县鼠、蚊、蝇、蟑“四害”的密度，切实保障全县人民身体健康。

【健康教育活动】 2018 年结合“健康素养促进行动”，组织开展 4 次以健康素养、传染病防治、妇幼保健、食品安全等为主题的宣传活动，共发放宣传资料 1.3 万余份。2018 年 10 月至 12 月，灌阳县“健康中国行—科学健身”主题宣传活动暨“健康八桂行”宣传周在灌阳县卫计局大会议室正式启动，县卫计局联合文新广体局、县妇联等相关单位在活动中，共发放宣传袋 1600 余个，宣传资料 2300 余份，义诊 300 余人次。

【创建文明卫生村】 2018 年，全县创建文明卫生示范村 2 个：灌阳县新街镇石丰村风坊园屯，灌阳县黄关镇联德村杨家屯。争取上级项目资金 3 万元。

【红十字会】 县红十字会持续深入开展“红十字博爱送万家活动”2018 年，发放温暖箱 70 箱，价值 338 元 / 箱，共 23660 元；发放罗汉果菊花龟苓膏 50 件，价值 104.4 元 / 件，共 5220 元；发放棉衣 156 件，价值 48.8 元 / 件，共 7612.8 元。争取广西红十字基金会项目资金 15 万元，帮助新圩镇国豪村 802 人解决人畜饮水问题，该项目于 2 月竣工。全年组织开展无偿献血 3 次，共 519 人参加无偿献血，献血量达 184700 毫升。

计划生育

【计生宣传教育】 2018 年，充分利用《今日灌阳》、微信公众号、计生宣传栏、广播电视等宣传阵地，利用春节、元旦、“二月八”农具节、“六月六”雪梨黑李节、“5·12”“5·15”“5·29”“7·11”“9·25”“12·1”等重大节日和纪念日，开展宣传卫生计生志愿服务活动，营造良好的社会舆论氛围；各级医疗卫生单位充分发挥各级卫生资源和人才优势，把卫生“三下乡”与“名医专家走基层”义诊等活动紧密结合起来。乡镇卫生院发挥自身优势，集中开展卫生下乡诊治农民 2000 余人次；各卫生计生办充分利用节假日、集日、查访日，采取组织宣传车、发放宣传品、设立咨询站、组织计生文艺宣传队等多种形式进行宣传，并为 6000 余名育龄妇女进行健康体检和提供咨询。全年共计发放各种宣传资料 5.6 万余份，在国家、自治区人口杂志和人口网站等登载反映灌阳县卫生计生工作的报道文章 66 篇，其中国家级媒体刊物 1 篇，自治区级 19 篇，市级 34 篇，县级 12 篇。

【“两非”专项治理】 2018 年，开展打击“两非”

综合治理出生人口性别比的专项工作列入重要工作议程，及时下发《灌阳县2018年开展打击“两非”综合治理出生人口性别比活动实施方案》，印发《灌阳县计划生育有奖举报制度》，把打击违法进行胎儿性别鉴定和销售终止妊娠药品行为纳入专项整治的重要内容，进一步建立健全终止妊娠器械和药品流通的管理制度，规范终止妊娠药品器械的经营使用管理，严禁违法销售使用终止妊娠药品、器械的行为。狠抓出生申报及婴儿申报制度。县人口与计划生育领导小组先后召开计生卫生、公安、工商、药监等部门参加的联席会议，并于2017年11月、2018年3月、6月、9月份在全县范围内开展4次打击“两非”专项治理活动。对116家单位进行认真检查，其中，医院5家、卫生院9家、门诊部1家、药店20家、诊所39家、村卫生室42家。通过多部门联合打击“两非”专项行动，重点查处2018年7月23日群众举报的1家村卫生室乡村医生未经许可，为不符合生育条件的妇女取出宫内节育器案件，该案已完全自觉履行完毕。

【流动人口】 为推进全县流动人口基本公共卫生计生服务均等化工作，提升流动人口计划生育服务管理水平，增强流动人口的健康素养和自我保健意识，印发《灌阳县流动人口健康教育与健康促进工作实施方案》，开展“关怀关爱流动人口、共享卫生计生服务”专项行动，积极向群众宣传健康知识，认真解读落实全面两孩政策，耐心解答群众有关医疗健康方面的问题。共发放各种宣传资料1.2万多份，宣传画册、折页3000多本，宣传袋600多个，健康服务工具包126个。在流动人口密集的汽车站、集贸市场、城中村等公共场所宣传栏，张贴自治区流动人口卫生计生健康知识宣传海报；设立服务咨询台、健康服务点，免费发放卫生计生政策、健康知识等宣传手册、折页；利用广播电视、微信、电子屏幕等宣传载体，播放健康主题的公益广告和宣传片。2018年元旦春节期间，县卫计局、县计划生育协会、县红十字会组成7个慰问组分赴9个乡(镇)，对计划生育困难家庭、“三留守”家庭进行走访慰问，共走访慰问计划生育困难家庭、计划生育“三留守”家庭264户，慰问物品棉衣108件、大米146袋、油146桶及慰问金1万元。

做好辖区流动人口“底数清、情况明、信息准”，截至9月30日，已完成区卫计委转发国家流动人口服务管理平台比对全县29790条跨省流动人口个案信息的核查录入工作。

加强广西PADIS平台的监控，提高流动人口信息的录库率、反馈率、发送率、准确率。2017年10月1日至2018年9月30日，全县发送协查信息共773条，收到居住地个案协查1549条，已反馈1549条；户籍地个案协查10条，已反馈10条；户籍地迁移协查189条，已反馈189条；生育服务登记协查24条，已反馈24条。以上协查信息反馈率为100%，及时率95%以上。

【计生协会】 2018年，全县共有1518户计划生育家庭兑费参加计生家庭爱心保险，参保费75900元，理赔案件4件，理赔金额145093.58元。完成计生家庭关爱保险任务13930份，参保费417900元，其中：地方财政补助61000元，群众自费287250元，保险公司优费69650元，理赔150件，理赔金额259745.86元。积极做好小额贴息贷款工作，全县落实区、市计生家庭小额贴息贷款任务26户，累计发放贴息金135448元，完成任务100%，有效地帮助广大计划生育家庭生产致富。认真落实农村计划生育家庭爱心保险工作。对独生子女户、双女户和特别困难的计划生育家庭户进行慰问，年内共慰问各种对象户81户，累计发放慰问金16200元。

【计生惠民】 2018年，全县共确认符合奖励扶助条件的对象4078人，其中国家农村部分计划生育家庭奖励扶助对象2148人，奖励金额309.31万元；广西农村部分计划生育家庭奖励扶助对象(55—59周岁)1679人，奖励金额120.89万元；国家计划生育家庭特别扶助对象42人，奖励金额53.1万元；广西农村计划生育奖励救助对象104人，奖励金额12.56万元；城镇居民独生子女父母年老奖励12人；落实93名非财政拨款企事业单位实行计划生育人员退休时增加工资的优惠政策;为全县独生子女户和双女结扎户共13577人代缴城乡居民医疗保险费244.39万元。奖励扶助对象个案上报率和奖励资金发放到位率均达100%。为117名农村独生子女、双女结扎户女儿考生办理中、高考加分证明;兑现独生子女保健费14.02万元,兑现率为100%。

【计生服务】 按自治区计划生育村民自治活动的“八条”基本要求,全县141个村(社区)100%开展计划生育村民自治活动。建立诚信计生小组2280个,应参加诚信小组45358人,已参加诚信计生小组30493人,区间内新签订诚信计生协议的已育龄妇女724人,区间内续签诚信计生协议的已婚育龄妇女23500人。2018年,完成免费孕前优生健康检查733对夫妇,完成率为100%。

【依法行政】 加强乡村计生服务管理网络建设。优化组织网络,配足配强村级计生专干。对计生联系员队伍进行适当调整,年龄在45周岁以上,文化程度偏低,已不适应计生工作形势发展需要的给予调整,新配备村级计生专干向社会公开招聘,竞争上岗。落实有效措施,切实解决村级计生专干报酬待遇问题。完善流动人口信息采集制度。及时进行信息更新,确保流动人口信息的准确率、录入率;建立信息共享制度,实现与相关部门信息的互联互通。实行规范办证流程,在乡、镇、村(社区)服务窗口、宣传栏等宣传阵地公开办证流程,将办理证件的依据、条件、程序、时限、及需提交的证明材料全部公开,对符合生育条件的对象在严格执行政策的前提下简化办事流程,方便群众办证,为前来咨询或办理全面两孩生育证件的群众提供最优质服务。2018年无行政侵权行为,无集体上访,无行政复议和诉讼案件发生。

(周红艳)

教　　育

6月22日，灌阳县举行“不忘初心，牢记使命——‘远教红吧’进校园工作”启动仪式

县教育局　提供

概　述

【机构】 灌阳县教育局是县政府工作部门，主要贯彻党的教育方针，推进素质教育。负责普通高中、义务教育、幼儿教育和特殊教育的指导与协调，以及全县的教育督导工作。监督全县各级各类学校教育经费使用情况；负责各级各类学校的安全监督管理，全县教育系统人才队伍管理、建设、审批各类教育机构，承办县政府交办的其他事项。内设办公室、督导室、人事股、计财基建股4个职能股室，下设教学研究室、基础教育办公室、职成股、勤工办、资助办、纪检监察室、体卫艺股、招生办、会计核算中心、电教站、教育工会、师培中心、青少年活动中心13个事业股室；设有扶贫办、均衡办2个临时股室。2018年，有编制62名(其中行政编10名，事业编52名)，在职人数60人。办公地址位于灌阳县灌阳镇灌江西路7号。

【学校数和学生数】 全县现有中小学校179所，普通高中2所，其中自治区示范性普通高中1所；初中10所(其中九年一贯制学校1所)；小学14所(其中高年级寄宿制小学6所)；1—4年级村级教学点153个。中等职业学校1所。幼儿园48所(其中公办幼儿园18所，民办幼儿园30所)；学校附属幼儿班94个。有中小学生37255人，其中高中3455人、初中7679人、小学18125人；在园幼儿7996名；中职学生260人。特殊教育学校0所，随班就读学生159人、送教上门学生55人。

【教师数及学历】 全县有中小学专任教师2443人，其中幼儿园教师661人(公办幼儿园专任教师44人)；小学专任教师1183人；初中专任教师597人；高中专任教师253人。全县专任教师中研究生及以上学历7人，本科学历1351人，专科学历665人。

【基本办学条件】 小学校园面积为467514.9平方米，生均25.79平方米；校舍面积为164049.37平方米，生均9.05平方米。普通初中校园面积为241546.75平方米，生均31.46平方米；校舍面积为122433.27平方米，生均15.94平方米。普通高中校园面积为131197平方米，生均37.97平方米；校舍面积为86995平方米，生均25.18平方米。

【项目实施】

均衡发展相关项目建设　灌阳县大仁(移民)寄宿制小学计划总投资7000多万元，其中1、2#教学综合楼和3#、4#、5#教学楼完成主体建设已完工，2019年投入使用。灌阳镇初级中学(移民初中)计划投资8700多万元。现已争取上级2017年“改薄”资金700万元用于1#、2#教学综合楼建设、2018年乡村振兴计划项目864万元用于1#、2#、3#教学楼建设。1#、2#教学综合楼已竣工；1#、2#、3#教学楼在建主体。灌阳县高级中学新校区计划投资1.5亿多元，该项目已列入区、

12月13日，县委常委、宣传部部长、副县长陈春虹(中)到洞井调研教育工作
县教育局　提供

市项目库。

江东新区中小学(幼儿园)建设　灌阳县江东新区移民中心幼儿园计划总投资1800万元,年底竣工。

推进其他重点项目建设　继续推进2017年农村义务教育薄弱学校改造计划及扩大学前教育资源新建奖补资金项目建设。观音阁初级中学学生宿舍楼、文市中学综合楼、文市镇集全小学综合楼、西山民族学校综合楼、洞井瑶族乡野猪殿村小学教学综合楼、洞井瑶族乡民族学校教学综合楼、黄关镇大倚村小学教学综合楼、新街镇初级中学教学综合楼、文市镇玉溪村小学运动场竣工达90%。灌阳镇寄宿制小学学生宿舍楼、观音阁乡初级中学运动场、黄关镇正江小学运动场、西山下洞小学教学综合楼已全部竣工并投入使用。

【高考和中考】　立足实际抓"三考"备考。突出教学中心,召开全县中小学教学工作专题会议进行全面部署,达成共识,凝聚合力;扎实组织"三考"研讨活动,邀请"三考"专家、名师指导备考;实行高中联考,各学段毕业年级进行质量检测,通过检测抽测和质量分析,帮助学校提出改进教学、指导复习和提高质量的措施;注重对考纲的研读和样题的研究,围绕考试说明、广泛搜集信息、改进教学方法;着力培优育尖、狠抓临界生备考。2018年高考再创新佳绩,再谱新篇章。全县本科上线747人,其中重点大学(一本)上线75人。其中灌阳高中本科上线597人,上线率91.6%;重点大学(一本)上线172人,上线率高达27.82%,比去年提高1.29%,超额完成市、县下达任务数35人;33名同学取得600分以上的优异成绩,比去年增加26人,其中文科600分以上10人,最高分633分;理科600分以上23人,最高分657分(650分以上3人);刷新了该校一本上线人数、文科最高分、理科最高分、600分以上人数四项新纪录。第二高中在2015年只录取到中考成绩五等生58人,其余生源均是六等及以下成绩的情况下,2018年度考取得了本科上线150人,其中重点大学(一本)上线3人(美术2人、体育1人)的好成绩。中考全县五等成绩以上1377人,其中一等生151人(6A成绩9人),为高中教育提供了优质生源。

【教育资助】　大力宣传资助政策,通过开展学生演讲、学生征文活动,发放宣传海报等方式,使惠民政策家喻户晓;有序实施各项惠民政策,2018年,全县共有38135人(次)贫困学生得到各项资助,共发放资助金额2265.723万元。其中:农村义务教育阶段家庭经济困难寄宿生生活补助资助人数14662人(次),资助金额为849.275万元;普通高中库区移民学生免学费资助162人,资助金额8.193万元;农村义务教育学生营养改善计划资助学生17683人,发放资助金额781.83万元;中职免学费资助734人,资助金额55.05万元;中等职业教育国家助学金资助84人,资助金额8.4万元。中职奖学金资助10人,资助金额2.0万元(一年一次);普通高中国家助学金资助1859人,资助金额278.7万元;建档立卡家庭经济困难学生和非建档立卡的家庭经济困难残疾学生、农村低保户家庭学生、农村特困救助供养学生就读普通高中免除学杂费资助1393人,资助金额112.31万元;学前教育资助1986人,资助金额148.95万元;2018年,贫困大学新生路费资助379人,资助金额22.79万元;彩票公益金资助39人,资助金2.5万元;2381名贫困大学生办理助学贷款,共贷款金额1762.8万元;有923人还本还息,共还款金额160.5万元。

【德育工作】　全县各学校坚持每周升国旗仪式,使德育教育常态化;举行身心安康和人文素养提升工程启动仪式;开展"学雷锋志愿者统一行动日"、文明礼貌月、清明祭奠英烈、"践行社会主义核心价值观""中国梦·我的梦"等未成年人思想道德建设活动;引导学生树立正确的人生观、价值观和世界观。认真贯彻落实《学校体育工作条例》,牢固树立"健康第一"的指导思想,加强指导各校开展各类综合性的体育竞赛,做好小学毕业考、中考体育测试工作。在"六一"国际儿童节期间,组织举办灌阳县庆祝2018年"六一"国际儿童节暨"十佳美德儿童""十佳学习能手""十佳优秀特长生”评选表彰大会。组织开展全县中小学校校园文化艺术节（包括六一文艺演出、书画展等），并参加桂林市校园文化艺术节，获得多项优异成绩；参加桂林市书画作品比赛，其中县直一小、二小，民族小学、民族中学学生和指导老师分别获得一、二等奖。

学前教育

【概况】 2018年，灌阳县继续推进实施第二期学前教育三年行动计划，努力提高学前教育普及率及保教质量。

【项目建设】 全年度扩大学前教育资源新建（迁建）幼儿园奖补资金项目3个单体（黄关镇李官村、灌阳镇仁义村、水车镇修睦村幼儿园），计划投资600万元，已全部开工建设。

【多元普惠幼儿园评估认定】 宣传自治区多元普惠幼儿园政策，鼓励民办幼儿园按照多元普惠幼儿园标准进行自查申报，重点帮助、指导有申报意愿的幼儿园达到申报条件，全县现有自治区多元普惠幼儿园30所，普惠幼儿园覆盖率达90%以上。

【结对帮扶】 引导县直机关幼儿园创建市级示范性幼儿园，充分发挥优质公办幼儿园的示范带动作用，引导优质幼儿教育资源向农村地区辐射与拓展。通过邀请桂林市学前教育专家和幼儿园卫生方面的专家重点对各乡镇中心幼儿园的各块建设进行重点指导，将各乡镇中心幼儿园打造为各乡镇的龙头园，通过龙头园辐射作用，带领各乡镇的各级各类幼儿园有序、健康的发展，促进全县学前教育健康、持续、均衡发展。

基础教育

【义教均衡发展】 继续大力推进义务教育均衡发展工程，缩小区域差距、城乡差距、校际差距。

一是建立责任机制。成立义务教育均衡发展工作领导小组，制定实施规划和方案，明确各级各部门工作职责，建立目标责任制，依法履行教育职责，为推进义务教育均衡发展顺利实施提供组织保障。

二是认真抓好控辍保学工作，落实“双线四包”机制，开展全县义务教育控辍保学专项检查，确保完成市下达给全县的九年义务教育巩固率的目标值。

三是建立健全义务教育学校常规管理新机制。开展全县中小学常规管理大检查，进一步巩固提高“义务教育学校常规管理年”成果，建立县、乡（镇）两级常规管理自查、督查、通报、问责等相结合的机制，促进义务教育学校常规管理工作规范化、制度化、精细化。

四是建立入学公平保障机制。按照义务教育学校“就近免试入学”原则，结合学校招生入学范围和学生生源的实际情况制定相关政策和招生计

12月20日，灌阳县义务教育均衡发展迎国检　县教育局　提供

划，确保辖区内符合规定的适龄学生都正常入学。在推进义务教育均衡发展过程中，充分保障农民工子女和残障儿童接受义务教育。把进城务工人员随迁子女就学问题纳入教育发展规划，并纳入财政保障机制。

五是建立学生课业负担监测机制，切实减轻学生过重的课业负担。

六是加强义务教育督导评估。督导学校做好校级档案、校园文化建设、功能室管理等义务教育均衡发展工作，2017 年 7 月底通过了义务教育均衡发展市级复核，2017 年 11 月初顺利通过省级督导评估，2018 年 9 月自治区教育督查组到灌阳县进行义务教育均衡发展迎“国检”前专项督查，要求灌阳县确保高分通过国家级认定。2018 年 12 月 20 日，灌阳县义务教育均衡发展以优异的成绩顺利通过国家评估认定并授牌。

【普及高中教育】 坚持统筹发展，分类推进，增量提质并重，推进普通高中优质化、多样化、特色化发展。继续实施普通高中基础能力项目建设，进一步优化学校布局，扩大办学规模，改善办学条件。推进普通高中免费教育，让更多的学生共享普及十二年教育的改革成果。深化课程教学改革，加强普通高中课程和教学资源建设。加强普通高中学校常规管理，发挥示范性普通高中引领、辐射作用，提高高中教育教学质量。

教育领域改革

【“管办评”分离】 依据上级文件，制定推进中小学“管办评”分离工作方案。扩大学校办学自主权，学校依据章程依法管理，政府及教育行政部门起监督作用，依法行使相关管理职责。完善评价机制，引入社会和第三方评价形式。在全县教育系统，形成政事分开、权责明确、统筹协调、规范有序的教育管理体制，建立依法办学、自主管理、民主监督、社会参与的现代学校制度，建立科学、规范、公正的教育评价制度。

【“三评一查”工作】 按照上级教育行政部门的要求，结合灌阳县教育系统实际，县教育局精简 2018 年各级各类学校的项目评审、教育评估、人才评价和检查事项（即“三评一查”）项目清单，建立健全“三评一查”运行机制，明确工作程序和管理办法。2018 年，到各学校检查事项综合性检查全年共 3 次，第一次为春季开学检查、第二次为秋季学期检查、第三次为年终绩效考评检查；专项性检查 15 次。评先评优项目共 16 项，其中 2018 年评 15 项；2019 年评 1 项。根据工作需要临时开展的“三评一查”事项，书面经分管领导批准，交局办公室备案。11 月前已做好“三评一查”各项工作，并按照“三评一查”事项清单执行，进一步改进工作作风，密切联系群众。

【依法行政】

一是加强组织领导，认真落实教育行政执法职责。县教育局成立依法行政工作领导小组，负责各学校及教育局的法制宣传、规范性文件审核和依法行政日常工作，明确职责，分解落实任务。

二是坚持开展法制教育，提高依法行政的能力。坚持法制教育常态化，制定完善学法制度和规定，把法律法规学习列入局机关学习计划，开展集中法制教育，加强学校普法教育，全面推进依法治教。

三是聘请法律顾问，为全县教育系统解决一系列的法律相关问题。

四是组织中小学“学宪法讲宪法”演讲比赛活动、教师法治教学教案选拔工作。

五是配备全县各中小学校法制副校长。

【义教学区制管理改革】 根据区、市《全面推进义务教育学区制管理改革工作实施意见（征求意见稿）》精神，县教育局组织相关股室和学校协调沟通，拟定灌阳县《全面推进义务教育学区制管理改革工作实施方案（征求意见稿）》，在征求相关领导和部门同意后全面实施。

【基础教育课程改革】 继续落实《灌阳县教育局加强教学管理提高教学质量实施方案》，加强备、教、练、改、辅、考等各个教学环节的管理。教研室通过落实"一周两下乡"蹲点跟踪指导制度和教学专项调研,对各学校的常规教学进行检查;对学科教学质量进行检查,探索评价制度和方法的改革;以科研促教改,扎实推进基础教育课程改革,总结提升优秀教育科研成果。

【课堂教学改革】 对全县高效课堂建设工作认真总结,进一步打造适合县情、校情、教师本身的高效课堂模式,切实提高常态课质量。扎实抓好"一师一优课、一课一名师"活动,推广高效课堂教学模式,以课堂教学的优质高效促进教学质量的全面提升。继续开展县、乡、村三级学校"手拉手"活动,促进全县教育教学质量的总体提高;通过开展送教下乡、公开课、观摩课、集体备课等教研活动,促使教师优化教学行为,提高全县的教学水平。

教师队伍建设

【师德师风建设】 举行师德师风演讲比赛、寻找最美教师等活动。重点通过加大教师职业道德相关内容的宣传和培训,规范全体教师的言行,使广大教师树立爱岗敬业、乐于奉献,教书育人、为人师表的良好形象。

【教师招聘及选调工作】 通过事业单位考试新招聘小学控制编制数教师121名,回乡任教新入职全科教师25名,高中新招聘紧缺学科教师9名,切实补充缓解全县教师不足的问题,确保教育队伍健康稳定发展。暑假期间,通过公开选调教师考试、考核,选调一批优秀教师到县直中小学任教,使县直学校教师年龄结构、学科配套更加优化。

【教师培训】 2018年,完成培训工作任务共20余项,培训人数1800人次,促进广大教师的专业化成长,从根本上提升教师队伍的整体素质。评先推优树立典范,继续在全县评选和表彰六类"先进"个人60名,突出贡献奖3名,营造尊师重教氛围。

【安全教育维稳工作】 2018年,全县教育系统上下坚持"安全第一、谁主管谁负责"的原则,紧扣"平安校园"主线,狠抓安全维稳工作,及时排查安全隐患,倾力化解矛盾纠纷,努力构建和谐教育,各项安全管理工作都落到实处,全县中小学平安稳定,没有发生一起校园安全责任事故。继续做好原民办教师和代课人员的沟通、政策解释工作,确保2018年维稳工作的平稳开展,教育系统的大局稳定。2018年共接访原民办教师和代课人员上访18次(起),上级交办案件完成率100%,民办、代课人员去北京非访0次;共接访普通教职工上访1次,上级交办案件完成率100%,确保教育系统各项工作正常开展。

(李向阳)

9月10日,灌阳县庆祝第三十四个教师节暨表彰大会在红豆杉国际大酒店二楼会议室召开　　县教育局　提供

科学技术·防震减灾

5 月 11 日，县科技局开展“5·12”防震减灾宣传活动　　　　县科技局　提供

科学技术

【概况】 灌阳县科学技术知识产权局(简称县科技局)在县人民政府办公室挂牌,为县人民政府办公室的工作机构,是全县科技工作、知识产权工作和地震工作的行政主管部门,核定行政编制6名,实有行政人员7名。二层机构2个:灌阳县科学技术情报研究所(增挂灌阳县生产力促进中心牌子)、灌阳县科学技术开发中心,核定事业编制分别为4名和2名,现实有事业编人员6名。办公地址位于灌阳县灌阳镇学洲区学雅苑B–4号。

【科技扶贫项目实施】 2016年,县科学技术知识产权局获得自治区科技项目(课题)1个,科技经费190万元,分3年发放。2018年科技经费80万元,该项目的实施将进一步提高全县知识产权创造、运用、管理和保护的水平,促进全县经济社会的协调发展。2018年,县科学技术知识产权局获得桂林市科技建设与示范项目1个,科技经费20万元,该项目的实施将进一步加快灌阳县油茶产业的发展。

【高新技术企业】 进一步完善《灌阳县财政科技计划资金后补管理暂行办法》,开展对高新技术企业培育工作,并安排工作经费;实地走访调研相关企业,并加强与大学、科研院所的沟通交流,专门请专利专家、桂林市科学技术情报研究所领导到发展较好的企业指导,挖掘创新点,加大对新工艺、新技术的研究开发,协助企业申报高新技术企业,同时,培养企业的知识产权意识,加强知识产权的保护力度。

【科技成果转化】 组织桂林市灌阳县水凤香狸养殖专业合作社与桂林全州县超然食品有限公司达成"一种加工烟熏腊制品的装置"科技成果转让;广西日辉农业科技有限公司与广西象州黄氏水稻研究所达成"象恢1973职务新品种权"科技成果转让,2个科技成果技术引进在灌阳运用,发明人到现场指导运行的过程,并将指导应用专利技术制作操作方式方法进行成果转化,使得成果能很好地转化利用。该转化项目现已在桂林市科技局、来宾市科技局登记备案。

【科技活动】 2018年5月,组织企业参加第二十七届广西科技活动周。

【知识产权】 加强与大学、科研院所和专利申请中介机构合作,专门请专利专家到发展较好的企业指导挖掘创新点,撰写专利申报书,加大对新工艺、新技术的研究开发,协助企业申报发明专利,有效提升企业自主研发能力。2018年,全县全年专利申请量为69件,其中发明专利申请量为25件、实用新型申请量32件、外观设计申请量12件。

【科技特派员工作】 结合灌阳县区域产业特色,选派22名行业专家为贫困村科技特派员,对口为全县种养大户和专业合作社、协会服务。科技

4月10日,县科技局举办2018年高新技术企业认定培训班

县科技局　提供

特派员围绕高海拔仿野生灵芝、雪梨、黑李、超级稻、猕猴桃等特色农业产业，采取科技咨询、现场指导等方式为贫困村提供多层次、全方位的科技服务。

11 月 2 日，县科技局开展科普宣传活动　　县科技局　提供

【科技普及】 抓好科普工作，不断提高全县人民的科技意识和科技素质。充分发挥科普联组织的作用，加大科普宣传力度。组织县科普联成员 20 多个单位，特邀请县科技特派员，开展元旦、春节、“科技下乡活动”，直接面向“三农”的科普大型宣传活动 6 场次，展出贫困村技术宣传展板 6 块、接待咨询群众 2000 余人次，发放宣传材料 1.2 万余份，深受社会各界人士好评。

【科技文化服务设施】 完善贫困村科技文化服务设施。根据《脱贫攻坚科技文化扶贫实施方案》科技扶贫任务的责任分工，根据灌阳县的实际情况为贫困村配备电脑、打印机、投影机、科技书籍、培训桌椅、远程视频咨询终端等科技服务设施设备。按照贫困村脱贫规划，有计划地为贫困村配备电脑、打印机等科技文化服务设备，打通农村科技服务的“最后一公里”。

5 月 28 日，县科技局带领致富带头人到蜗牛养殖基地学习参观
县科技局　提供

防震减灾

【概况】 灌阳县地震局在县科学技术知识产权局挂牌，年内，县地震局深入贯彻落实全国、全区、全市地震工作会议精神，坚决落实习总书记防震减灾救灾重要论述，认真学习贯彻党的十九大精神，贯彻落实党中央国务院、自治区地震局、市地震局决策部署，牢固树立“震情第一”观念，切实加强防震减灾能力建设，全力推进地震应急救援工作，社会管理和公共服务水平得到了进一步提升。

【编制应急预案】 进一步完善全县地震应急数据，全县 9 个乡（镇）制定乡（镇）地震应急预案。各预案落实乡（镇）应对地震突发事件的工作机构和事务安排，明确地震灾害分级及对应的响应机制，以引导各部门建立健全地震应急防范措施。

【地震监测】 针对在黄关镇、灌阳镇2个乡镇地震基本台，开展《中国地震动参数区划图》(GB 18306–2015)执行情况检查；对规划许可或施工许可的全部建设工程项目进行核验。完善地震台设备运行，以便预警当地和周边的地震情况，提高全县的地震预警能力。

【防震减灾宣传】 一是充分利用"二月八"农具文化节、科技活动周、"5·12"防灾减灾日、十月科普大行动等重大节庆日开展防震减灾科普知识专题宣传教育，在县城主要街道悬挂防震减灾横幅6条，共展出技术宣传展版12块，无偿发放宣传材料1万余份，接待咨询群众160多人次。二是利用"三下乡"活动、乡镇圩日分别到各乡镇以集中宣传的形式向群众发放科普宣传资料2万余份。

【地震应急与演练】 县地震局与教育局共同组织全县中小学校(除教学点)，开展地震应急疏散演练，进一步增强广大师生的防震减灾意识。

（县科学技术知识产权局）

社会生活

3月24日，广西桂林灌阳县2018年“春风行动”就业扶贫招聘会在县红豆杉广场举办　　县人社局　提供

人力资源和社会保障

【概况】 灌阳县人力资源和社会保障局(简称县人社局)属县政府工作部门,内设办公室(行政审批办公室)、公务员管理股(军官转业安置股)、事业单位人事管理股(人才智力引进股)、专业技术人员管理股(灌阳县职称改革领导小组办公室)、工资福利和退休管理股、就业培训股、劳动保障监察股、调解仲裁管理股、社会保障股、干部职工档案室,二层机构有社会保险事业局、就业中心、人才交流中心、劳动监察大队、仲裁院。2018年,行政编制为18名。年内工作开展情况:一是发挥好公共服务专责小组牵头作用,扎实做好扶贫相关工作;二是积极贯彻落实各项人社惠民政策,助力全县脱贫攻坚;三是立足民生,广泛宣传,做好各项社会保险基金征缴及其他工作;四是完善制度,求真务实,深入推进人事人才工作;五是强化职能,严格执法,切实维护劳动者合法权益;六是坚持原则,热情服务,全面抓好社会稳定工作;七是围绕中心,服务大局,全面开展好其他工作。获得"自治区级示范性贫困县农民工创业园"称号、灌阳县劳动人事争议仲裁院获得全区人力资源和社会保障系统二等功集体。办公地址位于灌阳县江东新区。

【人力事务】

公务员录用　2018年,全县共招录公务员37人。

事业单位招聘工作　全年公开招考事业单位42人。

专业技术、职称改革　全年,共有392人申报各类资格,其中高级80人,中级105人,初级230人。

申报审核工作　做好财政拨款事业单位专业技术职务结构比例审核工作和各级各类职称的申报、推荐工作。

网络培训工作　全县完成"一带一路"倡议和学习"十九大"精神公需科目继续教育网络培训工作。

【社会保险】

养老保险　全县养老保险参保人数166000人,完成任务的161442人的102.83%。其中企业参保18771人,缴费人数9259人,完成全年缴费任务7855人的117.87%,基金征缴收入10646.61万元,完成全年任务8000万元的133.08%。机关事业参保8403人;城乡居民参保138836人。

医疗保险　医疗保险参保272120人,完成全年任务276554人的98.4%,其中城镇职工参保人数为16792人,城乡居民参保255328人。城镇职工医保基金征缴收入5309.19万元,完成全年任务数5007万元的106.03%。

失业保险　失业保险参保人数为8192人,完成全年任务5200人的154.13%,收缴失业保险金375.15万元,完成全年任务320万元的117.18%。

工伤保险　工伤保险参保人数11619人,完成全年任务11610人的104.1%,基金收入212.58万元,完成全年任务170万元的124.7%。

生育保险　全县职工参加生育保险参保人数为10079人,完成全年任务7487人的134.62%,基

12月21日,灌阳县召开打击欺诈骗取医疗保障基金专项行动会

县人社局　提供

金收入 244.68 万元，完成全年任务 239 万元的 102.37%。

5 月 23 日，桂林市人社局到灌阳县深度贫困村开展就业扶贫工作调研　县人社局　提供

【劳动监察和劳动人事仲裁】 以贯彻落实劳动合同法和劳动争议调解仲裁法为抓手，组织开展劳动合同清理、农民工工资支付、社会保险缴费等劳动监察执法活动，加大劳动争议调解仲裁力度，切实保障劳动者的合法权益，及时审理劳动争议案件，促进劳动关系的和谐稳定。全县成立 9 个乡镇劳动人事争议调解中心，3 个企事业调解委员会，共有兼职调解员 76 人；成立清理拖欠农民工工作联席会议办公室。年内，受理农民工拖欠工资案件 6 件，完成 6 件案件处理，兑现农民工工资 4.5015 万元，结案率 100%。受理举报案件 2 件，全部及时办理。

【就业服务】

传统节日招聘会　利用灌阳传统节日“二月八”农具文化节，邀请区内外 62 家企业，带来就业岗位 8612 个，招聘会共 11320 人次入场应聘，6359 人达成就业意向，4029 人实现就地就近或转移就业，其中有 691 人为建档立卡贫困户。

“民营企业招聘周”专项活动　4 月中旬，开展“民营企业招聘周”专项活动，免费发放就业政策等宣传资料 3500 份，为 652 人提供职业指导，为 603 人提供维权及法律援助。4 月 25 日，开展以“精准服务促就业，汇聚人才助发展”为主题的“民营企业招聘周”就业扶贫现场招聘会，共邀请 11 家民营企业，带来就业岗位 325 个。招聘会当天有 62 人签订职业技能培训意向，有 109 人达成就业意向，其中建档立卡贫困户 7 人；有效地帮助各类有转移就业意愿的农村劳动者实现稳定就业。

劳动力转移就业　积极开展农村贫困劳动力转移就业工作，全县农村贫困劳动力转移就业 4451 人次，其中，2018 年农村贫困劳动力新增转移就业 1656 人，易地扶贫搬迁劳动力实现转移就业 1610 人次。

职业技能培训工作　全年开展职业技能培训 13 期共 619 人，建档立卡贫困户 321 人，其中：电工 1 期 28 人、起重装卸机械操作工 1 期 54 人、美容师 4 期 169 人、中式烹调师 5 期 294 人、专项职业能力米粉制作培训 1 期 46 人、汽车维修工 1 期 28 人。

8 月 27 日，自治区农民工工作处到灌阳县验收农民工创业园　县人社局　提供

已取得职业资格证书的有497人。

（刘 敏 翟开文）

民 政

【概况】 灌阳县民政局为县政府工作部门，正科级单位，主要负责社会行政事务管理、基层民主政治建设、社会救助与福利、服务军队和国防建设等方面的工作。内设办公室、计划财务股、社会救助股、社会组织管理股、基层政权建设和社区治理股、区划地名股、社会事务股。二层事业单位有光荣敬老院、湘江战役．新圩酒海井红军纪念园管理处、婚姻登记处、救助管理站、城乡居民最低生活保障管理所、低收入家庭经济状况核对中心。2018年，有机关行政编制11名，后勤编制1名，事业编制22名，实有在职干部职工29人。年内，县民政局努力践行“民政为民、民政爱民”的工作理念，积极构筑城乡社会救助体系，切实抓好保障基本民生、创新社会治理、支持国防和军队建设、强化社会服务等工作，深入推进全县民政事业改革发展，全局上下齐心协力，开拓创新，切实抓好各项工作任务的落实，及时足额发放各项救灾、低保、优抚等民政资金物资。办公地址位于灌阳县灌阳镇建设路26号。

【各项工作规范管理】

低保发放 全年发放城市低保金678.05万元，农村低保金2225.9万元；累计发放农村特困人员供养金1338.7万元，城市特困人员供养金13万元，特困人员护理费41.06万元；城乡医疗救助金329.84万元，临时救助金150.9万元。做好优抚安置双拥工作，为优抚对象1994人发放优待抚恤金1329.2万元。

酒海井红军纪念园项目 全面完成酒海井红军纪念园项目一、二期工程建设和新圩杨柳井老年护慰楼项目建设。成立湘江战役红军烈士遗骸收敛保护工作领导小组及办公室，从史料方面进行初步考证，争取技术支持，运用科技手段鉴定遗骸的身份。收集相关佐证资料、图片，完善档案管理。

完善减灾救助机制 及时采购好救灾物资和粮款并及时发放到受灾对象手中。不断完善孤儿救助和流浪乞讨人员救助管理机制，依法开展好收养登记工作，发放残疾人两项补助共389.1万元，孤儿基本生活保障资金29.22万元。

婚姻登记规范化建设 共办理婚姻登记2378对，其中结婚登记1585对，离婚登记351对，补发登记442对，婚姻登记合格率100%。

社团登记工作 年内登记的新成立社团12个，注销8个，全县共有依法登记的社团89个。

【救灾救济】

完善救助应急预案 进一步完善自然灾害救助应急预案，全面提高应对自然灾害的防范能力。加强救灾物资储备体系建设，确保灾害发生后快速、安全、高效地向灾区调运救灾物资。加强应急值守，确保灾情发生后，第一时间深入乡镇村屯进行灾情核查，及时转移受灾群众，妥善安排好受灾

4月3日，灌阳县城乡低保救助专项整治工作推进会在县政府三楼办公室召开

县民政局 提供

群众基本生活。

农村农房政策性保险　为做好2018年农村农房政策性保险工作和2017年度县内因灾倒塌房屋恢复重建及损害房屋维修工作。县民政局印发《开展农村农房政策性保险工作方案》对民政办工作人员及村两委干部培训，并且在《今日灌阳》、灌阳电视台等媒介上大力宣传农村住房政策性保险。2018年参保农村居民户数为64100户，共交保费72.4万元，其中县级负担17.5万元。

2017年县内倒塌房屋恢复重建任务28户，倒房农户自筹资金120万元；保险理赔到农户账户资金13万元；发放倒塌房屋补助资金57.5万元。2018年，因灾倒损房屋76户，保险理赔到农户账户资金21.3万元。

防灾减灾宣传　加大防灾减灾宣传教育和科普力度，推进社区减灾准备认证，继续开展全国和自治区综合减灾示范社区创建工作。2018年灌阳县通过自治区减灾准备认证的城乡社区达到全县社区总数15%。

【城乡低保】　一是扎实开展城乡低保专项整治工作，并取得明显成效，低保救助更加精准。2018年通过核对平台和城乡低保“大排查、大清理、大整顿”专项整治活动，对不符合条件的低保对象进行核实清退，全县共清退低保对象17006人(其中城市低保对象2296人，农村低保对象14710人)，有效地遏制“人情保、关系保、骗保”等现象的发生。

二是坚持低保动态管理原则，严格按程序审核审批，并强化“五关两公示”环节，即严把群众申请关、入户调查关、民主评议关、公示监督关、审核确认关，强化审核结果公示以及审批结果公示。及时纠正低保审核审批程序偏差。推行农村低保联审联批改革，县、乡、村齐抓共管，防止“漏保”情况发生，提高办事效率。

三是全面推进低保无纸化审批改革，不断推进低保对象管理的信息化、规范化、科学化。

四是认真开展好农村低保与扶贫开发政策有效衔接工作。按照“低保政策兜底一批”的脱贫攻坚目标，立足“应保尽保、应退尽退”原则，全面推进全县扶贫攻坚农村低保兜底工作。全县建档立卡贫困人口中已纳入农村低保人数为1847户3733人，农村低保总人数达6885人，低保对象与建档立卡贫困人口的重合率为54.2%，充分发挥农村低保制度“兜底”脱贫的保障作用。

【优抚安置双拥工作】　一是维护优抚对象合法权益，落实各项优抚政策，及时调整提高“三属”、残疾军人、老复员军人、带病回乡以及参战涉核等人员抚恤补助标准，2018年全县共有优抚对象1994人，发放抚恤和生活补助1329.2万元。

二是继续完善优抚对象信息数据库，做好残疾军人证、烈士证明书换证工作，完成享受抚恤和生活补助优抚对象未扫描身份证录入工作。

三是认真对全县义务兵家庭进行核查，且义务兵家庭优待金实行城乡一体标准，标准为每年1.37万元，该标准没有低于灌阳县上年度城镇居民人均可支配收入的45%。县民政局积极组织

10月12日，灌阳县退役军人和其他优抚对象信息采集暨业务培训会在县政府四楼会议室召开　县民政局　提供

“光荣军属”牌、立功喜报、优待金通知书送进家门活动。

四是将优抚对象纳入新农合 1241 人保险金 20.6 万元，大病医疗救助 153 人 15.414 万元，发放重点优抚对象(1328 名）的门诊医疗补助金共计 27.94 万元。

五是切实做好全县退役军人和其他优抚对象信息采集工作。全年共接收 80 名退伍军人，需要安置 5 名，已安置 5 名，发放安置费 105.3 万元。2 月共培训退伍军人 46 名，培训费共计 9.9 万元，发放生活补助金 6.9 万元。移交退伍军人档案 75 份到县人民武装部。

【基层政权建设】 围绕“一中心、两公开、两会、三广场、四牌、六室”建设内容，完善各项制度，促进农村社区建设规范化，提升服务群众水平，完成 28 个行政村的农村社区建设试点任务。

【社会福利和社会事务管理工作】 一是加强社会福利机构建设管理，积极探索福利机构公建民营和医养结合模式，积极组织民办养老机构参加上级业务部门的培训，提高养老机构服务质量，督促民办养老机构按照上级的新要求录入养老机构信息管理系统，完成民办养老机构入住老人生活自理能力评估，配合消防部门到养老机构进行检查，提出整改要求。

二是继续推进养老服务社会化工作，扶持壮大黄关大坪山养老院等民办养老机构，对其按要求申报养老机构星级等级评定。

三是切实加强孤儿生活保障专项资金管理使用。全县现有孤儿 37 人，孤儿基本生活保障资金实行社会化发放，全年发放孤儿基本生活保障资金共计 29.22 万多元。

四是推进婚姻登记规范化建设，共办理婚姻登记 2378 对，其中结婚登记 1585 对，离婚登记 351 对，补发登记 442 对，婚姻登记合格率 100%。

五是收养登记做到依法收养、注重审核把关，共接待收养咨询 60 例，受理 3 例。

六是做好流浪乞讨人员救助管理工作，积极协调公安部门对灌阳县滞留流浪乞讨人员 8 人进行 DNA 鉴定，并组织工作员将其录入全国救助寻亲网，定期检查托养在大坪山养老院的流浪人员的居住环境和生活状况。

七是配合政法委统计危险精神病患者救助情况，经灌阳县卫计局评估全县共有 108 名危险精神障碍患者，有 36 人纳入低保救助，3 人纳入特困供养人员。

八是制定灌阳县人民政府未成年人保护工作实施方案，保障儿童合法权益、健全农村留守儿童服务体系，通过政府采购，购买社会服务做好未成年人保护工作，争创全国农村留守儿童关爱保护和困境儿童保障示范县。

【民间组织培育】 加大社会组织培育发展力度，做好社会团体和民办非企业单位日常登记管理和清理整顿年检工作。

【区划地名工作】 扎实推进全国第二次地名普查工作。灌阳县第二次地名普查工作从 2014 年 11 月开始，历时三年，经过大量实地调查，共完成地名条目调查 3721 条，并录入电脑，数据已通过国务院第二次全国地名普查的审核；已完成广

7 月 8 日，灌阳县未成年人保护项目揭牌　　县民政局　提供

西地名志灌阳部分标准地名图录典志编写，完成行政区域界线联合检查任务，开展平安边界创建活动。

（县民政局）

民族宗教事务

【概况】 2018年，灌阳县民族宗教事务局（简称县民宗局）共有行政编制6人，实有人数4人。年内，县民族宗教工作以习近平新时代中国特色社会主义思想为指导，深入贯彻落实党的十九大精神，紧密围绕新时期民族宗教工作主题，开展民族宗教政策和法律法规宣传、民族文化挖掘保护和传承工作，积极争取项目资金为民族地区少数民族群众办好事实事，开创全县民族宗教工作新局面。办公地址位于灌阳县灌阳镇建设路26号，县民政大楼六楼。

【民族宗教政策宣传】 县民族宗教事务局认真开展民族宗教政策、法律法规宣传活动。通过网站、宣传册、开展"宗教政策法规学习月"活动，组织全县宗教界开展宗教政策法规学习，向广大信教群众宣传宗教政策法规，进一步增强宗教界学法尊法守法用法意识，全面提高宗教界人士和信教群众的法律意识。同时，经常到民族乡和有关宗教场所检查指导民族宗教政策的贯彻落实情况，建立县、乡、村三级网络，在全县138个村委会建立宗教工作档案和信息快速反应机制，落实村级宗教工作信息员，使宗教领域"非法传教无立足之地，确保民族团结、社会稳定。

【争取民族项目资金】 2018年，县民族宗教事务局向上争取少数民族发展资金项目17个，资金598万元，为民族村屯硬化道路10条，12.6千米（宽3.5米，厚18厘米）；新建屯级道路2条，7.75千米；实施亮化项目1个，安装太阳能路灯15盏；维修人饮工程项目1个。共有17个贫困自然屯六千多贫困人口受益，其中少数民族贫困人口占60%以上。

【民族文化挖掘保护】 2018年，县民族宗教事务局认真做好民族文化挖掘保护工作。组织指导县民族小学开展民族文化进校园活动，农历"三月三"开展民族文艺活动，跳起瑶族长鼓舞等系列民族舞蹈，丰富师生文化生活。协助县政府办好"二月八"瑶族文化旅游节，负责组织全县各种"叫叫"制作艺人在"二月八"期间在江东开展"叫叫"大比武和"叫叫"一条街展卖活动，提升灌阳民族特色氛围。支持西山瑶族乡人民政府和灌阳瑶族千家洞民俗协会在农历六月十九日办好灌阳瑶族千家洞首届素食文化节。帮助洞井、西山2个瑶族乡购买民族服装、民族乐器，使灌阳的民族文化艺术得到传承。

（包桂文）

4月16日，县民族小学开展民族文化活动

县民宗局　提供

2018年，水车镇上洈村道路硬化项目

县民宗局　提供

城乡居民生活

【居民生活收入】 全年城镇居民人均可支配收入3.22万元，增长5.6%。农民人均可支配收入1.08万元，增长10.1%。全县享受最低生活保障的人数7911人，其中，城镇居民921人，农村居民6990人，全年累计发放低保金2225.9万元；城镇职工和城乡居民基本医疗保险参保人数27.21万人；发放城乡医疗救助金413.2万元，救助4436人次。城乡居民社会养老保险缴费人数16.6万人，发放养老保险金6408万元。全年城镇新增就业人数2812人，城镇登记失业率为2.78%。年末个人储蓄存款余额72.62亿元，增长11.7%。全年社会消费品零售总额22.18亿元，增长8.3%。

（县统计局）

乡　　镇

7 月 17 日，新街镇龙中村举办首届电商民俗文化节　　新街镇政府　提供

洞井瑶族乡

【概况】 洞井瑶族乡位于灌阳县南端，东与观音阁乡相邻，南与恭城瑶族自治县栗木镇交界，西与灵川县大境瑶族乡接壤，北与兴安县漠川乡相连，是灌阳县2个少数民族乡之一，属于自治区深度贫困乡。乡政府所在地距县城48千米，距桂林市96千米。1984年10月，经自治区人民政府批准，从原观音阁公社分出，成立洞井瑶族乡。全乡辖桂平岩、椅山、洞井、太和、石家寨、保良、野猪殿、大竹源、小河江9个行政村、156个自然村，112个居民小组，总人口9399人，其中农业人口8856人；有瑶族少数民族3660人。2018年，行政区划面积212.2平方千米，耕地面积800公顷，林地2万公顷，森林覆盖率达86%，属海洋山自然保护区，是灌阳的源头。自然资源主要有松、杉、竹、杂木、油茶、油桐、木耳、竹笋等。旅游资源开发有洞井古民居、太子山原始森林、椅山、狮子山。

洞井瑶族乡领导班子有乡党委、乡人民政府、乡人大主席团，内设机构有党政办、综治办、劳保站、扶贫办、文化广播站等，二层机构有计生办、财政所、国土规建站、畜牧兽医站、林业站、木材检查站、司法所等，核定公务员编21个，事业编23个，实有人数37人。

2018年度地区生产总值20924万元，GDP年均增长速度6.1%，固定资产投资42000万元，地方公共财政收入510万元，地方公共财政支出1031万元，农村居民人均可支配收入8630元。2018年获得自治区生态乡镇，2018年桂林市学雷锋志愿服务最佳志愿服务组织、2018年第四季度和年度群众安全感调查全市第一、洞井瑶族乡桂平岩村桂平岩屯、太和村田心屯获得第五批中国传统村落名录。办公地址位于洞井瑶族乡洞井街026号。

【经济总指标】 全年全乡生产总值2.09亿元，增长6.1%。完成固定资产投资3.52亿元，占全年任务的100.65%，按质按量完成上级下达的节能减排任务。全乡居民人均纯收入为9641元，比上年增长10%。

【农业】 大力发展优质稻、猪、牛、杉、李、柑橘和中药材“5+2”产业，形成“一村一品”格局。突出打好农业“优质牌”，种植连片茱萸100亩、油茶100亩、优质桃子200亩、有机稻150亩、“黑老虎”100余亩、红心猕猴桃100亩，将保良红心猕猴桃基地打造成灌阳县唯一的扶贫红心猕猴桃基地。以“产业+基地+贫困户”模式抓好产业扶贫，“5+2”特色产业覆盖贫困户614户，覆盖率86%。粮食总产量14.22万千克。

6月27日，市招商局到洞井瑶族乡保良村调研

洞井瑶族乡政府 提供

【工业】 2018年，洞井瑶族乡坚持先保护，再发展，继续做好“山、水”两篇文章，巩固发展水电企业和竹木加工企业。

【文化 教育 卫生】 成功举办两场文艺会演，丰富休闲娱乐活动，充分发挥工会、团委和妇联等群团桥梁纽带作用，持续做好民心、民生工程。大力支持舞龙舞狮、麒麟、牌灯舞、广场舞等民间文艺队举办的活动。加强农家书屋、综合文化站和农民体育健身场所的管理维护。实施教育惠民工程。继续抓好义务教育均衡发展、学前教育工作，加强幼儿园、中小学校管理力度，努力提高中考质量。全面落实教育惠民政策，大力宣传雨露计划及生源地信用助学贷款，不让一个贫困家庭大学生失学。加大安全生产和食品药品监管力度，全年无重大安全生产和食品药品安全事故发生。

5 月 8 日，市民宗局到洞井瑶族乡调研

洞井瑶族乡政府　提供

【乡村旅游】　牢固树立“绿水青山就是金山银山”的发展理念。立足当地瑶族元素和地域文化特点，坚持“农旅结合、以农促旅、以旅强农”方针打造旅游精品景点，依托自然资源优势，挖掘特色农业，推进第一产业、第三产业融合发展，倾力打造椅山村、洞井村、保良村 3 个农旅结合示范点，发展椅山、保良休闲农业体验游，发展“春夏赏花、夏秋摘果、冬品民宿、四季农家乐、全天休闲徒步探险”的旅游业态，有效促进农业产业链条延伸以及农业与旅游产业的深度融合。依托洞井古民居古色古香的文化底蕴，大力保护古民居，宣传推介村风民情，打造“观美景、赏村韵、忆乡愁”的旅游新格局。

【基础设施建设】　精准施策，积极发展特色产业，多措并举发展壮大村集体经济，消除“空壳村”，实现贫困村、非贫困村集体经济收入每年均达 2 万元以上。全力推进易地扶贫搬迁工程，因地制宜规划场地，同时完善公共服务设施，创建“扶贫车间”，为脱贫攻坚提供坚实的就业支撑，为贫困户促增收。2018 年，已完成 21 户 76 人全部入住；2018 年安排道路硬化 28 条，44.63 千米，计划投入 1863.35 万元，已完成 25 条，35.3 千米，完成投入 1447.07 万元；新建 3 个村级活动场所，对 3 个村级办公场所进行升级改造。

【精准扶贫】　2018 年，全乡完成 116 户 447 人脱贫，现有未脱贫 178 户 596 人，贫困发生率降到 6.36%，实现保良村脱贫摘帽。顺利通过桂林市“五合一”考核、自治区“四合一”核验。

【惠民工程】　继续深入实施惠民工程，加强基本公共服务，加大资金投入力度，全面提升人民群众幸福指数。加大交通、水利、信息网络等工程资金投入力度。实施社保惠民工程。继续巩固和扩大社会保障覆盖面，抓好城乡居民社会养老保险、城乡居民医疗保险等工作。健全最低生活保障、特困救助、医疗救助等城乡社会救助体系，加大对弱势群体帮扶，提升救灾应急处理能力。实施文体惠民工程。扎实抓好残疾人和老龄工作。实施健康惠民工程。大力普及居民健康知识，增强居民健康素质、健康意识，不断提高城乡居民健康水平。抓好卫生工作，巩固全乡防艾成果。加强对村医的培训，绝不让卫生扶贫工作拖后腿。

【重大项目】　全年抓好洞井椅山生态旅游开发示范村、洞井瑶族文化广场、古民居安居工程，洞井

6月27日，洞井瑶族乡党委书记戴桂兰（中）走访贫困户

洞井瑶族乡政府　提供

瑶族乡风情街建设。

（洞井瑶族乡政府）

观音阁乡

【概况】 观音阁乡位于灌阳县南部，地处灌江上游，东邻黄关镇，南与恭城县交界，西与洞井瑶族乡毗邻，北与兴安县接壤。乡人民政府所在地距县城41千米，201省道横贯南北穿境而过，交通便利。辖6个村委会，73个村民小组，99个自然屯，总面积131.4平方千米，总人口8614人。全乡有水田489公顷，旱地212公顷，有森林面积11085.4公顷，森林覆盖率84.37%。有灌江、盘江、阴江等长江水系流经境内，水资源较丰富。

【经济指标】 全乡工业总产值2.07亿元，增长8.02%，全社会固定资产投资3.12亿元，增长7.2%，农业总产值增长13.26%，农民人均纯收入比2017年增加9.25%。

【农业】 发展现代特色农业，农村专业合作社增加到11家，引导适度规模经营，土地流转面积3500多亩。粮食生产持续稳定，全乡水果种植面积13521多亩，粮食种植面积7200多亩。推进揽胜现代特色农业核心示范区创建，全乡新建生猪规模养殖场1个。中草药材、马蹄、芋头等特色经济作物种植规模持续扩大，杉木、油茶等经济林木稳步发展。推动农旅结合发展，春润生态休闲旅游基地开工建设，立强村农旅结合点基础设施建设初见成效。

【工业】 重点抓好工业转型发展，推动木材加工、水电等工业企业改造提升，促进工业经济健康运行。

【项目建设】 土地流转取得新的进步，专业合作组织增至11家，砂糖橘、百香果、罗汉果、生猪场等规模种养快速发展，揽胜生态循环种养链条逐步形成，春润生态养生休闲基地开工建设。年内，已向上申报休闲体育公园项目。

【环境整治】 配合推进灌江湿地公园规划编制，全面加强湿地生态环境保护，积极推行“河长制”，落实好全乡河流保护，沿江设置河长公示牌，并加强沿江垃圾污水、河道采砂、电鱼毒鱼等环境问题的监管和治理，组织开展环境风险隐患排查和治理。同时，开展环境卫生死角集中整治活动。协调完成观音阁乡垃圾片区处理中心建设，完善乡村垃圾池、垃圾桶等环卫设施。

【基础设施】 完善集镇周边的官坪堰、毛竹槽等防洪堤修建。争取农村改革、灾后重建等资金，改造硬化村屯道路5条，修建护坡1处。年内，投资700多万的水土保持项目基本完工，观音阁乡初中、盘江村小学教学综合楼已竣工，乡卫生院综合住宿楼已投入使用。立强村党建示范点总体设计以“绿色生态、休闲复古”为基调，高标准打造成党建主题公园。

【脱贫攻坚】

精准帮扶　全乡组织完成536户贫困户“一帮一联”工作，完善各类卡表册，对照“十一有一低于”查漏补缺，确保达到脱贫摘帽标准，年内大井塘预脱贫村已通过自治区核验。

脱贫项目　组织各村编报扶贫项目，充实脱贫项目库。年内共组织实施7条扶贫道路建设，培育壮大杉木、超级稻、橙类、马蹄等扶贫产业，全乡上述“3+1”产业覆盖率分别为90%，65%，60%，30%。

易地搬迁　全乡落实易地扶贫搬迁户61户263人，其中县城集中安置21户95人，分散安置40户168人。年内，分散安置开工率100%，竣工率72%。

动态调整　严格按照上级要求做好贫困人口动态调整工作，认真开展脱贫攻坚“回头看”，抓好问题整改落实，“一票否决”方案措施落实到位，全年共剔除18户88人，新纳入“应纳尽纳”19户73人，返贫户12户56人。全年完成476人脱贫计划任务数，614人奋斗目标数。

【社会稳定】 教育、卫计、文化等社会事业协调发展，医保、养老、低保、五保等社保体系更加健全，危改等惠民实事项目兑现于民；社会治理不断强化，完成综治网格化建设，治安、禁毒、信访工作不断加强，安全生产、应急处置等监督管理有序运转，确保全乡社会稳定。

【党风廉政】 积极开展“两学一做”活动，按照乡党委理论学习中心组学习计划，每月进行一次理论学习；从严开展批评与自我批评，改进工作作风，发扬团结协作精神，提高决策科学性。筑牢思想政治防线，防微杜渐，有效抵御不良风气影响，保持清廉本色。

（观音阁乡政府）

西山瑶族乡

【概况】 西山瑶族乡位于灌阳县西部距县城34千米，西与兴安县相邻，西北与全州县接壤，北、东、南三面与县内灌阳镇、新街镇、黄关镇、观音阁乡4个乡镇交界，总面积188平方千米，耕地面积9930亩。辖10个行政村，140个村民小组。总户数4814户，总人口13215人（其中农业人口12125人），全乡居住着汉、瑶、壮、侗、回等民族，少数民族人口占总人口的41.6%。境内山奇水秀，古有民谣云：“西山多福地，仙境盐田源；五马口朝天，二牛颠倒颠，狮子坐水口，御笔点青天”。

乡领导班子有乡党委、乡人民政府、乡人大主席团，内设机构有党政办公室、武装部、扶贫工作站、工青妇、科协、民政办、综治信访办、危改办、统计站。二层机构有乡国土规建环保安监站、计生站、广播站、劳保所、财政所。2018年，行政核编数26人（含机关后勤2人），实有14人；事业单位核编数共33人，实有25人。办公地址位于西山瑶族乡李家村李家桥屯。

【工业】 全乡工业企业101家，完成工业总产值

1月13日，老红军、开国中将韩伟将军的儿子韩京京夫妇到西山瑶族乡下涧村小学考察　西山瑶族乡政府　提供

1153万元。续建的灌阳县西山瑶族乡正江岭风电场第二期工程正式开工；西山瑶族乡将军崖红色旅游项目已完成选址规划；瑶乡生态养生观光旅游基地；西山瑶族乡养老中心完成选址规划。

【农业】 2018年，在盐塘村打造200亩林下灵芝菌种植基地，在南江村打造90亩“黑老虎”种植基地，在大坪村打造1000余亩油茶种植基地，在南江、小源两村打造特色养殖“小窝流水养鱼”示范点，通过示范点带动贫困户发展特色产业。在抓好开发性特色农业基础上，对已建好的100亩以上的优质果园进行拉枝、整形、保花、保果、肥水管理和病虫害防治等管护，组织农业技术员到实地进行技术培训。全乡完成生猪出栏0.92万头，家禽出笼5.66万羽，实现肉类总产量1064吨。全年无重大疫情发生。

【基础设施】 全年共投资507.2万元，完成道路硬化9条，共计10.9千米；完成护坡修砌9处。完成改厨836户、改厕955户。修补了部分水沟、水渠等农田水利设施。

【生态村建设】 年内，新农村点鹰嘴村婆罗冲屯，完成23盏路灯建设、700余米水渠修建及村屯的亮化美化工作。现代特色农业示范区已完成选址及图纸规划工作。

【精准扶贫】 2018年，乡党委政府扎实推进脱贫攻坚各项工作，全年完成脱贫136户487人，南江村、小源村2个贫困村脱贫摘帽。

产业扶持 上半年完成贫困户生产扶持资金88.34万元，覆盖贫困户443户1552人；下半年以奖代补扶持资金61.036万元，覆盖贫困户216户。

扶贫项目 全乡共投入17个基础设施项目全部完成建设，项目涉及鹰嘴村、小源村、下涧村、北江村、南江村5个村，总投入资金517.6万元。

动态管理 完成2018年动态管理“回头看”，新纳入贫困户2户6人，返贫3户13人，剔除1户1人，全乡建档立卡老人户24户40人。

集体经济 各村结合自身特色发展2个以上的集体经济项目，6个贫困村村集体收入达到3万元以上，4个非贫困村的村集体经济收入达到2万元以上。

教育扶持 全乡上半年完成贫困学生教育补助174人次，补助资金17.9万元。完成春季“雨露计划”13人19500元，完成秋季学期“雨露计划”的材料收集工作，共有28户申请，申请金额共计7万元。

易地搬迁 完成易地扶贫搬迁建档立卡贫困户60户248人，其中县城安置37户135人，乡镇分散安置23户113人。

【民政工作】 全年共发放低保金114.705万元，发放大病救助14.5525万元，发放高龄补贴14.407万元；救助智力障碍、精神疾病、身体残疾298人，大病救济63人。

【维稳工作】 社会治安综合治理工作机制进一步完善，加大法制宣传教育，开展扫黑除恶行动，持续保持“严打”整治高压态势，营造人人知晓、人

11月14日，县委书记周春涌（右二）到西山瑶族乡检查指导扶贫工作

西山瑶族乡政府 提供

人参与扫黑除恶专项斗争的浓厚氛围，切实提升群众安全感和满意度。各种矛盾纠纷及时化解，有效地维护社会稳定，促进社会经济发展。全年排查矛盾纠纷120起，调解106起，调结103起，调解率97.1%，全年无集体上访事件发生，未发现黑恶势力。

【安全生产】 按照“全覆盖、零容忍、严执法、重实效”的总体要求，召开安全生产专题会议10次，全面排查各类安全隐患55处，现场整改35处。成立防汛抗灾工作领导小组及河长制工作领导小组，制定各种应急预案，把受灾损失降到最低。

【基础教育】 切实加强中、小学基础教育，全面提高教育质量。全年入学率达到100%，生活补贴发放面达72%，营养餐惠及率100%。

（西山瑶族乡政府）

黄关镇

【概况】 黄关镇史称黄牛寨和黄牛市，1984年经自治区人民政府批准设镇至今，是灌阳县最早的建制镇之一，是一个拥有两千多年历史的桂北古镇。位于灌阳县中南部，坐落在都庞岭和海洋山之间，地理位置优越、交通便捷，东与湖南江永县交界，南与恭城瑶族自治县相接，西南与观音阁乡接壤，西与西山瑶族乡毗邻，北与新街镇互依，镇政府所在地距县城21千米，省道201线贯穿全镇，规划建设的灌平高速设有黄关互通。全镇总面积210.3平方千米，辖15个行政村，445个村民小组，居住着汉、瑶、苗、壮、侗等各族人民，总人口4.59万人。

镇领导班子有镇党委、镇人民政府、镇人大主席团，内设机构有党政办公室、武装部、扶贫工作站、工青妇、科协、民政办、综治信访办、危改办、统计站。二层机构有镇国土规建环保安监站、计生站、广播站、劳保所财政所。2018年，行政核编数37人，实有28人；事业单位核编数共39人，实有19人；后勤核编数3人，实有3人。

2018年，黄关镇李官村获“全国民主法治示范村（社区）”光荣称号。联德村杨家屯荣获桂林市2018年文明卫生示范村。大竹山村、顺溪村、陡水村荣获桂林市第七批（2018年度）市级生态村称号。黄关镇玉芳生猪养殖示范区获评为桂林市第四批“现代特色农业县级示范区”称号。黄关镇商家村获第十批桂林市文明村镇光荣称号。办公地址位于黄关镇滨江路33号。

【经济指标】 全镇农业总产值63280万元，财政收入完成2245万元，工业总产值完成58339万元，工业固定资产投资完成800万元，招商引资完成29700万元。粮食播种面积7.16万亩，总产量3.24万吨。肉猪出栏1.73万头，家禽出笼9.7万羽，水产品172吨。

【农业】 黄关镇建设有3个自治区级现代特色农业示范区（园）。其中，联德村获评四星级广西特色农业（核心）示范区，科技扶贫助推联德村“神

4月25日，黄关镇政府调研猫儿石村产业种植　黄关镇政府　提供

农稻博园”优质稻高产攻关，采取“示范区＋超级稻＋再生稻＋贫困户”“示范区＋土地流转＋贫困户”“示范区＋龙头企业＋企业务工＋贫困户”等模式，直接带动贫困户增收。兴秀村油茶核心示范区获评三星级广西特色农业（核心）示范区，与深度贫困村正江村签订投资分红协议，按入股资金8%每年分红3.2万元，带动贫困户种植油茶和就业，实现稳定增收脱贫致富。玉芳生猪养殖场获评县级广西现代特色农业示范园。大竹山养牛场可存栏规模500头，2018年存栏数达120头，带动20户贫困户增产增收。龙吟村有机灵芝是全县唯一一个获得有机认证的农产品。猫儿石冷水鱼、猫儿石养猪、陡水林下养鸡、顺溪白玉蜗牛、大竹山养牛、东阳百香果、正江茶叶等特色种养规模不断发展壮大，秋冬蔬菜、绿肥等农作物和油菜、蚕豆、小麦等小春作物的种植向规模化、专业化发展。全镇集体经济收入超过3万元的行政村共13个，超过4万元的8个，超过8万元的3个，全镇7个贫困村集体经济收入均超过3万元，产业扶贫取得实质性成效。

【精准扶贫】 2018年完成计划脱贫摘帽任务，大竹山、陡水2个贫困村整村脱贫摘帽，全镇508户1975人贫困人口脱贫摘帽。抓好贫困人口动态调整工作，确定“应纳尽纳”贫困户6户25人，因病因灾返贫2户6人，确保全镇无错评、漏评、错退户，实现应纳尽纳、应退尽退。完成3栋6层的镇区易地扶贫搬迁集中安置点建设，实现31户137人搬迁入住，同时引进企业开办扶贫车间，可实现80户贫困户就业，从根本上解决搬迁群众就业增收、生存发展的问题。多次召开会议部署讨论确定基础设施和公共服务扶贫项目库、村级“3+1”特色产业。整合财政专项扶贫资金和政府新增债券资金638.6万元新建、硬化贫困村道路分别为2.1千米、11.15千米，扩建道路2.37千米，受益群众达687户2430人。抓好数据核准清洗补录工作，按时完成全镇的建档立卡户1600余条数据清洗补录工作。

【新型城镇化示范乡镇建设】 做好新型城镇化示范乡镇建设收尾工作，镇区棚户区改造征地拆迁工作正山段基本完成，旱禾田段进入扫尾阶段；龙吟黄关河段河道整治工程正在清淤；改造提升农贸市场、候车亭、客运站、停车场、太阳能路灯等1批公共服务设施，镇区城镇市政公共设施得到进一步完善。

危房改造 危房改造52户133人，已全部动工建设，完成竣工入住。协调县住建部门开展住房安全等级认定工作，切实保障贫困群众的住房安全。

水利建设 投入资金7万元修复正江、陡水、唐官村堤防、渠道等水利设施，保护耕地240亩，受益群众达896人。

农村建设 投入380多万元对15个村级活动场所进行升级改造，建设一批集办公议事、党群活动、为民服务于一体的村级组织活动场所，进一步规范村级活动场地。高标准打造党建示范点联德村罗家坪青鱼江新农村示范点，以点带面示范推动乡村建设。积极宣传鼓励农村“拆旧建新”，受理农村拆

10月23日，广西桂林茶叶科学研究所、桂林茶叶协会到黄关镇调研指导正江村茶叶产业发展建设工作　　黄关镇政府　提供

1月21日，桂林市考核验收组到黄关镇考核验收城镇化示范乡镇工作　　黄关镇政府　提供

实现扶贫与低保机制有效衔接，扎实开展低保救助专项整治"回头看"工作，做到"应保尽保、应退尽退"，加大"保户"工作力度，全镇现有农村低保对象461户1069人。做好退役军人和其他优抚对象信息采集工作。医疗、卫计、文化等工作稳步提升。

旧换新120户、设施农用地申请8宗。

【生态建设】 农村生活垃圾专项治理稳步推进，累计清运陈年垃圾达2100吨，发放垃圾桶480个，宣传抽纸23箱，环卫服70套。持续抓好改厨改厕人居环境提升工程。进一步加强环境治理，做好7个废旧矿区的复垦潜力调查工作。切实抓好环保督察"回头看"整改和群众举报问题整改。大力开展打击非法采砂、非法捕鱼、非法排污等专项整治行动，有效遏制破坏环境的违法行为。开展2期环境安全隐患排查整治，切实抓好环保督察"回头看"整改和群众举报问题整改，完成14件环境保护信访举报的调查处理工作，监控管理具有喷漆生产工艺的家具制造业，生态环境得到切实保护。

【民生工程】 2018年，实现城乡居民基本医疗保险、大病救助、医疗救助等卫生保障全面落实，全镇养老保险完成参保27108人，完成医疗保险参保39249人，其中建档立卡贫困户养老保险完成参保3027人，参保率达100%。强化惠民政策兜底，

【维稳工作】 全镇安全生产形势稳定向好，扎实开展安全隐患排查整治及水上安全、防溺水专项治理，对重点涉安生产单位进行安全大检查28次，对宏腾萤石矿、窖石石业公司（采石场）非金属矿山等重点行业领域进行有效治理。大力开展扫黑除恶专项斗争，发生各类刑事案件14起破获6起，治安案件36起破获25起，行政拘留45人，对各类违法犯罪行为形成高压震慑。社会治理水平全面提升，基层社会法制化水平不断提高。探索建立城管、交管与警务助理联合执法模式，大力开展乱停乱放、占道经营综合整治专项行动，城镇交通秩序，市场经营环境明显改善。加大矛盾纠纷排查，及时处理来信来访，民众矛盾诉求得到有效化解。

（黄关镇政府）

4月26日，黄关镇依法强制拆除违法建筑　　黄关镇政府　提供

新街镇

【概况】 新街镇位于灌阳县中部，集镇所在地距县城12千米，东与湖南省江永县交界，南、西、北分别与县内的黄关镇、西山瑶族乡、灌阳镇接壤。新街始建乡于1954年，于1984年设立乡政府，称为“新街乡”。经自治区人民政府批准，2013年4月新街撤乡改为建制镇。全镇总面积167.8平方千米，耕地面积5.45万亩，辖21个行政村，244个自然屯，455个村民小组，总人口为4.4万人，其中农业人口3.9万人。居住着汉、壮、瑶、回、彝等民族，每逢一、四、七为圩日。新街镇历史文化底蕴深厚，清末抗法抗日名将、台湾巡抚、桂剧奠基人唐景崧就出生在新街镇江口村，境内有古城岗遗址、古城岗古墓群、果子园古墓群、上头坪古墓群、丁塘口古墓群。

新街镇领导班子有镇党委、镇人民政府、镇人大主席团，内设机构有党政办、扶贫办、民政办、纪检监察办、综治信访办、人武部、劳保站、妇联、团委等。二层机构有国土规建环保安监站、计生站、文化广播站。行政编制40人，实有23人，事业单位编制43人，实有41人。

2018年，新街镇江口村荣获由国家民委和住建部指导，中国民族建筑研究会实施的第七批“中国传统建筑文化旅游目的地”称号。江口村唐景崧故里景区确定为国家AAA级旅游景区。新街镇飞熊村杉木屯、葛洞村大路坡屯、龙云村猛山屯、石丰村杨家湾屯、龙中村富水坪屯获第五批中国传统村落名录；龙中村获“美丽广西”乡村建设贡献奖；龙炼村获“桂林市先进基层党组织”；石丰村获2018年文明卫生村。办公地址位于新街镇滨江路018号。

【工业】 2018年，新街镇把工业建设作为经济社会发展的重要抓手，围绕“工业强镇”工作目标，依托西山坪工业园区，全面推进招商引资和项目建设工作，加快传统产业转型升级，工业经济保持良好发展态势，2018年完成工业总产值40.99亿元，完成固定资产投资5.245亿元，新建企业1家。农民工创业园等项目有序推进，大桂山林板一体化等项目运行良好。

【农业】 突出乡村振兴发展战略，进一步探索“一村一品”“一村多品”“多村一品”的优质高效种植模式，百香果、雪梨、黑李、蓝莓等特色产业高附加值农业产业已成规模，2018年石丰村超级稻成功申报广西现代特色农业乡级示范园，全镇新增沃柑种植860余亩，脐橙种植355亩，李子种植280亩，桃子120亩，百香果250亩。肉猪出栏4.3万头、家禽出栏4.2万羽、肉类总产量2993吨、水产品总产量389吨。新增猪场养殖示范点1个，鸡场示范点1个，大广农牧养殖项目稳步推进，21个村集体经济项目建设有序开展，同时通过积极引导农民特别是贫困户调整产业结构，有力促进全镇

8月16日，自治区党委讲师团到新街镇江口村开展“新时代讲习所”宣讲活动　　新街镇政府　提供

农业增效、农民增收。

【宜居乡村】 新街镇积极围绕县委、县政府“一园一江一路”部署，大力实施“生态立镇”战略，践行十九大要求，牢固树立社会主义生态文明观，坚持围绕“三不”，即标准不变，要求不降，力度不减，在成果巩固的基础上不断提升“生态乡村”成果；突出抓好示范村建设，以石丰村党建示范点、新农村和乡村休闲旅游资源为依托，积极打造具有特色的“宜居乡村”示范村，辐射带动作用明显。

【环境整治】 围绕“生态立镇”战略，新街镇大力抓好环境保护工作，坚决打击环境污染行为，坚持标本兼治，加强饮用水水源地保护，强力抓好流域水环境综合治理，强化沿江环境综合治理，全面清理排查整治环境风险隐患，建立生态环境保护长效机制，打好大气污染防治百日攻坚战；继续开展非法采砂、非法采矿、非法捕捞专项整治行动。年内，新街镇共组织开展2次环境卫生专项整治大行动，开展6次非法采矿、采砂，非法捕捞专项整治，有效治理全镇社会环境，为全镇经济社会发展奠定良好基础。

【文化产业】 做好“用文化聚合力、用文化显特色、用文化求提升”三篇文章，传承优秀文化精神，加快精品旅游线路开发建设，重点打造江口村、石丰村、龙炼村等一批古色绿色乡村休闲旅游示范点，同时以宣传历史名人唐景崧、古色古香商贸街文化为重点，桂剧、红薯粉丝等非物质文化遗产保护传承得到不断加强推广，全镇文化产业稳步发展。年内，江口村特色文化旅游区拟评为五星级乡村旅游示范区，江口“二月七”农具文化旅游节、唐景崧故居猜谜一条街、全国山地户外运动赛系列活动，石丰村“二月二”龙抬头、龙中村民俗文化节等，吸引大批游客前往旅游观赏。

【脱贫攻坚】 镇党委、镇政府将脱贫攻坚作为头等大事和第一民生工程来抓，通过加强基础设施建设，加大产业发展扶持力度等手段，脱贫攻坚全面全力推进。年内，完成产业扶持申报1868户，发放产业扶持资金409.578万元，帮助167户698人享受易地扶贫搬迁政策；全镇共779户贫困户享受小额贴息贷款政策，共发放贴息124万余元；落实贫困家庭“雨露计划”66人9.9万元，贫困家庭“两后生”中期就业技能培训26人7.15万元；实现三江村、上甫村2个贫困村脱贫摘帽。全镇全年脱贫2735人，贫困发生率由2016年的12.8%下降到3%。同时，利用“党支部＋合作社＋基地＋党员＋贫困户”的模式，党建促脱贫攻坚工作全面有效开展。

【社会事业】 2018年，新街镇推进社会事业全面发展，坚持把教育工作放到优先发展的战略地位，优化师资队伍建设和基础设施建设，全面提高教育质量；进一步加强全镇人口与计划生育工作，完善人口信息化管理；全面加强社会保障工程，进一步落实好救灾救济、五保、低保等社会保障制度，

3月18日，新街镇举办“二月二龙抬头”民俗文化节

新街镇政府 提供

做好残疾人救助、大病救助等工作，切实做好新农合和养老等各项社会保险工作。全镇新农保参保人员23981人，发放养老金人数7750人，发放金额963.5万余元；新增城镇就业岗位650个，困难就业18人，失业再就业75人，农村劳动力转移800人，现享受农村低保579户859人，医疗救助738人次，发放医疗救助款40.5万元。年内，统战、统计、民族宗教等工作取得新成绩，工会、共青团、妇女联合会的作用进一步发挥，国防动员、国防教育、民兵预备役和双拥工作不断加强。

（新街镇政府）

灌阳镇

【概况】 灌阳镇位于灌阳县中部，隋炀帝大业十三年(617年)始为县治所在地，清康熙四十七年(1708年)改名为龙岗镇。1949年改名为城关街，后称城关镇，1982年更名为灌阳镇，1999年与原红旗乡合并为灌阳镇，是全县政治、经济、文化中心，东与湖南省道县、江永县相邻，南与新街镇接壤，西与西山瑶族乡、全州县交界，北与新圩镇、水车镇相连，总面积393.3平方千米，辖26个村委会、3个社区，386个自然屯，421个村民小组，总人口75876人，其中农业人口49294人，非农业人口26582人。灌阳镇属亚热带季风气候，气候温暖，雨量充沛，无霜期长，土地肥沃，镇内森林资源丰富，有林面积22万亩，用材林主要有松、杉、竹，经济林有油茶、油桐和山苍子等，千家洞原始森林中生长有福建柏、红豆杉、长白铁杉等名贵珍稀物种，盛产各种水果，主要有雪梨、优质李、沙糖橘等。

镇领导班子有镇党委、镇人民政府、镇人大主席团，内设党政办公室、社会事务办公室、经济发展办公室、人口和计划生育办公室、社会治安综合治理办公室、国土规建环保安监站、劳动保障站。二层机构有城关派出所、司法所、财政所、农业推广站、计生服务所、文化站、中心校、红旗中学、兽医站、林业站、镇卫生院、供电所、工商所、药监所。核定行政编制52名，机关后勤服务人员控制数4名。办公地址位于灌阳县灌阳镇灌江北路86号。

【经济总指标】 全镇地区生产总值增长4.3%；固定资产投资增长12.2%；社会消费品零售总额13.31亿元；城镇居民人均可支配收入3.25万元，增长6.6%，农村居民人均可支配收入1.09万元，同比11.1%；节能减排完成上级下达的目标任务。

【农业】 推动农业供给侧改革，全年规划建设各类种植场点16个，养殖场点20个。创建乡级现代特色农业示范园3个、村级现代特色农业示范点11个。积极推广农业新科技，培育科技示范户，农业科技试验示范基地落户大仁村。完成全镇68家养殖场点污染源排查，完成全镇禁养区、限养区、养殖区划定。积极应对非洲猪瘟。积极推进春秋防疫及畜禽检疫，注射疫苗41.1万次。农村土地承包经营权确权登记98.48%，颁证率100%。

完成徐源村蒋家、三联村莫家2个新农村示范点建设。徐源村被列入第五批中国传统村落名录。排埠江村枫树脚屯新村被评为区级“创星级亮家训”示范点。

完成全国第四次经济普查，对辖区内1543家单位及个体户进行清查。被评为广西第三次全国农业普查工作成绩突出集体。

【旅游】 坚持文化、旅游、农业融合发展，以“红、古、绿”为核心，持续推进红色旅游场点市场化运营。推动大仁村千家洞雪梨黑李产业(核心)示范区提质上档，完善住宿、餐饮、道路、厕所、停车场等基础设施，新建四星级旅游厕所1座，民宿酒店1座，完成2个农旅结合示范点建设，朱安冲冷泉游泳池开业并实现市场化运营，示范区景观被评为中国美丽田园。积极开展桂林灌阳千家洞瑶族文化旅游节暨“二月八”农具文化节、“六月六”尝新节活动，协助全国山地户外运动挑战赛(灌阳站)成功举办。

【脱贫攻坚】 坚持以脱贫攻坚统领全镇经济社会

发展全局，围绕“两不愁三保障”“八有一超”“十一有一低于”脱贫摘帽标准，致力培育壮大产业、扶贫基础项目建设两个重点，破解村级集体经济、易地扶贫搬迁两道难题，脱贫攻坚取得新成效。全年实现530户2198人脱贫，马头、大源、徐源、鱼塘4个贫困村摘帽，贫困发生率降至2.46%。

加强基础设施 完成2018—2020年扶贫基础设施项目库建设。投入936万元完成22个扶贫基础设施项目建设，全镇20户以上自然村（屯）全部通水泥路。

壮大集体经济 通过入股企业、出租门面等方式发展壮大村级集体经济，全镇村级集体经济总收入270万元，其中1个村突破50万元。

培育富民产业 引进鲟鱼、食用菌等新兴特色产业，壮大雪梨、优质李等传统产业。投入20万元免费发放50多万尾禾花鱼苗，推动稻田养鱼2000多亩。鼓励和引导贫困户发展壮大产业，发放产业补助金695.9万元。

落实住房保障 完成57户危房改造工作，发放补助金121.8万元。有效推进易地扶贫搬迁，180户建档立卡贫困户入住新房，发放补助金571.4万元。

贫困人口动态调整 坚持精准要义，扎实开展贫困人口动态调整和“回头看”工作。全年剔除16户68人，返贫7户22人，新纳入6户27人，老人户自然脱贫处理109户173人，做到“应剔尽剔，应纳尽纳，应返尽返”。在市级督查组实地核验中，群众满意度达99.2%。

强化目标责任管理 对标脱贫摘帽标准，强化督导检查，按照“缺什么、补什么”的原则，全面开展自检验收及查漏补缺工作。全年开展自检验收3次，完成7大类18个方面问题整改，清洗基础数据6740多条，更正完善“表、卡、册”内容19600多处，脱贫质量、脱贫实效全面提升。

【项目建设】 积极主动与相关职能部门及项目业主沟通对接，主动参与项目征地拆迁，为全县重点工作推进、民营企业扎根灌阳提供优质服务。依法依规打击项目建设中吃拿卡等违法行为，为民营企业发展保驾护航。年内，完成G357国道250亩土地征收，完成灌平高速公路灌阳镇段及绕城线建设征地拆迁前期准备工作，完成2.7千米绿道征地丈量，完成仁渡、车田14.8千米防洪堤建设，完成澥江防洪堤1.7千米绿化亮化工程，完成污水处理厂及厂外道路扩宽征地及建设，完成长坪电商园80亩土地储备。启动千家洞圣宝胜景区项目征地拆迁工作，完成120亩土地征收摸底调查、宣传动员及30多亩土地丈量任务。改厨改厕6500户。投入1000万元完成仁义村唐家、秀凤村孔家古民居修缮。

【生态建设】 开展农村人居环境整治三年行动，主攻农村垃圾、污水处理和村容镇貌提升。投入120万元推进农村垃圾治理，推动解决农村环境“脏乱差”问题。投入180余万元开展环境综合大整治行动，关停非法小选矿厂7家，顺利通过中央第五环保督察组环境督查。建立健全河长制督查巡察等8项管理制度，聘请水源保洁员14名，从源头上治理江河。重拳打击非法捕捞、采砂制砂等违法行为，开展生态执法220次，缴获电鱼

3月18日，县长卢嵩（前中）到灌阳镇调研城镇化建设

灌阳镇政府 提供

设备91套，地笼4万多米，搬迁网箱养鱼11处。妥善处置仁合村炭焦油倾倒及马头村风电场搅拌场减水剂泄露事件。严厉打击城乡“两违”建筑，处理1267宗违法用地，拆除违规建筑9座，完成272户危房改造用地整改，城乡建房逐步规范。全镇生态环境持续向好。

【民政工作】 持续推进农村低保动态管理。有效应对冬季冰冻灾害，积极开展灾后道路、水利等抢修及生产生活恢复工作，确保人民群众生命财产安全。为退役军人及其他优抚对象1000余人进行信息采集工作。及时、足额发放困难群众基本生活保障资金1245.2万元。

【社会保险】 在全县率先启动城乡低保救助专项整治，清退79%不符合政策的城乡低保户，应保尽保443户1170人。集中用4天时间完成3052人“一站式”换证服务，实现办证对象精准、类别精准、等级精准。全年发放城乡最低生活保障、特困人员护理补助等资金1091.61万元。完成新农合新农保缴费任务；完成城乡居民养老保险待遇资格认证；推动企业退休人员社会化管理工作；村级社保就业服务窗口通过自治区人社厅验收。全年农村劳动力转移就业832人，城镇新增就业760人，失业人员再就业240人，就业困难人员再就业71人。

【健康工程】 推进全民健康工程，推进乡村医生签约服务，贫困户、计生家庭等重点人群签约率100%。

【社会管理】 深入开展社会矛盾纠纷排查化解，有效处置各类矛盾纠纷2487起；持续推进扫黑除恶专项斗争，破获刑事案件32起，查处治安行政案件99起。加强村级综治服务平台建设，福星村综治服务平台得到自治区领导肯定。抓好肇事肇祸精神障碍患者管理监控服务。

【安全生产】 全面落实领导干部安全生产“一岗双责”责任，推动安全生产日常检查、监管执法、隐患排查治理和宣传教育经常化、制度化。共开展安全生产大检查15次，检查企事业单位600多家次，发放整改通知书250份，关停违规生产企业5家，查处非法销售烟花爆竹点23处，行政处罚3人次。全年无重特大安全事故发生，全镇安全生产形势持续向好。

【基层党建】 履行党建主体责任，坚持“书记抓、抓书记”党建工作理念，做到党建工作和中心工作同谋划、同部署、同考核。建立党委议事会议制度，严格执行民主集中制，定期召开党建工作例会，下发全年党建工作任务清单、逐级分解、细化落实工作责任。要求各村年初制定党建工作计划，实行一季度一督查一通报。年内，对开展党建工作不力的3名支部书记进行约谈。

整合资金1600多万元完成村（社区）活动场所全部提质上档，实现党群服务中心全覆盖，高标准打造徐源村等4个党建示范点。全面实行党组织“星级化”管理，整顿提升6个软弱涣散农村党组织。撤换不合格基层党组织书记7名，通过考试选拔，配优14个村（社区）党组织组织委员。成立中共灌阳县江东移民安置小区党支部。持续推动“两学一做”学习教育常态化、制度化，认真执行“三会一课”、党员活动日等制度。严格党员发展程序，扎实开展党员积分制工作，列出

10月15日，桂林市委组织部副部长石凤羽（右二）到灌阳镇对两新党组织进行调研　　灌阳镇政府　提供

"事项单",建立"明细账",将党员教育管理精细化、规范化。

(灌阳镇政府)

新圩镇

【概况】 新圩镇地处灌阳县北部,总面积191.2平方千米。全镇交通便利,国道241线穿境而过,并有灌凤高速出入口设在新卫村。东与水车镇交界,南邻灌阳镇毗邻,西北与全州县接壤,东北与文市镇相邻。政府驻地距县城15千米,辖16个村委会,118个自然村,244个村民小组,全镇总人口27539人,其中农业人口26008人;有瑶族人口951人。耕地2242公顷,其中水田1442公顷,旱地800公顷,主要种植水稻、西红柿、红辣椒和黑李等农作物。

新圩镇领导班子有新圩镇党委、新圩镇人民政府、新圩镇人大主席团,内设党政办、综治办、民政办、信访办、劳保站、能源站,二层机构有国土规建环保安监站、计生站、广播站。公务员核定编制32人,事业单位核定编制33人、实有人数53人。2018年,合力、解放、小龙、洪水箐4村获得2018年全市生态村称号。办公地址位于灌阳县新圩镇新圩街203号。

【经济指标】 全年完成粮食播种面积4.077万亩,实现粮食总产量3.006万吨,增长5.2%;新增水果改扩种面积920亩,水果总面积达2.692万亩,总产量达1.68万吨。农民人均可支配收入达8200余元,比上年增长9.3%。

【农业】 2018年,全镇完成粮食播种面积4.077万亩,实现粮食总产3.006万吨,增长5.2%;新增水果改扩种920亩,水果总面积达2.692万亩,总产量达1.68万吨。完成肉猪出栏3.37万头、家禽20.24万羽、肉牛0.239万头、肉类总产量3123吨。

产业扶贫　全年共1893户贫困户获产业扶贫奖补资金379.6万元;新增扶贫产业示范点11个、面积1465亩,通过入股种养、土地流转、劳务服务等方式带动贫困户125户,户均增收3000元以上;发展秋冬种扶贫产业示范点10个、面积1320亩,带动贫困户发展种植1400多亩。

精品农业发展　酒海井300亩观光农业示范基地初见成效,小龙休闲农业示范园通过自治区乡级示范园复核,完成5个村级农业示范点申报,打造杨柳井茶花园农旅融合发展示范点。

【脱贫攻坚】 2018年,扶贫资金项目9个,项目投入资金共计362.5585万元,涉及6个贫困村。全镇共完成440户1668贫困人口脱贫,国豪、合力、桂阳3个村实现整村摘帽,全面完成年度脱贫攻坚任务。

精准扶贫　围绕"精准扶贫、精准脱贫",全力打好"扶贫攻坚战",全年剔除3户11人、新纳入2户10人、自然脱贫老人户38户66人、并户14户25人,确保"应纳尽纳、应返尽返、应剔尽剔"的扶贫识别政策精准落地。

数据库建设　建立健全返乡农民工交流机制,开展返乡农民工座谈会16次、建立完善外出

10月25日,新圩镇建档立卡贫困户信息核对培训会在新圩镇政府会议室召开

新圩镇政府　提供

务工人员“一村一册”人才数据库和沟通联系平台，为返乡人才留乡创业就业提供政策咨询、项目申报、产业发展等方面的服务。

低保清查　全面深入开展低保清查整顿工作，清理退出不合规低保人口499人，新增低保人员307人，其中贫困户享受低保605人，占到75.06%。

易地扶贫搬迁　集中安置项目全面建成，191户791名贫困人口得到集中有效安置，其中搬迁县城安置的92户368人。完成农村危旧房改造105户。

扶贫项目建设　完成全镇三年扶贫项目库建设，共编制入库建设项目610个、规划总投资33474万元。全年开工建设11个基础设施项目，完成竣工验收项目7个，完成投资387.7万元。

【基层党建】

强化责任　坚持履行党建主体责任意，镇党委率先作出公开承诺，与全镇16个村党支部书记签订党建目标责任书，形成“书记抓，抓书记”的工作格局。

督查常态化　结合基层党组织规范化建设内容，全年开展全覆盖基层党组织督查行动4次，每次都进行评分排名，约谈排名末尾的3名党支部书记，并及时下发《督查通报》限期要求整改，对账销号，督查结果直接运用于村干部年终绩效考评，促进基层党建工作正常化、制度化开展。

严格问责　扎实开展软弱涣散村（大龙村、合力村）党组织整顿工作，实施一村一策，精准发力，调整撤换脱贫工作落实不力的村干部6名，有效提升基层党组织凝聚力，支部战斗力得到增强。

队伍建设　牢固树立“四个意识”，把“党员活动日”安排纳入党员教育日常管理，全年各村党（总）支部共开展“党员活动日”活动180多次，参加党员4000余人次。

基层组织规范化　积极协调资金、落实项目，高标准规划设计10个不达标村级组织活动场所改扩建工程，不断提升改善基层党组织的活动场所环境。

基层党组织培训　积极发挥贫困村党员的表率作用，全年共开展村（社区）“两委”干部党建、扶贫等各类培训20余场次，不断提高基层干部抓党建业务能力和引领发展能力，着力将基层党组织打造成为脱贫攻坚战斗堡垒。

壮大村集体经济　因地制宜帮助贫困村找准发展村集体经济新路子。统筹整合资金，分类投资“双胞胎”集团、油茶种植等，全面消除“空壳村”。2018年，全部完成非贫困村每年2万元，贫困村每年3万元以上的集体经济收入的目标。

【土地确权登记】　农村土地经营权确权登记颁证工作基本完成，完成确权耕地面积27028.27亩，颁发土地经营权证6259本，发证率达90%以上，完成全年目标任务。农村集体经济产权制度改革扎实推进，完成全部16个村的集体经济清产核资工作。

【水域环境整治】　建立健全江、河、库长效管理机制，镇、村两级河长全面开展巡河、整治工作，全镇水域环境得到大幅改善。

【乡村振兴工作】　完成村屯饮水设施改造工程4处，改善1200多人的饮水条件；建成龙塘村唐家屯新农村示范点1个，通过“一事一议”、基础设施扶贫等项目，实现全镇所有村屯通硬化路的目标，村屯生产道路建设基本实现互联互通。

【重大项目建设】

酒海井红军纪念园　酒海井红军纪念园二期主题雕塑、广场、门楼及停车场全面建成使用，三期完成征地30多亩，纪念馆等项目设计招标等前期工作有序推进，酒海井红军纪念园已成为灌阳接待宾客开展红色教育、红色旅游的重要基地。

平田养殖基地　双胞胎集团平田养殖基地成功落地，占地面积609亩，预计2019年上半年投产运营，投产后可实现年存栏9000头母猪，年产猪苗20余万头。年内，完成进出道路及电力设施建设，基本完成土地平整工作。

旅游项目建设　杨柳井红色旅游新村项目，累计完成投资4480万元，占总投资的56%。小龙景区道路扩建工程基本完工，完成投资900多万元。

【新型城镇化示范乡镇建设】 新圩镇作为桂林市第四批新型城镇化示范乡镇，共规划建设项目22项（分解子项30项）、总投资5.427亿元，其中集镇基础设施、公共服务设施项目18个10750万元，规划编制项目1个220万元。至年底，完成总规、控规编制，已竣工项目4个，正在施工项目5个，处于项目前期阶段6个，尚未启动2个，完成投资4200万元，完成年任务的84%，占总投资的35%。

垃圾中转站、垃圾焚烧场投入使用，扶贫易地搬迁集中安置项目竣工使用，国道241沿线人居环境整治基本完成，污水处理厂完成厂区建设及40%管网建设，饮用水扩建工程年内竣工投入使用，棚户区改造加快建设，镇区主街道外立面改造工程完成投资300万元，弱电下地、主街道路建设工程挂网招标，客运站、政务中心综合楼完成施工设计，客运站、市民广场、公园项目完成征地工作。

【社会治理】

环境整治 坚持以"美丽新圩·宜居乡村"活动作为环境保护整治行动的重要载体，大力开展"三清洁"、治"六乱"工作，环境综合整治取得新成效。全年共开展以清理"两违"建筑、非法采砂、环境污染为主的集中整治行动16次，开展大型环境清洁活动68次，拆除违法建房3处、处置环境污染源2处、整治非法采（制）3处、清理垃圾230余吨，参与人数800多人次，新圩镇的综合环境得到较大改善。

强化治安 社会治安进一步加强，建立以村居、部门和治保、调解组织为依托的群防群治防线；健全以司法所为主，派出所为辅的化解疏导防线；巩固以镇综治办为中心，各职能部门配合的控制处置防线，把矛盾纠纷化解在源头、化解在基层、化解在萌芽状态，做到了小事不出村、大事不出镇。2018年，全镇共排查出各类矛盾纠纷489起，化解474起。配合上级部门严查黑恶势力3起15人，有力打击和震摄了黑恶势力，全镇群众安全感、满意度较往年有大幅度的提升。

【廉政建设】 2018年，全镇坚持党委统一领导，强化镇党委主体责任和镇纪委的监督责任，研究制定关于落实党风廉政建设的文件，与各村、各单位签订党风廉政建设主体责任状。为进一步提高党员干部廉洁自律意识，镇党委采用多种方式进行宣传教育，全镇共发放宣传资料1万余份，悬挂（流动播出）宣传横幅（标语）200余条，制作宣传专栏18个，在全镇营造浓厚的学廉、遵廉、倡廉、护廉氛围；结合镇党委中心理论学习组、"两学一做"学习教育活动，通过党委书记、村第一书记上党课，组织镇村党员干部参加学习活动。同时以扶贫领域腐败和"四风"问题专项治理工作为契机，扎实开展党员违纪查处工作，全年共诫勉谈话、约谈21人，全镇共立案12件，已结案10件，处分党员10人次，其中开除党籍1人，留党察看1人，撤销党内职务1人，扶贫领域类案件8件，违反中央"八项规定"及作风类4件，共追缴违纪资金195019元，退回集体、群众79259元。

（新圩镇政府）

9月6日，新圩镇警务助理进行圩日巡查　　新圩镇政府　提供

水车镇

【概况】 水车镇地处灌阳县城东北部，东与湖南道县交界，南与灌阳镇毗邻，西接新圩镇，北连文市镇，灌江穿镇而过。镇政府所在地距县城35千米，全镇总面积208平方千米，耕地面积34046亩。辖14个行政村，157个自然村，全镇11484户，总人口33512人，其中城镇人口1710人，农业人口31802人。境内资源丰富、风光秀丽。

镇领导班子有镇党委、镇人民政府、镇人大主席团，内设党政办公室、社会事务办公室、经济发展办公室、社会治安综合治理办公室、扶贫开发工作站，二层机构有文化体育和广播电视站、劳动就业和社会保障服务中心、林业站、人口和计划生育服务所、农业技术推广站、财政所、国土规建环保安监站、水产畜牧兽医站。机关人员核定编制36名，实有26人，事业单位人员编制43名，实有34人。

2018年，水车镇修睦村被评为市级生态村；水车镇江塘村被评为市级文明村；水车镇伍家湾村被评为市级宜居乡村示范点。办公地址位于灌阳县水车镇水车街099号。

9月18日，副县长唐敏(右三)到水车镇调研易地扶贫搬迁安置点建设情况　　水车镇政府　提供

【农业】 完成全镇粮食播种面积3.52万亩，红薯0.728万亩，玉米0.572万亩，其他农作物0.33万亩。完成水果改扩种植面积2066亩；创建完成连片50亩以上水果产业扶贫示范基地11个，建设总面积1146亩，带动贫困户140户。完成全国基层农技推广体系改革与建设补助项目试验示范基地建设4个。

【工业】 2018年，完成工业总产值20687万元，完成年任务的100.98%，其中规模工业完成2183万元；完成招商引资投资项目21300万元，其中千万元以上的项目4个。

【基础设施建设】 全年实施基础设施项目20个，共计资金335万元。政府新增债券资金基础设施项目8个，涵盖6个村，资金合计294.19万元。第二批中央和自治区财政专项资金项目4个，涵盖4个贫困村，资金合计120.87万元。

【精准扶贫】 2018年，全镇完成270户1086人脱贫，大营村、下泡村、江塘村、合成村4个贫困村脱贫摘帽。各项扶贫资金、惠农政策落实到位，全年发放贫困户(含2015年退出户)生产生活困难扶持资金1116户共计195.95元；发放危房改造补助60万元；发放农村实用技术培训补贴9075元；发放以奖代补特色产业补助20.38万元；发放小额信贷款共200万元，完成148人雨露计划申报，发放补助27.8万元。年内，易地扶贫搬迁集中安置点各项配套设施建成，11月7日搬迁入住。引进的广西芸翰教育科技有限公司在集中安置点一楼处，建设面积为1418.75平方米的扶贫车间，共安排47名贫困户就业。

【特色旅游】

红三、红五军团指挥部

11月17日，水车镇举行2018年易地扶贫搬迁安置点入住仪式

水车镇政府 提供

旧址(九如堂)：一期工程投入251万元，施工正常推进，完成40%；完成二期工程设计工作，正在进行项目预算，征地工作任务完成85%。

水车桃园赏花基地：水车桃园至官庄古民居红道(2100米)、观景亭及其附属工程竣工验收，共投入170多万元。桃园两家休闲农家乐接待游客1万余人次。

灌江小三峡景点：基本完成扩建道路征地工作。投资180万元用于扩建修睦村至水车水库1.6千米的旅游道路，正进行征地扫尾工作和纠纷处理。

【环境整治】 在全镇范围开展环境卫生集中整治，发放宣传材料2000余张，悬挂横幅30条，出动人力600人次，彻底清理垃圾；投入各类保洁费用50万余元，落实集镇保洁员4名、村屯保洁员76名。通过联合执法，集中开展非法采砂、非法捕鱼、非法排污专项整治行动15次。

【项目建设】 年内，完成357国道水车段征地工作，发放征地款2000余万元。完成江塘至水车征地段12千米的清表工作。完成棚户区基础设施项目工程(包括新集贸市场、文化活动楼、道路建设等)规划设计、预算、财审工作。

【民政救助】 发放农村低保金166.7万元，城镇低保金77万元，城镇、农村医疗救助金22万余元，发放各类救助对象补助金11.9万元。

【社会保障】 城乡居民养老保险新参保935人，领取养老待遇总人数5423人，发放率100%；新农合参合人数2.85万人，参合率98.2%；完成14个村的城乡居民待遇资格认证5414人。

【平安建设】 共接待群众来访13人次，受理群众来信24件次。利用圩日、重大节日等开展普法宣传10场。

【基层党建】 2018年，全镇新发展党员10人，入党积极分子35人。实施村级活动场所升级改造，新建村办公楼4个、村公共文化服务中心2个，修缮改建6个村委办公楼，规范提升2个村委办公楼，改造完成14个村的党群服务中心。抓实党建促脱贫，村级集体经济发展壮大，其中三皇村光伏发电站年收益5万元，合成村购买的门面租金收入2万元。12个行政村抱团发展，投入850万元入股灌阳县水车中辉集体经济投资有限公司，贫困村分红3万元，非贫困村分红2万元。7个贫困村投资4.9万元入股雅高珺奇实业有限公司，每年按投资额的8%享公司分红收益。

【反腐工作】 全年共核实腐败和作风问题8条，转立案5件，其中扶贫领域案件3件。

(水车镇政府)

文市镇

【概况】 文市镇位于灌阳县东北部，处湘桂边界两省(区)三县相邻的中心地带。辖21个村委会、115个自然屯，233个村民小组，全镇总人口38741人，总面积154平方千米。境内资源丰富，物产众多，环境优美，交通便利。全镇自然资源丰富，其中大理石、花岗石量多质优。石材产品已成为全镇企业的龙头产品，形成了长达6千米的“石材一条街”，有“桂北石材第一镇”之美誉。文市镇旅游资源丰富，有文市石林、月岭古民居及、“孝义可风”石牌坊、文昌阁、步月亭、催官塔、文峰塔、将军庙、唐孔林墓、石寨和白竹岩等名胜古迹。境内永安关，自古为湘桂两省区的重要通道。

文市镇政府领导班子有镇党委、镇人民政府、镇人大主席团，内设副职办、纪委监察室、武装部、党政办、组织办、民政办、综治办、扶贫办、信访办、河长办、司法所、劳保站、国土规建环保安监站等。核定行政编33名，实有人数22人；工勤编3名，实有人数3人；事业编25名，实有人数22人。

2018年，文市镇会湘村、王道村、勒塘村列入第五批中国传统村落；文市镇瑶上村、达溪、桂岩、勒塘等4个村获国务院防范处理邪教问题办公室授予创建无邪教示范村称号；文市镇人民调解委员会获自治区通报表扬；文市镇大湾村获自治区三星级党组织，瑶上村通过五星级党组织核验，桂岩村通过四星级党组织核验，集全村、玉溪村通过三星级党组织核验；文市镇大湾村社拐屯获自治区绿色村屯称号；文市镇大湾村党组织第一书记全超获自治区优秀党组织第一书记称号；文市镇月岭村如期脱贫摘帽，被自治区通报表扬；文市镇瑶上村获桂林市高标准党建示范点称号；文市收费站、永安关收费站被命名2017—2018年度桂林市青年文明号集体。办公地址位于灌阳县文市镇建设东路001号。

【农业】 新增14个种植业示范场点，重点抓好桂岩、玉溪、集全等村共400余亩闲田用于冬种；着力推进11个养殖业扶贫示范场建设，发展同仁1200对竹鼠养殖，建设瑶上岩头坝中华鲟及吉田甲鱼特色养殖基地，全力推进玉溪古生态农业园综合开发项目等，以产业兴旺引领乡村振兴。

【工业】 坚持招商引资，推动镇域经济高质量发展，引进香港雅高集团助推石材产业转型升级，石材产业投资开发项目开工累计到位资金已达3.4亿元。工业园区污水处理厂主体建设已完成，8.3千米配套管网设备正在施工；3万平方米标准厂房土地已经平整，正在搭建钢架结构，年底将投入使用；按照“三化”要求及“五化”标准建设标准化厂房，引进灌腾公司在矿区进行饰面用灰岩采矿，完成固定资产投资1亿元；锰业循环经济产业园健康发展，年产值10亿元，年创税收8000万元。

【重点项目】 园区大道建设开工；完成357国道项目征地拆迁工作，完善镇区骨架路网，加速推进工业园区发展；完成长达8千米的302省道30米大道改扩建工程及两边雨污网管、绿化、亮化建设；完成新型城镇化示范乡镇建设工作，休闲公园、旅游公厕、门楼、公共服务设施等31个子项目全面完成。加强石材资源整合，加快石材园区土地收储和标准厂房建设，集中力量打造集石材开采、生产、营销、物流于一体的岭南“黑白根”石材文化产业园。冶炼、选矿机械制造等传统产业转型升级，提振传统产业在镇域经济发展中的支撑作用。

【旅游】 加大力度挖掘红色旅游资源，对2017年新发现的6条红七军标语进行保护。月岭等传统村落的保护与修缮工作持续推进，石林景区开发前期征地工作顺利进行，大湾村“莲溪庐农庄”农旅结合初具规模。

【党建工作】 一是打造党员“五亮”（亮身份、亮承诺、亮职责、亮实绩、亮评议）品牌，激发党员在乡村振兴、扶贫攻坚、基础设施建设等工作中的先锋意识，党员价值进一步体现。二是标准场地建设，增强基层党组织战斗堡垒，年内完成1个镇级党代表工作室，1个桂林市高标准党建示范点，新建6个村的组织活动场所，提升改造3个村的村委办公场所。三是严格落实党组织生活制度，将“乡村振兴我先行”“党员带动群众谋发展”等主题党日活动融入到全镇的重点工作中，让党员找回归宿感和使命感，为统筹推进发展提供坚实的组织保障。四是加强党员队伍建设，以十九大精神宣讲活动为契机，以新时代讲习所为

9月4日,文市镇开展"新时代讲习所"第一期讲习活动

文市镇政府 提供

平台,在21个村分别组织全体党员干部深入学习贯彻党的十九大精神;强化党员积分制作用,促进民主评议党员规范化制度化。五是强化党风廉政建设,认真落实"一岗双责",全年共立案11起,纪律处分10人,其中开除党籍1人。收到上级转办信访件8件,信访办结8件。在"五一"、端午、国庆等重要时间节点,对镇村干部开展作风建设明察暗访、日常监督检查30批次,筑牢党员干部自律防线。

【脱贫攻坚】 2018年,全镇应纳尽纳7户28人,应剔尽剔36户141人,返贫2户10人,文市镇共有贫困户1900户7363人。同仁、大湾、会湘、玉溪、集全5个贫困村完成脱贫摘帽,471户1930人贫困人口稳定脱贫。完成社会扶贫APP爱心人士与贫困户注册工作,1270户贫困户注册账号并告知发布需求流程。

年内,全镇开展农村低保户动态管理,建立健全扶贫与低保衔接制度,共有760户1234人享受低保政策。发放183万元扶贫小额贷款、283万元县级产业扶贫补贴、67.65万元民政补助,解决贫困群众生产生活困难。落实1127名学生的教育扶贫政策,发放17.85万元用于学生"雨露计划"。100%的贫困户参加新农合保险并与家庭医生签约。完成168户农村危房改造。

2018年,全镇投入资金1000万元建设28个扶贫基础设施项目,改善全镇基础设施和基本公共服务。投入1550万元加大各村的集体经济建设,全年完成集体经济收入130万元。

【社会稳定】 2018年,文市镇持续开展"扫黑除恶"和禁毒工作,开展2次大型宣传活动,发放宣传单6000余份,悬挂横幅30余条,努力营造扫黑除恶专项斗争浓厚氛围。同时,加强各村综治队伍建设,推行巡逻队夜巡制度,对重点人群进行集中摸排,为推进乡村振兴营造良好环境。全镇形成动态排查机制,全年排查出矛盾纠纷180余件,

12月4日,文市镇文市中学开展"为了明天——2018年法制宣传教育周"活动

文市镇政府 提供

已化解167件，保证小事不出村，大事不出镇。强化安全生产管理，召开安全生产专题会议4次，开展安全生产培训6次，全年全镇范围内开展安全隐患排查、烟花爆竹等易燃易爆危险品排查10次，开展农机安全大型演练1次，组织石材企业、商场及各村“两委”干部进行消防安全培训及防汛演练，实现安全生产“零”事故。

6月13日，文市镇召开综合环境整治工作会议

文市镇政府　提供

【专项整治】 着力生态发展，投入资金250万元完成改厨改厕项目，并在全镇范围内开展以“乡村振兴齐参与，我是党员我先行”为主题的环境综合整治行动，扎实推进“美丽文市·宜居乡村”建设。

落实巡逻人员和巡逻机制，全年打击非法捕捞30余次，收缴并销毁“地龙”3000余米，开展整治非法采沙行动20余次，清理平整河床6千米，河长制管理形成常态化。

针对生态环境保护和中央环境保护督察组指出的石材开采污染问题，全年开展严厉打击石材乱采盗采现象专项行动50余次，对石材洞采、石浆乱倒、废渣堆砌等行为进行整顿，环境质量改善明显。

弘扬社会主义核心价值观，积极开展以“乡村振兴”“脱贫攻坚”为主题的文艺会演及“道德模范进农村”等宣传活动。全镇21个村“一约四会”全覆盖，乡风文明正在逐步形成。

（文市镇政府）

附　录

月岭古民居石牌坊　　县旅游局　提供

关于我县2018年国民经济和社会发展计划执行情况与2019年国民经济和社会发展计划草案的报告

——在县第十六届人民代表大会第四次会议上

（2019年2月20日）

灌阳县发展和改革局

一、2018年国民经济和社会发展计划执行情况

2018年，我国发展环境发生深刻复杂变化，面临的困难和挑战增多，经济下行压力持续加大。县委、县政府牢牢把握“稳中求进”工作总基调，采取有效措施破解发展难题，确保了经济社会的平稳健康发展。

（一）经济运行稳中有进

据初步统计，2018年我县地区生产总值增长4%，其中一产增长5.7%，二产下降1.9%，三产增长8%；固定资产投资增长11.7%；社会消费品零售总额完成22.18亿元，同比增长8.3%；城镇居民人均可支配收入完成32159元，同比增长5.6%；农村居民人均可支配收入完成10785元，同比增长10.1%；财政收入完成3.41亿元，同比下降7.4%。

（二）结构调整持续进行

1. 农业农村工作全面推进

全年完成粮食播种面积42.96万亩，粮食总产量18.74万吨；完成经济作物种植面积22.5万亩，经济作物总产量26.84万吨，总产值60368万元；改扩种优质水果1.12万亩，水果种植总面积26.16万亩，其中投产面积22.42万亩，水果总产量41.28万吨。

2018年生猪出栏35万头，同比增长7.73%；牛出栏1.33万头，同比增长5.19%；羊出栏0.96万头，同比增长4.93%；家禽出笼216.02万头，同比增长5.34%；水产养殖面积7020亩，水产品总产量4921吨，同比增长6.5%。

制定了《灌阳县2018年乡村振兴实施方案》，建立了《灌阳县2018年乡村振兴项目库》，涵盖农业、林业、教育、环保、交通等共计104个项目。

农村承包地确权登记颁证工作完成测绘面积24.8万亩，占应确权面积100%，签订承包合同67481户，已建立登记簿67481户，占应确权户100%，颁证6.5322万户，颁证率96.8%。

农户承包地流转78163亩，租赁50亩以上的合作社、家庭农场、企业、个人等经营主体有298户，流转面积46876亩。为适度规模经营打下了良好的基础。

2. 工业转型升级向纵深推进

(1) 以贴心服务助力工业企业发展。多次组织有关企业参加银企座谈会，全年协助企业贷款近1.5亿元。指导、协助企业争取上级资金支持生产，全年帮助企业向区、市申报各类扶持资金650万元左右。

(2) 以项目建设推动工业转型升级。以工业项目为抓手，大力推动工业转型升级，鼓励、支持现有工业企业做优做强。全力推进贵达异地搬迁技改项目，推动矿山机械制造产业、冶炼产业进行升级改造项目。

(3) 以基础投入营造良好发展环境。大力打造文市石材园，强力推进灌阳县雅高石材产业园建设项目，加快建设西山坪工业园区和文市工业园区污水处理厂项目，为企业入园发展保驾护航。初步统计，2018年我县工业园区可实现工业总产值42.6亿元，其中园区内规模工业总产值30.2亿元；实现工业增加值13.2亿元，完成工业项目实际投资4.42亿元，实现税收1.46亿元。

(4) 以提质上档增强传统企业活力。一是引导、鼓励现有冶炼企业进行提级改造，走高附加

值、循环绿色发展之路。二是实施传统加工企业提质上档。引导企业技术改造,延伸产业链,提高产品档次,实现产品多元化。

3. 服务业实现强劲增长

(1) 电子商务助力服务业发展。据不完全统计,2018 年全县电子商务交易额达 2.16 亿元,同比增长 7.86%,网络零售额近 3856.85 万元,同比增长 8.75%。2018 年全县开展电商培训 23 期。培训人次 1256 人次,创建了“灌优电商品牌”,开发运营“线上新零售模式——灌阳优选”平台,大力建设农村电商交易信息中心,努力构建成熟的电商物流体系。

(2) 信息化推动经济社会发展。通过信息基础设施建设和网络及产品升级改造推动通信网、广播电视和计算机网络三网融合,强化了网络安全,加大了贫困村网络化建设力度。目前城区、集镇实现 100% 光纤入户,4G 网络建设了 100 多个 4G 基站。全县 138 个行政村宽带网络覆盖率达 100%;成功实施全国电信普遍服务试点项目,我县 138 个行政村全部通上 12M 以上宽带网络。

(3) 旅游业蓬勃发展。

据初步统计,我县 2018 年全年接待游客总人数 200 万人次,完成旅游综合总收入 19.6 亿元。

①抓宣传,推品牌。一是通过举办千家洞瑶族文化旅游节暨灌阳“二月八”农具文化节等本土节庆活动宣传灌阳美景美食,提高灌阳知名度和影响力。二是通过参加北京国际旅游博览会及中国国际旅游交易会等大型国际活动,宣传推广灌阳旅游产品,提升灌阳的国内外知名度和影响力。三是在南宁高铁站通道制作灯箱,对灌阳景区景点进行宣传,提高灌阳知名度和影响力。

②抓项目,强基础。一是引进民间投资对千家洞景区进行改造提升。该项目已完成项目立项、可研、规划设计、景区内部整理、河道清淤等工程。二是建好旅游厕所,改善旅游景点周边卫生条件,全年新建旅游厕所 8 座。三是积极推进观阳古镇项目,目前已与有关公司签订了《桂林观阳古镇文化旅游项目合作开发框架协议书》,现正进行征迁。四是积极推进红军露宿营地一期工程、湘江战役新圩阻击战旧址红色旅游基础设施建设、文市石林及月岭古民居景区基础设施建设等重大项目。

③抓投入,强激励。全年投入旅游扶贫资金 100 万元以上,完成旅游投资 1.1 亿元以上. 出台了旅游产业扶持奖励办法,对乡镇及县直部门、景区企业以及旅游机构团体、乡村旅游业主、A 级景区、乡村旅游区、星级农家乐、星级酒店、餐饮店、旅行社组团、旅游常态化演出、特色旅游商品给予一定的奖励。

④抓创建,强支撑。一是积极创建自治区全域旅游示范区,目前已列入自治区全域旅游示范区创建单位。二是积极创建自治区旅游标准化试点县,创建方案已上报区旅发委。三是积极创建五星级乡村旅游区(江口特色文化旅游区)及五星级农家乐(小龙生态农庄)。四是积极创建星级酒店,灌阳红豆杉国际大酒店已获得四星级饭店称号。五是积极创建国家级景区,目前已做好唐景崧故居景区、灌阳酒海井红军纪念园景区申报国家 AAA 级旅游景区创建材料,千家洞黑岩景区申报国家 AAAA 级旅游景区申报材料。

(三)项目建设成效显著

2018 年我县统筹推进县级重点项目 108 个,年度计划总投资 23.66 亿元。截至 2018 年 12 月,全县 108 个重点项目完成投资 13.5 亿元,占年度投资计划的 56.9%。全年共推进中央预算内投资项目 4 项,完成投资 6785 万元,其中中央预算内投资完成 3864 万元。截至 2018 年 12 月,我县 2018 年中央预算内投资项目开工率 100%,总投资完成率 100%,中央预算内投资完成率 100%,资金拨付率 78%,中央预算内资金拨付率 100%,所有指标均超过上级的要求。

一年来,在县委、县政府的高度重视下,我县项目建设取得了较好成绩:灌平高速进行了实质性建设,357 国道稳步推进,正江岭风电即将竣工,石材园及标准厂房建设热火朝天,农网升级改造、农村饮水安全巩固提升、双桥路改造提升、灌阳镇初级中学等民生项目进展顺利,易地扶贫移民搬迁项目竣工交付使用,观澜购物公园等项目建设进一步拉大了城市框架,双胞胎养殖项目为我县创建生猪养殖大县创造了条件。

（四）生态建设步伐稳健

全年完成人工造植树林2.59万亩，其中人工造林0.93万亩，实施封山育林1.66万亩；完成全民义务植48万株，完成造林补贴项目0.314万亩，完成油茶造林0.4万亩；完成中幼林抚育面积6.0万亩，完成5个小中型沼气工程项目建设；完成全县古树名木挂牌保护1843株。

灌阳县县城居民饮用水源水质均达到《地表水环境质量标准》Ⅱ类标准，灌江文市断面地表水水质也均达到《地表水环境质量标准》Ⅱ类标准，达标率100%。全年县城空气优良天数327天，比2017年同期优良天数增加6天。PM10平均浓度为41微克/立方米，比去年同期下降7微克/立方米；PM2.5平均浓度为29微克/立方，比去年同期下降6微克/立方米，综合指数在全市排名为第3名。

开展了全县环境风险隐患专项检查、集中式饮用水水源地环境保护专项排查工作、“非法排污”专项执法、铁合金行业环境执法检查专项行动整治等环保专项活动，打击文市镇非法采矿行为取得阶段性成果。

（五）脱贫攻坚取得阶段性成果

2018年实现25个贫困村、3353户13180人脱贫摘帽。138个行政村通行政村道路硬化建设项目已全部完成，793个自然村（屯）全部实现了通砂石路或水泥路；村级公共服务中心建设全县67个贫困村已建成达标62个（其中2018年25个预脱贫村已全部建成达标）。2018年基础设施共投入财政专项扶贫资金6546.67万元，实施项目157个，其中，新建护坡18处5363.4方、新建独立桥梁2座42.04米、新建砂石路项目9条11.384千米、道路扩建项目3条6.7千米、硬化村屯道路项目125条136.818千米。

（六）城乡建设全面推进

1. 市政设施不断完善

（1）兴灌路环境综合整治改造项目已经完成管网改造和管线下地埋设，已完成农行至而桥段外立面改造。（2）双桥路市政道路桥梁工程已基本建成并投入使用。（3）县城污水处理厂提标改造工程已完成施工招标工作，正在进行基坑开挖施工。（4）投资500万元改造学洲区污水管网。投资72万元完成对解放西路至关帝庙路的小街小巷改造。清理雨污井1030个，更换雨污井盖220个，清理沟渠1500米，维修滨江路损坏护栏52处，修补损坏人行道320平方米，路沿石280米。（5）完成对滨江西路、教育局路段损坏景观灯的维护。

2. 人居环境不断优化

新建江东安置小区公厕1座。在滨江花园、雅仕苑小区设置垃圾分类收集试点。道路主干道每天保洁8次以上，小街小巷每天清扫一次以上，所有垃圾当天及时清运，实现县城公共区域和道路清扫保洁全覆盖。

管护人行道绿化树13787株、绿化带及花坛365302平方米，灌江两岸绿化524097平方米，公园绿地564854.4平方米。县城建成区绿地率达24%，绿化覆盖率达31.2%，人均公园绿地面积13.6平方米。

黄关、文市、新街、新圩污水处理厂投入试运行，每个污水处理厂配备2名管理员对污水厂进行管理，确保污水处理厂正常运行。大竹凹生活垃圾填埋场实行台账式管理，做到24小时有人值班。2018年共清运垃圾21488吨，无害化处理21488吨，县城生活垃圾无害化处理率达100%。各乡镇垃圾中转站均按要求管护，垃圾日产日清，正常使用。乡镇垃圾片区处理项目全部竣工验收投入使用，垃圾焚烧后排放物通过严格检测达到国家标准，现已移交由各乡镇管理运营。

3. 新型城镇化全面铺开

新圩新型城镇化示范建设项目已完成镇区总规修编等前期工作。市民广场、公园征地已完成。客运站已完成设计，政务服务中心已完成预算。完成污水处理厂厂区建设及45%管网建设，垃圾中转站投入使用，垃圾焚烧场试运行。镇区主街道外立面改造11月1日正式开工，现已完成300万元投资。

（七）民生福祉得到增强

城乡居民购买力增强。2018年，我县实现城镇居民人均可支配收入32159元，同比增长5.6%；实现农村居民人均可支配收入10785元，同比增长10.1%。城乡居民收入继续稳定增长，购买力不断增强。全年完成社会消费品零售总额22.18亿元,同比增长8.3%。

教育事业发展更均衡全面。2018年全县普惠幼儿园覆盖率达90%以上,本科上线747人,其中重点大学(一本)上线75人。灌阳高中本科上线597人,上线率91.6%;重点大学(一本)上线172人,上线率高达27.82%,比去年提高1.29%。第二高中在生源质量较差的情况下,取得了本科上线150人,其中重点大学(一本)上线3人(美术2人、体育1人)的好成绩。中考全县五等成绩以上1377人,其中一等生151人(6A成绩9人)。

医疗卫生服务能力得到提升。县公立医院集团与桂林医学院建立紧密型医联体。目前,共有16名桂林医学院专家下沉到我县医院长期执业。全县孕产妇住院分娩率100%,高危妊娠住院分娩率100%,孕产妇死亡率为零;婴儿死亡5例,死亡率为4.49‰,5岁以下儿童死亡6例,死亡率为5.39‰。家庭医生签约服务常住人口签约率达35%,重点人群签约率达61%,贫困户签约率100%。全县所有建档立卡的农村贫困户患者住院取消起付线,报销比例提高5个百分点。提高城乡居民大病保险补偿比例,参加城乡居民医保的建档立卡贫困人员大病报销比例提高10%,大病保险起付线降低50%(起付线3500元)。

就业和社会保障更加全面。全年城镇新增就业2812人,失业人员再就业581人,就业困难人员实现再就业202人;城镇登记失业率控制在4.5%以内,期末城镇登记失业率为2.84%。农村劳动力转移就业新增4013人次;其中农村贫困劳动力新增转移就业1871人。审核认定5家企业为“就业扶贫车间”并授予牌匾,并按要求及时发放了补助资金。养老保险全县参保166000人,其中企业参保18771人,机关事业单位参保8403人,城乡居民参保138836人。医疗保险参保272120人,其中城镇职工参保人数为16792人,城乡居民参保255328人。失业保险参保8192人,工伤保险参保11619人,生育保险参保10079人。

社会救助机制更加完善。全年累计发放城市低保金678.05万元,累计发放1.78万人次,城市低保月人均补助水平达到381元;累计发放农村低保金2225.9万元,累计发放11.07万人次,农村低保月人均补助水平达到了201元。全年共清退城市低保对象1152户2296人,清退农村低保对象8390户14710人;新增农村低保对象3972户6990人,新增城市低保对象499户921人。全县医疗救助资金共支出329.824万元,累计医疗救助4009人次。发放农村特困人员救助供养金1338.7万元,累计发放农村特困人员救助对象3.24万人次,月人均补助水平达到413.3元。发放城市特困人员救助供养金13万元,累计发放城市特困人员救助对象177人次,月人均补助水平达到734.2元。发放农村特困人员护理费41.06万元。发放临时救助资金150.9万元,累计救助771人次。为重度残疾护理补贴对象54744人次发放护理补贴280.4万元,为困难残疾人生活补贴对象15907人次发放81.3万生活补贴。发放高龄津贴67959人次,金额263.56万元。为1994名优抚对象发放抚恤和生活补助1329.2万元。

2018年我县文化体育事业、妇女儿童事业、民族宗教事业、残疾人事业等其他社会事业也取得了长足进步,文体活动丰富多彩,妇女儿童权益更有保障,群众的获得感和幸福感更高。

2018年是具有丰富挑战性的一年。在这一年中,国家发展环境发生深刻变化,不确定性和困难挑战日益增多,经济下行压力持续加大,稳增长、控风险、保民生任务繁重,调结构迫在眉睫。面对复杂多变的发展环境和严峻的发展形势,县委、县政府保持高度定力,积极稳妥采取各种应变措施,保持了全县经济的平稳发展,取得了新的发展成绩。从发展过程来看,我县存在的困难和问题仍然存在:项目推进缓慢、要素保障不足、结构不合理、财政收支矛盾突出等。对此,我们将在今后的工作中想办法、谋对策,力争取得更大的发展成就。

二、2019年经济社会发展预期目标建议

2019年是执行“十三五”规划纲要的重要一年,是建国70周年,保持经济社会平稳健康发展将具有更重要的历史意义。结合自治区、桂林市经济工作会议精神及县委十五届五次全会精神和县政府工作报告要求,建议2019年经济社会发展

主要预期目标如下：

地区生产总值增长7.8%；财政收入增长6.5%；固定资产投资增长10%；社会消费品零售总额增长10%；城镇居民人均可支配收入增长7.5%；农村居民人均可支配收入增长10.2%；城镇登记失业率控制在4.5%以内；节能减排指标控制在桂林市下达目标范围以内。

三、2019年国民经济和社会发展的主要任务

围绕2019年发展目标，要重点抓好以下几个方面的工作：

（一）稳增长，保持经济健康发展

1. 抓乡村振兴，促农业提质增效

抓好农业生产，确保稳产高产。抓好田间管理，指导组织农民合理施肥，加强病虫害防治，全年粮食播种面积保持在40万亩，其中超级稻播种面积21万亩，粮食总产量稳定在17万吨以上。水果改扩种1万亩以上，保持全县水果总面积26.7万亩，总产量达到47.5万吨。完成经济作物播种面积22.5万亩（含复种数）。加快土地流转，积极培育新型农业经营主体，实现农业生产产业化、规模化。抓好梨、李、脐橙、沃柑、蓝莓、猕猴桃等水果的标准化生产工作。

大力实施乡村振兴战略。按照产业兴旺、生态宜居、乡风文明、治理有效、生活富裕的总要求，坚持以打赢脱贫攻坚战为统领，以实现高质量发展为主线，建立健全城乡融合发展体制机制和政策体系，加快推进农业农村现代化，努力实现农业强、农村美、农民富的目标，重点抓好乡村振兴项目库重大项目的推进实施。

充分发挥示范带动作用。继续抓好现代农业示范区建设工作，不断完善在建示范区的生产和休闲功能，大力推进新建示范区建设工作，积极创建集标准化栽培示范、产品深加工、休闲农业旅游观光带于一体的现代农业核心示范区。

全力抓好农田水利建设。一是要继续抓好中小河流治理工程。二是要继续做好农村饮水安全巩固提升工程。三是要大力推进农田水利设施建设及高效节水灌溉工程。四是要加快水土保持重点工程建设。五是要抓好防汛抗旱工作，提高防旱抗旱能力确保农业增产增收。

2. 强发展后劲，助工业做大做强

抓资源整合，走集聚发展道路。重点要抓好石材资源整合，规范采矿权管理，有序关停小散石材加工企业。抓好石材产业园项目建设和雅高石材生产线建设，引导资源、技术、人才、资金等要素向园区聚集，推动石材产业向“专、精、新、特、优”方向发展。实施灌阳石材品牌培育计划，以灌阳黑白根为主打产品，提升全县石材产品品牌影响力。鼓励开发石材新品种，提升产品科技含量、工艺品位、文化内涵和附加值。

抓转型升级，走低耗高效之路。引导企业技术改造，进行深加工，提高产品档次，实现产品多样化。一是实施冶炼行业提质上档，积极引导铁合金企业逐步由12500 kVA升级为25000 kVA，实现铁合金产品由6014逐步升级为6517、6028，提高资源利用效率和利润。二是充分利用矿山机械制造企业的自身优势，加强产学研结合，加快产品技术改造和改革创新，提升产品技术含量，实现产品的多样化。

抓协调服务，助企业克难攻坚。积极为企业向上争取资金，推动银企有效对接，协助企业破解融资难题。指导、协调企业和政府职能审批部门关系，解决企业项目推进难题，维持企业正常生产经营活动。

抓园区建设，打造工业发展平台。以园区为工业发展主战场，加快园区基础设施建设，加快推进污水处理厂工程建设进度，力争早日建成并投入使用，争创国家A类园区。

3. 彰灌阳特色，大力发展现代服务业

大力培育服务业实体。充分挖掘现有服务业潜力，指导、帮助现有服务业企业做大做强，加快培育一批产业规模大、发展潜力好的服务业企业，夯实服务业统计基础，做大服务业总量。

大力抓好旅游基建投入。通过招商引资、政府投资等形式加大旅游基础设施投入，加快推进千家洞景区改造提升项目，着力打造观阳古镇项目，全力抓好酒海井红军纪念园建设，不断完善和提升旅游基础设施，提高服力能力，提升景区形象。

大力抓好品牌创建工作。鼓励发展星级酒店、星级农家乐、高端餐饮、休闲娱乐等旅游配套服务项目，合理整合现有旅游资源，打造旅游精品线路，延伸、完善旅游产业链，打造一个集吃住行游购娱于一体的现代服务体系，让游客听得到、进得来、留得下、带得走、想得起。

大力挖掘电子商务潜力。大力打造电子商务平台和品牌，充分发挥电子商务对服务业的助力。重点打造以电子商务、快递物流为支撑的商贸物流园，力争引进和培育2家以上专业电子商务龙头企业，促进电子商务与旅游经济深度融合，推动旅游产业化发展。加快实施“互联网＋扶贫”战略，拓展电子商务服务贫困村的深度和广度，加快电商园区建设，构建消费品下乡与农产品进城双向流通体系。

（二）抓推进，掀起项目建设高潮

思想上高度重视。各级各部门要充分认识到项目工作的重要性和紧迫性，把项目工作当作一件大事要事来抓，大力担当、主动作为，营造一个万众一心推项目、争分夺秒促发展的工作氛围，在全县范围内掀起一个项目建设的高潮。

保障上充分加强。组建县重大项目办，定编定人，确保有充足的人手、专门的人员负责全县重大项目建设管理工作。县本级财政留出专门预算，用于全县重大项目前期及协调推进工作。各单位要组建专门的队伍负责项目策划与推进工作，做到政策吃得透，程序摸得清，关系混得熟，项目争得下。

方法上灵活创新。县发改、住建、国土、水利、林业、环保等职能审批部门要在各个项目审批环节进行优化创新，压缩业务办理时间，为项目业主提供贴心的、保姆式服务。各项目业主单位要在项目策划、实施等环节加强与上级业务主管部门的沟通对接，创造性开展工作，提高项目申报的成功率，增强化解困难矛盾的能力，加快项目建设进程。

激励上直接有效。探索建立重大项目激励机制，从年终绩效、提拔任用等方面对在项目建设过程中作出重大贡献的有功人员进行相应奖励，让付出与回报成正比，破除做得多错得多绩效扣分多的不合理现象，充分调动全员参与项目建设的积极性。

（三）美城乡，大力建设宜居家园

改造提升县城。加大老城区改造力度，完善停车场、广场、公共绿地等公共配套设施建设，大力推进县城棚户区改造项目、积极推进兴灌路、双桥路市政道路桥梁建设。加快建设江东新区。推进新区政务服务中心附属基础设施、新区市政道路、府前路广场、地下停车场、广场中心绿地景观工程等项目建设，完善新区功能。加快建设观澜购物公园，打造灌阳新地标。对城北片区进行升级改造，结合湿地公园项目，对原瑶乡小镇项目进行重启，力争年内开工建设，进一步拉大城市框架。

继续推进新型城镇化。重点抓好新圩镇新型城镇化示范建设，加快各子项目进程，尽快完成县级验收。巩固新街、文市、黄关新型城镇化示范工程成果，充分发挥示范带动作用，提高新型城镇化水平。

加大对传统村落保护修缮力度。继续抓好月岭村等传统村落保护修缮工作，做好第五批传统村落争取工作，力争有更多的村落挤进国家盘子。

加大乡土特色示范村建设力度。重点抓好新圩上立湾等特色示范村建设，力争尽早竣工并通过验收。

建立健全城乡建设规划管理体制。坚持“多规合一”“建管并举”，进一步理顺城乡规划管理体制，构筑分工合理、功能互补、协同发展的桂北特色城镇群；制定村庄建设管理办法，加强对村镇建设管理站的培训，加大对乡镇办理规划手续的指导，提升城乡规划管理水平。

（四）优生态，保护和谐生存环境

加大森林建管力度。计划实施油茶造林6000亩，实施迹地更新6000亩，推动黄关大坪山油茶核心示范区提质上档。改善林业执法条件，强化森林资源保护，严厉打击各类涉林违法行为。巩固和扩大造林绿化成果，有效防控森林火灾和森林病虫害；抓好生态公益林、退耕还林工程、造林补贴等重点生态工程建设。

加大生态环境案件查处力度。严厉打击各类环境违法行为，做好重点排污企业、涉重企事业、散乱污企业、非法小型选矿加工企业的监管工作，确保全县不发生环境污染事故。加大对非法采砂、采矿等违法行为的查处力度，严厉打击电毒炸鱼、非法张网捕鸟等破坏生态环境的行为。

加大生态环境保护力度。加快备用水源、污水、垃圾处理等环境基础设施建设步伐，全力完成县城污水处理厂的提标改造工作、黑臭水体治理工作。全面落实区、市污染防治攻坚水、大气、土壤三年作战方案，特别是大气污染防治百日攻坚行动，确保空气质量巩固提升。加强对自然保护区、重点生态功能区、灌江湿地公园的保护力度，做好海洋山自然保护区确界工作。严格执行河长制，合理开发利用水资源，加强水功能区限制纳污红线管理，对水资源实行最严格的管理制度。

加大农村人居环境整治力度。以农村垃圾、污水治理和村容村貌提升为主攻方向，持续改善农村人居环境，加大乡村生态保护和修复力度。

（五）强举措，坚决打赢脱贫攻坚战

全面完成脱贫摘帽任务。进一步强化精准识别，按照“三率一度”的脱贫标准制定贫困户、贫困村脱贫计划，坚持成熟一个摘帽一个。加大督查力度，对在脱贫攻坚工作中重复出现问题、整改不到位的帮扶干部加大问责力度。加强督导检查力度，协调解决工作中遇到的困难和问题，确保贫困户、贫困村高质量完成脱贫摘帽工作。

严格落实各项扶贫政策。开展小额信贷、雨露计划等扶贫惠民政策宣传，全面落实扶贫政策。加快剔除户归还本金或转贷工作，及时拨付小额信贷、雨露计划（学历教育、短期技能培训）扶贫资金。

统筹抓好项目管理工作。加强脱贫攻坚项目库建设，抓好项目策划和前期工作，确保项目顺利推进。

科学开展扶贫培训工作。首先，要加大对帮扶责任人的培训力度，提高帮扶人的帮扶意识和帮扶能力。其次，要加大对贫困户的培训力度。重点开展对农村有劳动能力贫困人口的职业技能培训和创业培训，支持贫困家庭积极创业脱贫，提高其自力更生的能力。

（六）惠民生，不断提升群众幸福感

确保就业稳定。夯实各项公共就业专项活动，重点做好“2019年就业援助暨春风行动”工作、“民营企业招聘周”“高校毕业生就业服务月（周）”工作，为各类就业困难人员、农民劳动者、“两后生”及有就职需求的高校毕业生搭建良好供需对接平台，实现充分就业。

做好社会保险管理工作。利用多种渠道广泛开展社会保险知识宣传，加强社会保险参保登记管理，强化社会保险扩面征缴。重点抓好扶贫攻坚和贫困人员的建档立卡工作，全面落实对贫困人员和其他特殊困难人群的医疗补助政策，全力做好城乡居民医疗保险参保工作。

促进教育事业全面发展。1. 加快推进第三期学前教育“三年行动计划”；加强闲置校舍改造幼儿园、新建幼儿园的管理，大力扶持普惠性幼儿园，切实抓好县直幼儿园、灌阳镇中心幼儿园、灌阳县中等职业学校附属幼儿园三所公办园，不断提升学前教育入园率和质量。2. 做好中小学生学籍信息管理系统建设工作；抓好义务教育学校标准化建设；建立教育资源向山区、村校和薄弱学校倾斜的动态机制。3. 深化普通高中办学体制改革，推动普通高中走多样化、特色化发展之路。

提升公共卫生服务水平。1. 继续深化医药卫生体制改革。扎实推进分级诊疗制度建设，进一步深化完善县公立医院集团内部管理机制。做实家庭医生签约服务，完善激励约束机制。2. 扎实推进基本公共卫生服务均等化工作。一是认真落实基本公共卫生服务，为城乡居民免费建立健康档案，不断提高城乡居民健康水平。二是开展健康教育知识讲座等多种形式的健康宣教活动，不断增强城乡居民健康意识。3. 继续提升公共卫生服务能力。进一步完善卫生应急预案，加大重点传染病防控和免疫规划预防接种力度；继续实施防治艾滋病攻坚工程；不断加强卫生执法监督力度，严厉打击非法行医；全力推进妇幼卫生各项工作，继续开展免费婚前、孕前医学检查并逐步提高检查率。4. 继续加强乡村医生队伍建设。建立健全村医长效培训机制。科学制定培训计划，分批次定期培训，确保充足的培训时间，并对乡村医生参加学习培训的给予一定的经济补助。

全面开展社会救助等民政工作。1. 抓好社会救助工作，对低保进行专项整治，实现“应退尽退”“应保尽保”。2. 抓好社会化养老服务体系建设。开展养老机构星级评定、入住老年人能力评估、运营补贴工作，推动农村养老机构的转型升级和提质增效，整合资源，完善居家养老服务网络，积极开展日间照料、医疗保健、老年文体等综合服务。积极探索养生养老与旅游、观光农业相结合的多元业态。支持老年护慰楼公建民营模式经营。3. 抓好为民办实事工作，保障全县城乡低保对象的基本生活救助，完成残疾人两项补助发放工作，完成全县农户的政策农房统保任务。4. 抓好民政项目建设工作。积极争取上级资金扶持，加快实施好灌阳县殡仪馆项目、酒海井纪念公园三期建设项目、灌阳县中心养老院项目，进一步夯实民政基层基础，推动民政事业跨越发展。5. 抓好减灾救灾、优待抚恤、双拥、社会事务和福利、基层政权和社区建设以及社会组织、区划地名和界线管理等业务工作，推动民政工作全面发展。

大力发展文化、科技、体育、民族、妇女儿童等其他社会事业，抓好安全生产和食品药品安全监管工作，大力建设法治社会，维护良好社会秩序，增加公共服务和公共产品供给，提高公共服务均等化水平，提升民众幸福指数，实现社会发展成果全民共享。

（七）推改革，持续增强发展动力

按照中央和省市机构改革工作部署，积极稳妥推进政府机构改革工作。持续推进“放管服”改革，精简审批事项，压缩审批时间，提高审批效率，充分释放改革活力。研究制定民间资本扶持奖励措施，充分发挥民间投资对经济的刺激拉动作用。

我县2018年经济社会发展成绩来之不易，2019年的发展任务更加艰巨。我们要紧密团结在县委周围，自觉接受人民监督，团结奋进，锐意进取，克难攻坚，全力完成各项目标任务，为建设文明和谐幸福美丽新灌阳而努力奋斗！

灌阳县2019年国民经济和社会发展主要指标预期目标

灌阳县发展和改革局　　2019年2月20日

指标名称	计算单位	2018年全年统计		2019年计划安排	
		绝对数	增长%	绝对数	增长%
一、生产总值	亿元		4		7.8
其中：第一产业	亿元		5.7		4.7
第二产业	亿元		−1.9		7.1
其中：工业	亿元		−3.3		8
规模以上工业	亿元		−4.6		8.5
建筑业	亿元		2.7		4.5
第三产业	亿元		8		10.7
二、农林牧渔业总产值	亿元		4.7		4.9
三、工业总产值	亿元		−4.6		9
其中：规模以上工业总产值	亿元		−12.7		9.5
四、固定资产投资	亿元		11.7		10
五、财政收入	亿元	3.41	−7.4	3.63	6.5
六、社会消费品零售总额	亿元	22.18	8.3	24.4	10
七、城镇居民人均可支配收入	元	32159	5.6	34571	7.5
八、农民人均纯收入	元	10785	10.1	11885	10.2
九、万元生产总值能耗	吨标煤			完成上级下达的目标	
其中：规模以上工业万元增加值能耗	吨标煤			完成上级下达的目标	
十、人口自然增长率	‰		2.63	完成上级下达的目标	
十一、城镇调查失业率	%		2.84		4.5%以下
十二、城镇新增就业人数	人	2812		2800	

关于灌阳县2018年财政预算执行情况和2019年财政预算(草案)的报告

——在灌阳县第十六届人民代表大会第四次会议上

(2019年2月20日)

灌阳县财政局

一、2018年预算执行情况

2018年,面对错综复杂严峻的内外经济环境和艰巨繁重的改革发展稳定任务,全县各级各部门在县委的坚强领导下,以习近平新时代中国特色社会主义思想为指导,坚决贯彻党的十九大作出的重要部署,坚持稳中求进工作总基调,落实高质量发展要求,实施积极财政政策,努力化解经济下行新压力,改革开放继续深化,三大攻坚战开局良好,供给侧结构性改革深入推进,重点民生支出保障有力,扶贫攻坚投入力度持续加大,人民群众得到更多实惠,保持了经济持续健康发展和社会大局稳定。全县组织财政收入34063万元;一般公共预算支出223315万元,财政收支总体平稳。

(一)2018年一般公共预算执行情况

2018年,全县一般公共预算总收入完成239767万元,占年度预算的102.56%,增长1.19%。其中:一般公共预算收入22216万元,返还性收入3292万元,一般性转移支付补助收入114870万元,专项转移支付补助收入59727万元,债券转贷收入12540万元,上年结余收入11725万元,调入资金9429万元,动用预算稳定调节基金5928万元,动用预算周转金40万元。

全县一般公共预算总支出完成225315万元,占年度预算的96.4%,增长0.4%。其中:一般公共预算支出223315万元,上解上级支出600万元,债务还本支出1400万元。

收支相抵,年终滚存结余14452万元。其中净结余0万元,结余结转下年支出14452万元。

全县一般公共预算支出223315万元按支出功能分类完成情况如下:

1. 一般公共服务支出29892万元,完成年度预算的94%,同比增长19.56%。

2. 国防支出242万元,完成年度预算的106.14%,同比下降12.32%。

3. 公共安全支出7431万元,完成年度预算的98.93%,同比下降1.12%。

4. 教育支出32975万元,完成年度预算的96.96%,同比增长3%。

5. 科学技术支出315万元,完成年度预算的92.65%,同比增长2.94%。

6. 文化体育与传媒支出5334万元,完成年度预算的148.75%,同比增长78.1%(增幅较大是因为体育场馆改造增加支出)。

7. 社会保障和就业支出39544万元,完成年度预算的78.58%,同比增长13.81%。

8. 医疗卫生支出31958万元,完成年度预算的105.98%,同比增长5.33%。

9. 节能环保支出1166万元,完成年度预算的73.38%,同比下降32.44%。

10. 城乡社区支出8095万元,完成年度预算的124.04%,同比下降27.14%。

11. 农林水支出48412万元,完成年度预算的113.03%,同比下降3.1%。

12. 交通运输支出6917万元,完成年度预算的375.11%,同比下降45.52%(减幅较大是因为专款支出较上年减少)。

13. 资源勘探电力信息等支出1086万元,完成年度预算的260.43%,同比下降9.05%。

14. 商业服务业等支出1752万元,完成年度预算的360.49%,同比增长71.6%(增幅较大是因为专款支出较上年大幅增加)。

15. 国土海洋气象等支出1317万元,完成年度预算的46.32%,同比下降28.93%。

16. 住房保障支出4908万元,完成年度预算的94.9%,同比下降46.58%(减幅较大是因为专款支出较上年减少)。

17. 粮油物质储备支出499万元,完成年度预算的215.09%,同比增长17.14%。

18. 债务利息支出1457万元,完成预算的100%,同比增长98.5%。

19. 债务发行费用支出15万元,完成预算的100%,同比下降11.76%。

(二)政府性基金预算执行情况

1. 政府性基金预算总收入24038万元。其中:

(1)县本级组织政府性基金预算收入7611万元,包括:国有土地使用权出让收入7213万元,城市基础设施配套费收入90万元,污水处理费收入308万元。

(2)上级补助收入1094万元。

(3)政府专项债务转贷收入5000万元。

(4)上年结余10333万元。

2. 政府性基金预算总支出17002万元。其中:文化体育与传媒支出2万元;社会保障和就业支出337万元;城乡社区支出6103万元;农林水支出56万元;商业服务业等支出15万元;其他支出931万元;债务付息支出124万元;债务发行费支出5万元;调出资金9429万元。

3. 收支相抵结余7036万元。

由于年度财政决算尚未完成,现向各位代表报告的2018年预算执行情况与实际执行情况相比会有一些出入。待决算编成后再按《预算法》和《广西壮族自治区预算监督条例》的有关规定,报县人大常委会审议。

(三)全县债务情况

2018年底,经自治区人民政府批准,自治区财政厅核定我县2018年政府债务限额为71100万元(一般债务限额51400万元,专项债务限额19700万元)。

截至2018年底,全县政府债务余额58895万元,其中一般债务49553万元,专项债务9342万元。全县2018年底政府债务余额均控制在政府债务限额以内。

2018年全县新增政府债务16140万元,通过发行新增政府债券举借。收到转贷新增债券资金16140万元(一般债务11140万元,专项债务5000万元),主要用于脱贫攻坚、土地储备、城镇化建设、教育、卫生等公益性项目建设。

2018年全县获得再融资债券1400万元(均为一般债券)。

2018年全县政府债务还本额(再融资)1400万元(均为一般债券)。

(四)2018财政所做的主要工作

1. 精准施策促发展,涵养稳定育财源。充分运用积极财政政策,推动供给侧结构性改革,促进经济发展提质增效,积极培育财源。一是支持保障重点项目建设。筹措资金4780万元,推进厕所革命、体育场馆改造、饮用水水源地水质自动监测站建设、新圩、文市等4个镇级污水处理厂建设、大竹凹生活垃圾卫生填埋场正常运行等项目建设,进一步提升城市功能、改善人居环境。筹措资金8620万元,大力度推进街路整修提档、楼体美化亮化、改造提升兴灌路、滨江西路、双桥路、义马路、城北通道等县城主干道,为拓展县城发展空间、增强发展后劲奠定了基础。筹措资金3400万元,推进灌平高速、357国道、西山坪高速路口至县城连接线、绕城公路、洞井至潮田公路等建设,完善交通基础设施。筹措资金12861万元,推进文市、西山坪工业园区、双胞胎生猪养殖基地、红色旅游景区景点、乡村旅游景区景点等重点基础设施建设,确保重点项目税源接续。二是支持促进实体经济发展。筹措资金357万元,支持小微企业发展,推动“大众创业、万众创新”。积极落实减税降费政策,全面落实“营改增”、调整增值税税率、高新技术企业税收优惠政策、部分行业企业增值税留抵退税、小微企业税收等优惠政策,推动各行各业普遍减税,全年减轻企业税负约6417万元,有效降低企业生产经营成本。

2. 迎难而上抓收入,内聚外争促增收。积极应对结构性减税降费政策影响,加强征管服务,主动争取支持,努力聚财增收,增强政府宏观调控能力。一是加强税源监测分析与税收征管。落实纳入我县重点税源监控企业联系制度,强化对重点企业、重大项目、重点税源的跟踪服务、政策指导，规范税收征管和非税收入缴交，做到应收尽收。二是积极向上争取资金支持。认真研究财税政策，把握上级资金投向，争取上级政策和资金对我县经济社会发展支持的最大化。在各部门的共同努力下，向上级部门争取各类财政转移支付资金177889万元；争取地方政府债务转贷资金16140万元，重点用于脱贫攻坚、土地储备、城镇化建设、教育、医疗卫生等重点建设领域，支持经济社会发展。三是积极盘活财政存量资金。加大财政资金整合统筹力度，积极清理各领域趴在账上的财政资金，盘活结转结余资金20961万元，全部调整用于急需的民生事业和重点支出领域，提高资金使用效益。

3. 竭尽全力保民生，补齐短板强保障。立足于“保基本、兜底线、促公平”的原则，深化“补短板”改革，把加大投入和完善制度有机结合，积极筹措资金，保障为民办实事、民生补短板项目顺利实施。2018年全县民生领域支出达183192万元，占一般公共预算支出总额的82%。一是支持打赢脱贫攻坚战。坚持发挥政府投入在扶贫开发中的主体和主导作用，进一步加强脱贫攻坚投入保障，财政投入增长机制得到有效落实。全县筹措财政扶贫资金25499万元，重点用于贫困村的村屯级道路、产业扶持、异地搬迁、技能培训等脱贫攻坚项目。同时，深入推进贫困县涉农资金整合，充分发挥扶贫资金整合规模效应，为实现25个贫困村、13180人脱贫摘帽，贫困发生率降至3.79%等目标，提供了强大的财力保障。二是支持教育均衡发展。2018年全县教育支出32975万元，保障财政教育投入持续稳定增长。重点支持江东新区（移民）中心幼儿园、大仁（移民）寄宿制小学及灌阳镇初级中学（移民初中）教学楼基础设施建设，加快学前教育普及发展及义务教育均衡发展，继续实施农村义务教育薄弱学校改造及农村义务教育学生营养改善计划工作。三是支持完善各项社会保障制度。2018年全县社会保障支出39544万元。筹措资金3900万元，确保全县机关事业单位退休人员基本养老金按时足额发放；筹措资金6338万元，落实全县城乡居民基本养老保险参保人员缴费补贴和基础养老金发放；筹措资金3500万元，确保全县企业退休人员基本养老金按时足额发放；筹措资金4303万元，保障城乡低保对象和五保对象基本生活及残疾人补贴资金发放；筹措资金256万元，落实“大众创业、万众创新”政策，助推我县就业创业工作；筹措资金185万元，保障我县实行计划生育人员退休后待遇发放。四是支持推进医疗卫生事业发展。筹集资金13351万元，确保全县城乡居民基本医疗参保人员的医疗待遇；筹集资金3310万元，用于中医院、妇保院、乡镇卫生院业务用房建设，医疗条件得到较大改善；筹措资金360万元，全力支持推进公立医院综合改革；筹措资金4800万元，支持推进重点疾病预防控制等重大公共卫生项目及中医药发展等工作。

4. 聚焦创新促改革，坚持不懈抓监管。积极发挥财政职能作用，推动重点领域和关键环节改革，提升监管的实效。一是加强预算管理改革。深化部门综合预算管理，细化预算编制，推动实行中期财政规划管理，强化支出规划约束。加快预算管理制度改革，财政预决算公开实现应公开单位全覆盖，公开率100%。全面推进预算绩效管理，县级专项资金编制绩效目标基本实现全覆盖，稳步扩大绩效评价范围，构建全面规范、公开、透明、高效的现代预算制度。二是推进国库集中支付制度管理改革。进一步扩大国库集中支付制度改革的覆盖面和资金量，全县所有县直和乡镇预算单位全部纳入国库集中支付改革范围，实现了“横向到边，纵向到底”，2018年国库集中支付各项支出217884万元，同比增长17.46%。财政资金的支出实现了规范化、透明化、信息化，大大减少了资金积压沉淀，显著提高了利用效率。三是加强政府债务管理。全力以赴支持打好防范化解重大风险攻坚战，强化债务限额管理和预算管理，坚持“不触顶、不踩线”的债务管理要求，获得新增债券16140万元，保障在建项目后续资金和促进经济发展。全面摸清全县隐性债务底数，制定政府隐性债务风险化解实施方案，有序化解存量隐性债务。四是规范政府采购管理。严格政府采购预算编制，实现政府采购全流程在线运行，加强政府采购网上监管力度，实现政府采购网上全程留痕、全程公开、全程监管目标，全面提高政府采购科学化、规范化管理水平。全年审批政府采购项目246个，总额25993万元，节约财政资金1119万元，节支率4.13%。五是强化政府投资评审工作。加强财政投资项目预算评审管理工作，2018年共完成250个预算项目评审，审减金额4733万元，审减率达5.01%。六是加强财政监督。加强内控制度建设，积极推进扶贫资金在线监管系统建设，提高扶贫资金监管效率，同时，加大监督检查力度，积极配合市财政对我县财政涉农扶贫资金监督检查工作，促进各项财经纪律的贯彻落实，保障财政资金的规范、有序运行。开展会计信息质量、预决算公开等专项检查，严肃财经纪律。

各位代表，过去的一年，县人民政府及财政部门认真执行县人大的各项决议，实现了收支平衡。但财政工作中还面临一些困难和问题，突出表现在：财政持续增收难度加大，盘活存量资金空间缩小，财政刚性支出需求大，紧平衡特征明显；支出项目只增不减的固化格局没有根本改变，资金使用碎片化问题亟待破解；一些部门重分配轻管理，花钱不问效，资金闲置浪费问题严重；财税改革还有不少硬骨头，改革举措落地见效需下更大功夫。针对困难和问题，我们将进一步深入研究，采取针对性措施认真加以解决。

二、2019年财政预算草案

（一）财政工作和预算编制的指导思想

2019年是新中国成立70周年，是实现“两个建成”目标的关键之年，也是我县实现整县脱贫摘帽的关键之年，做好各项财政工作意义重大。财政部门将紧紧围绕中央、自治区及县委、县政府有关决策部署，坚持依法理财，科学理财，努力完成全年预算目标，逐步解决财政发展不平衡不充分的问题，为促进灌阳经济平稳健康发展和社会和谐稳定提供财力支撑，贡献财政力量。

根据我县面临的财政经济形势，2019年财政工作和预算编制总的指导思想是：以习近平新时代中国特色社会主义思想为指导，全面贯彻落实党的十九大、十九届二中、三中全会、中央经济工作会议和全区经济工作会议精神，全面落实县委十五届五次全会的决策部署，坚持稳中求进工作总基调，坚持新发展理念，坚持推进高质量发展，坚持以供给侧结构性改革为主线，深入实施更加积极的财政政策，增强财政可持续性。继续实施减税降费政策，优化营商环境。调整优化支出结构，继续打好三大攻坚战。完善预算管理制度，全面实施预算绩效管理，提高资金使用效益。加强财政筹资能力提高财政保障水平，统筹推进稳增长、调结构、促改革、惠民生、防风险各项工作。进一步强化树立过紧日子思想，严控“三公”经费等一般性支出，规范民生支出管理，坚持尽力而为、量力而行。推进全口径政府预算管理，健全规范政府举债融资机制，稳妥处置隐性债务存量，防范化解政府债务风险。为加快建设宜居宜业宜游、文明和谐幸福新灌阳提供坚实的财力保障。

（二）一般公共预算草案

1. 财政收入预算安排

2019年计划组织财政收入34042万元，调整口径增长6.5%，各收入项目安排如下：

税收收入24400万元，增长7.8%；非税收入9642万元，增长3.3%。

2019年一般公共预算总收入安排201590万元，其中：本县组织一般公共预算收入21697万元，上级补助收入131383万元，转贷一般债券收入1440万元，调入资金47070万元。

2. 财政支出预算安排

2019年一般公共预算总支出安排201590万元，其中：本县安排一般公共预算支出199390万元；上解上级支出600万元；债务还本支出1600万元。

当年预算收支平衡。

一般预算支出按支出功能分类科目安排如下：

(1)一般公共服务支出19186万元，增加1917万元，增长11%（与上年年初预算相比，下同）。

(2)国防支出279万元，增加81万元，增长41%。

(3)公共安全支出7069万元，减少253万元，下降3%。

(4)教育支出27905万元，增加2138万元，增长8%。

(5)科学技术支出270万元，增加36万元，增长15%。

(6)文化旅游体育与传媒支出1902万元，增加865万元，增长83%（安排上级专项转移性支出745万元)。

(7)社会保障和就业支出34743万元,减少5535万元,下降14%。

(8)卫生健康状况支出29017万元,增加2301万元,增长9%。

(9)节能环保支出766万元,增加89万元,增长13%。

(10)城乡社区支出5609万元,增加1858万元,增长50%(安排上级专项转移性支出2465万元)。

(11)农林水支出32246万元,减少5754万元,下降15%。

(12)交通运输支出1164万元,减少4806万元,下降81%(安排上级专项转移性支出比上年减少4853万元)。

(13)资源勘探信息等支出286万元,增加32万元,增长13%。

(14)商业服务业等支出136万元,减少279万元,下降67%(上年安排上级专项转移性支出100万元)。

(15)自然资源海洋气象等支出965万元,减少568万元,下降37%(土地储备交易中心项目资金较上年大幅减少)。

(16)住房保障支出5012万元,减少446万元,下降8%。

(17)粮油物资储备支出904万元,减少187万元,下降17%。

(18)灾害防治及应急管理支出651万元(本年度新增预算支出科目)。

(19)预备费2200万元,增加700万元,增长47%。

(20)其他支出27186万元,增加14325万元,增长111%(县本级安排的预留项目较往年增加:安排偿债准备金增加7828万元;安排绩效奖励资金增加3800万元;安排项目前期经费增加1200万元;安排机关事业单位人员正常调资等基本支出增加1000万元,安排离退休人员一次性生活补助增加500万元)。

(21)债务付息支出1894万元,增加1084万元,增长134%(政府债务付息较往年大幅增加)。

(三)政府性基金收支预算

2019年政府性基金预算总收入安排61376万元,其中:政府性基金预算收入54340万元,增长713.97%;上年结余收入7036万元。政府性基金预算总支出安排61376万元,增长255.33%;收支相抵,年终无结余。

三、完成2019年预算工作的主要措施

2019年是新中国成立70周年,是决胜全面建成小康社会第一个百年奋斗目标的关键之年,做好各项财政工作意义重大。全县各级财政部门将紧紧围绕县委、县政府有关决策部署,突出抓重点、补短板、强弱项、防风险、守底线,坚持依法理财,着力深化改革,努力完成全年预算目标。

(一)落实积极财政政策,支持经济高质量发展。大力培植财源,涵养税源,夯实增收基础。坚持依法征税,努力提高收入质量。密切关注国家、自治区税制改革动向,完善税收保障制度,加大收入组织和运行调度,牢牢掌握收入工作的主动权。打好打赢土地出让收入攻坚战,制定和强化落实收入目标责任制,加快土地收储出让。打好打赢资产处置攻坚战,分批推进老城区资产处置,增加收入来源。打好培育财源攻坚战,全力支持工业振兴,尽快扭转工业税收占税收比重过低的不利局面,将工业税收规模提上来,增强地方可用财力。另一方面,积极争取上级补助。准确把握国家政策导向和支持重点,积极反映我县的各方面因素和特殊情况,着力在均衡性转移支付、生态功能区转移支付、湘江战役红军纪念设施建设,以及扶贫、生态环保、服务业、重大项目建设等方面加大争取力度,切实增强财政保障能力。

(二)聚焦整体脱贫摘帽,打好精准脱贫攻坚战。持续落实扶贫资金投入稳定增长机制,加大涉农资金统筹整合使用力度,打破现有的各类支农资金条块分割的管理体制,将农业综合开发、国土专项、农村交通设施建设、农业产业化、农业专项补贴等各类支农资金纳入整合范围,综合平衡,统筹安排,精准管理,精准拨付,为脱贫任务顺利完成提供有力的资金保障。同时发挥好财政资金放大作用,撬动更多金融资本、社会资金参与脱贫攻坚。持续培育壮大农村经济合作组织和扶贫龙头企业,重点培育“5+2”“3+1”特色产业,持续推进主导产业做大做强,实现贫困户特色产业全

覆盖,确保每个贫困村集体经济收入超 4 万元等目标提供强大的财力保障。实施乡村振兴战略,支持农业农村发展。

(三)优化支出结构,突出保障重点。继续牢固树立过“紧日子”的思想,从严控制“三公”经费,继续压减一般性支出,调整优化支出结构。集中财力保工资、保运转、保基本民生。重点解决好涉及教育、医疗卫生、社会保障、公共安全等事关群众切身利益的民生问题。硬化预算约束,严格落实预算法,坚持先有预算后支出;严格按法定时限下达资金,按规定用途拨付和使用财政资金;加大对重点单位、重点项目的督查力度,深入推进预算执行与部门预算、绩效考评挂钩机制,提高预算执行的安全性、均衡性和有效性。

(四)坚持办好民生实事,共享发展成果。加强保障和改善民生,着力解决好人民群众反映强烈的突出问题。重点支持事关改革发展稳定的重要领域和关键环节,突出保障“三保”支出。认真落实好关于打赢脱贫攻坚战三年行动的部署要求,加大存量资金清理力度,多渠道筹措落实资金,重点支持 21 个贫困村特别是 18 个深度贫困村、9810 名贫困人口脱贫攻坚。全力保障基本民生,坚持以人民为中心的发展思想,支持实施为民办实事工程,支持教育事业优先发展,抓好就业创业工作,加强公共服务建设,加强社会保障投入,大力推进生态文明建设和生态环境保护,让人民群众共享改革发展成果,有更多的获得感、幸福感和安全感。

(五)深化财税体制改革,加快建立现代财政制度。贯彻落实中央、自治区、市关于深化财税体制改革的部署要求,深化清理收费改革,理顺税费关系,加快培育地方税源。推进政府非税收入改革,完善收费基金清单目录。完善政府购买服务制度。进一步明确一般公共预算、政府性基金预算、国有资本经营预算、社会保险基金预算的收支范围,实行统一的资金分配管理,形成统筹协调、互为补充的完整预算体系。进一步扩大预决算公开范围,细化公开内容,逐步公开重大投资项目资金安排及使用情况、国有资产占有使用情况、预算绩效信息和政府综合财务报告,规范化建设财政预决算公开平台。全面贯彻落实《中共广西壮族自治区委员会 广西壮族自治区人民政府关于贯彻落实全面实施预算绩效管理的意见》精神,夯实全面绩效管理基础,有针对性地加强重点工作及民生项目的绩效评价。强化公务卡使用管理,继续深化公务卡改革工作。加大财政投资评审力度,根据上级政策简化财政评审环节、合理确定财政评审的项目投资规模标准等。加强政府采购监管,进一步改进代理机构和评审专家管理方式,深入实施采购当事人信用评价管理,稳步推进政府采购信息公开。强化财政监督,重点关注扶贫等财政资金管理使用情况。加强财政检查成果利用,抓好财政性资金管理使用领域负面清单制度落实,完善检查成果与预算资金安排挂钩机制。

(六)加强政府债务管控,打好防范化解重大风险攻坚战。防范政府债务风险,进一步强化政府债务预算管理。严格实行政府债务限额管理,在自治区政府核定的限额内举借政府债务。完善全口径债务监测机制,加强债务资金管理,提高资金使用效益,促进良性可持续发展。加强债务评估,增强债务偿还能力,防止超出财政承受能力负债。改进财政管理,积极实施跨年度预算平衡机制,妥善安排财政收支预算,严格做好与化解政府性债务风险政策措施的衔接,防范财政重整。建立和完善规范的政府举债融资机制,健全政府债务风险预警、监管及应急处置机制,积极化解政府债务风险。继续做好地方政府新增债券争取工作。实施县财政暂付款清理消化五年攻坚行动。

各位代表,做好新时代、新形势下的财政工作任务艰巨、使命光荣,我们将在县委的坚强领导下,严格按照本次大会的决议和要求,不忘初心、牢记使命,以永不懈怠的精神状态和一往无前的奋斗姿态,依法理财、科学理财,勇于改革创新,勇于攻坚克难,勇于担当作为,为加快实现宜居宜业宜游、文明和谐幸福美丽新灌阳,建设壮美广西、共圆复兴梦想作出新的更大的贡献,以优异的成绩庆祝新中国成立 70 周年!

灌阳县2018年国民经济和社会发展统计公报

灌阳县统计局
2019年4月2日

2018年，面对经济持续下行，灌阳县认真贯彻落实区、市经济工作会议精神，夯实发展基础，推动转型升级，竭力做好稳增长、促改革、调结构、惠民生、防风险各项工作，克服经济社会发展诸多困难，全县经济稳中向好，社会保持和谐稳定。

一、综合

初步核算，2018年，全县生产总值比去年增长4.0%。其中：第一产业增加值比去年增长5.7%；第二产业增加值比去年下降1.9%；第三产业增加值比去年增长8.0%。对经济增长的贡献率分别为46.6%、-15.7%和69.1%，分别拉动经济增长1.9、-0.6和2.8个百分点。一、二、三次产业增加值占生产总值的比重分别为32.6%、27.8%和39.6%。

全县财政收入负增长。全年完成财政收入34063万元，比去年下降7.4%。其中：一般预算收入22216万元，比上年下降9.5%；税收收入22632万元，比上年下降9.4%，税收收入占财政收入的比重为66.4%，比上年下降1.5个百分点。

二、农村经济

农村经济稳步发展，农业综合能力得到提高。全县农林牧渔业总产值314673万元，比上年增长5.7%。其中，农业产值209248万元，增长6.2%；林业产值21306万元，增长8.6%；牧业产值62994万元，增长3.4%；渔业产值6942万元，增长3.9%；农林牧渔服务业14183万元，增长6.2%。

农业生产保持基本稳定，农业产业结构不断优化。全年农作物总播种面积45287公顷，比去年增长2.4%，其中粮食作物播种面积28637公顷，增长2.1%。年末水果总面积达17709公顷。全年造林面积619公顷。

全年粮食总产量15.13万吨，比去年增长1.7%。水果总产量46.61万吨，比上年增长10.6%。蔬菜产量17.94万吨，比去年增长2.5%。油料作物产量4066吨，比上年增长5.8%。茶叶产量394吨，比上年增长5.1%。生猪出栏33.39万头，比去年增长2.8%。家禽出栏203.35万只，比上年下降0.8%。肉类产量3.01万吨，比上年增长2.8%。水产品产量6220吨，比上年增长5.0%。乡村居民用电量9783.53万千瓦小时，比上年增长7.2%。年末实有耕地面积19656.95公顷。

三、工业和建筑业

工业经济负增长。全县全部工业总产值比上年下降8.9%，全部工业增加值比去年下降3.3%。其中规模以上工业企业29家，总产值比去年下降12.7%，实现增加值比上年下降4.6%。

2018年，灌阳全年规模以上工业实现产品销售收入比上年下降13.5%；利润总额比去年下降74.1%；主营业务收入27.78亿元，比上年增长3.1%。

全年完成发电量29072万千瓦小时。

建筑业生产发展平稳。全年完成建筑业增加值比去年增长2.7%。全县建筑业资质等级三级及四级以上建筑企业单位3个，完成施工产值6669万元，房屋施工面积54848平方米。

四、固定资产投资

全年固定资产投资完成额比上年增长11.7%。

五、交通运输和邮电

交通运输和邮电通信业增长较快，整体服务功能进一步增强。全年交通运输仓储邮政业实现增加值18751万元，比上年增长5.6%。全年完成全社会货物周转量55939万吨千米，比上年增长8.8%，完成旅客周转量19855万人千米，比上年下降6.3%。

全年完成邮政业务总量2810万元，比上年增长 23.6%；电信业务总量 68526 万元，比上年增长 215.1%。年末拥有固定电话用户 1.1 万户。

六、国内贸易

全县城乡市场繁荣。全年社会消费品零售总额达 221761 万元，比上年增长 8.3%，其中：城镇 154794 万元，比上年增长 6.8%；乡村 66966 万元，比上年增长 11.9%。

七、金融业

金融运行良好，各项存贷款持续增长。年末全县金融机构各项存款余额 880222 万元，比上年增长 4.8%，其中：个人储蓄存款余额 726237 万元，增长 11.7%。金融机构各项贷款余额 508685 万元，增长 6.4%。

八、教育、科技、文化、卫生和体育

教育事业稳步发展，教育质量和办学水平得到提高。全县有中小学校 179 所，其中：幼儿园 48 所，普通小学 14 所，普通中学 10 所，普通高中 2 所。小学在校生数 18125 人，初中在校生数 7679 人，高中在校生数 3455 人。年末教职工 2443 人，其中，幼儿园 661 人，小学 1183 人，初级中学 597 人，高级中学 253 人。

科技进步取得新的成就。全县积极开展科技创新、技术攻关和技术开发以及技术成果的推广应用活动，积极申报市级以上科技项目 1 个；专利申请受理量 69 件，专利申请授权量 17 件。

文化事业蓬勃发展。全县有艺术表演团体 1 个，文化馆 1 个，县级公共图书馆 1 个，图书 11.6 万册。

医疗卫生条件持续改善。全县有医疗卫生机构 329 个，其中，医院 4 个，村卫生室 261 个，乡镇卫生院 9 个，疾病预防控制中心 1 个，卫生监督中心 1 个，妇幼保健院 1 个。年末医院床位 936 张，基层医疗卫生机构（乡镇）床位 355 张；年末医疗卫生技术人员 1678 人，其中，执业（助理）医师 436 人，注册护士 452 人。

体育事业取得较好成绩。在区级各类运动会上获奖牌 16 枚，其中金牌 8 枚，银牌 4 枚，铜牌 4 枚。

九、城市建设和环境保护

城市面貌继续改善，节能减排成效明显。全社会用电量 7.51 亿千瓦时，比上年增长 33.8%。单位万元生产总值能耗比去年上涨 2.0%，规模以上工业万元增加值能耗比去年上涨 7.3%；森林覆盖率 75.73%；二氧化硫和化学需氧量排放总量均控制在市政府下达的控制目标内。

十、人口与就业、人民生活和社会保障

计划生育工作取得积极成效。全年人口出生率 13.02‰；死亡率 5.65‰；人口自然增长率 7.37‰。年末户籍总人口为 297007 人，比上年末增加 1290 人。年末城镇人口 82695 人，乡村人口 214312 人。常住人口 24.42 万人，其中城镇人口 9.13 万人。

城乡居民收入大幅增加，人民生活水平不断提高。全年城镇居民人均可支配收入 32159 元，比去年增长 5.6%；农村居民人均可支配收入 10785 元，比去年增长 10.1%。

社会保障事业进一步发展。城乡居民基本养老保险参保人数 138836 人，城镇职工基本养老保险参保人数 19434 人；城镇居民基本医疗保险参

12 月 20 日，灌阳县荣获全国义务教育发展基本均衡县的称号

县教育局　提供

保人数257128人，城镇职工基本医疗保险参保人数17011人；全年灌阳县新增城镇就业人数2812人，城镇登记失业率2.78%。享受政府最低生活保障的人数8617人，其中，城镇居民933人，农村居民7684人。

注：

1. 本公报所使用的数据均为初步统计数，正式数以统计年鉴为准。

2. 地区生产总值、各产业增加值、农业总产值绝对数按当年价格计算，增长速度按可比价格计算；工业总产值增速按当年价计算。

3. 自治区从2013年开始对计划总投资500万元以上的固定资产投资项目进行统计，计划总投资500万元以下的项目投资不再纳入统计范围。

索　　引

新街镇江口村村景　　县委宣传部　提供

索引说明

一、本索引采用主题分析索引方法。正文(包括条码、文献、资料、图片和表格)中凡具有独立检索意义的完整资料,均可通过本索引进行检索。少数条目名因语言环境需要,在名称前或者名称后酌加修饰词;有的条目名称动词置后;有的条目名称重复的动词作省略;有的条目名称作简化。为突出图片主题,有的图片文字说明作简略处理。

二、索引按汉语拼音字母(同声字按声调)升序排列。类目、分目、次分目作索引款目用黑体字排印,其余均用宋体字排印。表格、图片在其款目后分别注明“表”“图”。

三、索引款目后的阿拉伯数字和拉丁字母(a,b)分别表示内容所在的页码和栏别(即左、右栏)。

四、索引空两字位起排的款目为上一主题的“附见”。同一主题的“参见”只标页码。为便于读者检索,内容有交叉的款目,在本索引中重复出现。

五、“编辑说明”“大事记”等栏目不作索引,阿拉伯数字开头的款目排在索引的前面。

2018 年大、中学生开展“三进三听”活动(图) 116
2018 年高新技术企业认定培训班(图) 280
2018 年灌阳离退休干部春节团拜会(图) 77
2018 年灌阳县“青春引擎”团干部培训班(图) 117
2018 年桂林灌阳千家洞瑶族文化旅游节暨“二月八”农具文化节(图) 33
2018 年全国山地户外运动挑战赛(灌阳站)(图) 41
2018 年县直机关党建工作会议(图) 81
“3·15”国际消费者日宣传活动(图) 246
“5·12”防震减灾宣传活动(图) 279
“5·25”全国护肤日“安全护肤·美丽人生——科学染发”宣传活动(图) 256

A

艾滋病防治项目 96b
安居惠民项目 97a
安全工作 146a
安全教育维稳工作 278b
安全生产
　　灌阳镇 304b
　　西山瑶族乡 297a
　　县工信局 170b
　　县水利电力公司 216b
　　县水利局 204b
安全生产监督管理 256b
安全生产监管 258a
安全生产领域“打非治违” 257a
安全生产领域改革发展 63a
安全生产宣传教育培训 257b
案件查办 255a
案件管理工作 135b

B

八桂科普大行动 120b
保险 239a
保险经营效益 240b
保险客户服务 239b
保险理赔 240b
保险社会责任 239b
报纸发行 265a
编制调整 74a
编制管理 74b
病虫测报业务工作 180a
病虫防治 180a
博物馆古迹 263b
不动产登记工作 251b
不良反应监测促进用药安全 254b

C

财政 226a
财政·金融 225
财政管理 226b
财政管理制度改革 227b
财政监督 227b
财政经济监督 87b
财政审计 248b
财政收入 226a
财政收入据实组织 227a
财政支出 226a
蔡立圭到灌阳县调研水果产业核心示范区建设(图) 176
参政议政 107a

餐饮服务业“四上”企业培育 255b
残疾人就业工作 123b
残疾人康复工作 123a
残疾人联合会 123a
残疾人两项补贴项目 96b
残疾人社会保障工作 124a
残疾人维权工作 124b
残疾人项目工作 123a
残疾人证核发工作 124a
残联宣传文体工作 124b
“产业到家,牵手妈妈”活动 119a
产业扶贫 193a
常规统计工作与专项调查 250a
陈春虹到洞井调研教育工作(图) 274
陈春虹到县文新广体局调研(图) 262
陈礼兵查看易地扶贫搬迁县城集中安置点分房现场(图) 205
陈敏到灌阳县法院了解电子卷宗使用情况(图) 138
成品油行业管理 210a
城建工作 150b
城区规划执法 153a
城市管理综合行政执法 152b
城乡低保 287a
城乡建设 150a
城乡建设・环境保护 149
城乡建设用地“增减挂”工作 251b
城乡居民基本养老保险项目 96b
城乡居民基本医疗项目 96b
城乡居民生活 290a
城镇保障性安居项目城市棚户区改造 97a
除“四害”活动 270a
传统村落保护修缮 151b
传统节日招聘会 285a
春耕农资商品供应 212b
春运执法 164b
“村村通”工程建设和农村公益电影放映 264b
村级公共服务中心示范项目 97b
村级集体经济 66a,68a
村级组织活动场所 68b

D

打击违法犯罪专项行动 133a
打击文市镇非法采矿行为 252b
大气污染防治 157a
大仁村生态休闲园 222a
大事记 29
大正禅寺(九龙岩) 221b
大中型水库移民后期扶持工程 205a
大中型水库移民后期扶持资金发放 205a
戴桂兰走访贫困户(图) 294
党风廉政 295a
党风廉政建设 141a
党建工作
　文市镇 310b
　县直属机关工委 81b
党建活动 82a
党建建设 131b
党建领航 139a
党史地方志工作 82b
党史宣教工作 83a
党史著作编纂工作 83a
党务培训 82a
党校干部教育培训 80a
党校教学科研工作 80b
党校师资队伍建设 80b
档案法制宣传 104a
档案工作 104a
档案管理、接收和利用 104a
档案信息化建设 104b
档案业务培训和指导 104a
道路运输安全监管 165a
道路运输管理 163a
稻谷生产者补贴项目实施 179a
德育工作 275b
低保发放 286a
地理标志产品培育 248a
地理概况 46b
地头冷库项目 212a
地形地貌 46b
地震监测 282a
地震应急与演练 282b
地震应急预案编制 281b
第二次全国污染普查 158a
第六届政务公开日活动(图) 99
第三产业 94b
电商青年培育 116b
电信经营指标 171b
电信通信建设 171b
电子商务进农村 210b
电子政务 101a
动物资源 48a
洞井瑶族乡 50a
洞井瑶族乡 292a
对外贸易进出口 210b

对外宣传　265b
多元普惠幼儿园评估认定　276a

E

儿童之家创建　97b
“二月八”农具节食品药品安全宣传活动(图)　255

F

发展和改革　242a
发展种植优势水果品种　183b
法律事务工作　130b
法院　136b
法院队伍建设　138b
法院接受监督　139a
法制教育　160b
法制宣传教育　131a
法治　125
法治队伍建设　129a
法治宣传　139b
法治宣传教育　129a
法治政府建设　129b
法治政府建设　129b
反腐工作
　　水车镇　309b
　　县纪委监委　111b
防火监督　147a
防空试鸣和疏散演练工作　148a
防汛抗旱减灾　203a
防灾减灾宣传　287a
防震减灾　281b
防震减灾宣传　282a
防治艾滋病攻坚工程　269a
房改房办理房地产交易及权属登记　159a
“放管服”改革深化　229b
非公经济工作　72b
非煤矿山安全监管　258a
非遗名录申报　264a
非洲猪瘟防控　255b
扶贫典型经验　195a
扶贫惠民项目　97b
扶贫基础设施　194b
扶贫技能培训　193a
扶贫领域问题整改　64b
扶贫领域专项治理　111b
扶贫宣传　192b
扶贫资金　195a
服务职工活动　115a
福建三明市到灌阳县举行缅怀革命先烈、继承革命遗志纪念活动(图)　34
妇联庆祝活动　118a
妇女联合会　117b
附录　313
复议案件送达(图)　129
富硒农产品开发和推广　179b

G

改厨改厕及公共照明项目　151b
改革创新　95b
干部教育　68a
干部选任监督　67a
干部远程教育　69b
干部驻村工作　69a
高草禅林寺　221a
高考和中考　275a
高效节水灌溉工程　202b
高新技术企业　280a
高中教育普及　277a
各类责任保险　239a
耕地保护与土壤有机质提升　179b
耕地地力保护补贴项目实施　179a
工交能源　243b
工伤保险　284b
工商登记　246b
工商联公益事业　122b
工商联培训教育　122a
工商业联合会　121b
工商质监　245b
工商质监局对特种设备锅炉进行安全检查(图)　247
工业　170a
工业
　　洞井瑶族乡　292b
　　观音阁乡　294b
　　水车镇　308b
　　文市镇　310a
　　西山瑶族乡　295b
　　新街镇　300b
工业·信息产业　169
工业经济　94a
工业能源项目　243b
工作报告
　　县委　2
　　县人大　12
　　县政府　16
　　县政协　24

公安 131a
公共法律服务 140a
公共机构节能 101b,103a
公共设施惠民工程 98a
公共文化基础设施场所免费开放项目 97b
公路管理 165b
公路养护 166b
公路养护工程 165b
公诉工作 134b
公务用车管理 103b
公务员录用 284a
供销 211a
供销E家电子商务 211b
供销金融代理服务 211b
供销土地托管 211b
供销项目建设 212a
供销综合改革 211b
共青团灌阳县委员会 115b
共青团阵地建设 117b
古村落修缮、乡土特色建设 151b
固定资产投资审计 248b
“关爱”工程 119b
关崇明到灌阳县新街镇龙云村了解三农金融服务工作(图) 234
关心下一代工作 78b
关于灌阳县2018年财政预算执行情况和2019年财政预算(草案)的报告 322
关于我县2018年国民经济和社会发展计划执行情况与2019年国民经济和社会发展计划草案的报告 314
观澜购物公园项目 151a
观阳古镇项目 223a
观音阁乡 50a
观音阁乡 294a
灌江小三峡 221a
灌江一桥竣工通车(图) 29
“灌阳公交一卡通”及二维码扫码乘车启动仪式(图) 237
灌阳县“不忘初心,牢记使命,圆梦2020脱贫攻坚”知识抢答赛(图) 194
灌阳县“不忘初心,牢记使命——‘远教红吧’进校园工作”启动仪式(图) 273
灌阳县2018年“春风行动”就业扶贫招聘会(图) 283
灌阳县2018年第二季度提升群众安全感、提升政法队伍满意度工作布置会(图) 126
灌阳县2018年度绩效管理与考评工作推进会(图) 76
灌阳县2018年非公有制经济组织和社会组织党建工作会议(图) 68
灌阳县2018年国民经济和社会发展计划科学规划编制 242a
灌阳县2018年基层妇女干部培训班(图) 119
灌阳县2018年交通运输工作会议(图) 161
灌阳县2018年精准帮扶“一户一册一卡”工作推进暨业务培训会(图) 192
灌阳县2018年水稻全程机械化(无人植保机)培训会(图) 189
灌阳县2018年预防非职业性一氧化碳中毒年终检查工作布置会议(图) 155
灌阳县2018年抓党建促脱贫攻坚专题培训暨深度贫困地区脱贫工作推进会(图) 192
灌阳县“庆五一”职工运动会(图) 115
灌阳县“十三五”中期评估工作 242b
灌阳县2018年第四季度防范重特大生产安全事故工作会议(图) 257
灌阳县2018年国民经济和社会发展统计公报 328
灌阳县2019年国民经济和社会发展主要指标预期目标(表) 321
灌阳县残疾人康复中心及综合服务设施建设工作 124b
灌阳县查处“3·27案件”现场(图) 213
灌阳县产业扶贫(养殖业)调研工作座谈会(图) 186
灌阳县长文公路改建工程开工仪式(图) 166
灌阳县城集中安置点分房抽签培训会(图) 205
灌阳县城市道路机动车停放服务收费标准听证会(图) 245
灌阳县城乡低保救助专项整治工作推进会(图) 286
灌阳县打击欺诈骗取医疗保障基金专项行动会(图) 284
灌阳县大气污染防治工作联席会议(图) 157
《灌阳县大事记》编辑 83a
灌阳县党外知识分子联谊会成立大会暨第一次会员代表大会(图) 73
灌阳县第十六届人民代表大会第三次会议 86a,(图) 85
灌阳县第十六届人民政府 90a
灌阳县第十六届人民政府常务会议
　第十九次会议 90a
　第二十次会议 90a
　第二十一次会议 90b
　第二十二次会议 90b
　第二十三次会议 91a

第二十四次会议　91b
第二十五次会议　91b
第二十六次会议　92a
第二十七次会议　92a
第二十八次会议　92a
第二十九次会议　92a
第三十次会议　92b
第三十一次会议　93a
第三十二次会议　93a
灌阳县第十六届人民政府第二次全体(扩大)会议(图)　89
灌阳县扶贫宣传工作培训会议(图)　70
灌阳县妇女第十四次代表大会(图)　113
灌阳县概况　45
灌阳县公交成功开通云闪付并举行开通仪式(图)　233
灌阳县供销社第一届第二次社员代表大会暨首届农民专业合作社培训班(图)　212
灌阳县黄关镇李官村被评为“全国民主法治示范村(社区)”(图)　125
灌阳县基层党建重点工作任务推进会(图)　69
灌阳县纪念“三八”国际劳动妇女节108周年暨“巾帼心向党　建功新时代”专题座谈会(图)　118
灌阳县江东新区移民安置小区第一批集中搬迁入住仪式(图)　42
灌阳县交警在新圩路段疏导交通(图)　134
灌阳县庆祝第三十四个教师节暨表彰大会(图)　40,278
灌阳县群众信访服务中心揭牌仪式(图)　79
灌阳县人民代表大会　85
灌阳县人民检察院扫黑除恶专项斗争推进会(图)　134
灌阳县人民武装部　144a
灌阳县人民政府　89
灌阳县人民政府与广西雅高珺奇实业有限公司工业园区石材签约仪式(图)　169
灌阳县荣获全国义务教育发展基本均衡县的称号(图)　329
灌阳县神农稻博园(核心)示范区提档升级　177a
灌阳县十六届人民代表大会常务委员会会议
第九次会议　86b
第十次会议　86b
第十一次会议　86b,(图)　86
第十二次会议　86b
第十三次会议　87a
第十四次会议　87a
灌阳县首家基层医疗卫生院中医馆落地新圩镇(图)　268
灌阳县水土保持综合治理状况(图)　203
灌阳县退役军人和其他优抚对象信息采集暨业务培训会(图)　287
灌阳县网上办事工作培训会(图)　99
灌阳县未成年人保护项目揭牌(图)　288
灌阳县文化馆组织小学生免费举办戏曲基本功培训班(图)　261
灌阳县消防大队　146a
灌阳县雪梨黑李争霸赛(图)　38
灌阳县义务教育均衡发展迎国检(图)　276
灌阳县遭受雨雪冰冻灾害(图)　31
灌阳县政法系统“牢记初心使命　严格公正执法”主题教育活动动员会(图)　127
灌阳县政府与深圳市茂雄实业有限公司签订食用菌、蔬菜投资开发项目协议(图)　259
灌阳县政府与双胞胎集团签订合作协议(图)　241
灌阳县政务服务标准化数据管理平台培训会(图)　100
农行灌阳县支行参加桂林分行趣味运动会(图)　235
灌阳县自然资源与生态环境保护工作会议(图)　149
灌阳新圩阻击战旧址景区(全国红色旅游经典景区名录)　219a
灌阳镇　49b
灌阳镇　302a
广播电视　264a
广播电视村村通工程　98a
广电经营收入　174a
广电网络灌阳分公司向文市吉田村村民示范智慧乡村直播操作(图)　174
广电网络建设　174a
广告管理　247b
广西“科普惠农兴村计划”优质农产品“农超对接”成果交流展展出灌阳名特优农产品(图)　121
广西电视台《我为家乡代言》摄制组拍摄灌阳历史文化(图)　265
广西灌阳农村商业银行股份有限公司　236a
广西广播电视信息网络股份有限公司灌阳分公司　174a
广西千家洞国家级自然保护区　206a
广西千家洞圣宝胜旅游开发有限公司　218a
广西植物研究所与灌阳县人民政府签订产业扶贫战略合作框架协议仪式(图)　32
规范行政规范性管理　130a
桂林茶叶科学研究所、桂林茶叶协会到黄关镇调研指导正江村茶叶产业发展建设工作(图)　298
桂林灌阳“六月六”尝新节暨特色优质农产品展示推介交易会(图)　177
桂林灌阳千家洞瑶族文化旅游节暨“二月八”农具文化节　222b,(图)　223

桂林灌阳县千家洞水果产业（核心）示范区　176b
“桂林国家健康旅游示范基地”建设　66b
“桂林国民村镇银行杯”广场舞比赛（图）　239
桂林国民村镇银行灌阳支行“感恩老客户　礼遇新客户”活动（图）　238
桂林国民村镇银行灌阳支行　238a
桂林精品课程内涵提升培训班到灌阳开展活动（图）　80
桂林警备区政治工作处到灌阳慰问荣立二等功现役军人家属（图）　144
桂林市“千村万户文艺惠民工程”推进会（图）　71
桂林市第八届节能减排新技术新产品展销会展示灌阳县绿色产品（图）　103
桂林市各县科协与邮政领导参观灌阳县村邮乐购运营模式（图）　167
桂林市国土资源局到灌阳县国土资源局调研（图）　252
桂林市考核验收组到黄关镇考核验收城镇化示范乡镇工作（图）　299
桂林市科协到灌阳县铁皮石斛扶贫产业科普示范基地检查指导（图）　121
桂林市民宗局到洞井瑶族乡调研（图）　293
桂林市农机局到灌阳县检查路检路查工作（图）　191
桂林市人社局到灌阳县深度贫困村开展就业扶贫工作调研（图）　285
桂林市税务局征管科到县税务局组织召开征管会议（图）　229
桂林市司法局到灌阳县指导工作（图）　139
桂林市脱贫攻坚政策知识竞赛灌阳考试现场（图）　193
桂林市消防支队到灌阳消防大队指导工作（图）　146
桂林市消防支队慰问灌阳消防大队全体官兵（图）　147
桂林市招商局到洞井瑶族乡保良村调研（图）　292
国家安全人民防线建设　128b
国家机关工作人员任免　87a
国家基本药物制度实施　266b
国家监察体制改革　110a
国家税务总局灌阳县税务局挂牌仪式（图）　225
国情国力调查　250a
国土资源　251a
国土资源违法行为全面整治　253a

H

韩京京对灌阳县红色遗迹保护、红色旅游点建设、红色旅游发展等工作进行调研（图）　30
韩京京夫妇到西山瑶族乡下洞村小学考察（图）　295
河长制　204a
红军后代为县民族小学学生讲述红色故事（图）　264
红军露宿营地　223a
红军亭　220a
红三军团指挥部旧址　220a
红色旅游扶贫　224b
红色旅游开发　222a
红十字会　270b
红五师指挥所旧址　219b
环境保护　156b
环境督查整改　158b
环境集中整治　65b
环境监管　156b
环境卫生管理　155a
环境宣教　158b
环境整治
　　观音阁乡　294b
　　水车镇　309a
　　新街镇　301a
黄关污水处理厂投入运营（图）　156
黄关镇　49b
黄关镇　297a
黄关镇依法强制拆除违法建筑（图）　299
黄关镇政府调研猫儿石村产业种植（图）　297
黄国准到灌阳县国税局调研（图）　231
黄小雪到眼镜厂调研（图）　170
惠民工程　293b
婚姻登记规范化建设　286b

J

机构编制　74a
机构编制实名制　75a
机构改革工作调研座谈会（图）　75
机关安全保卫　102a
机关办公用房管理　103b
机关会务管理和后勤接待　103a
机关事务管理　101b
机关综合事务管理　102a
基本办学条件　274b
基本公共卫生服务　268a
基本公共卫生服务项目　96b
基本医疗服务体系建设　267b
基层党建
　　灌阳镇　304b
　　水车镇　309b
　　新圩镇　306a

基层工会组织建设 114a
基层平安创建 129a
基层政权建设 288a
基础教育 276b
基础教育 297a
基础教育课程改革 277b
基础设施
　　观音阁乡 294b
　　西山瑶族乡 296a
基础设施建设
　　洞井瑶族乡 293a
　　水车镇 308b
　　县林业局 201a
绩效管理与考评工作 75b
绩效指标管理工作 75b
计划生育 270b
计生服务 272a
计生惠民 271b
计生协会 271b
计生宣传教育 270b
纪检·监察 109
纪检队伍建设 112b
家庭医生签约服务 268b
价格改革 244a
价格管理 244a
价格监测 244a
价格监督检查 245a
价格举报 245b
价格临时补贴 244b
价格认证 245a
假烟生产嫌疑人指认现场(图) 213
监督执纪 111a
监所检察工作 135b
减贫成效 194a
减灾救助机制完善 286b
检察 134a
建置沿革 46a
健康工程 304a
健康惠民项目 96b
健康教育活动 270a
江东棚户区项目2015年续建项目(图) 159
江东新区中小学(幼儿园)建设 275a
交通基础设施项目建设 162b
交通项目 243b
交通运输 162a
交通运输·邮政 161
教师队伍建设 278a
教师培训 278b
教师数及学历 274b
教师招聘及选调工作 278a
教育 273
教育概述 274a
教育惠民项目 97a
教育机构 274a
教育领域改革 277a
教育其他重点项目建设推进 275a
教育项目实施 274b
教育资助 275b
节能减排 170a
节能宣传 102b
《今日灌阳》报纸 264b
金融 232b
金融风险意识强化 238b
金融服务机制创新 233b
金融管理服务 233a
金融机构改革 234b
金融宣传 234b
禁毒工作
　　县公安局 132a
　　县委政法委 126b
经济分析预测 242a
经济管理与监督 241
经济监测分析 242b
经济指标
　　观音阁乡 294a
　　黄关镇 297b
　　县发改局 242a
　　县林业局 200a
　　县水利电力公司 215b
　　县住建局 150a
　　新圩镇 305a
经济总指标
　　洞井瑶族乡 292b
　　灌阳镇 302b
经济作物“三避”技术应用 182a
经济作物标准化生产建设 183a
经济作物技术培训及技术指导 182b
经济作物间套种模式推广 182b
经济作物生产 181b
经济作物示范与推广 182a
经作农情统计工作 182b
精神文明建设 72a
精细化管理 215b
精准帮扶 194b
精准扶贫
　　洞井瑶族乡 293b

黄关镇 298a
水车镇 308b
西山瑶族乡 296a
县农业局 184a
精准扶贫结对帮扶 64b
精准脱贫 255a
景点打造和建设 223b
竞技体育 265b
酒海井红军纪念园 219b
酒海井红军纪念园项目 286b
救灾救济 286b
救助应急预案完善 286b
就业服务 285a
居民生活收入 290a
卷烟品牌培育 214a
军事 143
军事训练 146a

K

科技成果转化 280b
科技扶贫项目实施 280a
科技惠民项目 98a
科技活动 280b
科技普及 281a
科技特派员工作 280b
科技文化服务设施 281a
科普服务乡村振兴助力精准扶贫培训工程——柑橘种植技术培训班(图) 120
科普宣传活动 120b
科学技术 280a
科学技术·防震减灾 279
科学技术协会 120a
课堂教学改革 278a
控告申诉工作 135b
矿产资源 48b
困难群众基本生活救助项目 96b
扩大农村学前教育资源项目 97a

L

垃圾处理设施建设 155b
劳动监察和劳动人事仲裁 285a
劳动力就业培训工程 206a
劳动力转移就业 285b
劳模管理 115b
老干部工作 77a
老干部两个阵地建设 78a
老干部政治待遇落实 77b
老干局组织书法班师生在灌阳县扶贫移民安置集中搬迁小区帮贫困户写对联(图) 78
《梨李试验站》建设 184a
离休干部生活待遇落实 77b
理论工作 70b
联调联访工作 141b
联合执法 154a
联通市场经营 173b
联通网络维护建设 173b
廉政建设 307b
廉政宣传教育 112a
梁金荣到灌阳县调研地方志工作(图) 37
梁金荣到灌阳县督查地方志“两全目标”工作开展情况(图) 83
粮食保管与安全 215a
粮食监督检查 215a
粮食贸易 214b
粮食生产 178b
“粮食生产功能区保护区划定工作”项目实施 179b
粮食直补 214b
粮油贸易 214a
“两非”专项治理 270b
“两个维护”践行 110b
“两全目标”工作 83a
“两新”组织“百日攻坚”行动 68b
林地(利用)类型和经营权属结构 47b
林权制度改革 201a
林业 200a
林业·水利 199
林业营商环境优化 201a
领导干部责任审计 249a
领导接访工作 79a
刘礼智到灌阳县看望慰问现役军人家属(图) 143
流动人口 271a
卢嵩到第二高中检查指导学生军训工作(图) 145
卢嵩到观澜购物公园项目部调研(图) 151
卢嵩到灌阳县国税局调研(图) 228
卢嵩到灌阳镇调研城镇化建设(图) 303
卢嵩调研江东新区相关项目建设推进情况(图) 90
陆桂弟到文市镇玉溪好生活生态农业有限公司调研(图) 187
路政执法
县公路局 166b
县交通局 164b
路政专项宣传活动 166a
旅游 217

旅游
　　灌阳镇　302b
　　文市镇　310b
旅游概述　218a
旅游工作　222b
旅游基础设施建设　222b
旅游监管整治　223b
旅游节庆活动　222b
旅游景点　220a
旅游景区　218b
旅游开发与建设　222a
旅游品牌创建　222b
旅游企业　218a
旅游项目开发　223a
履职平台搭建　88b
绿色生态建设　95a
罗静到灌阳县开展第二季度全市招商引资调研工作(图)　259

M

马锦林到灌阳县黄关镇兴秀村油茶基地对参加培训人员进行现场教学(图)　201
矛盾纠纷预防和排查机制　128a
“美丽灌阳”乡村建设　98a
“美丽广西·宜居乡村”交通行动　166b
灭火救援　146b
民间组织培育　288b
民生工程　299a
民事行政检察工作　135a
“民营企业招聘周”专项活动　285b
民政　286a
民政各项工作规范管理　286a
民政工作
　　灌阳镇　304a
　　西山瑶族乡　296b
民政救助　309a
民族文化挖掘保护　289b
民族项目资金争取　289b
民族宗教工作　73a
民族宗教事务　289a
民族宗教政策宣传　289a
名录库更新维护　251a
名特优农产品(图)　121

N

能动司法　138a
农补惠民项目　97b
农产品质量安全　182b
“农超对接”成果交流展　121b
农村50人以上聚餐登记备案　255a
农村公路管养　162b
农村公路生命防护工程　163a
“农村基层党组织助残扶贫工程——广西‘党员扶残温暖同行(三期)’”项目　123b
农村集体产权制度改革　63b
农村集体资产清产核资工作　180b
农村计划生育家庭奖扶特扶项目　96b
农村能源建设　201a
农村农房政策性保险　287a
农村水电　203a
农村土地承包经营权确权颁证工作　177a
农村危房改造项目　97a
农村文化基础设施建设　262a
农村物流网络建设　164a
农村义务教育家庭困难寄宿生生活资助　97a
农村义务教育学校改造项目　97a
农村饮水安全巩固提升工程　97a,202a
农村住房政策性保险项目　96b
农机安全监理　189a
农机产品质量监督与管理　191a
农机具购置补贴　97b,190b
农机推广　189b
农机校培训　191a
农家书屋　97b
农经统计　181a
农贸市场建设　212a
农民负担监督管理　181a
农民专业合作社领办　211b
农行广西区分行金融扶贫组到灌阳县支行开展督查工作(图)　235
农业　175
农业
　　洞井瑶族乡　292b
　　观音阁乡　294a
　　灌阳镇　302b
　　黄关镇　297b
　　水车镇　308b
　　文市镇　310a
　　西山瑶族乡　296a
　　新街镇　300b
　　新圩镇　305a
农业成就　176b
农业法律法规宣传　183a
农业服务性工作　178a

农业概述 176a
农业功能拓展 184a
农业机构 176b
农业机械化 188b
农业技术培训 184b
农业经济 94a
农业经营主体培育 181a
农业科技 184b
农业科技示范主体培育 185a
农业科技试验示范基地建设 185b
农业品牌意识强化 184b
农业区划 185b
农业区划航拍工作 185b
农业区划遥感解译 185b
农业区划遥感助建 186a
农业区划野外打点 185b
农业生产发展资金——耕地地力保护 97b
农业生态与资源环境保护 183a
农业宣传 178b
农业遥感样方监测 185b
农业执法 183a
农业执法 183b
农业执法人员培训 183b
农资打假 183b
农资市场管理 247a
农作物加肥微灌园技术推广 179b

P

彭东光到灌阳县新圩阻击战陈列馆指导工作(图) 67
棚户区改造项目
　　县房改办 159a
　　县住建局 151b
贫困残疾人家庭无障碍改造项目 123b
贫困人口精准识别 194a
平安建设 309a
普法宣传工作 142a
普通高中免学费 97a

Q

“七彩梦行动计划”项目 123b
企业安全生产主体责任严格落实 258b
企业改制 170b
气候 47a
气象服务 197a
气象工作 196b
气象生态文明建设 197b
气象行业扶贫 197b
汽车维修行业管理 163b
千家洞(黑岩)景区 218b,(图) 218
千家洞管理局对森林消防半专业队伍作训练动员(图) 208
千家洞管理局开展国家级生态公益林监测(图) 207
千家洞管理局实地察看林道维修现场(图) 206
千家洞国家级自然保护区 219a
千家洞景区项目 223a
千家洞自然保护区安全生产 208b
千家洞自然保护区处理违法违规建设 208a
千家洞自然保护区调查监测 208a
千家洞自然保护区管理体系建设 208b
千家洞自然保护区机构 206b
千家洞自然保护区生物防控 208a
千家洞自然保护区宣传教育 207b
千家洞自然保护区业务培训 208b
千家洞自然保护区专项检查 207a
秦伟民到新街粮库检查直补订单粮食收购工作(图) 214
“青年大学习”系列教育实践活动 115b
青年志愿服务 115b
卿熙安在广西都庞岭木业有限公司开展安全生产大检查(图) 258
清凉寺 222a
区划地名工作 288b
全面从严治党主体责任清单 63a
全县领导干部会议(图) 39
全县组织工作会议(图) 61
群众来信来访 79a
群众体育 265b
群众团体 113
群众意见建议整改工作 76a

R

燃气管理 156a
人保财险灌阳支公司在江东新区商业街宣传人保车险V盟业务(图) 240
人才工作 67b
人大代表议案和建议办理 87b
人大代表走访 88b
人大概述 86a
人大信访工作 88b
人大信息工作 88b
人大执法检查 88a
人防教育宣传 148b

人居环境建设 151a
人口 50a
人力事务 284a
人力资源和社会保障 284a
人民调解
　县司法局 140a
　县委政法委 128b
人民防空 148a
人民信访工作 128b
人民银行灌阳县支行优化企业开户服务督导工作会(图) 232
日常科普工作 121b

S

三大纠纷 141b
扫黑除恶 126b
扫黑除恶专项斗争 62b
森林防火 207a
森林分类区划 47b
森林生态效益补偿 97b
森林资源 47a
森林资源保护 200b
山林纠纷调处 201a
商标管理 247b
商贸品牌培育 211a
商品房销售 150b
商务 210a
商务执法 210a
商业 209
上级补助争取 227b
社保惠民项目 96b
社会保险
　灌阳镇 304a
　县人社局 284b
社会保障 309a
社会保障审计 249a
社会福利和社会事务管理工作 288a
社会管理 304a
社会管理建设 132b
社会救助 116a
社会生活 283
社会事业
　县政府 96a
　新街镇 301b
社会稳定
　观音阁乡 295a
　文市镇 311b
社会信用体系 242b
社会治安防控体系 127a
社会治安综合治理 126a
社会治理 307a
社会组织工作 73b
深化改革创新优化营商环境 63a
深化人才发展体制机制改革 63b
审计 248b
审判执行 137a
生产安全事故情况 257a
生态村建设 296a
生态惠民项目 97b
生态建设
　灌阳镇 303b
　黄关镇 299a
　县环保局 158b
生态宜居乡村示范村建设 98a
生育保险 284b
失业保险 284b
师德师风建设 278a
施肥技术创新 180a
石凤羽到灌阳镇对两新党组织进行调研(图) 304
食品药品监督抽验全面完成 254b
食品药品监督管理 253b
食品药品监管创新和亮点 256a
食品药品监管业务与县中心工作 255a
食品药品日常监管全覆盖 254a
食品药品日常监管与稽查办案 254a
食品药品专项整治 254b
市绩效核查组到水车粮站核查粮食安全行政首长责任制指标落实情况(图) 76
市容管理 154b
市容秩序执法 152b
市政公用设施管理 155a
事业单位招聘工作 284a
事业审计 249a
收费管理 244b
蔬菜无公害生产规范 182a
双桥路市政道路桥梁工程 150b
“双维双促”平安建设 118b
水车水库东西干渠节水配套改造 203a
水车镇 50a
水车镇 308a
水车镇2018年易地扶贫搬迁安置点入住仪式(图) 309
水车镇大营村－灌阳绿之源生态农业综合开发有限公司列为桂建芳院士工作站示范基地(图) 188
水车镇上泡村道路硬化项目(图) 289

水稻绿色高产高效创建项目实施 178b
水稻新品种 181b
水果生产 183b
水果新品种的引种和新技术的推广 177a
水库移民 204b
水库移民新村建设项目 97b
水利电业 215a
水利惠民工程 97a
水利水电 201b
水利项目建设 202a
水上交通 164a
水土保持项目 202b
水污染防治 157b
水域环境整治 306b
水政执法 203b
水资源 47b
水资源管理 203b
税法宣传 232a
税费改革 230a
税收征管方式转变 230a
税收征管体制改革 229a,232a
税务 228a
司法行政 139a
思想政治 144b
四川省卫计委到灌阳县观音阁乡卫生院考察学习医改经验(图) 267
“四上”企业培育 150a
送戏、送电影下乡 98a
诉讼监督 136a
索引 331

T

太子山原始森林 221a
唐景崧 唐景崇 唐景崶《同胞三翰林》新书发布会(图) 35
唐景崧故居 220b
唐景崧故里——江口村全貌(图) 221
唐敏到气象局调研察看气象探测环境情况(图) 197
唐敏到水车镇调研易地扶贫搬迁安置点建设情况(图) 308
陶日桂到眼镜厂调研(图) 170
陶日桂在广西都庞岭木业有限公司开展安全生产大检查(图) 258
特色经济作物种植 181b
特色旅游 308b
特殊人群管理 140b
特载 1
特种设备安全监管 248a
提速减负 242b
体育 265b
体育产业 266a
体育基础设施 266a
调处土地山林水利纠纷 141a
统计 249b
统计服务 249b
统计改革 250a
统计规范化建设 250b
统计数据质量 250b
统一战线工作 72b
统战工作 72b
统战信息工作 73b
投资增长 242b
突发公共卫生事件应急处理 269b
土地面积构成 47a
土地确权登记 306b
土壤 46b
土壤污染防治及其他 158a
团县委“心系校园 情暖童心”“六一”慰问活动(图) 116
脱贫督查工作 195a
脱贫攻坚 191b
脱贫攻坚
  观音阁乡 295a
  灌阳镇 302b
  文市镇 311a
  县政府 93b
  县政协 108a
  新街镇 301b
  新圩镇 305b
脱贫攻坚监督 87b

W

王子西到灌阳视察体育场与全民健身中心(图) 266
网络培训工作 284b
网络舆情 71b
危房改造项目 151a
危险化学品、烟花爆竹安全监管 258a
为民办实事 96a
韦朝勇到易地扶贫搬迁县城集中安置点查看搬迁入住情况(图) 199
韦文周在广西都庞岭木业有限公司开展安全生产大检查(图) 258

维稳工作
黄关镇　299b
西山瑶族乡　296b
卫生　266b
位置面积　46b
文化　262a
文化　教育　卫生　292b
文化·广播电视·体育·卫生　261
文化产业　301a
文化惠民项目　97b
文化活动　262a
文化市场管理　262b
文明卫生村创建　270a
文市石林　220b,(图)　45
文市镇　50a
文市镇　309b
文市镇"新时代讲习所"第一期讲习活动(图)　311
文市镇日用消费品配送中心项目——胜易超市开业(图)　209
文市镇文市中学"为了明天——2018年法制宣传教育周"活动(图)　311
文市镇月岭村新农村建设风貌(图)　101
文市镇综合环境整治工作会议(图)　312
文体惠民工程　98a
文艺演出、创作　263b
稳健货币政策贯彻落实　233a
沃土工程、中低产田改造　180a
污染防治　157a
污水处理设施建设　156a
无线转播台维护　264b
"五个一"科技培训　121a
伍艳娟为灌阳县婚调委成立揭牌(图)　118
武警灌阳中队　145b
物价管理　244a

X

西北农林科技大学在千家洞保护区开展昆虫调查(图)　207
西山坪污水处理厂项目(图)　95
西山瑶族乡　50a
西山瑶族乡　295b
夏季消防检查　147a
夏平到印刷厂检查"扫黄打非"进基层工作(图)　263
县安全监管局开展危化品安全生产大检查(图)　257
县本级绩效管理与考评工作　76b
县编办部署机构改革工作(图)　74
县财政局到马头村委会调研预脱贫及修路情况(图)　227
县残联干部为残疾人配戴助听器(图)　124
县残联看望慰问贫困残疾人(图)　124
县城市管理综合行政执法局进行渣土运输执法检查(图)　153
县城市管理综合行政执法局清理汽车站占道经营影响市容市貌烧烤棚(图)　153
县城市管理综合行政执法局在新圩小龙拆除违法建筑(图)　154
县城污水处理厂提标改造工程　150b
县档案局到县直单位检查档案工作(图)　104
县法院到观音阁乡立强小学开展法治宣传(图)　138
县法院开展"2018冬季风暴"集中拘传拘留失信被执行人专项行动(图)　137
县法院开展"二月八"街头法治宣传活动(图)　137
县法制办陪同市中级人民法院察看现场(图)　130
县防汛救灾民兵应急分队开展应急水上救援演练(图)　36
县扶贫办到观音阁桃花村入户宣传扶贫政策(图)　195
县工商联界别政协委员开展调研活动(图)　122
县工商联携手爱心企业到观音阁乡文明村小学开展"六一"儿童节慰问活动(图)　122
县工商质监局开展一氧化碳中毒专项整治行动(图)　247
县工商质监局开展走私冻品专项整治行动(图)　246
县工信局到机械园进行安全检查(图)　210
县工信局调研灌阳县冶炼企业生产运行情况(图)　171
县公安局在滨江路开展锁城清查行动(图)　133
县公安局执勤民警为2018全国山地户外运动挑战赛(灌阳站)进行安保执勤(图)　132
县供销社开展春耕农资供销情况调研(图)　211
县国土资源局到文市镇矿山现场执法(图)　252
县机关事务管理局实地察看鱼塘村修路情况(图)　103
县纪委监委到新街镇龙中村调研党风廉政建设工作(图)　111
县纪委监委到新街镇娘北村督察扶贫专项补贴资金到位情况(图)　112
县监察委员会揭牌仪式(图)　110
县检察院对新圩镇新型城镇化示范乡镇建设项目进行调研(图)　136

县检察院在大市场开展宪法宣传活动(图) 135
县交通局开展交通执法检查(图) 165
县交通局开展交通执法治超检查(图) 162
县交通局开展水上交通应急演练(图) 163
县科技局带领致富带头人到蜗牛养殖基地学习参观(图) 281
县科技局开展科普宣传活动(图) 281
县科协走访慰问科技工作者罗标(图) 120
县旅游局参加安全生产月活动(图) 223
县民族小学开展民族文化活动(图) 289
县农机局在大市场开展农机安全、惠农政策宣传活动(图) 190
县农机局组织农机事故应急救援演练(图) 190
县农商行到新街镇葛洞村开展扶贫政策宣传活动(图) 237
县农业局到水车镇砂糖橘种植基地调研预防低温雨雪冰冻灾害工作(图) 185
县气象局到新街邓家小学作气象科普知识报告会(图) 198
县人大常委会任职人员进行宪法宣誓仪式(图) 88
县人大与各级人大的联系与指导 88a
县人民法院金融巡回法庭在县农商行揭牌(图) 236
县审计局党风廉政建设集体约谈会(图) 249
县审计局组织参加植树造林活动(图) 248
县食品药品监督管理局开展食品安全专项检查(图) 254
县食品药品监督管理局开展药品经营企业检查(图) 255
县史志办在新圩阻击战陈列馆讲解红色历史(图) 84
县水利电业有限公司灌阳镇供电所进行应急处置实战演练(图) 216
县水利电业有限公司在西山瑶族乡罗家坪组织应急演练(图) 215
县水利局开展保护母亲河活动(图) 203
县司法局到县直二小举办法制讲座(图) 140
县司法局在“12·4”法制宣传日活动现场发放宣传资料(图) 140
县委党校 79b
县委党校为自治区党校主体班县处级(女)干部班讲课(图) 80
县委直属机关基础工作 81b
县卫计局开展家庭医生签约服务(图) 269
县卫计局为山地户外运动赛服务(图) 270
县文物管理所对修缮工程进行质量技术检查(图) 263
县烟草专卖局查处假烟生产窝点(图) 213
县移民局与县财政局验收水车镇大埠塘防洪堤建设项目(图) 204
县域经济加快发展 64a
县政务中心到乡镇政务中心检查工作(图) 100
县政协调研扶贫产业开发(图) 107
县政协九届六次常委会议 107a
县政协九届三次会议 106b,(图) 105
县政协九届四次常委会议 106b
县政协与各地政协的交流 108b
县直工委党校 2018 年第二期积极分子培训班(图) 82
县直工委慰问老党员(图) 82
县直属机关工委 81a
县总工会“夏送清凉”活动(图) 114
现代特色农业(核心)示范区建设 176b
限上企业 210b
乡村旅游 293a
乡村卫生服务一体化 267b
乡村振兴工作 306b
乡村振兴战略 64a,65a
乡土特色示范村建设 152a
乡镇 291
乡镇土地利用主导方向 46b
湘江战役新圩阻击战酒海井红军纪念园(图) 217
项目储备 243a
项目带动 242b
项目工程建设 216b
项目稽查 243a
项目建设
　观音阁乡 294b
　灌阳镇 303b
　水车镇 309a
　县政府 94b
项目审批 243b
项目整合 101b
项目资金争取 243a
消防安全专项整治 147b
消防后勤工作 147a
消防监督执法 147a
消防宣传 147b
消费者权益保护 246b
小龙特色旅游名村 222a
小型水利工程体制改革 204a
新街镇 50a
新街镇 300a
新街镇“二月二龙抬头”民俗文化节(图) 301
新街镇江口村村景(图) 331

新街镇龙中村首届电商民俗文化节(图) 291
新能源加注站项目 212a
新能源汽车推广暨试驾体验活动(图) 102
新能源推广 102b
新农村建设 101a
新时代讲习所 70b
新网工程 212a
新圩镇 50a
新圩镇 305a
新圩镇建档立卡贫困户信息核对培训会(图) 305
新圩镇警务助理进行圩日巡查(图) 307
新圩阻击战战地救护所 220a
新圩阻击战主战场遗址 219a
新闻宣传 264a
新型城镇化建设 152a
新型城镇化示范乡镇建设
　　黄关镇 298b
　　新圩镇 307a
新型职业农民培育 184b
信访服务中心建设 79b
信访工作 78b
信访接待 154b
信息产业建设 66a
信息化推进 170b
信息进村入户工作 177b
信息业 171a
兴灌路综合整治工程 150b
行政复议 131a
行政区划 49b
行政审批制度改革 104b
行政执法监督 130b
形式主义、官僚主义问题专项整治 65b
修缮修复好的传统村落洞井村(图) 150
修缮修复好的传统村落水车镇官庄村(图) 151
畜牧水产 186a
畜牧水产其他工作 188b
畜牧水产项目建设 187a
宣传报道 71a
宣传成就 265a
宣传工作 70a
学前教育 276a
学前教育结对帮扶 276a
学前教育项目建设 276a
学生资助项目 97a
学校“管办评”分离 277a
学校“三评一查”工作 277b
学校数和学生数 274a
学州区雅仕苑垃圾分类收集试点(图) 155
巡察工作 111a

Y

烟草专卖 212b
烟草专卖经营指导 214a
烟草专卖市场监管 212b
烟草专卖证件管理 213a
严打整治
　　县公安局 131b
　　县委政法委 126a
“阳光家园计划”项目 123b
阳光助残扶贫地项目 123a
杨小平到洞井瑶族乡调研村级服务活动场所、村级集体经济及产业发展情况(图) 128
养老保险 284b
养殖业产业扶贫 187a
医疗保险 284b
医疗保障 193b
医药卫生体制改革深化 266b
依法行政
　　县国税局 231a
　　县教育局 277b
　　县卫计局 272a
依法治统 250b
宜居乡村 301a
宜居乡村惠民工程 98a
移动发展举措 173a
移动建设维护 173a
义教均衡发展 276b
义教学区制管理改革 277b
义教均衡发展相关项目建设 274b
易地扶贫搬迁项目 205b
易地扶贫搬迁项目(县城集中安置点二期工程) 98a
银行服务效能强化 236a
银行践行普惠金融 履行社会责任 237b
银行理财业务增长 235b
银行内部管理 234a
银行协作精神培养 236a
银行业务发展 235a
银行营销策略 235b
银行支持“三农” 236b
银行支农惠农手段创新 238b
银行支农支小 238a
银政关系 235a
隐患大检查大整治落实 257b
拥政爱民 144b

优抚安置双拥工作　287b
优化营商环境　216a
邮政　166b
邮政代理金融　167a
邮政灌阳分公司组织人员进行消防安全演练(图)　167
邮政类业务　167b
邮政渠道平台分销业务　167a
油菜生产示范样板建立　179b
油茶产业发展　201b
雨露计划　193b
园林绿化　155b
园区建设　170b
月岭古民居　220a
月岭古民居旅游有限责任公司　218b
月岭古民居石牌坊(图)　313
云平台系统　75a
云台寺　221b

Z

造林绿化　200b
渣土治理　153b
战备工作　144b
战训工作　146b
张秀隆到灌阳县神农稻博园调研产业扶贫(图)　175
招商引资　258b
招商引资
　县畜牧局　186b
　县招商局　259b
　县委统战部　73a
赵桂花到水车镇上泡村对精准扶贫工作进行走访调研(图)　73
赵志军到灌阳县调研扫黑除恶专项斗争和禁毒工作(图)　127
侦查监督工作　134b
征兵工作　145a
政务服务　98b
政务服务　98b
政务公开　152a
政务公开、政府信息公开　99b
政务公开周　100a
政协调研活动　107b
政协概述　106a
政协灌阳县第九届委员会第六次常委会(图)　108
政协界别活动　107a
政协联系全县重大项目　107b
政协日常学习　108b
政协提案工作　107a
政协委员履职能力提升培训班(图)　106
政协专委会建设　108a
政治工作　145b
政府支持贫困地区产业发展、基础设施建设　97b
知识产权　280b
知识工程　262b
职称申报审核工作　284a
职工帮扶　114b
职工互助保障活动　115a
职工维权工作　114b
职工文体活动　115a
职业技能培训工作　285b
植物资源　48a
治理效能　96a
质量强县　248a
智慧广电　174b
中等职业教育免学费　97a
中共灌阳县第十五届纪律检查委员会第三次全体会议　110a,(图)　109
中国电信股份有限公司灌阳分公司　171a
中国电信股份有限公司灌阳分公司在新圩镇进行线路维护(图)　172
中国共产党灌阳县第十五届委员会第四次全体会议　62a,(图)　62
中国共产党灌阳县第十五届委员会第五次会议(图)　1
中国共产党灌阳县委员会　61
中国联合网络通信有限公司灌阳县分公司　173b
中国农业银行股份有限公司灌阳县支行　235a
中国人民财产保险股份有限公司灌阳支公司　240a
中国人民银行灌阳县支行　232b
中国人民政治协商会议灌阳县委员会　105
中国人寿保险股份有限公司灌阳支公司　239a
中国人寿灌阳支公司到乡镇进行户外宣传(图)　239
中国人寿灌阳支公司开展“二月八”宣传活动(图)　240
中国移动通信灌阳分公司为新圩龙塘小学送上“六一”儿童节礼品(图)　173
中国移动通信灌阳分公司员工众志成城保畅通(图)　172
中国移动通信集团广西有限公司灌阳分公司　172b
中小河流治理工程　202b
中央八项规定落实　110b
中央财政小型农田水利建设补助专项资金项目　202b

中央预算类资金项目 223a
中医药事业 268a
钟德臣到灌阳检查指导工作(图) 164
种子产地检疫 180b
重大动物疫病防控 187a
重大妇幼公共卫生项目 268b
重大活动餐饮安全保驾护航 254b
重大项目
  洞井瑶族乡 293b
  县工信局 171a
重大项目建设
  县委 65a
  新圩镇 306b
重大项目建设保障服务 141b
重点项目 310b
重点项目建设 243a
重点项目整治 132b
重要工作
  县人大 87a
  县委 64b
  县政协 107a
重要会议
  县人大 86a
  县委 62a
  县政府 90a
  县政协 106b
重要决策 63a
重要政务 93b
周春涌到灌阳镇马头村调研扶贫情况(图) 227
周春涌到灌阳镇马头村调研修路情况(图) 228
周春涌到西山瑶族乡检查指导扶贫工作(图) 296
周春涌检查指导征兵体检工作(图) 144
周恒志参加第十五届东盟博览会桂林市经济合作项目签约仪式(图) 260
住房保障 193b
住房公积金办理工作效率提高 159b
住房公积金各项业绩 159b
住房公积金管理 159b
住房公积金内外协调 160a
住房公积金审核调查 160a
住房信息档案 159b
住房制度改革 159a
专项行动 201b
专项整治 312a
专业技术、职称改革 284a
资金与固定资产投资争取 150a
自然保护区确界 200b
自治区财政厅联系基层专题调研及村集体经济会议(图) 226
自治区残联检查灌阳县残疾人康复中心建设情况(图) 123
自治区党委党史研究室到灌阳县调研党史工作(图) 83
自治区党委讲师团到新街镇江口村开展“新时代讲习所”宣讲活动(图) 300
自治区调研组到灌阳县调研红色资源及红色景区的建设情况(图) 72
自治区国家重点生态功能区考核组在灌阳大竹凹垃圾填埋场检查运行情况(图) 158
自治区环境保护督查组到灌阳督查环保工作(图) 157
自治区级旅游标准化试点县创建 66a
自治区教育厅基础教育处到灌阳县就红军小学建设进度和需求等情况进行调研(图) 43
自治区老促会调研革命老区发展史编纂工作汇报会(图) 83
自治区林业局到灌阳县黄关镇大坪山油茶高产高效示范园调研(图) 200
自治区旅发委到灌阳调研旅游扶贫项目(图) 224
自治区农民工工作处到灌阳县验收农民工创业园(图) 285
自治区气象局到灌阳调研指导气象台站建设工作(图) 196
自治区人大代表到灌阳县调研医改工作(图) 87
自治区水利厅农村饮水安全工作督查和水利涉农资金监管到灌阳县调研(图) 202
自治区司法厅社区矫正局到灌阳县调研指导工作(图) 141
自治区卫生计生厅到灌阳县调研医改工作(图) 267
自治区远程办资源处到灌阳指导“远教红吧”工作(图) 69
自治区自然资源厅到文市镇工业园区调研(图) 253
总工会 114a
组织工作 67a
组织机构及负责人名单 50b
组织建设
  团县委 117a
  武警灌阳中队 145b
  县残联 124b
  县妇联 119b
作风建设 145a